国家出版基金项目
NATIONAL PUBLICATION FOUNDATION

中华文化生态论纲

冯天瑜　著

长江出版传媒
长江文艺出版社

图书在版编目（ＣＩＰ）数据

中华文化生态论纲 / 冯天瑜著. -- 武汉：长江文
艺出版社， 2021.3
　　ISBN 978-7-5702-1765-6

　　Ⅰ．①中… Ⅱ．①冯… Ⅲ．①中华文化－研究 Ⅳ.
①K203

中国版本图书馆 CIP 数据核字(2020)第 169344 号

策划编辑：尹志勇　康志刚
责任编辑：汤云松　张　贝　　　　　责任校对：毛　娟
封面设计：徐慧芳　　　　　　　　　责任印制：邱　莉　杨　帆

出版：长江出版传媒　长江文艺出版社
地址：武汉市雄楚大街 268 号　　　　邮编：430070
发行：长江文艺出版社
http://www.cjlap.com
印刷：武汉珞珈山学苑印刷有限公司

开本：640 毫米×970 毫米　　　1/16　　印张：26.5　　　插页：2 页
版次：2021 年 3 月第 1 版　　　 2021 年 3 月第 1 次印刷
字数：333 千字

定价：48.00 元

目　录

人法地，地法天，天法道，道法自然。

——《老子》第二十五章

民，吾同胞；物，吾与也。

——〔宋〕张载：《正蒙·乾称》

人类不要过分陶醉于我们人类对自然界的胜利。对于每一次这样的胜利，自然界都对我们进行报复。

——〔德〕恩格斯：《自然辩证法》

引　言

（一）

中国有"盘古开天地"①"女娲造人"② 等人格神开天辟地、创造人类的神话，又有神农、黄帝、后羿、后稷等"圣王制器"、为民创作的传说。③

西方元典《旧约全书》首篇《创世记》称，神（或译作上帝）六天区分昼夜，构建陆地海洋、编制节令年岁，滋生禽鱼走兽，按自己的样式造人，使其管理海里、空中、地上各样活物。天地万象造齐，神歇工安息，赐第七天为圣日（即后来所称之安息日、礼拜天）。

对于神创造时间、空间、生灵、人类及其文化的言说，可以作"自然神论"诠释：神（上帝）其实是自然本身，自然才是造物主，它于亿万斯年形成日月星辰、山川海洋、生命物种，以至诞育具有理性的人类并组成社会。人类凭借自然—社会条件，制造工具，包括思维工具这一"世上最美丽的花朵"，赢得认识世界、管理生灵的能力，拥有了人类独具的"文化"。

"文化"并非个别圣贤的独创，那种"凡生民千制百学，至

---

① 《太平御览》卷二引〔三国〕徐整《三五历记》。

② 《太平御览》卷七十八引〔汉〕应劭《风俗通义》。

③ 见冯天瑜：《上古神话纵横谈》，上海文艺出版社1983年版，第274—293页。

黄帝而大备"① 的说法可作如下诠释:"黄帝"等文化英雄,实为芸芸众生的代称,文化是众生依凭生态环境创制的"共业"。中华元典《周易》谓:

> 观乎天文,以察时变;观乎人文,以化成天下。②

又谓:

> 夫大人者,与天地合其德,与日月合其明,与四时合其序。③

这种"仰观俯察天地以成文"及人与空间、时间"合德、合明、合序"的议论,超越文化神造说,通向文化仿生说(此"生"即"生态环境")。

另一中华元典《老子》将"天—地—人"效法的最高目标指向自然:

> 人法地,地法天,天法道,道法自然。④

"自然",本为形容词,"自"乃本身,"然"乃如此,合为本然如此、天生而然。"自然"又作名词,指物理性的大自然。⑤"道法自然"可通释为:天地人所循之道,皆以作为客观规律或

---

① 康有为:《民功篇》,《康有为全集》第一集,上海古籍出版社1987年版,第35页。

② 《周易·贲卦·象传》。

③ 《周易·乾卦·文言传》。

④ 《老子》第二十五章。

⑤ 任继愈先生因"自然"的前释(指规律、法则),而称老子为"唯心主义者";因"自然"的后释(指物质实体),而称老子为"唯物主义者"。此乃"诠释多元"的一个明显例证。

物质实体的自然为本源、为归依，不存在创世的人格神。佛家"缘起十一义"之一的"无作者义"（没有造物主)①，大意近此。

易、老、释重视生态环境，持"与天地合德"说、效法自然说、因缘说，排拒神造说，皆为关于文化生成的千古卓识。

（二）

如果把人创造的文化比喻为参天大树，是生态环境提供了这株大树赖以生长的阳光、雨露和土壤。"人类的家园"——地球，拥有完备的条件（空气、水、阳光、适宜的温湿度等），繁衍千万生命物种，而其中唯人类具备自觉意识，可以识别世界并有限度地构制人工环境，人因以被誉为"天地之心""万物灵长"。

依凭自然创新文化的人类应当自信，却并无理由狂傲，正如一篇朗诵诗所云："自然并不特别在意人类，而人类一刻也不能离开自然。"谦恭、友善地对待自然环境，谦恭地处置与他人的关系，人类便得福报，文化便绵延繁衍。如果不知天高地厚，自以为能够主宰万方，恣意妄为，则必遭自然铁腕的回敬。

> 人类不要过分陶醉于我们人类对自然界的胜利。对于每一次这样的胜利，自然界都对我们进行报复。②

古人已有"胜天"之想，却因能力限制，多以"顺天"行事。工业文明三百余年来，随着工具理性渐趋发达（蒸汽机—内燃机—电气机—信息网络递进)，"征服自然"衍为近代主流

---

① 见《分别缘起初胜法门经》所列"缘起十一义"。

② ［德］恩格斯：《自然辩证法》，《马克思恩格斯选集》第四卷，人民出版社1995年版，第384页。

意识，人改变自然的速度大大超过自然本身的变速，天人观的主流从"顺天"向"胜天"转化，在取得文明进步的同时，孕育着愈益严重的生态危机。

当下迈入后工业文明的信息化时代，人类掌握了核裂变、人工智能、生物工程等尖端技术，似乎能够得心应手地"改造自然"。但这些"胜利"包藏着巨大风险。生态学家弗里乔夫·卡普拉在《转折点》中说：

> 我们第一次被迫面临着人类和地球上所有生命全部灭绝这样一场确确实实的威胁。①

这种威胁并非来自毒蛇猛兽、地震火山，也不是已经延传万千世代的天然病菌、病毒，而是掌握尖端技术的人蓄意或不慎打破生态平衡。这是具有理性的人类必须时刻自警的。

以新陈代谢为基本特征的有机体，其生命活动都以本物种的生存繁衍为中心，与他物种博弈、又彼此依赖，"物竞天择，适者生存"，达成生态平衡，这是符合自然规律的可持续过程。作为高级生命体的人类，追求个体及族类延绵发展，乃天性使然，所谓"食、色，性也"②，"饮食、男女，人之大欲存焉"③。人既然要生存与发展，就必须占有、消费资源，并按自身的需求对环境作某种改造，如将野生动植物驯化为家畜、农作物，挖掘运河、筑坝发电、开采矿物、获取能源、制造器具等。故要求人类放弃干预自然，是一种高蹈的、不可能实现的目标。但是，人类改造自然，须有节制，维系生态平衡是必守的底线。

由自然、社会共组的生态世界似乎是静定平和的，但一旦

---

① ［美］弗里乔夫·卡普拉：《转折点——科学·社会·兴起中的新文化》，中国人民大学出版社1989年版。

② 《孟子·告子上》。

③ 《礼记·礼运》。

严重失衡又是狂暴无情的，历史一再演绎过人类破坏环境、环境回敬人类的酷烈场景。人类应当对唯一的生态世界深怀敬畏，呵护生态的动态平衡。

（三）

人类很早就萌发生态意识（《老子》《周易》《孟子》《荀子》等中华元典有精辟的生态警句），积累了若干保护生态的经验（《国语》等史籍及《齐民要术》等农书多有记载），但形成系统、自觉的生态理论并付诸大规模社会实践，则是晚近六十年以来的事情。

1962年问世的《寂静的春天》被视作环境保护的现代开篇。在此以前，世界各国的书刊几乎找不到"环境保护"一词，"环保"在那时尚未进入社会意识和科学讨论视野，《寂静的春天》启其端绪，发出关于DDT等杀虫剂伤害环境、理当严加控制的呼吁，却遭到美国各化学公司和主管农药的政府部门强烈反对，一批有工商资本后台并受政府支持的专家高调宣称"人是万物的中心和主宰""人类已经成功地管控生态环境"，连篇累牍谴责作者蕾切尔·卡逊（1907—1964），称其为"歇斯底里病人与极端主义分子""大自然女祭司"。而当时及后来的无数事实表明，卡逊女士对生态问题严重性的揭示完全正确，她的声音永远不会寂静，她惊醒的不但是美国，甚至是整个世界。[①] 此后，1972年罗马俱乐部公布文本《增长的极限》；1972年斯德哥尔摩联合国第一次人类环境非官方报告《只有一个地球》，收入大会通过的《人类环境宣言》，阐发生态保护的重要性和严峻性。这些"绿色经典"的面世，使生态问题进入国际社会视野，也成为文化学及文化史学的重要考察领域。

笔者自1979年开始研习文化史，40年来持续关注文化生

---

① 见［美］蕾切尔·卡逊：《寂静的春天》，吕瑞兰、李长生译，吉林人民出版社1997年版。

态，所撰《中华文化史》（1990年上海人民出版社）上篇专议于此，合撰《文明的可持续发展之道》（1999年人民出版社）、独撰《中国文化生成史》（2013年武汉大学出版社）再探此题，却皆言未尽意，遂有近两年病中续作《中华文化生态论纲》。庚子岁初，出版社送来该书校样，笔者修订之际，恰逢新型冠状病毒肺炎①肆虐武汉，千万级人口的大都会武汉"封城"数十日，一场堪称悲壮的抗疫总体战、阻击战展开。这正是生态链发生"蝴蝶效应"②的一次生动而可怖的演绎，表明人类社会的脆弱和克服生态危机的艰难，令吾辈对生态问题的重要性、严峻性平添切肤感受。

昔人和今人面对的生态问题，肇因于人类对自然的压迫、对自然采取非自然方式。人类技能的提升引发对环境的轻忽以至傲慢，产业革命三百年来渐次加剧的"巨量生产—巨量消费—巨量废弃"的生产方式与生活方式，造成对资源的狂热掠取，人口剧增使地球不堪负荷，而不受监督的权力滥用，加剧对生态的破坏，也造成对后代应享资源的"透支"，形成"代际性掠夺与污染"。故限制物本主义扩张，建立有节制的消费方式和生产方式，社会管理趋于公正、务实、有节，是人类摆脱生态困局的可持续发展之路。

人对自然发生影响，是通过人的经济活动及各种社会行为得以实现的，故"生态平衡"的维护，不仅涉及人类与自然（地理环境）的关系，同时与人类经济活动—社会制度深度关联，因此文化生态研究不仅涉及"天人"，而且切入"人文"，并且贯穿于历史全过程，于今尤烈。

人类大约于一万年前开始超越直接利用天然物的采集经济阶段，进入生产经济阶段（此谓农业革命），经历了农耕文明—

---

① 2020年2月11日世界卫生组织将新冠肺炎命名COVID-19。

② 蝴蝶效应，指在一个生态系统中，某处发生的变化，会在生态链中广为传播，如一只南美洲亚马逊河流域热带雨林中的蝴蝶偶尔扇动几下翅膀，可以在两周以后引起美国得克萨斯州的一场龙卷风。

工业文明—后工业文明三大前后递进段落：

（一）农业文明多元发生（尼罗河下游、幼发拉底—底格里斯河流域、印度河—恒河流域、黄河—长江流域、中南美洲—安第斯山脉为发祥地），历数千年演进，不断改进劳作方式，生产粮食、纤维，牧养畜禽，制作器具，建造村庄、城池，生活资料渐趋丰富，以国家为中心的文明形态逐渐成熟，而生态状况却累进式缓慢退化，美索不达米亚、埃及、西印度的沙漠化，黄河流域的环境衰变，除气候使然外，也与农耕文明渐次加剧干预自然界有关。

（二）工业文明开端于西欧一隅，自 17 世纪科学革命、18世纪产业革命以降，历时三百余年，近一百多年又波及包括中国在内的亚非拉地区。无机动力取代人力畜力、机器生产代替手工劳作，社会关系由身份转向契约，商品经济大幅度扩展，推动文化传播，历史从分散走向整体，而民族国家分立与日益紧密的联系（全球化）共同构成今之世界格局。就总体而言，生态问题在此三个世纪尖锐化，但截至 19 世纪，环境破坏还仅限于局部范围，至 20 世纪则演为全球性突变。化石燃料的超量开采、燃烧，使二氧化碳增加（年增 0.2%），产生温室效应，地表气温上升，随之海平面上升；氟利昂引起臭氧层破坏，酸雨导致湖泊酸性化、海洋污染；肆意开发，破坏森林草场、沙进人退的沙漠化步伐加剧。故人称 20 世纪是"全球规模的环境破坏时代"[1] 并非危言耸听。

（三）信息时代发端于 20 世纪 70 年代，迄今不过半个世纪，方兴未艾，世界演为信息瞬间传递万里的"地球村"，但全球化与孤立主义彼此博弈，呈现扑朔迷离的景观。生态问题恰在此间引起全球性关注，联合国及许多国家设立环保机构，投入巨额财力人力，修复生态，虽初见成效，但破坏生态的惯性

---

[1] 见 [日] 岩佐茂：《环境的思想》，韩立新等译，中央编译出版社1997 年版。

因经济需求的驱动仍然强劲，"经济增长—生态保护"成为一对难分难解的对手，时下处在生态继续恶化与系统治理的博弈之中。

上述三种文明形态，人与生态环境的关系发生着明显变更。

农业文明阶段，人类干预自然的力度有限，天人协调是优势观念，生态平衡大体得以保持，但自然经济下的贫困和盲动，专制制度的独断与穷奢极欲，也使生态异化。

工业文明阶段，"征服自然"成为主旋律，人类的生活与生产愈益采取"非自然方式"，在创造巨大物质财富的同时，加剧生态环境的恶化，这是营建富裕社会付出的沉重代价。我们今日研讨生态问题，在很大程度上是为着超克工业文明导致的生态危机。

时下进入后工业文明开端期，人类的生态战略须作路径抉择，应当扬弃直线进化的惯性思维，辩证地综合人类全部生态经验。

（四）

从短时段观之，文化史似乎是直线运行的，但从长时段省视，实呈螺旋式进路，经历"正—反—合"三段推衍的否定之否定过程。清人龚自珍（1792—1841）对此有简明概括：

万物之数括于三：初异中，中异终，终不异初。①

以此哲思观察文化史，可约略透见：后工业文明（终）要达成新的生态平衡，须超克工业文明（中）的"非自然方式"，这便有必要参酌（并非"回到"）农耕文明（初）顺应自然的生活方式与循环生产方式。反顾农耕阶段的生态教训，就具有

① 〔清〕龚自珍：《壬癸之际胎观第五》，《龚自珍全集》，上海人民出版社1975年版，第16页。

前瞻性意义。本书以主要篇幅考察农业文明的生态践履及生态理念，以与工业文明相参较，发现各自的优劣长短，期以扬长避短，为后工业文明的文化生态进路提供借鉴。

由地理环境—经济活动—社会制度综汇而成的"文化生态"，是一个未知域广阔的课目，笔者作为史学工作者，慎于前瞻预测，主要用力于考析文化生态诸层面的历史演绎。因学力有限又年迈多病，拙著只能作纲要式陈述，追探昔时的生态面貌、中外前贤的生态睿见，略涉现状分析并试作前瞻，供守先待后的朋友参考。南朝梁人刘勰（约 466—538）云："茫茫往代，既沉予闻；眇眇来世，倘尘彼观也。"① 诚哉此谓！

---

① 《文心雕龙·序志》。

关键词

本书探究中华文化生态的历史演绎。"中华""文化""生态""文化生态学"为议论关键词,特加界定。

一、中华

"中华"是"中国"与"华夏"组成的复合词之简称,可上溯至汉代高诱注《吕氏春秋·简选》的"中国诸华"一语。

"中华"之"中",甲骨文 、金文 ,皆象有飘带的旗帜,所谓"有旒之旆",旗杆插在一个圆圈形的栅栏中心,表示中间、中央之意。故"中"的本义为内、里。小篆衍为中,《说文解字》曰:"中,内也。从口、丨,上下通。"

作为方位名词的"中",意谓空间的中央,与四方、上下等距离,居左右之中、两端之间,为四方之内核,或指某区域、某人群的枢机、轴心。中国最早的政治文书结集《尚书》有"王来绍上帝,自服于土中"[1] 之说,唐人孔颖达(574—648)释曰:"言王今来居洛邑,继天为治,躬自服行教化于地势正中。"汉初贾谊(前200—前168)曰:"古者天子地方千里,中之而为都。"[2] 可见,自先秦以至于汉唐,"中"在空间居中义

---

[1] 《尚书·召诰》。
[2] 《新书·属远》。

的基础上，引申出执政中心义或文化中心义。

"中华"之"华"（華），是"花"的古字，金文作￥，小篆作￥，上部象花的形状，下部是花蒂。《说文解字》云："￥，荣也。"华本义"花"，引申出"光彩、荣华、华美、文采"诸义。

"华"又是华夏之简称。《左传·定公十年》："裔不谋夏，夷不乱华。"此"华、夏"与"裔、夷"等周边少数民族的称谓相对应。①

"中"与"华"组合的双音词"中华"，诞生在华夷混融的魏晋南北朝，南朝宋人裴松之（372—451）注《三国志》，评析诸葛亮的抱负说：

> 若使游步中华，骋其龙光，岂夫多士所能沈翳哉。②

这是较早出现的"中华"整词，意近"中原"。其后，北齐魏收（506—572）撰《魏书》、唐代房玄龄（579—648）等撰《晋书》，也多有"中华"用例③，皆以之与四周边裔对称。那时入主中原的游牧人也认同"中华"，《南齐书》载，漠北的柔然曾自号"皇芮"，宣称以"光复中华"为己任。

至唐代，"中华"成为常用词，唐高宗永徽年间撰定的《唐律疏议》为其下定义：

> 中华者，中国也。亲被王教，自属中国，衣冠威仪，

---

① 《左传·定公十年》："裔不谋夏，夷不乱华。"孔颖达疏："中国有礼，义之大，故称夏，有服章之美，故谓之华。"

② 〔晋〕陈寿撰，〔南朝宋〕裴松之注：《三国志》，天津古籍出版社2009年版，第506页。

③ 《魏书·礼志》："下迄魏晋，赵秦二燕，虽地处中华，德祚微浅。"《魏书·宕昌传》："其地东接中华，西通西域。"《晋书·刘乔传》："今边陲无备豫之储，中华有杼轴之困。"

习俗孝悌，居身礼仪，故谓之中华。[1]

此处所论"中华"，已淡化地理中心意义，而突出文化中心属性。

1367 年，时为吴王的朱元璋（1328—1398）兴兵讨元，命徐达（1332—1385）为征虏大将军、常遇春（1330—1369）为副将军，率甲士 25 万北伐，由后来被誉为明代"开国文臣之首"的宋濂（1310—1381）拟《喻中原檄》，文曰：

驱逐胡虏，恢复中华，立纲陈纪，救济斯民。[2]

1894 年 11 月，孙中山在檀香山华侨社会中组建反清革命团体兴中会，所拟《兴中会章程》称：

是会之设，专为振兴中华、维持国体起见。[3]

此为响彻寰宇的"振兴中华"口号第一次提出。

1905 年，孙中山等组建同盟会，公布《中国同盟会总章》，仿效朱元璋北伐檄文，注入新意，成十六字政治纲领：

驱除鞑虏，恢复中华，创立民国，平均地权。[4]

清末革命派所说"中华"，指汉族，这与其推翻清朝统治的政治目标相关。而主张体制内改良的杨度（1874—1931），1907年在《中国新报》1~6 期连载《金铁主义说》一文，从中国诸族文化联系性、共同性出发，论述"中华"：

---

① 《唐律疏议》卷三。
② 《明太祖洪武实录》卷二十一。
③④ 孙中山：《孙中山全集》第一卷，中华书局 1981 年版，第 2、284页。

中国自古有一文化较高、人数较多之民族在其国中，自命其国曰中国，自命其民族曰中华……则中华之名词，不仅非一地域之国名，亦且非一血统之种名，乃为一文化之族名……华之所以为华，以文化言可决之也。故欲知中华民族为何等民族，则于其民族命名之顷，而已含定义于其中。以西人学说拟之，实采合于文化说，而背于血统说。华为花之原字，以花为名，其以形容文化之美，而非以之状态血统之奇。①

此议扬弃民族的体质人类学标准，而取文化人类学标准，超越肤色、形貌、血统、种族属性，从创造共同文化这一关节点上阐明"中华"含义，据有学理，也符合实情，从长时段看，有益于中华民族的团结与发展，不过在革命的当年，此说不合时宜，起着维护清廷的作用。辛亥革命以后，矛盾消解，孙中山等的民族主义重点，转为中国各民族协和团结，以争取国际上的平等权利，倡言"合汉、满、蒙、回、藏诸族为一人——是曰民族之统一"②。

"中华民族"有悠远深邃的历史渊源，又在近代民族国家竞存的世界环境中得以正式铸造。社会学家、民族学家费孝通（1910—2005）1988年在香港中文大学发表《中华民族的多元一体格局》演讲，指出中华民族在各族"多元"基础上，组成"一体"；"一体"又包含"多元"。费氏说：

中华民族作为一个自觉的民族实体，是近百年来中国和西方列强对抗中出现的，但作为一个自在的民族实体，

---

① 刘晴波主编：《杨度集》，湖南人民出版社1986年版，第374页。
② 孙中山：《孙中山全集》第二卷，中华书局1982年版，第2页。

则是在几千年的历史过程中形成的。①

时至现代，"中华"作为一个文化实体，已然为生活在中国及散居世界各地的保持中华文化元素的诸族众所共认、共用，成为一个具有强大概括力、凝聚力的称号。

本书立基于"中华"范域，对文化生态作开放式考析。

二、文化

"文化"是由"文"与"化"组成的名词，乃"人文化成""文治教化"的省称。

"文"为象形字，甲骨文，象一人站立，胸前刺有花纹，"象正立之人形，胸部有刻画之纹饰，故以文身之纹为文"②。故"文"指各色交错的纹理。《周易·系辞下》称："物相杂，故曰文。"《礼记·乐记》称："五色成文而不乱。"小篆简化为文，东汉许慎《说文解字》给"文"下定义："文，错画也，象交文。"王筠（1784—1854）《说文句读》："错者，交错也。错而画之，乃成文也。"

"文"又引申为包括文字在内的各种象征符号③，先秦时"文"指文字（"字"到秦时方指文字，与"文"并用）。以后"文"引申为文书典籍④，文章⑤，礼乐制度⑥，与"武"对应

① 费孝通：《中华民族多元一体格局》，中央民族学院出版社1989年版，第36页。

② 徐中舒主编：《甲骨文字典》，四川辞书出版社2006年版，第996页。

③ 《左传·昭公元年》："于文皿虫为蛊。"杜预注："文，字也。"

④ 《尚书·序》："古者伏羲氏之王天下也，始画八卦，造书契，以代结绳之政，由是文籍生焉。"

⑤ 《汉书·贾谊传》："以能诵诗书属于文，称于郡中。"

⑥ 《论语·子罕》："文王既没，文不在兹乎？"朱熹集注："道之显者谓之文，盖礼乐制度之谓。"

的文治、文事、文职①，与"德行"对应的文学艺能②诸义；进而引申为修饰、人为加工，与"质"对称③，与"实"对称。条理义的"文"，又用以表述自然现象的脉络，组成"天文、地文、水文"等词；也用以表述人伦秩序，组成"人文"专词。

"化"为会意字，甲骨文作𠤎，金文作𠤎，小篆作𠤎，左边象朝左侧立的人，右边象头朝下、脚朝上倒立的人。此为会意字，用二人的一正一倒表示变化。故"化"的本义为改变、变革，引申出教化④、教行⑤、迁善⑥、感染、化育⑦诸义，还引申出风俗、风气义（短语"有伤风化"）。道家尤其讲究"化"，常与"变"连用。《素问·天元纪大论》云："物生谓之化，物极谓之变。"

这种"化"的过程是渐进的、适应的、习惯的，所谓"渐也，顺也，靡也，久也，服也，羽也，谓之化"⑧。

改变义的"化"与纹理义的"文"配合使用，首见于《周易·贲卦》的《彖传》：

> 刚柔交错，天文也。文明以止，人文也。观乎天文，以察时变；观乎人文，以化成天下。⑨

由文与化组合"文化"一词，始于西汉末年经学家刘向

---

① 《尚书·武成》："王来自商，至于丰，乃偃武修文。"
② 《论语·学而》："弟子入则孝，出则悌，谨而信，泛爱众而亲仁，行有余力，则以学文。"
③ 《论语·雍也》："质胜文则野，文胜质则史，文质彬彬，然后君子。"
④ 《周易·乾卦》："善而不伐，德博而化。"
⑤ 《说文》："化，教行也。"
⑥ 《荀子·不苟》："神则能化矣。"注："化，谓之善也。"
⑦ 《礼记·乐记》："和，故百物皆化。"
⑧ 《荀子·七法》。
⑨ 《周易·贲卦·彖传》。

（约前 77—前 6）的论说：

> 凡武之兴，为不服也。文化不改，然后加诛。①

这是在与武力相对应的意义上使用"文化"一词。与此相似的用例有晋代束晳（约 261—300）的《补之诗·由仪》"文化内辑，武功外悠"。历代史书，也多在与武力比照下使用"文化"，如《南齐书·本纪第一》"裁之以武风，绥之以文化"；《旧唐书·列传第八十七》"乃武乃文，文化武功"；《元史·列传第四十一》"兴文化，修武备"。

二字词"文化"，若作偏正结构，意谓"以文教化"；若作联合结构，则为"文治"与"教化"的合称。这两种含义的"文化"皆已沿用多年，包含"人文化成""文治教化"内蕴的各种短语、句式，先秦以降已传延两千余年。

时至近代，文化一词含义有所引申，这导因于西学东渐时以"文化"翻译相应西语 Culture。

英文和法文 Culture 的词源是拉丁文 Cultura，其原形为动词，有耕种、居住、练习、留心、注意、敬神诸义，以物质生产为主，略涉精神生产，总意是通过人为努力摆脱自然状态。16、17 世纪，英文和法文的 Culture（德文对应词为 Kultur）词义逐渐由耕种引申为对树木禾苗的培养，进而指对人类心灵、知识、情操、风尚的化育，从重在物质生产转向重在精神生产。

1922 年 12 月 1 日，梁启超发表《什么是文化?》一文，借用佛教术语"共业"界定"文化"概念：

> 文化者，人类心能所开积出来之有价值的共业也。②

---

① 《说苑·指武》。
② 梁启超：《什么是文化?》，《晨报副刊》，晨报社 1922 年 12 月 1 日第 2 版。

"开积"即"开拓"和"积厚";"业"也称"业力",指人的一切身心活动及其产生的影响、作用和结果;"共业""像细雾一般,霏洒在他所属的社会乃至全宇宙","永不磨灭";而所谓"价值",则是"人类自由意志选择且创造的东西"。同篇对文化下定义:

> 文化是人类以自由意志选定价值凭自己的心能开积出来,以进到自己所想站的地位。①

综上所述,文化的实质含义是自然的人类化。

有人认为,"劳动是一切财富和一切文化的源泉",只强调人类的主体活动,将自然环境排斥在文化生成机制之外。而实际上"劳动不是一切财富的源泉。自然界和劳动一样也是使用价值的源泉,劳动本身不过是一种自然力的表现,即人的劳动力的表现"②。人类劳动与劳动对象(自然环境)共同构筑了文化。

三、文化结构

文化是主体(人)与客体(生态环境)在人类社会实践中的共构物,包括两大系统、四个层次。

(一)技术系统与价值系统

文化的技术系统指人类加工自然造成的技术的、器物的、非人格的、客观的东西,主要表现为器用层面,是人类物质生产方式和产品的总和,构成文化大厦的物质基石。这便是通常

---

① 梁启超:《什么是文化?》,《晨报副刊》,晨报社 1922 年 12 月 1 日第 2 版。

② [德]马克思:《哥达纲领批判》,《马克思恩格斯选集》第三卷,人民出版社 1975 年版,第 5 页。

说的物质文化（或曰器物文化）。

文化的价值系统指人类在加工自然、塑造自我的过程中形成的规范的、精神的、人格的、主观的东西，主要表现为观念层面，即人类在社会实践和意识活动中形成的价值取向、审美情趣、思维方式，凝聚为文化的精神内核。这便是通常说的精神文化（或曰观念文化）。

两分的物质文化与精神文化又是统一的。因为历史从哪里开始，思想进程也应当从哪里开始，人类观念形态文化的发展历程，是与整个历史，包括物质文化的历史交织在一起的。

（二）文化四层次

在文化两分（物质文化和精神文化）的基础上，可将文化视作一个包括内核与若干外缘的不定型的整体，从外而内，约略分为四个层次：

其一，由人类加工自然创制的各种器物，即"物化的知识力量"构成的**物态文化层**，它是人的物质生产活动方式和产品的总和，是可触知的具有物质实体的文化事物，构成整个文化创造的物质基础。

其二，**制度文化层**，是人类在物质生产过程中结成的社会关系的总和，包括各种血缘性、地缘性和业缘性社会组织，国家制度是重要部分。制度文化是精神文化的产物、物质文化的工具。文化进化往往以制度变迁的形式发生。

其三，人类在社会实践，尤其是在人际交往中约定俗成的习惯性定势构成的**行为文化层**，是一种以礼俗、民俗、风俗形态出现的见之于动作的行为模式。一个时代的文化集中体现在该时代的思想理论体系中，也更广泛地活跃在各种社会风尚间。

其四，人类在社会实践和意识活动中长期绷缊化育出来的价值观念、审美情趣、思维方式等主体因素构成的**心态文化层**，是文化的核心部分，其意蕴又体现于物质文化、制度文化、行为文化之中。

前贤说："圣人之道，本天人之际，胪幽明之序，始于饮食，中乎制作，终于闻性与天道。"① 物态文化是前提、起点（"始于饮食"），人的劳作创制即经济活动是文化的中枢（"中乎制作"）。在二者的基础上，方可进行较高层的精神性探讨（"终于闻性与天道"）。若补充制度文化，此说即是一个较完备的文化分层论。

（三）社会心理与社会意识形态

心态文化又可区分为社会心理和社会意识形态两个层次。

"社会心理"指人们日常的精神状态和道德面貌，是尚未经过理论加工和艺术升华的流行大众心态，诸如人们的要求、愿望、情绪、风尚等。我国古代，朝廷设置专门机构，致力于"观俗""采风"，便是着意于掌握社会心理，以期"移风易俗"。近人梁启超力倡"新民说"，鲁迅探讨"国民性"，属于把握并改造社会心理一类工作。社会心理较直接地受到物质文化和制度文化的影响与制约，并与行为文化交融互摄，互为表里。

"社会意识形态"则指经过系统加工的社会意识，它们往往是由文化专门家对社会心理这一中介进行理论的或艺术的处理，曲折地，同时也更深刻地反映社会存在，并以物化形态（如书籍、绘画、雕塑、乐章、影片等）固定下来，播之四海，传于后世。

对心态文化中"社会心理"和"社会意识形态"这两个层次加以区分，并认识到社会心理是社会意识形态赖以加工的原材料，具有特殊的意义——我们不能只是一味关注经由文化专门家加工过的、定型了的"社会意识形态"（即所谓"精英文化"或"雅文化"），还必须将视线投向社会意识形态与社会存

---

① 〔清〕龚自珍：《五经大义终始论》，《龚自珍全集》，上海人民出版社1975年版，第41页。

在之间的介质——不定型的，作为潜意识存在的社会心理（即所谓"大众文化"或"俗文化"）。只有同时把握精英文化和大众文化、定型的书面文化和不定型的口碑文化，认真研讨社会心理与社会意识形态之间的辩证关系，才有可能真正认识某一民族、某一国度精神文化的全貌和本质。

（四）基层意识形态与高层意识形态

此外，依与社会存在和社会心理关系的疏密程度，又可将社会意识形态区别为基层意识形态（如政治理论、法权观念）和高层意识形态（如科学、哲学、艺术、宗教）。

作为基层意识形态的政治思想和法权观念，是经济基础的集中表现，与社会存在保持着较密切的联系，但它的产生和发展仍然要经过社会心理这一中间环节起作用。

作为高层意识形态的科学、哲学、文学、艺术、宗教，其终极根源当然也要追溯到社会存在，尤其是经济土壤之中，但它们是更高的、较远离物质经济基础的意识形态，具有相对独立性，在这里，观念同自己的物质存在条件的联系，愈来愈被一些中间环节弄模糊了。但是这一联系是存在着的。社会存在通过一系列介质方作用于这类高层意识形态，而社会心理和基层意识形态便是其间的介质。

文化诸形态依其与作为自在之物而存在的"自然"的联系疏密程度，可分成若干层次，如图1所示。

文化诸层次，在特定的结构—功能系统中融为统一整体。这个整体既是前代文化历时性的累积物，具有遗传性、稳定性，同时又在变化着的生态环境影响下，内部组织不断发生递变和重建，因而又具有变异性、革命性。而文化整体中的不同成分，其遗传和变异的情形又是很不平衡的，某些部分传统的力量强大，相对稳定，变异缓慢；某些部分遗传制约比较松弛，因而变异也比较迅速。

一般而言，与社会发展的活跃因素——生产力关系直接的

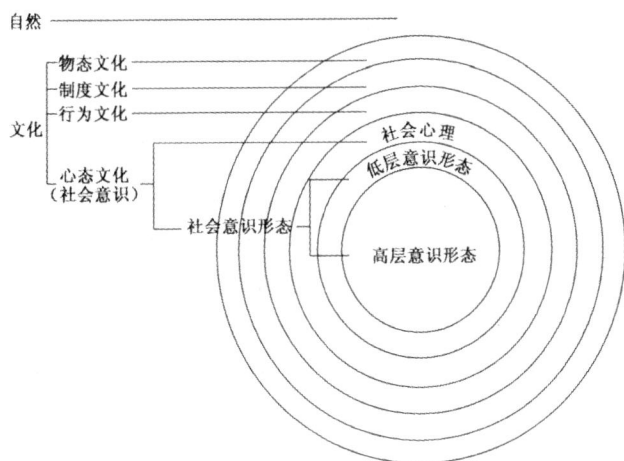

自然 ——————————————————

物态文化 ——————
制度文化 ——————
文化 { 行为文化 ——————

心态文化
（社会意识） ——

社会意识形态 ——

社会心理

低层意识形态

高层意识形态

图1

物态文化，新陈代谢的节奏较快，而制度文化和行为文化作为社会规范和行为定式，则带有保守性格。

在构成文化内核的心态文化层中，经由文化专家创作加工，注入丰富的个性色彩的种种社会意识形态（如各种哲学、社会科学理论及文学、艺术思潮），由于是创造性思维的产物，往往具有活跃的变异性，尤其在社会变革时代，可以在短期内屡屡发生新旧更替，甚至在同一作者那里出现"今是而昨非"的情形。与此成反照的是，作为社会意识形态的背景和基础的社会心理，诸如潜藏在大众历史生活中的价值观念、审美情趣、思维方式所构成的"民族性格"，因为是一种感性直觉的"潜意识"或"集体无意识"，难以被自觉把握和运作，从而具有稳定性和延续力，与社会生产力和社会制度的变异不一定形成直接而迅速的对应性效应，往往历时悠远而情致不衰，所以被人们称作"文化的深层结构"。当然，"文化的深层结构"并非神授天予的凝固物，而是一个在特定的生态环境中孕育出来的生命机体，随着自然与社会环境的改造，随着心态文化层中理性部分的变异造成的影响，作为"潜意识"或"集体无意识"的"文化深层结构"也在演化和重建，归根到底，仍是一种历史地产生又历史地变化、消失的文化现象，不过速度相对缓慢，在短期内不易为人觉察而已。

与文化的"浅层结构"和"深层结构"相对应的一组概念是"显型文化"和"隐型文化"，它们是按照人们对文化诸形态的自觉把握程度加以区分的。作为具有符号性特征的**显型文化**，是可以从外部加以把握的各类文化事实，物质文化、制度文化、行为文化、物化了的精神文化共同组成这种文化事实；**隐型文化**则是一种"二级抽象"，它是潜藏在各类文化事实背后的知识、价值观、意向、态度等。文化外在的显型式样和内在的隐型式样构成二位一体的统一物，前者是后者的外部表现和形态，后者是前者的内在规定和灵魂。而文化生态学的任务之一便在于研究"文化心态"，即通过显型文化把握精深微妙的隐型文化，透过一个民族文化的文字和事实构成的种种表现形态认识这个民族的精神特质。

文化是一个有机整体，这个有机整体的运动历程便是文化史。"整体大于局部相加之和"，部分对整体的决定作用不是直接实现的，而是通过结构实现的，文化的各个局部通过特定的结构，组成文化整体，并创造出整体自身的功能。因此，文化学和文化史学应当在分门别类的、个案的研究基础上，重视整体的、宏观的研究，而且这种整体的、宏观的研究，又不是个案的、微观的研究的拼盘。我们应当注意文化与生态环境（自然环境与社会环境）的结构关系，这便是文化的**"外结构"**研究；与此同时，我们还应当注意文化自身的结构关系，这便是文化的**"内结构"**研究。整体大于局部之和，将内结构研究和外结构研究有机综合起来，方有可能再现文化生态的整体性，才有可能洞察悠久而博大的中华文化的生成机制、内在特质及发展趋势。

对文化作结构性解析，有助于文化生态研究的分层次展开。

四、生态

汉语古典词"生态"，本义是显露美好姿态、生动意态，梁代简文帝赋"佳人采掇，动容生态"（《筝赋》）、杜甫诗"物色生态能几时"（《晓发公安》）皆为用例。近代借"生态"一词意译英语 ecology，而 ecology 源于希腊文 oikos，含"家、居所、栖息地"之义。

近代义的"生态"，指生物在一定自然环境下的生存状态，是生命科学的核心概念，意谓生物群落与地理环境相互作用的自然系统。

生命机体的特性，在于与周围环境进行新陈代谢。作为高级有机体的人类，其生活、生产实践与无机及有机环境组成一个不断交换的、复杂的新陈代谢网络，此即生态系统。

生态系统由"无机环境—生产者（绿色植物）—消费者（草食动物、肉食动物）—分解者（腐生微生物）"四部分组成。生态是无机物与生物因子通过能量流动和物质循环形成的统一整体。人类一刻也脱离不开这个生态链。时至现代，"生态"的所指，又从生物的生存状态深入到人的生存状态。

近代义的"生态"一词在中国使用不过百年，"生态学"研究及普及，更在晚近几十年间方得开展，但中华先贤很早就有关于人与生存环境密不可分的认知，朝野有保护生态的践行。这类先辈的"生态前见"，可供今人借鉴。

（1）"仰以观于天文，俯以察于地理"①，全方位审视生态环境。

（2）"居楚而楚，居夏而夏"② 一类环境影响人性的观念。

（3）珍惜自然资源，如墨家谴责权贵"繁饰礼乐"，奢侈耗

---

① 《周易·系辞上》。
② 《荀子·儒效》。

物，主张"节用""节葬"①；道家倡导"去甚，去奢，去泰"②，反对暴殄天物。司马光指出，资源有大数，制造物品有大限，故"取之有度，用之有节，则常足。取之无度，用之无节，则常不足"③。

（4）维护动植物的世代传承，《礼记》载"不殀夭，不杀胎，不覆巢"④（不抓小鸟，不杀怀胎的母兽，不倾覆鸟巢），又载"天子不合围，诸侯不掩群"⑤，王侯围猎须网开一面，给野兽留条生路，以传后代。《逸周书》谓："春三月，山林不登斧，以成草木之长；夏三月，川泽不入网罟，以成鱼鳖之长。"

（5）设置虞、衡等环境保护机构，《周礼》载，周代有山虞、泽虞、川衡、林衡等职官，负责制定保护山林、川泽的政令，并巡视林麓、川泽，严禁滥砍滥伐。《淮南子》说"不涸泽而渔，不焚林而猎"⑥，并有休猎、休渔的详细记述。

概言之，处于农耕文明阶段的华夏先民，在生活、生产实践中体悟到人与生态环境存在密不可分的联系，主张维持生态平衡。

应当指出，中华先贤的生态睿见，大多是"观物比德"的产物，即以生态观察比附人伦政治。如《国语》载春秋时鲁宣公（？—前591）在泗水张网捕鱼，其臣里革把渔网割断，扔在水里，并对宣公说：

> 鸟兽孕，水虫成，兽虞于是乎禁罝罗，猎鱼鳖以为夏犒，助生阜也。鸟兽成，水虫孕，水虞于是禁罝䍡，设阱鄂，以实庙庖，畜功用也。且夫山不槎蘖，泽不伐夭，鱼禁鲲鮞，兽长麑麋，鸟翼鷇卵，虫、舍蚳蝝，繁庶物也。

---

① 见《墨子·天志》《墨子·节用》。
② 《老子》第二十九章。
③ 《资治通鉴》卷二三四。
④⑤ 《礼记·王制》。
⑥ 《淮南子·主术训》。

古之训也。①

这番话原是劝导鲁君对民众行宽政，而以生产生活经验作比喻引出合理利用资源的生态平衡理念。春夏鸟兽鱼孵卵怀孕，不应捕杀，树木发芽生长，不宜砍伐。野生动植物得到繁衍，才可能取之不尽、用之不竭。

孟子（约前372—前289）为论证"仁政""王道"，以动植物的生态保护作比拟：

> 数罟不入洿池，鱼鳖不可胜食也。斧斤以时入山林，材木不可胜用也。②

不能违拗自然规律，是中国古代哲人的一贯思想。西汉淮南王刘安（前179—前122）及其幕客说：

> 禹决江疏河以为天下兴利，而不能使水西流；稷辟土垦草，以为百姓力农，然不能使禾冬生，岂其人事不至哉？其势不可也。③

东汉思想家王充（27—约97）力辟天人感应说，他指出：

> 人不能以行感天，天亦不随行而应人。④

北魏农学家贾思勰说：

> 顺天时，量地利，则用力少而成功多。任情返道，劳

---

① 《国语·鲁语上》。
② 《孟子·梁惠王上》。
③ 《淮南子·主术训》。
④ 《论衡·明雩》。

而无获。①

这种"人事"不违天地规律的"因势利导"思想，顺应自然使用人力的思想，以及天人相分的思想，是中华文化关于"天—人"关系，"人—地"关系的卓识远见，也是当下流行语"可持续发展"的思想前导。现代人类在征服自然方面取得的成就远迈古人，但与此同时，也面临生态环境遭到空前规模破坏的严峻形势，当此之际，重温先哲智慧，是大有裨益的。

先哲更从形上层面阐发生态理念，要论有四。

其一，生生创化说。

《易传》将乾、坤代表天、地，天地乃万物之父母②，天地弘大的德泽在于使万物生生不息，所谓"天地之大德曰生"③，认为"日新之谓盛德，生生之谓易"④。

《仪礼》称："天地合而后万物兴焉。"⑤《荀子》谓："天地者，生之本也。"⑥天地造物，既无开端，亦无终结。

其二，天人并重说。

中华元典在强调天地创发功能的同时，也不忽略人的作用，《易传》把天地人并称"三才"："有天道焉，有人道焉，有地道焉。兼三才而两之。"⑦天地万物共为一元，人占一元，人与天二元对应（两之）。人可以通过"尽心"而"知性"，"尽性"而"知天"⑧。这是在顺应自然、了解自然的前提下，充分肯定人的认识能力的天人观。

其三，天人协和说。

---

① 《齐民要术·种谷第三》。
② 见《易传·说卦》
③⑦ 《易传·系辞下》。
④ 《易传·系辞上》。
⑤ 《仪礼·郊特牲》。
⑥ 《荀子·礼论》。
⑧ 《孟子·尽心上》。

《礼记》说："天地和同，草木萌动"①，"和，故百物皆化"②，"天地不合，万物不生"③。《荀子·礼论》载："天地合而万物生，阴阳接而变化起。"认为天地和合是生态系统更革的动力，"天地革而四时成""革之时大矣哉"④。

天人协调是理想境界。荀子谓："天有其时，地有其财，人有其治，夫是谓能参。舍其所以参，而愿其参，则惑矣!"⑤ 荀子的"人定胜天"说，主张天地人配合，人如果与天地争锋，就是犯糊涂了。

其四，爱民、爱万物说。

先秦即有重民、爱民之说，汉代哲人更将爱民推及到爱万物，《春秋繁露》称："质于爱民，以下至于鸟兽昆虫莫不爱，不爱，奚足以为人?"⑥ 宋代更有"民胞物与"宏论。

其他民族和国度，注意人类生存环境的思想也产生很早，古希腊哲学蕴含生态整体意识，认为万物一体，人与自然是有差异的统一体，批评人类中心主义，追慕理想生态境界。中东伊斯兰教史学家、《历史绪论》作者伊本·赫尔东（1332—1406）于1377年提出文化生态概念，强调人类文化与周围环境的联系性。这是中世纪的生态思想代表。日本从室町时代到江户时代即注重封山育林，有严格的"伐一植一"规定。人口稠密的日本保持67%的森林覆盖率，得益于传承多年的生态意识。诺贝尔文学奖得主川端康成（1899—1972）《日本美之展现》称日本给人最深刻的印象是"绿意盎然"；现代思想家梅原猛（1925—2019）把"森林思想"称为"日本文化的原点"。

---

① 《礼记·月令》。

② 《礼记·乐记》。

③ 《礼记·哀公问》。

④ 《周易·革卦·象传》。

⑤ 《荀子·天论》。

⑥ 《春秋繁露·仁义法》。

五、文化生态学

先民在社会实践中积累的生态知识，中外前哲有关于生态问题的卓异论述，对今人仍有启示作用。但古昔生态观，还处于经验阶段，呈散漫状态，时至近代，对生态问题的研究才成为一门科学——生态学。

1865年，德国生物学家特勒合并两个希腊词语 logos（研究）和 oikos（房屋、住所），组成"生态学"（oikologie）一词。19世纪60年代，德国动物学家、进化论者恩斯特·海克尔（1834—1919）首创生态学，他在《有机体普遍形态学》一书中说：

> 生态学研究动物对于无机与有机环境所具有的关系。

从而把生态学确定为一门探讨有机体与其周围环境相互适应状态的科学，并把生态学定名为 ecology。日本东京帝国大学教授三好学于1895年把 ecology 译为汉字词"生态学"，后经武汉大学教授张挺将"生态学"介绍到中国。

生态学在20世纪走向成熟，1935年，英国生物学家阿瑟·乔治·坦斯利把生物群落及环境因素放在"生态环境"中加以研究，他的《植物概念术语的使用问题》一文指出：

> 有机体不能与它们的环境分开，而必须与它们的环境形成一个自然生态系统。

生态学确认五原理：（一）物质循环再生原理；（二）物种多样性原理；（三）协调与平衡原理；（四）整体性原理；（五）系统性原理。

20世纪70年代以来，生态学的研究重点逐步从生物界转向人类社会，从主要考察自然生态系统过渡到重点研究社会生态系统，与经济学结合，产生生态经济学；与文化学结合，产生文化生态学。

美国文化人类学家斯图尔德（1902—1972）在1955年出版的《文化变迁理论》一书中阐述了文化生态学的基本概念。该书指出："生态学主要的意义是'对环境之适应'。"对大多数动物而言，适应是依靠它们的身体特征来达成，而人类的适应主要是靠文化方式达成。

文化生态学不赞成把文化归结为经济的直接产物，主张从人、自然、社会、文化的各种变量的交互作用中研究文化生成与演变，故文化生态学是以人类在创造文化的过程中与天然环境及人造环境的相互关系为对象的一门学科，其使命是把握文化生成与文化环境的内在联系及相互作用。作为文化生态学的一个基本概念，"文化生态"（或称"文化背景"），主要指相互交往的文化群体凭以从事文化创造、文化传播及其他文化活动的背景和条件，其本身又构成一种文化成分。人类与文化生态是双向同构关系，人干预环境，环境创造人。这便是我们从事文化研究要从生态研究入手的缘故。

文化生态学研究文化与环境的关系，用生态学观点考查人与自然及社会的互动过程，重视自然—社会环境在文化生成中的基础作用，承认生物圈内诸生命的平等、互补与共生，重视整体生态系统的平衡，对不断膨胀的"人类中心主义"开展批判。美国生态学者怀特《我们的生态危机的历史根源》一文指出，人类中心主义是生态危机的罪魁祸首。在文学领域出现"生态批评"思潮：第一，研究生态智慧，扬弃传统的人类中心主义；第二，倡导人与自然和平共处；第三，关注人与社会之间的社会生态和人的精神生态。一些生态学者阐述自然存在物的内在价值、人对自然的道德义务，倡导建立生态本体论，从环境主义角度审视人与自然关系的本质，解构近代以来人与自然两分的观念，控制人对自然的干预，实现人与自然的和解，恢复人与自然的共生与和谐。生态文明旨在维护生态安全，促成大生态（包括自然生态、经济生态、社会生态、人心生态）的协调发展，形成良好的生态意识和生态伦理。

文化生态学的一个重要命题是，人对自然的压迫源于社会内部的压迫，故只有调适人类的经济活动、克服社会制度的种种弊端，生态危机方能得以缓解。建立有节制的消费方式和生产方式，让社会制度趋于公正有效，是可持续发展的进路。

六、生态综述

"文化生态"包括自然环境（又曰地理环境）与人造环境（又曰社会环境）两大彼此渗透、相为表里的部类。

地理环境指人类生存所依托的自然界，处于生态的基础层次，它给人类的文化创造提供活动舞台与物质—能量源泉。

社会环境指人类结成的全部社会关系的总和，包括社会再生产过程中的经济环境与社会制度环境。

地理环境本身不能单独构成文化生态。具有自觉意志的人类的社会实践，首先是生产实践，与地理环境提供的自然资源相结合，方能创造社会财富，奠定人类生存和发展所必需的生活资料与生产资料，并且愈益深刻地给周围环境打上人的实践的印记，从而使生态环境在自然性之外，又加上人类性，构成文化生态。如果说，地理环境提供了生命活动和文化创造的物源、能源，那么，人类的经济实践则是利用物源、能源使生命活动和文化创造得以运作的动力机。

在经济活动中，为了进行生产以及随之而来的分配与交换，人与人之间结成一定的社会关系，以确定生产资料所有制的形式、各种不同集团在生产中的地位和相互关系，以及产品的分配形式。在结成生产关系的同时，人们还建立起各种形态的社会组织，如以人际关系为基础的社会组织——家庭、氏族、胞族、部落、部落联盟等；地域或财产关系为基础的社会组织——乡党、邻里、县（市）区、省区、国家，各种行会、公司、专业社团、政党等。社会组织的形成和日趋复杂化，进一步使人类在自然性、个体性之外，增添了社会性，也即荀子所说的"群"性，并将这种社会性赋予文化生态。

动物与环境之间经由新陈代谢建立起物质—能量的双向交流关系，而人类与环境之间则呈现更为复杂的三角交流关系，如图 2 所示：

动物在生态系统中仅仅充当消费者角色：

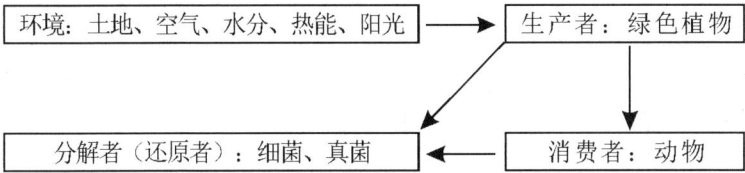

图 2

兼备本能与知性的人类却是消费者与生产者的统一。作为消费者，人首先是自然意义上的消费者，利用空气、水、有机物以满足生命运动和种族延绵的需要，在这一点上，人与动物无异；同时，人又是社会意义上的消费者，需要经过社会劳动加工过的自然，以实现衣、食、住、行、娱乐及其他文化要求。作为生产者，人不同于绿色植物仅仅依靠自然物进行的光合作用，也不同于蜜蜂单凭本能的采蜜劳作，人类是在自觉意志支配下从事社会生产的，包括物质生产（消费资料生产和生产资料生产）、精神生产（文化教育生产和科技知识生产）、人类自身生产（后备劳动力即新增人口生产和现有劳动力即就业人口生产）。这样，人类在生态系统中的关系网络就复杂得多（如图3 所示）：

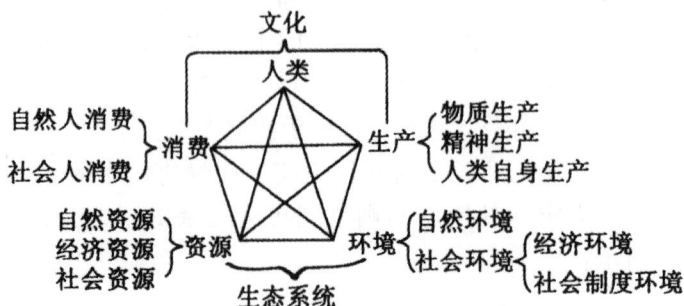

图 3

　　人类的文化创造是消费活动与生产实践的整合，而消费与生产都在环境提供的资源共同组成的生态系统中进行。因此，某一民族或国度的文化格局及走向，并非由少数圣贤先验式地设计出来，而是该民族或国度在特定的生态系统中累代实践，积渐而成的。当然，杰出人物在此间所发挥的因势利导、开风气之先的归纳乃至预设，功不可没。

　　总之，我们在考察某一民族或国度文化发生发展的历程，进而把握其文化特质时，不可脱离"人与自然""人与社会""物质生产与精神生产"这样一些基本主题，不可忽视地理、经济、社会结构等文化生态因子的综合功能，切勿忽视生命系统与环境系统之间须臾不可止息的物流、能流、价值流、信息流。中国哲人反复研讨的天人之辨、道器之辨、形神之辨、能所之辨、体用之辨、知行之辨、修齐与治平之辨，均与此相关。文化的时代性和民族性，文化的人类性和阶级性，也由此而派生出来。当然，某一民族的文化定势一经形成，便自拥独立性，有着自身的运行轨迹，并且反作用于自然—社会环境，能动地调整、改造文化生态。因而文化与其生态环境之间保持着一种动态的互化关系。

第一章　究天人之际

司马迁（前145或前135—?）以"究天人之际，通古今之变，成一家之言"①为治史鹄的，但他没有把"究天人之际"虚玄化，而是在"天人"关系中最切近社会人生的部位——"人地"关系上展开。

第一节　探"人地"，究"天人"

《史记》"八书"及诸"列传"，在探讨"天人之际，承敝通变"②时，以"人地"关系的考查为基础，例如，言"水之为利害"的《河渠书》、"因其土地所宜""徼山海之业"的《平准书》、"弛山泽之禁""交易之物莫不相通"的《货殖列传》等篇什，从天时—地理—人文的结合处入手，展开"人情自然，理财大道""开宕征引，极变化离奇之妙"（清人牛运震语），使"究天人"这项高远探索获得扎实的基础。

遵循太史公开辟的这种"顶天立地"的研究理路，文化生态考察便从人类的家园——地球开始。

---

① 《报任少卿书》。
② 《史记·太史公自序》。

一、蔚蓝色的地球

现代天文学考察证实，宇宙诞生于150亿年前，地球起源于46亿年前的原始太阳星云。作为太阳系内一个中等大小的行星，地球环绕不断进行核裂变、熊熊燃烧的太阳旋转，获得光源与能量，地球的磁场又可抵挡太阳风的侵袭。

地球自转轴23.5度倾斜，得以有四季交替。

地球自身的质量所形成的地心引力，把贴近球面的大气吸引住，形成大气层，其臭氧层保护生命不受高能射线伤害。

地球与太阳的距离（1.5亿公里），使地表温度（平均摄氏15度）恰到好处地让水保持液态，使生命得以繁衍。

地球拥有碳、氢、氧、氮、硫、磷等组成生命体的关键元素。

地球表面积5.1亿平方公里，外部有水圈、大气圈及磁场，71%为海洋，29%为陆地。温度适中的海洋是生命诞生地，由土壤包裹的大陆使菌类和绿色植物得以繁殖。

以上条件的集合，使地球成为迄今所知存在高级有机生命的唯一天体，是千万生物物种共同的家园。

古人囿于视野，曾经认为世界是平的、方的（也有先觉者猜测其为球状），直至16世纪大航海时代，才实证世界并非平而方。1519年至1522年，葡萄牙人麦哲伦（1480—1521）船队自西班牙塞维利亚出发，经大西洋，穿过南美大陆南端海峡（后来命名麦哲伦海峡），进入太平洋，途经菲律宾时，麦哲伦被土人打死，而他的船队继续向西，驶越印度洋，绕过非洲南端好望角，终于返回出发点西班牙，完成人类史上第一次环球航行，以无可争辩的实践经验证明大地乃圆球形，"地球"（earth）这一地理学关键词正式确认。以后，通过测量又进而了解到，地球是一个椭圆球体。

20世纪60年代以降，进入宇航时代，人类开始从太空直接目睹地球大貌。

1961 年 4 月 12 日，苏联航天员尤里·加加林（1934—1968）乘"东方"号宇宙飞船，在人类历史上第一次进入太空，他描述所见情景："天空非常的幽暗，而地球是蓝色的，看起来一切都非常清澈。""地球看上去更像个水球。"

1983 年，美国"哥伦比亚"号航天飞机的宇航员约瑟夫·帕西瓦尔·艾伦（1937— ）描述他所见地球："外面蓝色的天空逐渐由深蓝变浅蓝。舱外的地球不再像从高空飞行的飞机上所看到的那样是扁平的了。它成了一个球体。"

2003 年，中国第一位宇航员杨利伟（1965— ）从航天器上观览我们的星体：

> 地球真的太漂亮了，漂亮得无可比拟。
>
> 在太空的黑幕上，地球……浑身散发出夺人心魄的、彩色的、明亮的光芒，她披着浅蓝色的纱裙和白色的飘带，如同天上的仙女缓缓飞行。
>
> 地球大部分地区覆盖着海洋，我果然看到了大片蔚蓝色的海水，浩瀚的海洋骄傲地披露着广阔壮观的全貌，我还看到黄绿相间的陆地，连绵的山脉纵横其间。
>
> 我已经跑到离地球 400 公里的空间，但是实际上在浩瀚的宇宙面前，我仅像一粒尘埃。①

地球在广袤无际的宇宙间围绕太阳公转，本身作自转。地球因为包裹着由大气层所形成的"宇航飞行服"，可以抵御宇宙射线对地球表面的杀伤性辐射，同时又将有益于机体生存的紫外线等射线过滤进来，从而造成一个特定的内环境：这里有由比例恰当的氮、氧、二氧化碳组成的空气，充沛的液态水，适宜的温度与湿度，强度恰如其分的太阳能及紫外线，这样，有

---

① 杨利伟：《天地九重》，解放军出版社 2010 年版。

机生命方万分幸运地在这个星体得以诞生并延绵发展。

二、太阳系内高级生命体的唯一家园

鉴于宇宙的无限广袤性，不能说地球为生命提供的机遇是绝无仅有的，外系星体中某些类地行星，可能具备与地球相似的环境条件，因而可能诞生有机体甚至高级生命体，[①] 故现代多有"外星人"的种种猜想。但天文学考察证明，在太阳系内，地球以外诸行星没有高级生命机体（火星、金星等行星有无微生物尚待考辨）。人类是地球上的有机生命历经漫长进化过程形成的"宇宙的精华，万物的灵长"[②]，用中国哲人的话来说，"惟天地万物父母；惟人万物之灵"[③]，人类受赐于自然，也受制于自然，同时，人类又能够认识自然并按照自己的意志有限度地改造自然，"人之巧乃可与造化者同功乎"[④]，自此，我们的地球及周围的空间变成熙熙攘攘、充满生机的"人的世界"，也即"文化的世界"。

古希腊学者、"地理学之父"埃拉托色尼（前276—前194）认为，应当把地球作为人的家乡来研究。这正道出本书所要讨论的"文化生态"真谛。

人类从动物界走出，始终领受着自然和社会给予的生存条件和多重压力。人类利用这些条件并不断克服这些压力才能发展，而文化便是人与生存条件的统一体，是人类适应环境、改造环境，并改造自身的产物。

---

① 据《科学》杂志2013年4月发表的论文称，美国航天局的开普勒太空望远镜发现，在太阳系以外的名为开普勒-62的恒星有三颗行星类似地球，可能是岩石质，有极冠、大陆块和水，可视为"宜居行星"。它们距离地球1200光年（一光年约6万亿英里）。

② ［英］莎士比亚悲剧《哈姆雷特》中哈姆雷特的台词。

③ 《尚书·泰誓上》

④ 《列子·汤问》。

植物和动物是在死亡胁迫下，通过机体的变异来适应变化着的环境条件。物竞天择，适者生存，不适者淘汰，是生物界"天演之公例"。人类作为有机界进化长链中的一个环节，是这种"天演之公例"的产物，同时又具有愈益强势的自为能力。人类在劳动生活中形成并发展出别种生物所缺少的自觉和主观能动性，不仅接受自然的选择，而且因其有意识，会劳动，还可以选择自然；他们主要不是依赖身体器官的变异被动地顺应环境，而是通过改变自己的思想和行为，不断革新物质生产方式和社会组织来积极地增进对环境的适应能力，并不断发展自身的智能，由环境的奴隶变成环境有限度的主人。

人类是地球系统的一个成员，又是这个系统的干预者和调节者。随着文明程度的提高，具有愈益精密的技术系统和观念系统的人类，渐有能力突破地球的某些限制，享有日益广泛的自由度，经济的及社会结构逐渐强有力地影响文化生成。当然，这并不意味着自然因素的影响力可以被忽视，它实际上更加深刻、更加广泛地渗透进人类生活。自然场与社会场有机地组合成"生态环境"，提供人类栖息生养、创制文化的条件。因此，要把握一个民族文化的真髓及其发展历程，必须首先了解这个民族在地球所处的地位，并对其进行综合的、动态的考察。

地球变动不居，其中自然场演化缓慢，速率以"地理时间"计量，如气温、降水量等气候大势的变化，每以千年计；地质、地貌变化每以万年计，甚至须数十万年方见明显异动。社会场则变化频仍，其速率以"人文时间"计量，可于百年前后见更革，而在"一天等于二十年"的社会变革关头，事件与人物于数年乃至数月、数日之间，即发生显著改变。

因为自然场①与社会场变化速率存在明显差异，若作短时段观察，似乎自然场静定不变，社会场则迅速更化，故人们往往发出"江山依旧，人面全非"的感慨。

传统史书记述的重点是我们这个星球社会场的变化，不吝笔墨于政治、军事"事件"和其间的风云人物（帝王将相、英雄豪杰），而文化生态学则追究事件的背景，作长时段的"结构"考察。法国年鉴学派指出：

> 所谓结构，实际上就是那些不受急风暴雨（或用汤因比的话说，"急进或猛退"）的影响而长期存在的东西。②

这种"长期存在的东西"便是由自然场、社会场综合而成的文化生态环境，它们对历史发生持续、深远的影响。

三、天人合一·天人相分

人与自然的关系，或曰人类文化与生态环境的关系（古哲称"天人之际"），是文化生态学的核心问题。自春秋战国以至两汉，围绕"天人之际"，形成相反而又相成的两种观点："天人合一"与"天人相分"，二者共同构成中国人的宇宙—人生理念。

（一）"天人合一"的本义及其引申

早在先秦，便已出现"天人合一"的萌芽形态。

---

① 此处借用物理学之"场"——物理量在空间的一个区域内的分布称"场"，如电场、磁场、引力场等。文化生态学中的"自然场"指人的生存所依凭的自然界；"社会场"指人在生命过程中结成的全部社会关系之总和。

② ［法］费尔南·布罗代尔：《文明史：过去解释现时》，《资本主义论丛》，中央编译出版社1997年版，第161页。

《周易》说："天地絪缊，万物化醇；男女构精，万物化生。"① 指出万物（包括人类）皆由天地孕育。此议之"天"，约有两层意思：一指大自然，二指从大自然运行领悟出来的规律、道理，即所谓"天道""天理"。《周易》将"天道"概括为"天乾—地坤"，"天地"指大自然，"乾坤"是天地拥有的精神——"乾道"刚与健，"坤道"柔与顺。而"天乾—地坤"的天道，是人道所应当仿效遵循的。

老子说："人法地，地法天，天法道，道法自然。"② 对《老子》书中的"自然"，有的释为大自然，也有释为万物的本然状态。

中华元典《周易》和《老子》的宇宙本体皆指本然的"天"，先于人文的"天"，这与西方基督教指宇宙创发者是人格神"上帝"的观念不同。《周易》和《老子》的"人"是自然的产物，与西方基督教指"人"为上帝所造的观念也大不相同。中西文化的差别在此，中西文化生态观的差别也由此发端。

庄子（约前369—前286）进一步指出："天地者，万物之父母也。"③ 认为自然的天地是万物的根本、源头，由此形成人与天地"同一"说。"天地与我并生，而万物与我为一"④，天即天然，非人为，人须"与天为徒"；"天与人不相胜，是之谓真人"⑤，天与人合一，返璞归真，让人恢复自然本性，成为"真人"。"不以心损道，不以人助天"，方达到合一境界。

如果说《庄子》的天人观有无视人的倾向，荀子批评其"蔽于天而不知人"⑥，那么，董仲舒（前179—前104）在高度赞扬天道的同时，将人提升到与天地并列的地位：

---

① 《周易·系辞下》。
② 《老子》第二十五章。
③ 《庄子·达生》。
④ 《庄子·齐物论》。
⑤ 《庄子·大宗师》。
⑥ 《荀子·解蔽》。

天地人，万物之本也。天生之，地养之，人成之。①

天之道"生万物"，地之道"养万物"，人之道"成万物"。天道是生成之源，人道是文化实现之径，人与天地不可分，所谓"人与天地相参"。《周易》的"天地人三才"说，正是天人合一论的早期概括。此为中国传统生态意识的基旨。

到了君主集权、独尊儒术的汉代，天人观偏于政治伦理。董仲舒以阴阳说阐发天道永恒，"道之大原出于天，天不变，道亦不变"②"天者百神之大君也"，把天视作最高神灵，认为人事须遵从天道次序：

事各顺于名，名各顺于天。天人之际，合而为一。③

在董仲舒那里，"天"是超自然的、创造万物的神明，其"天人合而为一"说演为论证君权至上、儒教独一的理念，"屈民而伸君，屈君而伸天"④，人君是"天"在人世间的代表，"受命于君，天意之所予也"⑤。帝王"求其端于天，天道之大者在阴阳"⑥；还引申出"天人感应"说，"帝王之将兴也，其美祥亦先见；其将亡也，妖孽亦先见"⑦；其"王道三纲"说，"求之于天"，天人观笼罩着神学色彩。

宋人张载（1020—1078）复归先秦天人观，首次正式提出"天人合一"命题：

儒者则因明致诚，因诚致明，故天人合一。⑧

----

① 《春秋繁露·立元神》。
②⑥ 《汉书·董仲舒传》。
③⑤ 《春秋繁露·深察名号》。
④ 《春秋繁露·玉杯》。
⑦ 《春秋繁露·同类相动》。
⑧ 《正蒙·乾称》。

综上所述，"天人合一"是表述人与自然和谐关系的命题，但又被引作论证皇权神圣，不过天人和谐一致的哲思始终隐含其中。

（二）"天人相分"异军突起

"天人合一"是中国传统天人观的主流，但也有与之相对应的"天人相分"说。

春秋时的郑国，星占家预言将发生大火，郑君询问执政卿子产（？—前522）当如何应对，子产曰："天道远，人道迩，非所及也。何以知之？"① 指出天道与人道互不相及，不可能凭星象判断人间事。此为"天人相分"的早期表述。

战国后期的荀子（约前313—前238）对"天人相分"命题有完整的阐发，他破除天的神秘性，指出天是自然的天，其名论为：

> 天行有常，不为尧存，不为桀亡。……故明于天人之分，则可谓至人矣。②

将人与天两分，天是外于人的自然界，有自己运行的规律，日月星辰的运行，四季的轮回，不依人世的好恶而改变；人类的吉凶祸福也非天命决定，而是人类社会发展的结果，故天人并不相应，"天有其时，地有其财，人有其治"③，彼此不可越俎代庖。荀子又强调，人有改造自然的能力，可以"制天命而用之"④，通过"裁万物""骋能而化之"，控制并利用自然。

《禹贡》关注各地生态状况，记述南北东西的土壤、植被、水资源，以及在自然条件基础上形成的农业、林业、牧业、渔业、矿业，将"天人合一"与"天人相分"两说交融互摄，编

---

① 《左传·昭公十八年》。
②③④ 《荀子·天论》。

织了古代的文化生态图象。

《吕氏春秋》承袭《荀子》的天人观，认为天即自然，"审天者，察列星而知四时"①，认识天也就是了解天体、季节等自然物的变化。人的使命是"法天地"②，即照天地的样子行事，人道仿天道。但《吕氏春秋》又渗入天人感应观念，认为自然与社会事物间"类固相召，气同则合，声比则应"③，并由此将帝王得位归之于天示祥瑞，"凡帝王者之将兴也，天必见祥乎下民"④，国家昏乱则天必示凶兆，"上帝降祸，凶灾必亟"⑤，对社会兴衰、人事祸福作神学诠释。

陆贾（约前240—前170）继承荀子"天人相分"思想，破除对天的迷信，指出天与人都是可以认识的。"在天者可见，在地者可量，在物者可纪，在人者可相。"⑥ 贾谊（前200—前168）否定"天"为造物神灵，认为万物都是由天地及阴阳二气相互作用而成，"天地为炉兮，造化为工；阴阳为炭兮，万物为铜"⑦。桓谭（前23—后50）则对灾异天谴说加以辨析，指出"灾异变怪者，天下所常有，无世而不然"⑧。

司马迁试图通过历史过程，探究自然现象与人类社会的相互关系。他在《报任少卿书》中表达了自己宏大的学术抱负：

> 稽其成败兴坏之道。……亦欲以究天人之际，通古今之变，成一家之言。⑨

---

① 《吕氏春秋·贵因》。
② 《吕氏春秋·序意》。
③④ 《吕氏春秋·应同》。
⑤ 《吕氏春秋·明理》。
⑥ 《新语·道基》。
⑦ 《史记·贾生列传》。
⑧ 《新论·谴非》。
⑨ 《报任少卿书》。

司马迁并未系统阐发天人观，而通览《史记》，可见其重视人为作用，并对天道提出质疑，接近于天人相分观。司马迁对灾异（蝗灾、雪灾、秦饥等）多作自然主义解释，而没有诉诸"天惩"说。《史记》关注生态对经济的影响，论黄帝功德时，称其"劳勤心力耳目，节用水火材物"①，又引录范蠡（前536—前448）"节事者以地"②，都表现了亲和自然、尊重自然的意向。《史记·夏本纪》引录《禹贡》关于各地自然条件、生业状况的记述，表现了对生态问题的重视。万物变化皆为天道运转，"春生夏长，秋收冬藏，此天道之大经"③。但司马迁并不否定天命的存在，其《史记·封禅书》多言祥瑞灾异，落入天人感应窠臼。《汉书》的这种倾向更为明显，如《汉书·五行志》中以雷震预示秦亡，将渭水赤三日预示秦二世而亡，等等。

史家司马迁游移于"天人合一"与"天人相分"之间，对"天人感应"有所扬弃，却又时陷其中。这是中国史学及文化生态观的一种典型状态。

第二节　人生天地间

先民一直探究人在天地间的地位，中外神话传说有这方面的丰富想象。跨入文明门槛（以发明文字和金属工具为标志）以后，东西方哲人多言人类处于宇宙中心，其表述或哲理式的、或艺术式的，基旨略为：人是宇宙的中心，人是一切事物的尺度，人类根据自身价值和经验解释认识世界。④ 这便是影响深广的"人类中心主义"。此种理念在东西方各有表现。

---

① 《史记·五帝本纪》。
② 《史记·越王勾践世家》。
③ 《史记·太史公自序》。
④ 见《韦氏国际英语词典》（第三版）"人类中心主义"条。

一、东西方人类中心主义的同与异

人类是地球上晚近降临的生命物种。如果把地球 46 亿年的历史比作一天 24 小时，生命发生在 4 小时 10 分，人类在 23 小时 58 分诞生，即最后两分钟方出现。人类是地球这个大课堂的迟到学生，但由于具有思维能力（心），可以认识这个本无自觉的世界（物），从而在宇宙间自拥一种特殊地位。这是东西方人类中心观的共通之处。

中国先秦即有"人为天地心"命题。《周易·象传》诠释"复卦"说："复，其见天地之心乎。"《尚书·泰誓》有"惟人万物之灵"名论。《礼记》从降生方式的不同区分人与动物："人以纵生，贵于横生。"纵向降生的人，与横向出生的动物不同，直立人具有"五行之秀气"。

> 故人者，天地之心也，五行之端也。①

人为天地"心"，是指唯有人具备认识天地的灵性。荀子对此有较完备的论述，他认为，人有生命、通智慧、晓道义，从而高于万物，是天下最贵重者：

> 水火有气而无生，草木有生而无知，禽兽有知而无义。人有气，有生，有知，亦且有义，故最为天下贵者也。②

荀子关于人与环境关系的认识并未陷入独断论。他指出，人有"财万物"的渴求，以"养人之欲，给人之求"③，同时，

---

① 《礼记·礼运》。
②③ 《荀子·王制》。

人在利用万物时，须取其"宜"（程度适当），"不夭其生，不绝其长"①，反对竭泽而渔、杀鸡取卵。

综合上述，中国式的人类中心论，要义如次：

其一，肯定人的高贵性，如《孝经·圣治章》说"天地之性人为贵"，西汉董仲舒说"天地之精所以生物者，莫贵于人"②。

其二，人之所以高贵，是因为人具有德性与智性，董仲舒说"惟人独能为仁义"，而"仁"即"天心"③，打通人性与天性。东汉王充则强调人的智识能力："天地之性人为贵，贵其识知也。"④

其三，人有善待天地、维系天地的职责。宋代二程说，"仁者，以天地万物为一体"⑤，人若弃万物即等于"自弃"，仁者有维护万物的道义责任。张载说，天地本无心，人"为天地立心"⑥；南宋朱熹（1130—1200）说："人者，天地立心。没这人时，天地便没人管。"⑦ 明清之际王夫之（1619—1692）说："自然者天地，主持者人。人者天地之心。"⑧ 天地是无意识的自在物，人是认识天地的自觉者，故人是天地之心。

总之，自先秦、两汉以至宋明，没有把人与天地截然两分，没有将人定位为主宰，而指人为天地的认识者、守护者。明人王阳明（1472—1528）称：

> 夫人者，天地之心。天地万物，本吾一体者也，生民

---

① 《荀子·礼论》。
②③ 《春秋繁露·人副天数》。
④ 《论衡·别通》。
⑤ 《河南程氏遗书》卷二上。
⑥ 《近思录拾遗》，《张载集》。
⑦ 《论语二十七》，《朱子语类》卷四十五。
⑧ 《周易外传·复》。

之困苦荼毒，孰非疾痛之切于吾身者乎。①

拥有德性与智性的人，与天地一体，承担着维系万物、纾解生民困苦的道义责任，这便是中国式人类中心说的基旨。

西方的人类中心说另有理路。希伯来《旧约·创世记》写道：神赐福所创制的人，对他们说：

> 要生养众多，遍满地面，治理这地；也要管理海里的鱼、空中的鸟，和地上各样行动的活物。②

作为神（上帝）之子的人给万物命名，有权力利用万物、宰制万物。经由基督教的世界性传播，人类宰制万物的观念影响深远，故现代文化生态论者（如林恩·怀特）批判锋芒指向基督教教义。

以人类为万物中心的学说，完整表述初见于古希腊智者派代表普罗塔戈拉（前481—约前411），强调人的感觉是知识的来源，人处于神与禽兽之间。普氏名言：

> 人是万物的尺度，是存在者的尺度，也是不存在者不存在的尺度。③

文艺复兴时期思想家继承此一以人为万物尺度的观念，并引出"大宇宙与小宇宙"说，居于小宇宙之中的人类是整个宇宙的中心。近代启蒙思想家发展此说，法国勒内·笛卡尔（1596—1650）宣示"人是自然界的主人和所有者"；英国弗兰

---

① 《传习录》中，《王阳明全集》卷二。
② 《圣经》，中国基督教三自爱国运动委员会中国基督教协会，2009年版，第1页。
③ ［古希腊］柏拉图：《普罗泰式拉篇》，《柏拉图全集》第一卷，王晓朝译，人民出版社2003年版。

西斯·培根（1561—1626）《沉思录》提出"知识就是力量"，认为人掌握知识便拥有征服自然的能力。德国康德（1724—1804）提出"人是目的"命题①，被视为人类中心主义完成的标志。

概言之，中国的人类中心说其主流是温和道义型的，作为农耕文明的产物，在工业文明时代不合时宜，大体退居局外；而西方的人类中心说其主流是强势霸凌型的，在近代得到扩展，成为引领工业文明的观念。后工业文明兴起以后，对这两种理念的估价逐渐发生消长转换。

西方霸凌型人类中心主义（又可称之为"强人类中心主义"）将人与自然两分，人驾凌于自然之上，"征服自然"为其高扬的旗帜。随着人类对环境的宰制与改造向纵深发展，在物质财富大幅增长的同时，生态危机日益加剧，这成为初兴的后工业文明面临的险局。而与后工业文明同步成长的文化生态学，正是在生态危机加剧的背景下，综合人类中心主义的两种理路，试图摆正人在生态环境中的位置。

二、"弱人类中心主义"·"绿色文明"

人类出于生存需求，必须干预自然，如伯特兰·罗素（1872—1970）所说，"生存问题首先意味着人必须按自己的意愿去征服自然"②。人类活动以本族类生存与发展为中心，是自然法则所使然。但是，人类应当认识到，其生命活动以自我及其族类为"中心"，只是一种主观设定，人类其实不过是天地间一尘埃，绝非世界的中心。如果人类自我膨胀，自视主宰，对

---

① 康德说："人是生活在目的的王国中。人是自身目的，不是工具。人是自己立法自己遵守的自由人。人也是自然的立法者。"见［德］康德：《实践理性批判》，商务印书馆2003年版。

② ［英］伯兰特·罗素：《西方的智慧》，文化艺术出版社1997年版，第14页。

环境取霸凌态度，放肆索取，就会像《渔夫和金鱼的故事》中欲做海上霸王的老太婆那样遭到唾弃。

拥有强劲工具理性的现代人类，干预自然的能力空前巨大，对生态平衡的破坏力达到危险程度，因此，纠正恣意妄为的"强人类中心主义"（或曰"霸凌型人类中心主义"），便时不我待。

要求人类全然放弃对自然的取用与改造，变成庄子向往的"吸风饮露"的"真人"（其实"风"与"露"也是自然），是不可能实现的高蹈空想，是一种乌托邦，而有节制地利用自然以满足人的适度需求，大体合乎自然规律，这种中庸的生态理念可称之为"弱人类中心主义"。

弱人类中心主义的基旨是：人类既不可能，也无必要放弃对自然的索取与改造，但这一干预自然的过程，必须尊重自然法则，一要善待自然，二要礼遇同类，实现"人与自然和谐""人与人和谐"（"和谐"并非无差别境界，而是多元要素的对立统一）。

"弱人类中心主义"的要领在于坚守底线，维持地球的生态平衡。它是修正"强人类中心主义"的妥协物，也是对传统的"道义型人类中心主义"的创造性复归。

中华先哲指出，人道与天道、地道相并列，"道大，天大，地大，人亦大，域中有四大，而人居其一焉"①。人乃"四大"之一，既不可以泯灭人道，又不能让人道"独大"。人道必须顺从天道。人生天地间，当视万物为友朋、引他人为同胞，此即张载所言：

> 故天地之塞吾其体，天地之帅吾其性。民，吾同胞；物，吾与也。②

---

① 《老子》第二十五章。
② 《正蒙·乾称》。

执守"民胞物与"理念，保持生态平衡，人类文化方"可久可大"[①]，持续发展。

"弱人类中心主义"的一个象征性标志是"**绿色**"。

人类生存所依凭的生态系统，由为生命活动提供物质基础的无机环境、有机物生产者（绿色植物）、有机物消费者（草食动物、肉食动物）、有机物分解者（腐生微生物）四部分组成。生态是无机物与生物因子通过能量流动和物质循环形成的统一整体。绿色植物是这一系统持续运行的关键环节——其在阳光照射下，利用水和无机盐进行光合作用，制造有机物，释放氧气；绿色植物制造的有机物供给草食动物，草食动物是肉食动物的盘中餐，肉食动物对草食动物的捕杀又使草食动物存优汰劣；植物与动物的躯体及动物的排泄物供养腐生微生物，有机残体被腐生微生物分解，回馈于土壤，成为绿色植物制造有机物的养分。如此，以绿色植物为轴心，形成一个环形生态链，使有机生命（人是其高级成员）得以生存并持续发展。故今人往往以绿色（green）作为大自然的象征、生命的象征。

人类一刻也脱离不开这个以绿色植物为枢纽的生态链，"绿色"的所指，又从生物界引申到人的生存状态，把优质生态冠以"绿色"，生态产品称之为"绿色产品"，符合生态法则的消费方式称之为"绿色消费"。

"绿色文明"正成为现时代高扬的一面生态旗帜，是文明可持续发展的标志。

三、地理、经济、社会共构文化生态

人类生存的物质条件全凭生态环境提供。前述"强人类中心主义"的荒诞处，在于以为人无所不能，可以无限掠取自然；

---

① 《经学理窟·学大原上》："和则可大，乐则可久，天地之性，久大而已矣。"

而"弱人类中心主义"的合理处在于敬畏自然，把人类活动限定在生态系统允许的范围之中。

19世纪末，丹纳、勃兰兑斯等文化历史派认定，种族、环境和时代是决定民族文化的三要素，其中又特别突出种族因素，断言种族因素中的天赋、情欲、本能、直观是决定民族文化特征的"永恒冲动"[①]。文化历史派关注环境与时代的观点可资借鉴，但片面强调种族因素，则失之偏颇。萌发于20世纪30年代，形成于40年代的法国年鉴学派，对文化生成的原因有较宏阔的观照，从长时段的地理因素、中时段的社会制度因素、短时段的政治事件三个层面，综合考察文化变迁，将自然生态与社会生态、人文生态全都纳入历史考察的视野，从而为"弱人类中心主义"提供了认识生态环境的框架。

要维系生态平衡，必须认识**地理环境**、**物质生产方式**、**社会组织**这文化生态三层次。

自秦汉以降两千年间养育华夏文化的生态环境，是半封闭的大陆型地理环境、家庭手工业与小农业相结合的自然经济并辅之以区域性商品经济的经济形态、家国同构的宗法社会三者的集合。

地理环境的、生产方式的、社会组织的综合格局，决定了社会心理诸特征，而中国人，包括文化匠师们便以这种初级材料作原料进行加工，创制了仪态万方的中华文化，其优势与局限皆由生态环境所铸就。中华文化的精进不已，也取决于文化生态的进一步改善。

---

① 伍蠡甫主编：《英国文学史·序言》，《西方文论选》下卷，上海译文出版社1985年版，第236—237页。

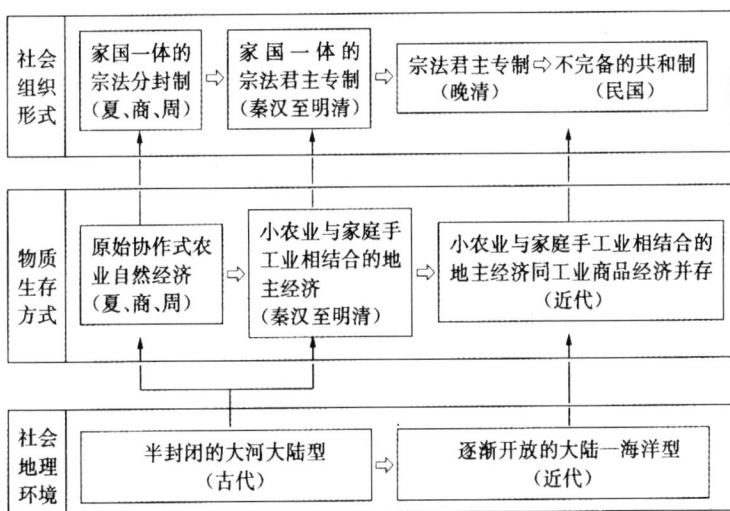

图 4　中华文化生态示意图

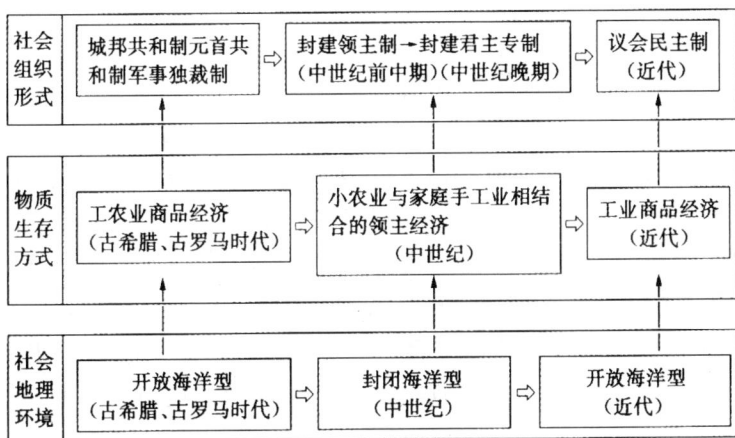

→ 影响方向

⇨ 演变方向

图 5　西欧文化生态示意图

第二章　地理环境

　　文化生态的物质前提是地理环境。生态考析应当从文化赖以发生发展的地理背景入手。

第一节　文化生成的自然基础

一、"地理环境"界说

　　人类是自然之子，其生产与生活的全部资源取之于自然。这种环绕人类（并构造人类身体）的物质及能量存在，统称"自然环境"，或曰"地理环境"。"地理"一词首见中华元典《周易》"仰以观于天文，俯以察于地理"。此"地理"略指大地上的一切物体与能量，而"地理环境"之"地理"更囊括"天文"在内的全部自然界诸要素，涵盖宇宙的、地质的、气象的、水文的、地文的、生物的等要素。

　　作为生态基石的地理环境可约略区分为两大部类，其一为生态系统的生物成分及其他有机物质，是人类生活的有机环境；其二为生态系统的气候、地形、纬度、海拔高度等，是人类生活的无机环境，广义的无机界还包括地质环境（地球岩石圈）和星际环境（宇宙条件）。有机和无机两大部类共同构成人类生存和文化创造的自然前提。地理环境的诸成分又相互作用，伴随着物质、能量的输出与输入。人类的生活、生产活动同地理环境诸成分间不断进行物质、能量代谢。

如果把各民族、各国度有声有色的文化表现比喻为一幕接一幕的悲喜剧，那么，这些民族、国度所处的地理环境便是戏剧得以演出的舞台背景。当然，地理环境不仅是文化的消极衬托物，自从人的因素渗入以后，地理环境已经成为各民族、各国度文化机体的构造成分，成为锻冶文化合金的参与元素；地理环境不是脱离人类生活的纯客观事物，而是在不同时间和空间范围内为人类提供福利或造成阻难的物质和能量，是人类社会生活不可或缺的组成部分。随着人类活动向深度和广度不断拓展，地球上愈来愈少有全然不受人类影响的"纯"地理环境。在这一意义上，可以把地理环境称作"自然—社会—人文地理环境"。

二、地理唯物论辨析

关于地理环境与人类历史文化的关系问题，一向存在彼此歧异的观点。

"心智决定论" 是对立的一极。此论把地理逐出历史，把自然逐出社会，将文化单纯归结为人类智力或精神的产物，进而归结为天才头脑的创造，从而陷入唯意志论。

与排斥地理因素的"心智决定论"相对立的另一极，是**"地理唯物论"**，它认为地理条件规定着民族性与社会制度，制约着历史和文化的发展方向。本目着重探讨此论。

（一）地理唯物论的证据——以地理因素之一的气候影响中国历史进程为例

由太阳辐射作用变化等原因，导致地球气候在长时段、中时段、短时段发生程度不等的改变，这种改变制约着有机生命的演化。人类作为高级生命体，其活动也受制于气候的变化。约在两三百万年前，地球进入两次冰期之间的"间冰期"，气候转暖，人类踏入旧石器时代。约在七万年前，地球进入末次冰川期，文化发展缓慢。约在一万一千年前，地球开始走出冰川时代，气候转暖，初民走出洞穴，到平野定居，从采集经济走向农业经济，黄河流域种植粟、黍，长江流域种植水稻。经过一段干冷期，在距今八千至四千年间，进入大暖，东亚气温高于现今，黄河流域林木茂盛，降水充沛，先民得以开垦良田、发展农业。裴李岗文化（距今 8500—7000 年）、仰韶文化（距今 7000—5000 年）、龙山文化（距今 5000—4000 年）生成于此间，进入新石器文化盛期。

距今 5700—5000 年，东南季风减弱，黄河流域降水减少。此后四百年，降水量剧烈减少，仰韶文化衰落。距今 5000—4200年，气温升高，降水增加，黄河在华北平原南北摆动，进入"大洪水"时期，大禹治水传说因以出现。

距今 4200—4000 年，黄河流域进入两百年干旱期，长江流域则多雨，"南涝北旱"，南方的良渚、石家河诸文化在通向文明门槛之际衰落，山东的龙山文化亦走向衰落，而以河南嵩山为中心的中原地区，经 200 年干旱，亚热带湖沼萎缩，湖岸裸露，可辟为良田，中原成为农耕繁盛之地。

以下三千余年，中国结束"传说时代"，进入有文字记事的"信史时代"，气候影响文化进程有了真切的载述。

（1）第一次小气候暖期（前 1800—前 1200），中原气候温湿，大象奔走、梅竹成林，甲骨文有记：商代武丁时猎捕大象（河南简称"豫"——人牵象，有实在根据），青铜冶铸达于鼎盛。

（2）第一次小气候冷期（前 1200—前 700），农业衰退，社会动荡，《国语·周语》称："昔伊洛竭而夏亡，河竭而商亡。"公元前 8 世纪前后，游牧区干冷，饥饿的游牧人南下觅食，"戎狄交侵，暴虐中原"，戎狄陷镐京，周迁洛邑，是为东周。

（3）第二次小气候暖期（前700年—公元元年），气候转向湿暖，《左传》载，鲁国（今山东）冬季冰房采不到冰，山野生长梅竹，气候类似今之江南。值此气候温暖之际，春秋战国虽战端频仍，却文明兴盛，诸子争鸣，元典创制。继以秦汉帝国勃兴。

（4）第二次小气候冷期（公元元年—600年），东汉末、三国、魏晋南北朝，社会动荡、战乱不断。人口南迁，江南经济赶上北方。

（5）第三次小气候暖期（600—1280），唐宋富庶，文化造极。

（6）第三次小气候冷期（1280—1820），元明清跌宕起伏。

（7）第四次小气候暖期（1820—　），文化近代转型。

以上据《环球地理志》（ID：Earth-sci）等文献编述，以略见气候对文化历程的制约。当然，文化发展还有诸多社会人文因素的影响，并非由气候单独决定。略言之：气候等地理因素发挥基础性影响力，愈是古早愈明显，随着文明推进，社会—人文因素更加强劲地影响历史进程，但地理因素永远不会退出局外。

（二）中外思想史上的地理唯物论

"地理唯物论"在中外思想史上都有久远的发展历程。

古希腊历史学家希罗多德（约前484—前425）认为，全部历史都必须用地理观点来研究，地理提供了历史和文化的自然背景和舞台场景，历史事实与它联系在一起才具有意义。古希腊名医希波克拉底（前460—前370）所著《论空气、水和环境的影响》一书，认为人的身体和性格大部分随着自然环境的不同而有所不同，从而强调地理环境对人性的影响。古希腊最渊博的学者亚里士多德（前384—前322）指出，地理的各种可居住性和不同的纬度有关。他创立环境地理学，认为地理环境既是人类生存的物质环境，又是制约社会存在的相互关系体系，从而把地理环境纳入人类历史和文化考察的范围之内。文艺复兴晚期学者、法国人让·博丹（1530—1596）认为："某个民族的心理特点决定于这个民族赖以发展的自然条件的总和。"① 他不单把人的心理、气质的自然条件基础归结为纬度高低造成的气温差异，还归结为经度（即距海远近）造成的湿度差异。此外，让·博丹还注意到人类的法规、意志和教育对自然条件的反作用，表现了人文主义者对地理因素与人文因素相互关系的重视。

18世纪欧洲启蒙思想家孟德斯鸠（1689—1755）是社会学中地理学派的代表。这个学派认为，国家制度和文化类型取决于地理环境，尤其是气候。孟氏在《论法的精神》中声称："气候的王国才是一切王国的第一位。……异常炎热的气候有损于人的力量和勇气，居住在炎热天气下的民族秉性懦怯，必然引导他们落到奴隶的地位。而寒冷的气候则赋予人们的精神和肉体以某种力量，这种力量和勇气使他们能够从事持续的、艰难的、伟大的和勇敢的行动，使他们保持住自由的状态。"他指出："墨西哥和秘鲁的那些专制帝国是接近赤道的，而几乎一切自由的小民族都靠近两极。""海岛民族比大陆民族更重视自由。"从而把由纬度决定的气温带和由经度决定的滨海性作为人性与制度的决定因素。

中国古代思想家多注重人—地关系研究，《管子》《国语》《史记》《汉书》有关于地理环境制约经济、文化发展的丰富论述。近代思想家梁启超、杜亚泉、李大钊等人在五四前后探究中西文化差异的原因时，主要便是参用"地理唯物论"的理论和方法。如梁启超（1873—1929）1902年发表于《新民丛报》的《地理与文明之关系》一文，集译西方的地理唯物论诸说（如亚里士多德、洛克等人言论），兼及中国古代哲人（如管子、

---

① ［法］让·博丹：《国家六论》第五册，北京大学出版社2008年版。

杨慎、王士性等）的相关言论而阐述之，认为气候、地势之别，是亚洲文明与欧洲文明大相径庭的原因。梁氏此论的得失，与"地理唯物论"多有干系。当然，我们也不能因此以"地理环境决定论者"指称梁启超。梁氏本人在 1922 年的一次演讲中，曾对"地理环境决定论"提出质疑：

> 有一义应先商榷者，则历史现象受地理之影响支配，果至若何程度耶？历史为人类心力所构成，人类惟常能运其心力以征服自然界，是以有历史。若谓地理能支配历史，则五百年前之美洲，地形气候，皆非有以大异于今日，而声明文物，判若天渊，此何以称焉？①

梁氏等中国近代学者尚未解释地理环境与文化生成的辩证关系，当他们怀疑"地理环境决定论"时，又不免陷入"心智决定论"。

（三）地理唯物论与心智决定论时相转换

在西方思想界，地理唯物论与心智决定论之间，并没有横亘着不可逾越的万里长城。与孟德斯鸠同时的另一法国启蒙学者爱尔维修（1715—1771）便发表过上述两种彼此对立的极端之论。一方面，爱尔维修强调外部环境对人的制约、对人性的决定性影响，在《论精神》中提出"人是环境和教育的产物"这一著名论点（欧文发展此一观念）；另一方面，当他意识到人类的心智活动不是环境所能直接左右时，又提出"意见支配世界"，认为法律和政治制度仅仅取决于立法者的意志和理性。这是爱尔维修企图跳出环境决定论所作的一种努力。但他未能获得客观因素与主观能动性二者的辩证统一，陷入自

---

① 梁启超：《地理及年代》，《饮冰室合集》专集之四十七，中华书局 1989 年版。

然必然性与人类智力绝对自由这样两个彼此矛盾论点的二律背反怪圈。

英国历史学家巴克尔（1821—1862）将"地理唯物论"正式引入文化研究，他在所著《文化史》一书中认为，气候、土地、食物等是文化发达的决定性因素。赋予"地理唯物论"以完整理论形态的，是德国地理学家拉策尔（1844—1904），他把人看作环境的产物，认为人和其他生物一样，其活动、发展和分布受环境的严格限制，环境以盲目的残酷性统治着人类的命运。拉策尔把地理环境对人类文化的影响归结为四方面：第一，直接的生理影响；第二，心理的影响；第三，对社会组织和经济发达的影响；第四，支配人类迁徙及其最后分布。这与此前大半个世纪的德国哲学家黑格尔（1770—1831）在《历史哲学》中的说法大体近似。黑格尔将自然环境对人类社会的影响归结为三方面：对生产方式、经济生活发生作用；对社会关系、政治制度发生作用；对民族性格发生作用。不过，辩证法大师黑格尔并没有陷入"地理环境决定论"，他特别申明，应当给地理环境的作用力以恰如其分的评价：

> 我们不应该把自然界估量得太高或者太低：爱奥尼亚的明媚的天空固然大大地有助于荷马诗的优美，但是这个明媚的天空决不能单独产生荷马。[1]

这就为对文化成因作自然—人文因素的综合考察预留了广阔天地。

中国古代也有与西方相近似的"地理唯物论"观点。《礼记·王制》说：

> 广谷大川异制，民生其间者异俗。

---

[1] ［德］黑格尔：《历史哲学》，商务印书馆1963年版，第123页。

《管子·水地篇》说：

> 地者，万物之本原，诸生之根菀也。美恶、贤不肖、愚俊之所生也。水者，地之血气，如筋脉之通流者也。……故水一，则人心正；水清，则民心易。

《周礼·冬官·总叙》说：

> 橘逾淮而北为枳，鹳鸰不逾济，貉逾汶则死，此地气然也。郑之刀、宋之斤、鲁之削、吴粤之剑，迁乎其地而弗能为良，地气然也。

明人王士性（1546—1598）在论及关中和川中水土与人性的关系时说，由于关中土厚水深，"故其人禀者博大劲直而无委曲之态。……川中则土厚而水不深，乃水出高原之义，人性之禀多与水推移也"①。

这些言论都带有地理环境决定文化及人性的意味，与孟德斯鸠异曲同工。可见，具有唯物倾向的、直观把握地理环境与历史文化之间关系的思想，是源远流长、东西相映的。

三、"地理环境决定论"何处失足

地理唯物论强调气候、地形等自然条件对人类历史文化的影响，包含着若干合理的、有价值的思想成分。然而，当地理唯物论被推向极端，扩张成"地理环境决定论"则陷入误区。

第一，把地理环境对人类文化的影响从特定的时间范畴抽象出来，加以无限制发挥，因而失之偏颇。其实，地理环境究

---

① 〔明〕王士性：《广志绎》卷三，中华书局 1981 年版，第 44 页。

竟在怎样的深度和广度上影响文化创造，取决于人类历史发展不同阶段的特性，尤其取决于生产力发展的水平。同样的地理环境，在不同的社会发展阶段可以产生大相差异的作用。例如，中东的不毛沙漠，在游牧—绿洲农业经济阶段，是一种十分不利于经济文化发展的地理环境，但在现代工业文明时代，这些沙漠地下丰富的石油资源得以开掘，波斯湾沿岸国家的经济文化状态迅速发生巨大变化。又如，在航海技术低下的古代，辽阔的太平洋曾经是生活在东亚大陆上的华人的交通障壁，但到了近现代，太平洋愈益成为联络沿岸各国经济、文化最便利、最开阔、价格最低廉的交通走廊。再如，北欧的斯堪的纳维亚山脉和中欧的阿尔卑斯山脉，曾经是挪威和瑞士保持封闭、落后状态的地理因素，直至 19 世纪中叶仍然如此。然而，19 世纪后半叶，特别是 20 世纪，随着现代工业和交通设施的长足进展，瑞士、挪威竞相迈入开放、发达国家行列，阿尔卑斯山脉和斯堪的纳维亚山脉的交通屏障作用，因铁路隧道的凿通、盘山公路的修筑、航空业的日益普及而大为消减。凡此种种，都雄辩地表明，地理环境对人类文化创造的影响，绝非亘古不变，而是一个因时而迁的历史范畴，因而对其考察必须持历史主义态度。

第二，"地理环境决定论"忽略若干中介，把自然对人类社会及其文化的作用加以直线化、简单化、夸大化的描述，以致得出气候单独决定民族性、地势直接左右社会制度这样一些有明显片面性的结论。事实上，人类的生活方式，人类创造的文化，不是地理环境单独决定的，而是环境因素与人文因素（社会、历史、心理）的复合物。人类历史和文化的发展，是多重因素相互作用的结果，地理环境只是形成人类历史和文化的复杂网络中的一个重要成分，它对民族性格和文化风格的建造，在大多数情况下都不是直接起作用，而主要是通过提供生产力的物质条件，经由政治、经济、心智间接发挥效力的。

第三，"地理环境决定论"把地理环境全然看作人类社会的外在推动力，认为是自然环境这种外因决定着社会的进程，左右着人性和文化的特征。事实上，地理环境并不是简单作为一种外力影响人类生活的。人类通过对自然的利用，日益把地理环境转化为人类社会内部的有机因素。在这一意义上，可以把地理环境称作"人化了的自然界"。人类历史的变迁和文化类型的形成，是作为社会的人依托于物质存在创造出来的，并非由地理环境外在赋予。

自然的人化即是文化。文化是人类的价值观念在社会实践过程中的对象化。自然环境本身并不是文化，却是文化赖以产生的基石。文化创造是人类通过生产劳动及其他社会实践与环境交相作用的过程，是人类的主观能动性与客观环境的辩证统一体。从文化生态学角度考察，"地理环境决定论"的最大失误，就在于忽视这个辩证统一的过程，尤其是忽视了以生产劳动为基础的人类的社会实践在创造文化中的巨大能动作用，从而陷入自然宿命论的偏颇之中。

四、重视地望考察

批评地理环境决定论的失误，绝不意味可以漠视地理环境在文化生成中的重要性。

历史和文化的发展不能摆脱人类在时间—空间上所处的特定自然条件。一则，人类本身便是自然的产物，其生存和发展要受自然法则制约；二则，人类的生活资料取之于自然，人类劳动的对象也是自然，自然和人的劳作结合在一起才能构成财富（物质的和精神的），才能造就文化，人类的文化成就，不论是房屋、机械，还是书籍、绘画，乃至思想情感，都是自然因素与人文因素的综合；三则，人类的一切活动，包括生产活动、生活方式，以及政治、军事践履，都在特定的地理环境中进行，并与之发生交互联系。

人类在任何发展阶段都离不开地理环境。人所共知，原始人类的生活和生产高度依赖地理环境；进入文明时期，随着人类主观能动性提高，这种对环境的依赖性似乎有所淡化和隐化，然而，人类永远也不能摆脱地理环境的制约。实际情况是，人类的文明程度愈高，对地理环境利用的范围也愈益扩大和深化，人类不断向地球各天然圈层进行深度和广度的拓展。因此，无论对哪一发展阶段的人类文明进行研究，都不能忽视人地关系的考察。古代亚细亚和日耳曼不同的原始公社关系，其区别取决于气候、土壤的物理性质。物理条件决定该部落的土壤开发方式，同敌对部落或四邻部落的关系，以及迁移等可能引起的变动。

恩格斯在研究爱尔兰的历史时，从爱尔兰的地理环境、地理位置、土壤性质、矿藏、气候等入手，再进入经济的和社会历史的考察。他指出：

> 我们必须时时记住：我们统治自然界，决不像征服者统治异民族一样，决不像站在自然界以外的人一样——相反地，我们连同我们的肉、血和头脑都是属于自然界，存在于自然界的；我们对自然界的整个统治，是在于我们比其他一切动物强，能够认识和正确运用自然规律。[1]

唯其如此，文化研究必须注重对地理环境的考察。那种一涉及地理环境影响历史文化的进程和风格，就被斥为"地理环境决定论"的做法，是全然不可取的，此乃二十世纪三四十年代的苏联形成的一种不良学风。今天，有必要复归梁启超的志趣："按察中国地理，而观历史上之变化，实最有兴味之事也。"[2]

1949 年以来，中国建设事业取得重大成就的同时，曾多次

---

[1] [德] 恩格斯：《自然辩证法》，《马克思恩格斯选集》第三卷，人民出版社 1972 年版，第 518 页。

[2] 梁启超：《中国史叙论》，《饮冰室合集》文集之五，中华书局 1989 年版。

出现失误，原因当然是多方面的，而其中之一便是脱离国情实际。国情实际指由地理环境、历史条件、人口因素、生产方式、民族文化传统（包括国民心态）等因素构成的有机整体，它不仅规定着一国社会的现状，也规定着一国社会发展的方向和未来的基本进程。而地理环境正是国情实际重要的一环。只有对全国及其某省、某县、某乡的气候状况、资源状况（土地、森林、矿藏、水）、地形地貌状况、周边环境等有详尽确凿的了解，进而考察这些状况给经济及社会发展提供了哪些有利条件和制约因素，并同社会诸条件加以整合，才有可能提供制定发展规划的基础，才能真正摆脱由于主观随意性造成的失误。从这一意义而言，对于作为文化生态有机组成部分的地理环境的研究工作，应当予以强化与深化，而决不能却步不前。

五、生产劳动是地理环境影响文化生成的中介

在肯定地理环境对人类历史和文化具有重大影响力之后，需要进一步探讨的是：地理环境究竟是在怎样的意义上，经由哪些中介，方作用于人类的历史进程和文化创造的？

物质生产是整个社会生活及整个现实历史的基础，物质生活的生产方式制约着整个社会生活、政治生活和精神生活的过程，是决定社会发展程度，因而也是决定文化发展水平的主要力量。而生产力是自然生产力与社会生产力的有机组合。生产力的三要素（劳动者、劳动资料、劳动对象），与地理环境保持着直接或间接的、或深或浅的相互关系，尤其是劳动对象——有机及无机的生态系统，就是指的地理环境本身。地理环境是人类从事社会生产须臾不可脱离的空间和物质—能量前提，是物质资料生产过程中不可缺少的必要条件。正是在这一意义上，物质生产及其技术系统构成地理环境影响人类历史进程和文化创造的主要中介。

同时，地理环境的差异性、物质产品的多样性，是人类社

会分工的自然基础，它造成各地域、各民族生产方式的不同类型。文化的区域性特征与地理环境的千差万别存在着相关性。普列汉诺夫（1856—1918）说：

> 不同类型社会的主要特征是在地理环境的影响后形成的。[1]

例如，中华大地的东南处在暖温带—亚热带，为农作物提供充分的热能和水分，故农业较早得到发展；西北草原—荒漠展开了流动畜牧的广阔场所，成为游牧经济的温床；滨海地区拥有鱼盐之利和交通之便，工商业应运而兴。上述物质生产方式的不同型范，是南与北、东与西各种格局的文化类型得以形成的基础，影响着各地域人群共同体的生活方式与思维方式：大河—农业文明的稳定持重，与江河灌溉造成两岸居民农耕生活的稳定性有关；草原—游牧文明的粗犷剽悍、惯于争战，与来自草原多变的恶劣气候提供的"射生饮血"的游牧生活方式有关；海洋—商业文明的外向开拓精神，则与大海为海洋民族的流动生活提供纵横驰骋、扬帆异域的条件相关。

社会与自然的联系以劳动为介质。地理环境经由物质生产方式这一中介，给各民族、各国度文化类型的铸造奠定了物质基石，各种文化类型因而都若明若暗地熏染地理环境提供的色调。《汉书·地理志》曾条列各"域分"（秦地、周地、韩地、赵地、燕地、齐地、鲁地、宋地、卫地、楚地、吴地、粤地）因环境差异，导致生产方式的区别，进而养育了不同区域的不同民性和社会生活格局。其说虽不甚完备，却大体勾勒出地域文化的真实画面。

地理环境在一定程度上影响人们的风俗习惯、性格面貌，

---

① ［俄］普列汉诺夫：《普列汉诺夫哲学著作选集》第三卷，曹葆华译，生活·读书·新知三联书店1984年版，第179页。

但这种影响要通过人们自身的活动实现。《国语》谓："沃土之民不材，淫也；瘠土之民向义，劳也。"注意到地理环境影响民性（"不材"或"向义"）所经由的中介——人自身的淫逸或勤劳。《汉书·地理志》谓："凡民函五常之性，而其刚柔缓急，音声不同，系水土之风气，故谓之风；好恶取舍，动静亡常，随君上之情欲，故谓之俗。"对"风"与"俗"各作解释，又指出它们是地理环境和社会教化的共同产物。

地理环境当然也可以直接赋予某些文化产品以色彩，如藏族民歌、蒙古族民歌、江南小调便分别洋溢着高山雪峰、辽阔草原、水乡泽国的特有韵味；一些文化人的创作风格也往往受到山水情致的熏染，刘勰说："若乃山林皋壤，实文思之奥府。……然屈平之所以能洞鉴《风》《骚》之情者，抑亦江山之助乎!"[1] 以外国文化产品为例也可证明此点。印度史诗《罗摩衍那》弥漫着南亚次大陆热带丛林的神秘情致；印度酷热的气候还影响人们的思想，古印度学者为避酷暑，到清凉的山林修行，其出世思想与炎热气候有一定关系，所以有人把盛行出世观念的印度文化称作"炎土文化"。

六、文化：地理环境提供可能，人类活动使之转变为现实

地理环境对文化创造的影响是真实而多侧面、持续而深刻的，但这种作用主要又不是立竿见影的。在通常情况下，地理环境只为文化发展提供可能性，至于某种可能性以某种形态转变为现实性，则取决于人类的选择。对于文化的发生、发展而言，地理环境具有物质的制约力，而创造性的选择则蕴藏在人类的社会实践之中。

人是理性动物，对自然提供的可能性有自己的抉择，这种

---

[1] 《文心雕龙·物色》。

抉择受到诸社会因素——经济的、政治的、心理的等方面的制约。地理环境不过为文化的产生和发展提供机遇或设置阻难，人类的创造性劳动才是把握这种机遇、绕过或克服这种阻难的自觉力量，尤其是当人文传统形成以后，便以强大的定势，久远地影响文化发展方向。

基于上述，在相似的地理环境中可以产生迥然不同的文化类型，如纬度、气候接近的东亚大陆和北美大陆所出现的文明，无论古代的还是近现代的，彼此均大异其趣；在同一区域，地理环境并未变化，或变化甚微，因强大的人文因素介入，文化可以发生剧变，如在欧洲人抵达前后，美洲大陆和澳洲大陆上的文化类型便大生变异。

中国古代和近代已有卓识远见者对地理环境的作用提出公允的判断。明人杨慎（1488—1559）在肯定"水土"（即地理环境）影响人性的前提下，对《管子·水地篇》《汉书·地理志》中关于"人才之生定系乎地"的绝对化观点有所救正。他指出，人性是水土与政令教化等诸多因素综合而成的，并非由水土单独铸定。他说：

> 人有恒言曰：水土。……人也者，非水土不生，而非水土所能囿也。……人之性禀于天，自王畿土中至于海隅，日出一也。习也者则系乎君之令，师之教，而非水土所函也。[①]

近人章太炎（1869—1936）在剖析中国学术派别众多的原因时说：

> 视天之郁苍苍，立学术者无所因。各因地齐、政俗、

---

① 《贵州乡试录·序》，《升庵集》卷三。

材性发舒，而名一家。①

他把地理环境（"地齐"）与政教风俗（"政俗"）、人才素质（"材性"）并列论之，共同视作学派的成因。章太炎还补充道，时代愈趋近代，人们的交往和流动性日益扩大，地理环境的影响逐渐模糊，而天才不世出，故"地齐""材性"愈来愈难以左右学问的方向，对学术流变起决定作用的是社会因素（"政俗"）。

> 故古者有三因，而今之为术者，多观省社会，因其政俗，而明一指。②

这是允当之论。事实上，即使在古代，学术派别固然以"人文地理"分野的外观出现，其实，对这种"人文地理"分野起作用的，并非单独是"地齐"之异，还与"政俗"直接相关，与经济生活也大有干系。总之，在诸多自然—社会因素综合而成的环境中，由师生授受结成联系纽带，并在与异说论难中发展起来的学派方应运而生。

杨慎、章太炎兼顾自然因素和人文因素，既重视自然因素的基础作用，又强调人文因素的能动作用，洋溢着理性精神，至今仍给人启迪。

人类的社会因素（经济的、政治的、心理的）具有强大的选择能力，使人类可以在同一自然环境内创造不同的文化事实。自然是相对固定的，人文是相对无定的，但无定的人文因素并不能天马行空地纵横驰骋，而必须以相对固定的自然因素为物质基础，把握自然因素提供的可能性，去创造文化的现实性。我们正是从这一意义上肯定地理环境对历史和文化的巨大影响，并进而考察地理环境为中华民族提供了怎样的可能性，以及中

---

①② 章太炎：《原学》，《訄书》，华夏出版社 2002 年版，第 16、17 页。

华民族如何在这些可能性中作出自己的选择，创造出独具风格的文化。

第二节　中国地理（一）：疆域广大

地理环境通过物质生产及其技术系统等中介，深刻而久远地影响人类历史的进程，因此，我们在考察文化的生成机制时，有必要从地理背景的剖析入手，进而探讨地理背景诸特征与文化诸特征之间的千丝万缕的联系。以下对中国地理环境的具体分析，是从地理与文化相交融的视角生发开去，我们将其称之为"文化地理学角度"。

一、文化发展的辽阔基地

中华民族栖息生养于北半球的东亚大陆，"筚路蓝缕，以启山林"，在这里创造出独具风格、丰富多彩的文化，演出一幕幕可歌可泣的悲壮剧。

当我们把中华民族数千年间生于斯，长于斯，创造文化于斯的这片空间置于世界地理的总背景上加以考察，就会发现其显著特征——领域广大，腹里纵深，回旋天地开阔，地形、地貌、气候条件繁复多样，形成一种恢宏的地理格局，这是其他多数古文明的发祥地所难以比拟的。

埃及文化滋生于尼罗河第一瀑布（今阿斯旺附近）下游。其中被称作"下埃及"的尼罗河三角洲地带面积约有二万四千平方公里，加上被称作"上埃及"的一千多公里长的狭窄河谷平原，宜于发展农业的地域共计不超过四万平方公里。在这片因尼罗河泛滥而凝集的沃土以东，是地势高峻起伏的东部沙漠，以西是浩瀚无际的利比亚沙漠（撒哈拉沙漠的一部分）。埃及人创造辉煌的古代文化，主要依托于那片被大海和沙漠围护着，由尼罗河滋润的三四万平方公里的冲积平原。古希腊史学家希罗多德（约前 484—前 425）正是在这一意义上，称埃及为"尼罗河的赠礼，埃及文化乃是尼罗河的恩赐，埃及是尼罗河的女儿"①。

美索不达米亚（意谓两河之间）文化发轫于幼发拉底河、底格里斯河上游的扇形山麓地带（今土耳其东南部与伊拉克交界处），以后，受到干旱威胁的人们为寻求饮水和灌溉之便，进入底格里斯河—幼发拉底河河谷，开垦两河流域中下游平原。两河流域以东，是险峻的扎格罗斯山脉和干燥的伊朗高原，以西是叙利亚沙漠。美索不达米亚文化得以繁衍的区域，大体限于两河流域适宜农耕的几万平方公里，加上地中海东岸今叙利亚、黎巴嫩、以色列滨海地区，组成所谓的"肥沃新月带"，比埃及文化依托的尼罗河河谷及三角洲面积较为阔大，但格局终究有限。

希腊文化起源于克里特岛和伯罗奔尼撒半岛的滨海小平原。在这些被崇山峻岭包围的面对海洋的土壤贫瘠的小平原上，形成若干个面积数百至数千平方公里，人口几千到几万的城邦，其中的泱泱大国如雅典，极盛期的人口也不过二十五万。由于负山面海，腹地狭窄，向海外展拓成为希腊诸城邦的出路。"希腊文明的游牧形态，希腊生活的多中心，希腊殖民地之分布于东西南北"② 等希腊主义的特点，均与上述地理形势有关。

印度文化是在一个较广大的地理区间发展起来的。它起源于印度河流域的哈拉巴和莫恒达罗周围十余万平方公里地区，以后又扩展到恒河流域及德干高原。然而，横亘于北方的喜马拉雅山脉和帕米尔高原，使印度人的活动范围基本限于印度半岛之内，这里均属热带，气候的复杂性远不及东亚大陆。

---

① 希罗多德"埃及是尼罗河的赠礼"一语，在其名著《历史》中可见其大意，而具体表达，是公元前一世纪的斯特拉波在《地理志》中转述的。

② 梅根：《希罗多德和修昔底德》，第 V 卷第 19 章。转引自顾准：《希腊城邦制度》，中国社会科学出版社 1982 年版，第 3 页。

至于**印第安**诸文化，其地理范围也都有限。玛雅文化和阿兹特克文化囿于中美洲山地和丛林；领域较开阔的印加文化也很少越出安第斯高原，主要在今秘鲁西部山地。

与以上各古文化相比，中华文化大厦有一个较为宽广的地基。

中华文化重要的发祥地之一是黄河流域。黄河全长 5464 公里，是世界第五、中国第二长河，流域面积达 75 万平方公里，其流经的黄土高原和冲积平原，在古代曾是草茂土肥、自然生态环境较好的地域。黄河中游诸支流（渭水、泾水、汾水、洛水等）的台地，有利于耕种的黄土层，既便于取水，又在洪水线之上。华夏先民在这里采集、狩猎、放牧，进而创发农耕业，奠定了文明的根基。

过去习惯于把黄河流域称作中华文化的摇篮。此说固然不错，但中华文化的策源地又绝不限于黄河流域。云南元谋、陕西蓝田、北京周口店等猿人化石的发现，表明中华民族的祖先早在一百多万年至几十万年前，已栖息于东亚大陆的广大区间。近几十年的考古发掘证明，不唯黄河流域，而且长江流域乃至辽河流域、珠江流域以及西南崇山峻岭间，也都有长达五千年以上的文化史。

长江全长 6300 公里，是世界第三、中国第一长河，流域面积达 180 万平方公里。长江流域水热条件优越，是农耕文明又一发祥地。长江流域及其周边的河姆渡文化、良渚文化、屈家岭文化等，皆在五千年左右，同样是中华文化的摇篮。

上述区域的总面积，当在五百万平方公里上下。这是世界上最广阔的文明发生地。

学术界一般把文字的发明、城市的建立和金属器具（青铜器或铁器）的制造视作一个"原生型"文明形成的标志。而上述三项文明标志在中国南北东西各地都有考古发现。19、20 世纪之交，在河南安阳小屯村发现殷都宫殿基址和大量青铜器，又发现并破译了殷墟甲骨文，充分证明黄河中游是殷文化的中心地带。以后，又在河南偃师二里头发现宫殿遗址和青铜器，为探索夏文化提供了重要线索；作为新石器时代晚期代表的龙山文化，在山东章丘龙山镇、河南登封王城冈和淮阳县平台等多处发现；而龙山文化的前身大汶口文化，则在山东泰安大汶口、江苏淮安青莲岗等处发现。大汶口出土的陶尊以及湖北宜昌杨家湾遗址、枝江关庙山遗址、秭归柳林溪遗址、天门石家河遗址的陶器上有多种刻画符号，其结构与后来的甲骨文、青铜铭刻上的象形字相近，山东莒县陵阳河出土的陶尊上，单字达十种之多，结构亦与甲骨文、青铜铭刻象形文类似，均被认作甲骨文的前身。这些材料证明，黄河中下游、山东半岛，乃至淮河流域、长江中下游，都是夏文化的繁生之地。而1935年首次发现的辽宁赤峰红山的红山文化，近年又有大量新的考古发掘，如1951年在辽宁河梁发现砌石墓葬和随葬玉器，1983年复查时发现一座女神庙，庙内有泥塑人像和泥塑"猪龙"头，经碳14测定，女神庙距今约五千年，足见燕山以北的西辽河流域的红山文化在久远年代已达到相当高的水平。良渚遗址发现六千年前大规模墓葬群，其精美玉器及陶器有复杂的刻画符号，表明长江下游、钱塘江流域很早便迈入文明门槛。

自殷商起，中国正式进入有文字记载的时代。此后，先民的活动地域愈益扩展。商人最早居住在山东半岛，大约在公元前14世纪，长期流动不定的商族人在商的第十代君主盘庚率领下，从奄（今山东曲阜）迁徙并定都于殷（今河南安阳西北小屯村），商人的居住中心转移到黄河中游。周人则崛起于陕甘高原，又在泾渭平原得到发展，进而向东挺进，克殷并经营洛邑，从偏处西土的部落发展为雄视中原的王族。

与由殷人和周人所代表的黄河文化相并列，楚人在长江流域发展楚文化，使中华文化的范围进一步扩展。自春秋以至战国，大体形成三晋、齐、燕、秦、楚、越六大文化区，地理范围大约包括秦长城以南，黄河上下、长江南北。成书于战国的《尚书·禹贡》把当时的版图划分为"九州"——冀州、兖州、青州、徐州、扬州、荆州、豫州、梁州、雍州，约略反映了春秋末期以来先民栖息生养的地理范围。又将此地域分为"五百里甸服"（离王城五百里的区域），"五百里侯服"（离王城千里的区域，即诸侯属地），"五百里绥服"（王畿外需要平定征服的区域），"五百里要服"（离王城一千五百里至两千里处，指边远区域），"五百里荒服"（荒蛮远地），对国土作中心—边缘的逐层区分，是西周封建制的规范化描述。

战国末期成书的《吕氏春秋》更对九州的地望有确切划分：

> 何谓九州？河汉之间为豫州，周也；两河之间为冀州，晋也；河济之间为兖州，卫也；东方为青州，齐也；泗上为徐州，鲁也；东南为扬州，越也；南方为荆州，楚也；西方为雍州，秦也；北方为幽州，燕也。[1]

《尚书·禹贡》及《吕氏春秋·有始览》所划出的"九州"（"九"并非实数，多数之意），大体包括燕山山脉以南，五岭以北，青藏高原以东的广大区间，面积当在三百万平方公里左右。这是自上古以来中华先民所着力开发的地段，在公元前的世界文明古国中，领域的辽阔罕见其匹。

秦汉以后，上述各区域文化融合为汉文化，先民继续开疆拓土，实行民族交汇，形成广土众民的大帝国，在公元初年的汉朝已有国土约四百万平方公里；又经唐、宋、元、明的盈缩变化，至清乾隆二十五年（1760），国土一千三百一十六万平方公里，奠定今日中国领土的基础，为中华文化的滋生繁衍提供阔大的天地。

---

① 《吕氏春秋·有始览》。

二、气候、地形、地貌、流域繁富

中华文化的繁衍地不仅领域广大，而且地形、地貌复杂，气候丰富多样，多条大江大河纵横，此亦为其他诸古文化区所罕见。

埃及和美索不达米亚的地形地貌大体是山岭沙漠包围的冲积平原这一类型，气候均属于干燥亚热带；印度虽然地形地貌较复杂，而气候却基本囿于热带；至于希腊、罗马的地形地貌大体是山海相间，缺乏阔大腹地，气候则只有地中海气候一种类型；印第安诸古文明所依托地区的地形和气候，也局限于一两种类型。相形之下，东亚大陆的地形、地貌、气候则相当繁复多样。

中国地势西高东低，山地、高原和丘陵约占三分之二，盆地和平原约占三分之一。山脉多东西走向，河流因而也多东西走向，故古时中国东西行较易，南北行较难，南北运河的开凿正是为了解决这一问题。

按地理环境的一个重要因素——气温带进行分类，可粗略区别为寒带、温带和热带。由于温带气候适中，提供了较良好的生产、生活条件，所以，温带—暖温带—亚热带成为文明发祥地和繁盛之区。"历史的真正舞台所以便是温带，当然是北温带，因为地球在那儿形成了一个大陆，正如希腊人所说，有着一个广阔的胸膛。"① 而中国正处在北半球的温带—暖温带—亚热带，地理环境提供了"自然之富，物产之丰"，这显然是古老的中华文明得以滋生发达的一个先决条件。

中国大部分地区属温带—暖温带，亚热带区域也不小，最南部伸入热带，最北部伸入亚寒带。拥有完备的气候带，提供

---

① ［德］黑格尔：《历史哲学》，生活·读书·新知三联书店1956年版，第124页。

了农业经济多样发展的地理基础，如秦岭淮河以北成为以小麦、粟米为主要作物的旱地农业区，秦岭淮河以南成为以稻米为主要作物的水田农业区。又由于降雨量的大势是东部充沛而西部稀少，这是东部为农耕区，西部为畜牧区的自然基础。中华文化的南北之别、东西之异，正植根于这种与地理环境密切相关的经济生活的土壤之中。

同埃及文化囿于尼罗河流域，巴比伦文化囿于两河流域相异，中华文化滋生地不是依托一个江河流域，而是拥有黄河流域和长江流域两个气候、土壤等地理格局颇相差异的大区段，还兼有辽河流域、珠江流域、闽江流域，范域开阔。当黄河流域因战乱频仍、北人南迁，以及垦伐过度、气候转向干冷等缘故而导致农耕经济自唐以后渐趋衰落之际，长江流域后来居上，以巨大的经济潜力成为粮食、衣被、财赋的主要供应区，发挥重要的文化补偿作用。当靠近游牧区的黄河流域，一旦长城被突破，就可能被游牧人占据，而这时，"长江天堑"便成为农耕人的又一道防卫线，拥有巨大经济潜力的长江流域可以为农耕文明提供退守、复兴基地。至于东北的松辽、岭南的珠江流域、闽南滨海地带、云贵高原、台湾、海南岛，更增添了回旋区间的丰富性和广阔性。中华文化延绵不辍，没有出现埃及、巴比伦、哈拉巴、玛雅等古文化那样的中绝现象，与这种阔大而繁复的地理形势颇有关系。

三、地理多样性与文化多样性

中华文化自其发生期，即因环境的多样性而呈现丰富的多元状态，到晚周，各具特色的区域文化已大体成形。东临沧海、山海兼备的齐鲁文化大相歧异于处在"四塞之地"的秦文化，地居中原的三晋文化不同于南方的楚文化，同在长江流域而分处上游、中游、下游的巴蜀文化、荆楚文化与吴越文化又各有特色。珠江流域的岭南文化，西南高原的云贵文化也自成风格。

至于在湿润的东部发展起来的农耕文化与在干燥的西部发展起来的游牧文化，更大相径庭。这些文化类型的形成当然受到人文因素的强力作用，不过，地理环境的多样性提供了文化多样化发展的基础。

中国作为一个幅员辽阔的泱泱大国，早在两千多年前，其版图便"东渐于海，西被于流沙。朔南暨声教，讫于四海"①。中国各地的自然条件千差万别，经济、政治水准也参差不齐，因此，各地文化的发展极不平衡。这种由地区多样性导致的文化多元发展，与文化"大一统"相辅相成，共同构成这个东方大国文化的显著特点。"天下同归而殊途，一致而百虑"②，《周易》的辩证思维揭示了中国历史和文化发展的统一性与多样性这两个彼此矛盾又互为补充的倾向。

当然，统一性与多样性在各个不同的时代又并非是均等的。如果说，春秋战国时期的文化更突出地显示了多样性，那么，秦汉以后的文化则以"大一统"的严整面孔出现，然其多样性的潜质仍有丰富展现。

秦统一中国后，企图用法家的"权谋术数"作为统治思想，后因其暴政激化社会矛盾，致使二世而亡。汉初，统治者为谋求战乱后的休养生息，借重黄老思想，"无为而治"。但这种以阴柔形态出现的治国策略，毕竟不能充分满足"治国平天下"的需要。统一的汉帝国建立后，经过两个世纪的摸索，终于在汉武帝时期开始确立儒学在文化领域的独尊地位，又经过历代帝王的"推明孔氏，抑黜百家"，中国文化从多极状态走向儒释道三教合一，在政治层面则是"霸王道杂之""儒表法里"。如果将从春秋末年的孔子到西汉淮南王刘安称作多元的"诸子文化"阶段；那么，从西汉的董仲舒到近代的康有为则是一元的"经学文化"阶段。随着专制制度的日趋强化，思想禁锢愈益深

---

① 《尚书·禹贡》。
② 《周易·系辞下》。

重，同欧洲中世纪基督教神学控制一切、亚里士多德的学说被固化为教条的情形相似，中国宗法专制时代也把先秦儒学经典化、官学化，孔子更被推尊为"大成至圣文宣王"，文化发展的多样性遭到强力制约，特别是宋元以降，程朱理学被尊为官方哲学，朱熹的《四书集注》成为法定教科书，违背"朱注"的思想言论都被视为"大逆不道"，抗拒某些理学教条的流派被宣布为"异端之尤"，加上文字狱一类文化专制政策的实施，使得社会精神领域日益陷入"万马齐暗"局面。

然而，即使在独断论盛行的时代，中国文化的多元潜质，以及与此直接相关的学派之争却未曾一日止息。在思想学术领域，汉代便有今文经学与古文经学的激辩；同属理学的宋代诸子区分为"濂、洛、关、闽"四大家。"濂"即"濂溪学"，以创始人周敦颐故居营道濂溪得名；"洛"即"洛学"，以程颢、程颐故乡洛阳得名；"关"即"关学"，以张载故乡陕西关中得名；"闽"即"闽学"，以朱熹寓居福建得名。周、程、张、朱虽然共创理学，但其学说又各有特点，他们分别提出"理"一元论、"心"一元论、"气"一元论，呈现理学大一统前提下的多元状态。南宋时期，同属理学的朱熹的"闽学"与陆九渊的"江西学"多有歧见，遂演出"鹅湖之会"，展开了"理"一元论与"心"一元论的大论战。这场论战延续了三个世纪，至明代中后期，心学的又一位大师王阳明继续同朱门后学展开反复辩难，其间还发生过一场"朱子晚年定论"的大公案，引得学界沸沸扬扬。

学术文化受地理环境制约，这一点很早即被中国学者所认识。例如，黄宗羲所撰断代学术史《明儒学案》，便是以学术地理作分类标准，后继的各学术史如《宋元学案》《清儒学案》等承袭这一传统。这种分类办法久用不衰，恰好反映了人文地理因素，以及由此生发出来的经济、政治、风俗等因素对学术发展、学派形成的深刻而久远的影响。

清代学术成就斐然，考据名家辈出，论著之富、门类之多，超迈前代。据徐世昌《清儒学案》记载，清代有著作传世者共一千一百六十九人。清代是文化统治特别森严的朝代，历朝帝王都大力倡导程朱理学，但民间学者并不全以理学为然，在大一统的格局之下，文化思潮仍然是庞杂多歧的。若考察清人的学术活动便可发现，各地区一般都有自己传统的研究领域，反映出一定历史时期学术研究的延续性和地区间的相对独立性。例如，江苏、安徽学者皆以治经为主，但治经门径方法又有差别，形成以惠栋为代表的"吴派"和以戴震为代表的"皖派"；浙江学者擅长治史，从清初黄宗羲到其子黄百家、其徒全祖望、万斯同，以至乾隆年间的章学诚，形成"浙东史学"；直隶、两湖、陕、豫等省，理学仍有广远影响。在"汉学"风靡清代学界之际，上述地域性文化的独特格局也基本维持下来。

　　文学艺术上因人文地理之异形成的派别更多。如宋代文坛以黄庭坚为首的江西诗派，由长期居住在永嘉的徐照（字灵晖）、徐玑（号灵渊）、赵师秀（号灵秀）、翁卷（字灵舒）结合成的"四灵派"；明代以李东阳为首的茶陵派，以袁宏道、袁宗道、袁中道为首的公安派，以钟惺、谭元春为首的竟陵派；清代则有以朱彝尊为首的浙西词派，以方苞、刘大櫆、姚鼐为首的桐城派，以恽敬等为首的阳湖派，以张惠言为首的常州词派。明代画坛上以戴进为首的浙派，以沈周、文徵明为首的吴派；清代画坛上龚贤等"金陵八家"，以恽格为首的常州派，以及活跃在江苏扬州的郑燮等"扬州八怪"。这些流派莫不因地域得名，表现出地域性文化分野。当然，这种文化的地域分布所体现出来的独立性，并不排斥学派之间的互相联系和彼此渗透。而正是这种既具多样性，又具统一性的发展态势，不断给中国文化增添活力，推动其前进。

四、"儒学普被"并非中国文化地理的完整概括

近古以降，直至当下，对中国文化有一"儒学普被"的概括。历史地理学家谭其骧（1911—1992）对此流行说提出批评："把中国文化看成是一种亘古不变且广被于全国的以儒学为核心的文化，而忽视了中国文化既有时代差异，又有其地区差异，这对于深刻理解中国文化当然极为不利。"[①]

笔者以为，儒学在先秦已成"显学"之一，汉武帝以后更为君王所推重，但称其"普被天下"则有失允当。本章上目略陈中国文化的时代差异和地域差异，下面从文化地理角度透视"儒学普被说"的不尽确切。

（1）在广土众民的中国，儒学普及，限于汉代以后的汉民族，仅占中国领土半数地区。称儒学普被中国，并不符合全域实际。

（2）儒学影响力度较大的汉族群体，在尊孔崇儒的同时，亦流行各种民间信仰，关帝、弥勒佛、观世音乃至于妈祖崇拜在各地极一时之盛。佛陀和太上老君的信众之广，并不亚于孔子。鲁迅1918年8月致函许寿裳说："中国根柢全在道教，以此读史，有多种问题可迎刃而解。"称汉人普敬儒术，不如说并奉儒释道更切近实况。"三教共弘"是汉晋、隋唐，以至宋元明清基本的文化事实。

（3）汉武帝接受董仲舒建策，"独尊儒术"，似乎在中原成"儒学普被"局面，实则并不尽然。董仲舒倡导的"儒学"，已与孔孟的原始儒学多相异趣，其吸纳阴阳家乃至法家、道家不少。汉武帝施政多取法家，仅从经济领域言之，其采纳桑弘羊的盐铁官营，便是典型的法家之策，在当世及后世一再为儒家

---

① 谭其骧：《中国文化的时代差异和地区差异》，《复旦学报》1986年第2期。

诟病。至于以后历代帝王实际的文化取向，绝非纯粹儒术，汉武帝的孙子汉宣帝在教训太子（后为汉元帝）时披露了真意："汉家自有制度，本以霸王道杂之，奈何纯任德教，用周政乎！且俗儒不达时宜，好是古非今。"① 可见帝王并不真心喜欢儒术、儒生，他们兼取"霸道"（即法家学说）和"王道"（即儒家学说），二者混用，阳儒阴法，儒表法里，才是列朝真实的方针。"独尊儒术"是一面半真半假的旗帜。

概言之，在生态丰富的中国，并未形成纯然一统的文化，要素繁复的自然—人文地理，造就了多样性的文化。以此观察国史及其文化，庶几接近实态。

五、都城屡迁：依凭纵深腹地

每一个文化圈，都有核心地带、过渡地带和边缘地带。这些地带并非凝固不变，而是时有转移的。如西欧文化圈，15、16世纪核心地带在意大利北部及佛罗伦萨；17世纪以后便转移到尼德兰及英伦三岛，或曰从地中海转移至北大西洋欧陆边缘。中华文化圈的核心地带也多有迁徙，辽阔的疆域、参差不齐的地理形势不仅提供了文化多样化发展的可能性，而且为政治中心的转移创造了前提。

几千年来，中华文化的中心，大体沿着自东向西，继之又由西北而东南的方向转移。这从各朝代文明的中心——首都的迁徙轨迹中，可约略看出端倪。

与多数国家拥有较稳定、单一的首都不同，领土宽阔的中国京城多次转移。从古罗马到现代意大利，首都一直在罗马；巴黎自5世纪至今依然是法国首都；英国从12世纪以后始终立都伦敦。而中国古代先后涌现过数以百计的都城，上古时期，

---

① 《汉书·元帝纪》。

作为"政治与文化之标征"的都邑皆在东方①，且极不稳定，商都曾"八迁"，自商王盘庚迁殷（今安阳附近），方有较固定的都邑。安阳、西安、洛阳、开封、南京、杭州、北京成为著称于世的七大古都。②

位于河南北部的**安阳**是目前所确认的中国最早的古都——殷墟的所在地，殷王朝曾在这里统治天下二百七十三年。东晋十六国与南北朝时期，又有后赵、冉魏、前燕、东魏、北齐相继在与安阳互为隶属的邺城立都。因而安阳有"六朝故都"之称。

地处泾渭平原的**西安**及其周围地区，山河拱戴，是所谓"四塞之地"，自西周起，先后有十一个王朝在此立都。"自五帝以来，都邑之自东方而移于西方，盖自周始"③。西周在丰、镐，秦在咸阳，西汉、新莽、前赵、前秦、后秦、西魏、北周、隋、唐均在长安（即今西安）立都，刘玄、赤眉、黄巢、李自成曾在此建立政权，东汉也一度设都于此。自周至唐，西安一带作为都城的时间前后一千一百九十一年，故人称"千年古都"。

位于河南西部、黄河支流洛水流域的**洛阳**，"处天地之中"，西周初周公即营洛邑以屏卫东方，从东周起，历东汉、曹魏、西晋、北魏、后梁、后唐七朝，隋炀帝与唐代武则天也曾从长安迁都于此。洛阳因而有"九朝名都"之誉。

"开封古城，七朝都会"。位于黄河以南豫东平原上的**开封**，曾为战国时期的魏国都城，五代时期的后梁、后晋、后汉、后周以及北宋，又以此为京师。后期金朝，为回避蒙古人狂飙似的进攻，曾从燕京迁都开封。

"江南佳丽地，金陵帝王州"。位于长江下游的**南京**，在公元3到6世纪，是孙吴、东晋、南朝宋、齐、梁、陈，及五代南

---

① ③ 见王国维：《殷周制度论》，《观堂集林》卷十，中华书局1959年版。

② 见冯天瑜、周积明：《中国七大古都——从殷墟到紫禁城》，武汉出版社1989年版。

唐的首都。明代洪武、建文及永乐前中期立都于此。19 世纪中叶的太平天国也在此设都，称天京。辛亥革命后，中华民国立都南京（曾迁北京，后又复都南京）。

水光潋滟、山色空蒙的**杭州**，地处杭嘉湖平原南端。五代吴越国与南宋曾以它为京城所在，曾为中古时期世界最繁华的都会。

北京，中华人民共和国的首都。它曾依次是春秋时代的燕都蓟城，五胡十六国时期前燕的都城，金朝中都、元代大都以及明清两代京师所在地。

七大古都分布于中华大地的中、西、南、北、东，似乎散漫无序，然而，古都位置的更替，包含着天生的规则与意义深刻的历史机缘。

六、政治中心与经济中心的离与合

拥有辽阔疆域，为中国提供足够空间摆布政治中心与经济中心，达成二者的整合与区隔。

殷商以来，黄河中下游，是最富饶的区域，又接近王朝版图中心，为兵家必争之地，把握中原，意味着把握天下，因此，从殷周至隋唐，中心政治不离中原，今安阳、西安、洛阳一带被多次选为国都。

由于经济重心不断向东向南拓展，而军政需要使得政治中心仍在关中，故秦与西汉，政治中心与经济中心分离，首都设在关中，财赋供给仰赖关东。东汉终于把首都从长安迁至洛阳，除回避西戎攻击外，还有与经济中心靠拢的用意。隋唐关陇贵族主政，有西拓之志，首都复返长安，但物资供应依靠关东乃至江淮，继续保持政治中心—经济中心分离、分工的态势。宋、元、明、清，出于政治、军事的需求，首都仍在黄河中游以至冀北，而财赋凭江南供应。"西北甲兵，东南财赋"的二元结构延续千年，这只有在疆域广大的国度才可实现。

在黄河流域以政治中心雄踞中华之时，长江流域的开发长足进展。以户口论，西汉时北方与南方呈三比一的优势；到东汉时，则变为六比五，已大体持平。[①] 汉、唐、宋三朝之人口状况（见表1）：

表1 不同地区人口比例分布表

时　　　代	人口比例		
	黄河流域	长江流域	珠江流域
西汉平帝元始二年（公元2年）	75.5%	20.9%	1.6%
唐玄宗天宝年间（公元742—756年）	61.4%	25.8%	2.8%
北宋神宗元丰元年（公元1078年）	34.8%	58.4%	6.8%

今日分布于广东、广西、福建、江西、四川、湖南、台湾等省以及东南亚各国的四千五百二十九万"客家人"[②]，便是自秦汉以降从中原南迁的汉人组成的民系。目前正在海内外开展研究的"客家史"，生动展现了中华文化中心由北向南移动的历史。

南方的崛起，尤以两晋、唐末、两宋为关键时期。

公元四世纪，因西晋政治腐败，导致八王之乱，匈奴贵族刘渊（？—310）建立分裂政权"汉"，开胡人入主中原之先河。至晋怀帝永嘉四年（310），刘汉武装攻陷洛阳，俘晋怀帝，杀洛阳三万余人，史称"永嘉之乱"。此后，七十万北方士女南迁，洛阳大族也纷纷逃越黄河，出现"洛京倾覆，中州士女避乱江左者十六七"[③] 的状况。琅玡王司马睿（276—323）在建康（今南京）建立东晋政权，更促使长江流域经济、文化迅速发展。自此，每当北方发生战乱，人民如潮水般南迁，几成通例。又如唐代"自至德后，中原多故，襄邓百姓、两京衣冠，尽投

---

①　见谭其骧：《论两汉两晋户口》，《禹贡半月刊》第一卷第七期。

②　见吴泽：《群策群力开拓客家研究新局面》，《客家史与客家人研究》，华东师范大学出版社1989年版。

③　《晋书·王导传》。

江湘，故荆南井邑，十倍其初"①。李白晚年曾目睹北方人民南逃的惨况，有诗云："三川北虏乱如麻，四海南奔似永嘉。"唐代"安史之乱"、北宋"靖康之变"，都曾导致大批中原人南下，加速了长江流域、珠江流域、闽浙沿海及云贵高原的开发。

较之北方，南方的经济水平自晋、唐以至于两宋逐渐驾而上之，正所谓："秦汉以前，西北壮而东南稚也……，至于宋代，而壮者已老，稚者已壮矣。"②唐代有"赋出天下，江南居什九"之说，宋代更有"苏松熟，天下足"③的谚语。元代立都于燕，"而百司庶府之繁，卫士编民之众，无不仰给于江南"④。明清南方经济的重要性更有增无已，长江流域开发，由下游拓展至中游。明代中后期民谣曰："湖广熟，天下足。"⑤

然而，经济重心的南移，并不意味着政治—军事重心的随之南移，因为军政中心的确立除经济因素外，还自有别种动力，如地理位置居中以驭四方、择都的习惯性标准、抗御北方胡人的战略考虑，等等，这使得经济重心逐渐南移的诸王朝，大多仍将首都设于北方。不过，继续设置北方的政治—军事中心必须依凭东南财赋的支撑。隋炀帝（569—618）开凿通济渠，并与唐初武则天（624—705）先后从长安迁都洛阳，北宋更进一步将京师东移开封（时称汴梁、东京），以靠近运河干道。唐宋之际中国古都在东西轴线上，有一种自西向东迁移的明显态势。

从北宋开始，东北契丹、女真等半农半牧民族兴起，农耕民族与游牧民族冲突交往的重点区段已由长城西段转至长城东段。加之运河淤废，黄河泛滥，无论是政治、经济，还是军事、交通，关中、河洛已丧失控扼天下的地位，自宋室南渡以后，长安、洛阳、开封等古都已不具备昔日制内御外的功能，以至

① 《旧唐书·地理志》。
② 《统论南北形势》，《图书编》卷三十四，文渊阁四库全书本。
③ 《古谣谚·大学衍义补》。
④ 《元史·食货志·海运》。
⑤ 《古谣谚·地图综要·湖方谚》。

元、明、清三朝，国都与黄河中下游无缘。长安更名安西、西安，表明它已由一国雄都变为方面重镇。

以宋代分界，此前中国都城主要在东西轴线上徘徊，此后主要在南北轴线上移动。南宋立都临安，金朝立都燕京，崛起于北方草原的蒙元以大都为京师，成帝业于东南的朱元璋（1328—1398）又建都南京，燕王朱棣（1360—1424）从侄儿建文帝手中夺权，是为明成祖，后期把首都迁到自己的根据地北平，升北平为北京，藉天子之威，震慑北方游牧民族，自此，北京成为明清两代国都。而兴兵南方的太平天国和中华民国又相继定都南京。

上下三千余年间，从安阳殷墟到北京紫禁城，中国古都此消彼长，大体沿着东西、南北两条轴线移位，这正透露出中国经济重心的转移、诸政治集团的更迭、民族关系的弛张。

关于中国文化中心的转移，明清之际思想家王夫之有精辟论述。他在讨论"华夷之别"时提出：华夷不同，在乎文野，而一个地区可以由野变文，也即由夷变夏；反之，一个地区又可能由文变野，也即由夏变夷。他说：

> 吴、楚、浙、闽，汉以前夷也，而今为文教之薮；齐、晋、燕、赵，唐隋以前之中夏也，而今之椎钝骏戾者，十九而抱禽心矣。①

王夫之用唐以来先进的北方渐趋落后，蛮荒的南方长足进步的事实，证明华夷可以易位。

王夫之还具体指明中国文化中心转移的总趋势是"由北而南"：

> 三代以上，淑气聚于北，而南为蛮夷。汉高帝起于丰、

---

① 《思问录·外篇》。

沛，因楚以定天下，而天气移于南。郡县封建易于人，而南北移于天，天人合符之几也。天气南徙，而匈奴始强，渐与幽、并、冀、雍之地气相得。故三代以上，华夷之分在燕山，三代以后在大河，非其地而阑入之，地之所不宜，天之所不佑，人之所不服也。①

王夫之还以明朝之例说明文化中心南移的情形：

> 洪、永以来，学术、节义、事功、文章皆出荆、扬之产，而贪忍无良，弑君卖国、结宫禁、附宦寺、事仇雠者，北人为尤酷焉。……今且两粤、滇、黔渐向文明；而徐、豫以北，风俗人心益不忍问。②

黄宗羲（1610—1695）也有与王夫之近似的观察和论述。他指出：

> 秦汉之时，关中风气会聚，田野开辟，人物殷盛；吴、楚方脱蛮夷之号，风气朴略，故金陵不能与之争胜，今关中人物不及吴、会久矣。③

王夫之、黄宗羲关于中国文化中心南移的描述，是"征之以可闻之实"作出的判断，符合历史真情。王夫之在此基础上更作出范围广大的推测：

> 地气南徙，在近小间有如此者。推之荒远，此混沌而彼文明，又何怪乎！④

---

① 《读通鉴论》卷十二。
②④ 《思问录·外篇》。
③ 《明夷待访录·建都》。

在近代，辽阔的中国发展也是不平衡的，文化中心进一步向东南转移。东南沿海成为中国近代文化的能量发射中心。

中国接受工业文明影响，跨入近代社会门槛，是从东南沿海开始的。"得风气之先"的地区是广东，随后是福建和江浙。东南沿海诸省最先涌现一批"睁眼看世界"并进而"向西方求真理"的人物，如福建林则徐、严复，广东洪仁玕、郑观应、康有为、梁启超、孙中山，江浙冯桂芬、王韬、马建忠、张謇、章太炎、鲁迅等。与这些新进人物出现互为因果，近代工商业、近代新学和近代政治运动也在东南诸省和海外华侨社会中发轫。上海的江南制造总局开中国机器工业的先河，康有为（1858—1927）在广州创办的"万木草堂"成为维新派养成所，梁启超（1873—1929）在上海主笔的《时务报》是变法喉舌，广东更成为孙中山（1866—1925）领导的革命运动首先活跃的省份。而近代新学、近代政治运动连同近代工商业在东南诸省兴起后，向内地延伸、发展，形成由南而北、由东而西的运动方向，这与中国古代经济文化重心由北而南、由西而东的迁徙方向恰好相反。

同东南沿海相比，近代中国的北方和西北偏于保守，当然也不宜一概而论。① 而长江中游诸省，尤其是湖北、湖南，正处在较开化的东南与较封闭的西北的中间地带。借用气象学语言来说：长江中游处在湿而暖的东南风与干而冷的西北风相交汇的"锋面"，因而气象因素繁复多变，乍暖乍寒，忽晴忽雨。如果说，整个近现代中国都卷入"古今一大变革之会"，那么，两湖地区更处在风云际会的漩涡中心。诚如晚清鄂籍留日学生所说，近代湖北是"吾国最重最要之地，必为竞争最剧最烈之

---

① 一个时期人们将"北洋""北洋政府"指认为保守、反动势力，其实有失笼统。"北洋"说起于宋代，要指黄海、渤海。清朝自18世纪末以降，以上海吴淞口为界，长江以北均为北洋。晚清，李鸿章、袁世凯主持洋务以天津为中心，李、袁集团称"北洋势力"。辛亥革命后十余年的"北洋政府"功过两存，其对近代化事业的贡献不可低估。

场"，而"竞争最剧最烈之场，将为文明最盛最著之地"①。这并非虚夸的惊世之论，而是有远见的预测。湖南在19世纪后半叶与20世纪上半叶对中国社会变革发挥的巨大作用，是举世皆知的；湖北则在20世纪初叶崛起为仅次于上海的工商业基地，继而成为辛亥革命首义之区，大革命心脏地带，土地革命的主战场之一。

就近代中国社会变革而论，确乎是发难于东南沿海，而收实功于华中腹地，进而又推向华北、西北，又由华北、西北推及全国，呈现一种东方不亮西方亮，此伏彼起的不平衡发展状态。这正是中国这样一个幅员辽阔、地理环境繁复多样、经济文化发展不平衡的东方大国的特色所在。

七、大运河开凿：以南济北

因应中国地理西高东低、江河西东走势而开凿的南北大运河，乃中国南北水路交通大动脉，是世界上最长的运河（包括隋唐大运河、京杭大运河、浙东大运河，全长2700公里），也是开凿最早（始于公元前486年）、规模最宏大的运河，贯通钱塘江、长江、淮水、黄河、海河五大水系。2014年在38届世界遗产大会上获准列入世界遗产名录。

南北向运河一部分利用天然水道，一部分人工开凿，始于春秋末期吴国挖掘胥溪、邗沟、黄沟，史载"吴城邗沟，通江淮，于邗江筑城穿沟，东北通射阳湖，西北至末口入淮，通粮道也。"② 南运河沟通钱塘江、太湖、长江、淮水之间的南北向航运。以吴王夫差时开通江淮的邗沟而言，工程便十分浩大，汉代民歌《郑白渠歌》用"举锸如云，决渠为雨"形容关中修郑国渠的情形，也可描述开掘邗沟的壮景。以后，夫差又开凿

---

① 张继煦：《叙论》，《湖北学生界》第一期。

② 《漕运》，《玉海》卷一八二。

商（宋）鲁之间的黄沟运河，沟通泗水与济水，运河达到黄河流域。

秦始皇时在湘桂之间开凿灵渠，沟通珠江流域与长江流域。笔者1995年参观灵渠，得见此两千多年前开凿的南北向运河，至今仍发挥着航运、灌溉功能。

西汉开凿漕渠，由长安引渭水入渠，直通黄河。东汉开凿阳渠，使漕舟由汴水入黄河。这都是将京师（西汉的长安、东汉的洛阳）汇入黄河、淮水、长江的航运系统之中。

自晋唐以下，经济重心南移，但政治—军事重心仍在北方。这就使得杨隋、李唐、赵宋的军政中心与地处长江下游的经济中心出现一大段空间距离，这样，从南向北的物资供应就成为隋唐以下诸朝的一项国家战略要务。巨量物资输送的廉价方式是水运，而中国地势西高东低，决定了黄河、淮水、长江等大江河皆西东走向，于是开掘贯通南北的运河成为一项紧迫任务。

魏晋南北朝开凿白沟、利漕渠、汴渠、西兴运河等地区性运河，为后来的隋唐大运河作了准备。隋代广泛开河，将一些天然河道或旧的人工沟渠联通起来。

隋文帝时疏浚汉代的漕渠，凿成广通渠（又名永济渠），"东发潼关，西引渭水，因藉人力，开通漕渠，……可使官及私家，方舟巨舫，晨昏漕运，沿溯不停"①。隋炀帝又全面疏浚、新修运河，共分四条：（1）引黄入淮的通济渠，（2）上接通济渠下接江南运河的邗沟，（3）永济渠，（4）江南运河。"炀帝大业元年，发河南诸郡男女百余万开通济渠，自西苑（位于河南洛阳西——引者注）引谷、洛水达于河，又引河通于淮海，自是天下利于转输。"②

唐代对隋运河进行疏浚、修整和新凿，所谓四疏汴渠（通济渠）、五浚山阳渎（邗沟）、三治褒斜道、重凿永济渠、治理

① 《隋书·食货志》。
② 《食货·漕运》，《通典》卷十。

灵渠，南北大运河完工，形成较完备的漕运系统。《通典》论及运河之利："开通河漕，变陆为水，则所支有余，动盈万计。"①

北宋都城东移汴梁（今开封），除因长安、洛阳残破外，更意在靠近东南财赋地，"京师屯兵百万，全借汴渠，漕运东南之物赡养之"②。宋人张方平谓："今日之势，国依兵而立，兵以食为命，食以漕运为本。"③ 南宋偏安东南，在吴越王钱镠江南运河基础上，使大运河南段完备。

元代定都大都（今北京），南北漕运更显重要，由郭守敬（1231—1316）擘画，主要在北段用力，开凿济州河、会通河、通惠河，对隋唐大运河裁弯取直（长度由隋唐大运河的两千多公里缩短到京杭运河的 1011 公里），线路向东转移，成京杭大运河，即今存之大运河，南起杭州，在常州、扬州间越长江，经淮安、徐州，在聊城越黄河，入海河水系，经天津，直抵北京。

元、明、清三朝京师的供应有赖京杭大运河，如明代自永乐年间定都北京，至正德末年的百余年间，每年运粮三四百万石。清初每年运粮四百万石以上。大运河的战略作用是"经略国门""供养京师""转运江南"，"半天下之财赋，悉由此路而进"。明清皆设漕运总督、河道总督，地位等同督抚。

因黄河泛滥等原因，运河北段淤塞，清中叶以降以海运代之。1949 年以后，运河疏浚、引水、涵闸等工程有成，运输力倍增。现在南北大运河通航里程一千公里，比苏伊士运河长十倍，比巴拿马运河长二十倍，连接长三角、苏、鲁、冀以至京津等经济发达区，促进南北商品流通，仅苏北运河每年货运量 1.2 亿吨，是世界上最繁忙的内河航道之一。

---

① 《食货·漕运》，《通典》卷十。
② 《邵氏闻见录》引王禹偁《建隆遗事》。
③ 《论京师储军事》，《乐全集》卷二十三。

第三节　中国地理（二）：负陆面海

中华文化独立不羁的性格是由自然的、经济的、社会的因素综合形成的，而中华文化圈周边环境的特征是其中一个发挥影响作用的方面。

中国位于地球上最辽阔的大陆——亚欧大陆东侧，东南濒临最浩瀚的大洋——太平洋，北部、西北部、西南部则深入亚欧大陆中心，是一个"右高原，左大海"的"陆海复合型"国度。

一、陆向为主，海向为辅

考察东亚大陆的陆海关系，是认识中华文化地理的入手处。

中国古代典籍对中华民族这片栖息地所作的较确切的宏观描述，首见于《尚书·禹贡》：

> 东渐于海，西被于流沙，朔南暨声教，讫于四海。

这是战国时期华夏族的"四至"观，明晰地概括了一面向海，其他方向因"流沙"等屏障而难以逾越的东亚大陆的地理特征。顾颉刚（1893—1980）赞誉这种理性的地理观念，指出《禹贡》高于另一古地理典籍《山经》的所在：

> 《山经》作者确认四方有海，凡其所道之五方，胥居一大洲之上。

> 古之人屡称四海者以此，知实为甚古之地理概念。《禹贡》作者，则已知惟东方有海，故青、徐、扬各以海表州，其结尾全曰"东渐于海"，舍南、西、北而不言。此真地理

学识之大进步，突破古代之幻想者也。

　　海与流沙，在《山经》本为四方公有之名，至《禹贡》而一归诸东，一归诸西，各为专名，勿复相溷。此修正之名词遂至于今不变。①

战国时期形成的这种"四至"观，对后世影响深远，从《史记》到《清史稿》，诸正史关于各朝代疆域的勾勒，都是在《禹贡》上述句式的基础上增益、发挥的。如《史记》描述秦朝领地：

　　地东至海暨朝鲜，西至临洮、羌中，南至北向户，北据河为塞，并阴山至辽东。②

《汉书》在论及疆域时，引述《禹贡》"东渐于海，西被于流沙"一段文字后，着重介绍汉代疆域的扩展和十三州设置。③
《旧唐书》描述唐朝领地：

　　东至安东府，西至安西府，南至日南郡，北至单于府。④

《宋史》描述宋朝领地：

　　东南际海，西尽巴楚，北极三关。⑤

---

① 顾颉刚：《五藏山经试探》，北京大学《史学论丛》第一期。
② 《史记·秦始皇本纪》。
③ 见《汉书·地理志上》。
④ 《旧唐书·地理志》。
⑤ 《宋史·地理志·京城》。

《元史》描述元朝领地：

> 北逾阴山，西极流沙，东尽辽左，南越海表。①

《明史》描述明朝领地：

> 东起辽海，西至嘉峪，南至琼崖，北抵云朔。②

《清史稿》描述清朝领地：

> 东极三姓所属库页岛，西极新疆疏勒，至于葱岭，北极外兴安岭，南极广东琼州之崖山。③

《禹贡》的"四至"观之所以沿袭久远，是因为它准确地把握了东亚的基本地理形势。在两三千年前，中国古人有如此概括，是很了不起的。

继《禹贡》"四至"观之后，成文稍晚（在战国末期）的楚辞《招魂》《大招》诸篇，则有"四极"之说。所谓"四极"，指东有大海，西有流沙，南方炎炎千里，北有寒山，增冰峨峨，飞雪千里，还有卓龙（烛龙）翱翔。这种关于东西方的描述大体同于《禹贡》，关于南北方的描述则有所发展。

战国间即已形成的"四至"观、"四极"观，反映了中国"负陆面海"，南入热带、北至寒国的实际环境状态，表现了先民宏观把握地理形势的卓越能力。

---

① 《元史·地理志序》。
② 《明史·地理志序》。
③ 《清史稿·地理志序》。

二、东亚与西欧陆海条件的差异

"负陆面海"并非东亚大陆独具的特点，欧洲大陆也大体如此。但从地图上对比东亚大陆与欧洲大陆，很容易发现两者的差别。东亚大陆呈比较规则的椭圆形板块状，海洋未能深入陆地腹里，除纵深程度较浅的渤海外，基本没有内海切割陆地，这就形成十分辽阔的远离海洋的区域。以太原—洛阳—武汉—长沙—贵阳为线，其西北距海八百公里以上的大陆腹地约占中国全部版图的百分之七十。至于兰州、乌鲁木齐等地更离海数千公里之遥。与东亚大陆形成鲜明对照，欧洲大陆则被地中海、黑海、波罗的海等内海纵深切割，以至西欧实际上是一个延伸出许多较小半岛的庞大半岛，呈现陆—海交错的格局，即使其腹地（如慕尼黑、布拉格、伯尔尼、日内瓦、维也纳）距海也不过三四百公里。因此，欧洲人无论向北、向西还是向南发展，都逼近海洋。

大相差异的陆海结构为亚欧大陆东西两端的居民提供了不同的海运条件，这对他们分别铸造各自的文化类型，有着不可小视的影响。

河运较之陆路车马运输便宜，而海运成本更为低廉，是一种最经济的、有利于大规模物资及人员交流的运输手段。清人魏源（1794—1857）曾列举数据，论证"海运之利，非河运比"[1]。海运有助于商品经济的发展，反之，商品经济的发展又会促进海运繁荣。海运首先受到海上航道、水文、气象特征和海岸地质、地貌、水文、气象等自然要素的制约，进而取决于区间物资交流的状况和外贸需求。

欧洲人，首先是古代的南欧人，然后是近代的西欧人和北

---

① 〔清〕魏源：《海运全案跋》，《魏源集》上册，中华书局1976年版，第414页。

欧人，利用陆海交错、港湾纵横的地理条件，并在特定的经济形势推动下，拓展海上航运业，这对欧洲人在古代和近代两度创造领先世界的文化，具有关键意义；而恰恰在航海事业相对沉寂的中世纪，并在自然经济、政治分裂和基督教神学统治等因素综合作用下，欧洲文化一度丧失优势，进入一个"黑暗时代"。

与欧洲人命运攸关的航海业，其起点在地中海，特别是在它的东部。这里具备古代人发展海运业的得天独厚的自然条件。以东地中海诸内海之一的爱琴海为例，它由北方的色雷斯，东方的小亚细亚，西方的伯罗奔尼撒，南方横条状的克里特岛合围而成。其间岛屿星罗棋布，海水相对平静，陆海交织，海内任何部位距离陆地不过五十英里，晴明之日，船只航行，远方陆岸历历在目，一旦风起云涌，随时都可以入港泊船。这是大自然为沿岸居民提供的一个绝妙的"航海训练场"，即使在设施简单的古代，人们也比较容易扬帆驾舟，往返于东地中海的蓝天白云之间，用希腊的橄榄油、葡萄酒，去换取埃及、小亚细亚、西西里的粮食、金属和奴隶。

地处板块状东亚大陆的中国人面对的海洋形势则大异其趣：虽有漫长海岸线，但海洋彼岸在古代却缺乏相对称的文明以供反馈、交流。至于近海以外的太平洋则一望无涯，波涌际天，当人们乘舟离开陆岸时，便有投身无边领域的感受。庄子（约前369—前286）曾经这样描写东方的大海：

> 夫千里之远，不足以举其大；千仞之高，不足以极其深。①

这片无垠的水域，长久以来被中国人视作"万川归之，不知何时止而不盈；尾闾泄之，不知何时已而不虚"②的未知世界。

---

①② 《庄子·秋水》。

战国时的诗人屈原（约前340—前278）曾对海洋永不满溢的现象发问道："东流不溢，孰知其故？"① 一千年后，唐代思想家柳宗元（773—819）试图对屈原之问作答，却大体停留在庄子的水平上："东穷归墟，又环西盈。"②

东亚大陆濒临的海洋因辽阔无际而增添了神秘性和征服的难度。如果说，较易被驾驭的内海——地中海是腓尼基人、希腊人、罗马人、迦太基人的交通走廊，那么，难以横渡的"大瀛海"——太平洋则在相当长的时期构成走向外部世界的障碍。

当然，太平洋的东亚海域，在中国大陆、朝鲜半岛、日本列岛、琉球群岛之间也构成一个不甚完整的内海，有人将其称作"东方地中海"。自古以来，东亚人民沿着"日本海环流路"等自然航道，并借助季风，往返于中国大陆、朝鲜半岛、日本列岛之间，"东方地中海"也就成为以中国大陆为内核，以朝鲜半岛、日本列岛、越南为外缘的东亚文化圈的交通走廊，汉字、儒学、中国化佛教（如华严宗、天台宗、禅宗）、中国式律令是这个文化圈共有的文化现象。但由于东亚的海洋条件远比地中海险恶，加之中、朝、日等国长期在自然经济轨道内运转，并无从事大规模商品交换的动力，因而在古代，"东方地中海"航运之盛不及希腊、罗马时代的地中海。

华夏民族创造过相当辉煌的航海纪录，春秋战国以降，瓯、越、齐等滨海地区发展海洋文化，人们竞相"逐渔盐商贾之利"③，同时还涌现一批"海上之方士"④，隋唐以降更有"海上丝绸之路"的开辟，但强度有限。海洋文化毕竟未能成为中华古文化的主流；而以三晋文化、秦文化为代表的大陆—河谷文化则居主宰以至统治地位，并与中亚、西亚、南亚发展内陆文化之间的交流，中国人的主体在相当长时间内未能脱出陆向为

---

① 《天问》，《楚辞章句》卷三。
② 《天对》，《柳河东集》卷十四，"对"五首之一。
③ 《史记·货殖列传》。
④ 《史记·封禅书》。

主、海向为辅的窠臼，日渐增多的人口被限定在精耕细作的土地上。

三、中西海洋文化比较

如果说中国有成熟丰满的大陆文化，那么，其海洋文化①则相对薄弱。这在与西方海洋文化的比较中，可以清晰得见。

腓尼基人、希腊人、罗马人自古即被称为"海上民族"②，他们利用地中海提供的航运之便，纵横于南欧、西亚和北非。被称作"卓越的商业民族"的西亚腓尼基人（在今叙利亚、黎巴嫩一带），早在三千年前，其商业及殖民活动便遍及地中海沿岸。地处巴尔干半岛南端及爱琴海群岛上的希腊人，从公元前1600 年左右的迈锡尼时代，到公元前 500 年前后的古典时代，以至公元前 200 年前后的希腊化时代，先后在地中海和黑海（时称好客海）沿岸广建商业基地和殖民城堡，到亚历山大大帝（前356—前323）时期，更建立横跨欧、亚、非三洲的庞大帝国，"希腊化"的范围所及，东至印度边境，西至大不列颠岛，地中海成为亚历山大帝国及后起的罗马帝国的"内湖"。这一事业的完成，与希腊人、罗马人较充分地利用海洋的交通之便颇有干系。

时间进入近代，先是葡萄牙人、西班牙人，继而是荷兰人、英国人，掌握了更复杂的航海手段，征服大西洋以至全球四大洋，率先走向世界。西方人从资本的原始积累时期、产业革命时期到现代新技术革命时期，愈益充分利用海洋，将资本繁衍、殖民扩张、商品及技术传播的范围伸抵海角天涯。美洲的发现，绕过非洲的航行，给新兴的资产阶级开辟了新的活动场所。海

---

① 海洋文化，指缘于海洋而生成的文化，即人类对海洋的认知、利用，因海洋创造出来的精神的、行为的、社会的和物质的文明内涵，简言之，指人类与海洋的互动关系及其产物。

② 古埃及铭文称腓尼基人、希腊人为"海上民族"。

洋，为近代工业文明提供了纵横驰骋、争雄比胜的领域。

争夺出海口、制海权，成为世界近代史上的一大主题。原为内陆国的沙皇俄国走向近代的过程，在某种程度上也就是通向海洋的过程。彼得一世（1672—1725）作为俄国近代化之父，其重要实绩就是从瑞典人手里夺取波罗的海出海口。他1703年在芬兰湾涅瓦河口的三角洲，建立起一座通往海洋的港口城市，1713年又把首都迁到这里，将其命名为圣彼得堡，俄国自此逐渐摆脱内陆国的局限。以后，承继彼得事业的叶卡捷琳娜二世（1729—1796）等又继续扩大对黑海、波罗的海海岸的占领，并向北开辟摩尔曼斯克港，取得通向大西洋的不冻口岸；向东掠取远东滨海地带，并一度侵占中国的大连湾，而且还力求取得波斯濒临印度洋的港口。俄罗斯帝国不满足于做一个陆上强国，它还要角逐大洋，加入海洋民族行列，成为一个海上强国。德意志人和日本人作为后起的资本主义民族，也孜孜不倦地发展海洋事业，与英、法等老牌殖民帝国角逐于大洋之上。

德国哲学家黑格尔（1770—1831）正是秉承从古希腊人到近代西方人眷恋大海的传统，在《历史哲学》中对海洋发出由衷的赞叹：

> 大海给了我们茫茫无定、浩浩无际和渺渺无限的观念；人类在大海的无限里感到他自己底无限的时候，他们就被激起了勇气，要去超越那有限的一切。大海邀请人类从事征服，从事掠夺，但同时也鼓励人类追求利润，从事商业……他便是这样从一片巩固的陆地上，移到一片不稳的海面上，随身带着他那人造的地盘，船——这个海上的天鹅，它以敏捷巧妙的动作，破浪而前，凌波以行……①

---

① ［德］黑格尔：《历史哲学》，王造时译，上海书店出版社2006年版，第83—84页。

这熔哲理和诗情于一炉的文字，把海洋看作导向财富和新世界的通道。这是作为"海上民族"的西方人吟咏的一曲海洋颂。

与西方大相径庭，中国人同海洋的关系，对海洋的认识和情感，则显示了一种以陆向为主的"陆海复合民族"的特有风格。

中国人自古即注意发展交通事业，但侧重点在陆上而并非海上。诗云"周道如砥，其直如矢"①，便是对周代陆路交通的赞誉。《左传》载，晋文公（前697—前628）修整道路，是他成为盟主的一大因素②。单襄公到陈国（今河南淮阳县），看到道路废塞，便断定陈国将灭③。这都是古人重视陆上交通的明证。至于海洋交通，却未能被提到国家兴亡的高度来看待。

当然，中国并非内陆国，而有着长达1.8万公里的大陆海岸线，中国古代也不乏向海洋谋求民生利益的卓越人物，但他们主要着眼于鱼盐之利，而较少侧重航运的展开。如周初姜尚受封于地瘠民贫的营丘滨海处，"于是太公劝其女功，极技巧，通鱼盐，则人物归之"④。春秋时，管仲（约前723—前645）向齐桓公进"官山海"之策，力主官营食盐的生产和销售，以达富国利民目的。⑤ 在姜尚、管仲利用海洋的谋略中，少有发展海运的内容。

海洋在中国人观念世界所处的地位，也表现出大陆—海岸民族的性格。例如，在被中国人视作"国之大事"的祭祀活动中，名山所获得的贡奉远多于大海，泰山尤其被历代帝王所封禅、拜祭，而海洋却较少受此惠顾。当然，中国人也并未忘记祭水，但"三王之祭川也，皆先河而后海"⑥，这种重陆轻海、

---

① 《诗经·小雅·大东》。
② 《左传·襄公三十一年》。
③ 《国语·周语》。
④ 《史记·货殖列传》。
⑤ 《管子·海王》。
⑥ 《礼记·学记》。

先河后海的倾向，很早就熔铸进中国人的世界观念和文化心态，在文学、艺术、哲学中，都有所表现。

"白日依山尽，黄河入海流；欲穷千里目，更上一层楼"①，"黄河远上白云间，一片孤城万仞山"②，"大漠孤烟直，长河落日圆"③ 之类诗作所展现的，正是一个大陆民族所特有的视野和壮阔襟怀，与希腊人在荷马史诗中对蔚蓝色的爱奥尼亚海和克里特岛的陡峭岩岸的反复歌咏格调大异。

中国古代诗文也有议及海洋的，但多以为海洋深不可测，阔无边际。"海隅出日，罔不率俾"④，"方行天下，至于海表，罔有不服"⑤，显然以海际为天边。至于"相土烈烈，海外有截"⑥ 之说，讲到商汤的十一世祖相土功业显赫，使海外威服，但这里的"海外"仅限于渤海等近海的边沿地带（如山东半岛）。中国文学的先导之作《诗经》与《楚辞》除有"朝宗于海"⑦ "指西海以为期"⑧ 这类旁及海洋的文字外，并无以海洋、航海为主题的篇章。

先秦诸子也较少论海。孔子、孟子都生活在滨海的邹鲁地区，但他们都没有冒险远航的经历（其他先秦诸子也无远航经历），却长年乘车奔走游说于黄河中下游的列国之间。他们偶尔也提到过海洋，如孔子（前551—前479）说："道不行，乘桴浮于海，从我者其由与!"⑨ 把海洋作为政治失意后避世的处所；孟子（约前372—前289）说："观于海者难为水，游于圣人之

① 〔唐〕王之涣：《登鹳雀楼》。

② 〔唐〕王之涣：《凉州词》其一。

③ 〔唐〕王维：《使至塞上》。

④ 《尚书·君奭》。

⑤ 《尚书·立政》。

⑥ 《诗经·商颂·长发》。

⑦ 《诗经·小雅·沔水》。

⑧ 《离骚》。

⑨ 《论语·公冶长》。

门者难为言。"① 把海洋作为因其深广而叹为观止的对象。都有虚拟和借喻的意味，而少见海洋知识的具体记述。孔子还说：

> 知者乐水，仁者乐山；知者动，仁者静；知者乐，仁者寿。②

在孔学体系里，"仁"一向高于"智"，他把安定的山置于易动的水之上。这正显示了一个"陆向型"思想家追求稳定的风格，与有着丰富的航海经历和海外知识的泰勒斯（约前624—约前547）、柏拉图（前427—前347）、亚里士多德（前384—前322）等古希腊哲人存在着明显的差异。

秦汉以后，文人描写、议论海洋的诗文数不在少，东汉班彪的《览海赋》、三国魏曹丕的《沧海赋》、西晋木华的《海赋》一类诗文都把海洋想象为吐星出日、神隐怪匿的世界，这显然是站在大陆岸边向着"茫茫沧海"突发奇想，较少有入海弄潮儿的经验谈。如在东汉史学家班固之父班彪（3—54）的笔下，海洋里有"三神山"——蓬莱、方丈、瀛洲，其上呈现这样一番仙景：

> 风波薄其裔裔，邈浩浩以汤汤，指日月以为表，索方瀛与壶梁。曜金璆以为阙，次玉石而为堂，莫芝列于阶路，涌醴渐于中堂。朱紫彩烂，明珠夜光，松乔坐于东序，王母处于西厢。③

从战国以至秦汉，列国诸侯如齐威王（？—前320）、齐宣王（？—前301）、燕昭王（？—前279），帝国皇帝如秦始皇

---

① 《孟子·尽心上》。
② 《论语·雍也》。
③ 《览海赋》，《艺文类聚》卷八。

（前259—前210）、汉武帝（前156—前87），都把大海视作神秘之域，以为那里有仙人栖息，有不死药藏于其间，永生的侈心促使那些帝王五次三番派人出海寻觅，最著名的一次是秦始皇派徐福率童男童女东去，据说徐福到达东瀛扶桑，不死药自然无法获得，结局也只能是"终不见归"。①

班彪的海洋观显然与威宣燕昭、秦皇汉武们的幻想一脉相承，神异有余而理性不足。

以后，李白（701—762）等诗人对大海的吟咏，也不出"海客谈瀛洲，烟涛微茫信难求"②之类，视大海为神秘莫测之乡。

唐宋以降，随着航海业的发展，中国人的海洋知识趋于具体化。元初宋无（1260—1340）曾随元军舰队远征日本，他目睹"碧汉迢遥，一似桴槎于天上"的壮美海景，体验到"银涛汹涌，几番战栗于船中"的航行滋味，其长篇组诗《鲸背吟》将"所历海洋山岛，与夫风物所闻，舟舰所见，各成诗一首"③，是海洋知识的汇集。至于明代七下西洋的郑和（约1371—1433）随行人员的著作，有更丰富的航海实践作基础，如马欢的《瀛涯胜览》（1451）、费信（1388—?）的《星槎胜览》（1436）、巩珍的《西洋番国志》（1434）等，包含大量对海洋的实际考察内容，非《览海赋》一类文字所可比拟。然而，中国人作为一个"大陆—海岸型"民族，重陆轻海的倾向并未因郑和下西洋等远航壮举而有所改变，中国人的海洋观和海洋知识，以及整个海洋事业也未获得持续的大规模展开的动力。

综上所述可以得见，我们惯常所称中华传统文化具有"大陆型"性格，与具有"海洋型"性格的古希腊、古罗马文化大相径庭，并非单从地理环境和地缘政治着眼，而是从自然—人

---

① 见《史记·秦始皇本纪》。
② 《梦游天姥吟留别》，《李太白文集》卷十二。
③ 《鲸背吟集》，《四库全书》第1214册。

文相结合的文化学视角出发，综合考察海洋与大陆在某一民族文化的生成过程中分别发挥怎样的历史作用，分别对某一民族的经济生活和观念世界产生过何种性质、何等强度的影响。

四、中国古代海洋事业的成就与局限

中华民族较早就掌握了制造和驾驭舟楫的能力，在这方面显示出并不逊色于其他民族的技巧。《周易》称，黄帝、尧舜时代即"刳木为舟，剡木为楫，舟楫之利，以济不通"①。《墨子》说："其为舟车何以为？车以行陵陆，舟以行川谷，以通四方之利。"②

中国古人的远航成绩是相当惊人的，据张光直教授等人研究，约四五千年前，华人先祖就横渡太平洋，抵达墨西哥、秘鲁。当然，这类假说尚需充分的考古材料证明，而且，即使这类假说成立，华人先祖横渡太平洋也并未提供反馈，给中国人的生活及其文化带来实际影响。

由于太平洋的辽阔无际、难以征服和农业型自然经济这些来自自然和人文方面的双重制约，中国人的海上航行，汉唐以前主要限于"裨海"③，《史记·货殖列传》提及的番禺（广东）的"珠玑、犀、玳瑁、果、布"等，便是经由近海商路，流传到中原的。唐宋以降，则有"海上丝绸之路"的开辟，出现"外国之货日至，珠香象犀玳瑁奇物溢于中国，不可胜用"④ 的局面，"附舶东西洋"的人日渐增多。但这时的海运主要服从上层统治者的需要，与广大民众的生活较少发生联系，民间海运往往受到压抑。直至明清，当京杭运河因黄河泛滥等原因导致

---

① 《周易·系辞下》。

② 《墨子·节用上》。

③ 战国末年阴阳家邹衍把近海、内海称"裨海"，把外洋称"大瀛海"。见《史记·孟子荀卿列传》。

④ 《送郑尚书序》，《昌黎先生全集》卷二十一。

淤塞，漕粮北运出现困难时，不少有识之士纷纷提出以海运代河运的建策（陈子龙辑《明经世文编》、魏源辑《皇朝经世文编》搜集此类文章甚多），但朝廷却迟迟不愿开辟海道、放松海禁。

中华民族曾焕发过相当雄健、恢宏的"拓边精神"，但是，西汉卫青（？—前106）、霍去病（前140—前117），东汉窦宪（？—92），唐代李靖（571—649）、高仙芝（？—755）们拓边的锋锐，主要指向亚欧大陆腹地。"黄沙百战穿金甲，不破楼兰终不还"①，正是那一时代热血男儿向西北拓展的悲壮心情的表述。汉唐如此，元明清亦复如此。这大约是因为中华民族在古代，国防的性命攸关处和对外贸易的侧重点不在海向而在陆向，尤其在西北陆向。

以游牧民族入主中原的元世祖忽必烈（1215—1294）企图远征日本列岛，也许是中华帝国大规模出征海外的唯一一次尝试。此后的郑和下西洋，以规模和航海水平论，当时都世无其匹，但这次远航既无向海外作军事征服的意图，也不是为着推销商品，而是从侄儿手里夺取皇位的永乐帝朱棣（1360—1424）企图通过"宣威海外"以提高声誉的一种努力，所谓"振纲常以布中外，敷文德以及四方"②，"耀兵异域，示中国富强"③。随郑和远航的马欢在《纪行诗》中说：

> 皇华使者承天敕，宣布纶音往夷域。

明白表示这是一次以"宣布纶音"为主要目标的御用远航。当然，这一罕世之举得以进行，自有明代经济发达作后盾，在客观上也促进了中国与南亚、西亚、东非的经济文化交流，对当

---

① 〔唐〕王昌龄：《从军行七首》其四。
② 〔明〕费信：《星槎胜览自序》。
③ 《明史·郑和传》。

时的社会经济生活也产生了相当影响：

> 自永乐改元，遣使四出，招谕海番，贡献毕至，奇货重宝，前代所希，充溢库市，贫民承令博买，或多致富，而国用亦羡裕矣。①

这次远航与倡导者永乐皇帝出身东南近海处有关。明人茅元仪（1594—1640）指出：

> 唐起于西，故玉关之外将万里；明起于东，故文皇航海之使，不知其几十万里，天实启之，不可强也。②

这是一种颇有文化地理眼光的分析。然而，"先后七奉使……凡三十余国，所取无名宝物不可胜计，而中国耗费亦不资"③ 的郑和下西洋，终因没有获得社会经济的有力支持，当倡导者永乐皇帝辞世不久，便遭到广泛攻击。一位名叫刘大夏的朝臣的言论，颇能代表时人对海外远航的价值评判：

> 三宝太监下西洋，费钱粮数千万，军民死且万计。纵得奇宝而回，于国家何益？④

站在以农业型自然经济为生计的大陆—海岸民族的立场上，郑和下西洋确乎是劳民伤财而又无补于国的"弊政"，其戛然中止也就并不奇怪了。

永乐帝身后，朝廷中反对下西洋一派占据上风，洪熙帝朱高炽于即位之初（1425）便颁诏"下西洋诸番国宝船，悉皆停

---

① 《佛郎机传》，《殊域周咨录》卷九。
② 《占度载序》，《武备志》卷二十四。
③ 《明史·郑和传》。
④ 《古里》，《殊域周咨录》卷八。

止"。其子宣德帝朱瞻基（1398—1435）即位后，主张下西洋一派略有抬头，郑和在宣德五年（1430）进行了第七次，也即最后一次航行。此后，下西洋又屡遭朝野抨击。成化年间（1465—1487），正值南欧人发起世界性远航的前夕[1]，明朝朝廷却抹杀郑和航海功绩，将下西洋的档案销毁，远航"宝船"也不许再造。郑和下西洋以一大"弊政"遭到谴责和制止，宣告终结。这与航海发现新大陆的意大利人哥伦布（约1451—1506），葡萄牙人达·伽马（约1469—1524）、麦哲伦（1480—1521）远航以后，在资本原始积累、殖民扩张推动下西方人的航海活动澎湃汹涌、一发而不可收的情况形成鲜明对比。梁启超曾为此而唏嘘慨叹不已：

> 及观郑君，则全世界历史上所号称航海伟人，能与并肩者，何其寡也。郑君之初航，当哥伦布发现亚美利加以前六十余年，当维嘉达哥马发现印度新航路以前七十余年，顾何以哥氏、维氏之绩，能使全世界划然开一新纪元，而郑君之烈，随郑君之没以俱逝。我国民中稍食其赐，亦几希焉。则哥伦布以后有无量数之哥伦布，维嘉达哥马以后有无量数之维嘉达哥马，而我则郑和以后，竟无第二之郑和。噫嘻，是岂郑君之罪也。[2]

15世纪初叶的郑和下西洋，因缺乏经济的、社会的动力，全由帝王的政治诉求推动，故在航海史上如彗星现空，灿烂于一时，又转瞬即逝，而且无以后继，中国人终于失去加入15、

---

① 意大利人哥伦布1492年奉西班牙女王伊莎贝拉之命，携带致中国大汗的信件，从巴罗斯港起航，横渡大西洋，抵达中美洲的巴哈马群岛；葡萄牙人达·伽马1497年奉葡萄牙国王努艾尔之命，从里斯本出发，探求通达印度的新航路。

② 梁启超：《祖国大航海家郑和传》，《饮冰室合集》专集之三，中华书局1989年版。

16世纪之交的世界性地理大发现行列的机会，落伍于西方的历史也由此埋下伏笔。造成这种遗憾的原因当然不能归之于郑和这位旷代英杰，而只能探源于文化生态：从中华民族的地理环境、生活及生产方式和观念世界的特征中追寻。

五、城址的内陆性

中国城市地址的选择，也显示了大陆民族的特性。城市是人类政治、经济、军事、文化活动的中心，其建筑地点与该民族的生活方式相关。按选址分类，城市有山地型、丘陵型、平原型、海岸型四种，前三种中国古已有之，春秋战国已经齐备，此后，长安、洛阳、开封、南京、杭州、北京等先后发展成当时世界最大的都市，然而，唯独海岸型城市（如泉州等），汉唐才出现，而且久未发育充分。

在南欧与西欧，面向海洋的海岸型城市，古典时代即大批涌现，如古希腊"有城墙的新城市事实上是建筑在沿海一带的"[1]。希腊人不仅在伯罗奔尼撒半岛兴建滨海城邦，还在爱琴海东岸的小亚细亚海岸筑城，如梅安德河河口的米利都。作为一个商业中心，米利都吸引着从地中海、黑海沿岸来的腓尼基与希腊船只，水手和商人把希腊人视野之外的信息带到米利都，如黑海北岸大陆情状，东方亚洲奇谈，埃及以南非洲异闻，以及埃及、巴比伦的哲学、文学、艺术、科技知识。正是这一切，使米利都成为希腊最古老的学术文化中心之一，由泰勒斯（约前624—约前547）、阿那克西曼德（约前610—前546）、阿那克西米尼（约前585—约前525）等人创立的"米利都学派"便孕育于此。此外，希腊人还在地中海沿岸殖民地建筑了一系列巍峨都市，如拜占庭（后称君士坦丁堡，今称伊斯坦布尔）、马西

---

[1] ［古希腊］修昔底德：《伯罗奔尼撒战争史》，商务印书馆1960年版，第5页。

利亚（今马赛）、尼克（今尼斯）、那帕勒斯（今那不勒斯）、亚历山大，这些都是南欧、北非古今相沿的雄踞海滨的名城。

中国直至近代，当东南沿海被西方资本主义列强开辟口岸之后，才逐渐产生全国性滨海都会，如上海、天津、青岛、大连、广州等。以中国近现代最重要的工商业中心、最大的滨海城市上海为例，古代一直是一个小小的渔村，宋代始设上海镇，元代至元二十九年（1292）设上海县，直至清初，这里仍然是一处滨海集镇，因"海禁严切，四民失利，故往时为大家富室者，今多萧然悬磬矣"①。乾隆、嘉庆间，上海县渐渐发展成一港口型的商业城市，得到"江海之通津，东南之都会"的称号。鸦片战争以后开埠，随着近代工商业的发展，上海作为拥有长江流域开阔腹地，又直接面向世界市场的滨海都会，迅速成长起来，其经济地位逐渐凌驾于所有内地城市之上。

第四节　东亚地理与文化传播

综上所述，中华民族生活的东亚大陆，远离其他文明中心，周边又多有地理屏障，东濒茫茫无际的太平洋，北临漫漫戈壁和浩瀚的原始针叶林，西方则万里黄沙与高山雪峰相间，西南壁立着世界上最庞大而高峻的青藏高原。这种一面朝着古人难以超越的"大壑""巨海"——太平洋，其他三面为陆上障壁所阻，而内部回旋余地又相当开阔的环境，造成一种与外部世界相对隔绝的状态，这对中国文化特质的形成和发展造成的影响，久远而深刻。

一、文化传播功能

人类历史的进步，与文化传播关系甚大。传播机制（包括

---

① （康熙）《松江府志·序言》。

"文化转出"与"文化接受"两个互动方面）好比是绿色植物吸收二氧化碳、水分、无机盐，通过叶绿素实现光合作用，释放氧气，累积有机物的接受—转出双向过程。一个生机勃勃的文化，必须拥有健全的转出—接受机制，方能获取文化补偿，赢得空间上的拓宽和时间上的延展；反之，如果转出—接受机制发生严重阻碍，该文化就可能渐趋衰微。一度创造出太阳金字塔等辉煌成就的玛雅文化因封闭于中美洲丛林，后来终于衰落并长期被世人忘却，就是众多例证之一。

中华文化在漫长的发展历程中，因其腹地开阔，内部各区段间的文化互补发挥过颇大作用，三千年间，有南北东西各路文化的相激相荡，故能保持相当程度的张力。

华夏族在其发展壮大的过程中，与周边少数民族彼此交往、相互融汇。据古籍记载，夏、商、周三朝不断有中央朝廷接待"四夷"的活动，如"夏后即位七年，于夷来宾"，"少康即位三年，方夷来宾"，"后芒即位三年，九夷来御"①。周朝还专门设立"象胥"这一职官，负责接待四方使节和诸族宾客，"掌蛮夷闽貉戎狄之国使，掌传王之言而谕说焉，以和亲之"②。这些周边民族与华夏族的生活方式、文化传统本有很大差别，一位戎族酋长说："我诸戎饮食衣服，不与华同，贽币不通，言语不达。"③ 以后，在长时期的民族融合过程中，周边异族与华夏族彼此吸收对方文化养分，逐渐"达其志，通其欲"④，使华夏族的范围日渐扩大。到了周代，"华夏"已经是一个包容很广的民族概念：既有原来的华夏人，又有华夏化了的戎人、狄人、夷人。

华夏族形成孕育了华夏文化。商周时期的甲骨文、金文；精美的青铜工艺；庞大的宫殿建筑群；执干戈、挥羽籥的武舞、

---

① 《册府元龟·外臣部·朝贡一》。

② 《周礼·秋官·象胥》。

③ 《左传·襄公十四年》。

④ 《礼记·王制》。

文舞；瑟笙管钟磬鼓齐奏，堂上堂下众声俱作的音乐；最早的散文与诗歌——《尚书》与《诗经》；开始从宗教意识里脱颖而出的哲学，昭显着华夏文化的丰美。

华夏文化从诞生之日起，便绝非自我禁锢的系统。以迁徙、聚合、民族战争为中介，华夏族及以后的汉族与周边民族继续交往、融合，不断吸收新鲜血液，历数千年，方构成今日气象恢宏的中华文化。

华夏系统内部各地域间的文化传播，发挥着重要作用。如学术上，北方的孔墨与南方的老庄既相批判又相吸纳，西部的商韩与东部的管邹则互为应援；文学上，燕赵多慷慨悲歌，吴楚有放诞纤丽之文，所谓"长城饮马，河梁携手，北人之气概也；江南草长，洞庭始波，南人之情怀也"①。

与外部世界的文化联系，则得益于汉唐间陆上丝绸之路和海上丝绸之路的开辟，在一定程度上突破了地理环境、民族分野造成的障壁，赢得有效的转出—接受机制，中外文化交流得以进行。汉唐时，华人有一种放开度量，大胆地，无畏地，将新文化尽量地吸收的气魄。

中华文化在与外部世界的接触中，先后受容了中亚游牧文化、波斯文化、印度佛教文化、阿拉伯文化、欧洲文化。中国文化系统或以外来文化作补充，或以外来文化作复壮剂，使整个机体保持旺盛的生命力。"因为摄取民间文学或外国文学而起一个新的转变，这例子是常见于文学史上的。"② 其实，吸取外来养分以使自身获得新的生机，不限于文学领域，这也是整个文化发展史的通例。

梁启超指出："中国智识线和外国智识线相接触，晋唐间的

---

① 梁启超：《中国地理大势论》，《饮冰室合集》文集之四，中华书局1989年版。

② 鲁迅：《且介亭杂文·门外文谈》，《鲁迅全集》第六卷，人民文学出版社1973年版，第101页。

佛学为第一次，明末的历算学便是第二次。"① 这两次中外文化交汇都对中国文化的发展起了重要推动作用。

梁氏说中外文化第一次大交汇在晋唐间，是粗略言之。事实上，这次文化交汇，可追溯到汉代。如果说，秦以前是中华本土文化的起源与发展期，那么，从汉代开始，便进入本土文化与西来文化的交汇期。这种"西来文化"，先是西域（即中亚和西亚）文化，后是南亚次大陆文化。不过，后者对中国文化的影响较之前者要深刻得多。

来自南亚次大陆的印度佛教哲学，其思辨的繁复与巧密超过魏晋时期流行于思想界的综会儒道的玄学，因此，佛学传入，对中国哲学乃至整个文化皆有启迪作用。当然，中国人对于佛学并非不加改造地照搬，在汉唐至宋明的千余年间，把孟轲、庄周等人的思想融入佛学，使之逐步本土化、哲理化。弘忍（601—674）及其弟子神秀（606—706）、惠能（638—713）所创立的"禅宗"，以及天台宗、华严宗，便是中国化了的佛学。宋、明时期，新儒学又从佛学中汲取营养，使之与《易》《老》《庄》三玄相糅合。如程颢、程颐的"理"，即套自佛教的"真如佛性"，不过赋予了更多的伦理道德意蕴。朱熹的博大思想体系也有若干内容采自佛教禅宗思辨。传统儒学与外来佛学相摩相荡，终于产生了新的文化正宗——宋明理学，这是文化交流上的创造性转化的一个范例，揭示出文化史上的一个通则：文化交流，绝非单向文化移植，而是一个经由文化互动的再组合过程，主体文化与客体文化均发生变迁，从中产生出具备双方文化要素的新文化。在改造了的儒学与改造了的佛学相糅合的基础上产生的宋明理学，正是这样一个"援佛入儒"的文化组合，成为中国前近代社会的思想主干。

中国文化不仅吸收、消化南亚次大陆的佛学，而且还在再创造的基础上，将中国化佛学输出给周边文化系统。8 到 10 世

---

① 梁启超：《中国近三百年学术史》，中国书店 1985 年版，第 9 页。

纪，印度佛教开始衰微，13世纪伊斯兰教传入印度，印度佛教文化趋于隐灭。但恰在7、8世纪以降，佛教在中国展开，大量汉译佛典输出到东北亚、东南亚。日本曾出版《大正藏》，意在网罗中外所有佛教著作。这部巨型书籍，拥有二万三千九百多卷，其中大部分为中国学者所译或所著。佛学"输入—吸收—输出"的流动，显示了中国文化强劲的吸收—传播力，是文化互动的生动范例。

汉唐时期文化昌盛，重要原因之一，乃是异文化的交汇，中国处于"坐集千古之智""人耕我获"的佳境，吾人对外来文化选择取舍，加工改制，收到"以石攻玉"之效。"那时我们的祖先对于自己的文化抱有极坚强的把握，决不轻易动摇他们的自信心，同时对于别系文化抱有极恢廓的胸襟与极精严的抉择，决不轻易地崇拜或轻易地唾弃。"① 英国作家赫伯特·乔治·威尔斯（1866—1946）在他的《世界史纲》中称赞道："当西方人的心灵为神学所缠迷而处于蒙昧黑暗之中，中国人的思想却是开放的、兼收并蓄而好探求的。"唐人的这种宏大气魄与勇于探求的精神，在当时世界是无与伦比的。值得注意的是，汉唐时期，尽管吸收了大量外来文化，但是，中国文化却没有成为"四不像"，仍然保有堂堂正正的中华性格。

五代宋以降，随着燕云十六州的丧失，长城的御外功能大减，塞北游牧民族的军事压力日趋增大，中原王朝退守自固，渐渐走入自闭困局。近人黄遵宪（1848—1905）指出：

> 封建废而为郡县，中国归于一统，不复修遣使列邦之礼。……昔契丹主有言，我于宋国之事纤悉皆知，而宋人视我国事如隔十重云雾。以余观日本士夫，类能读中国之书，考中国之事。而中国士夫好谈古义，足己自封，于外

---

① 孙伏园：《鲁迅先生二三事》，湖南人民出版社1980年版，第23页。

事不屑措意。①

　　黄氏把中国忽视外邦研究的时限上溯至宋代，大体符合历史实际。两宋既为中华文化"造极"期，又因军事上相继惨败于辽、夏、金、元，由国防退守导致文化禁锢，走上"暗于知彼"的狭路。而自我封闭愈入近代，危害愈大。16 世纪以后，当南欧和西欧相继因商品经济发展、海运事业拓展而获得活跃的文化传播机制时，中华文化因封闭而趋于僵化的被动状态，从世界文化史的大背景看，就显得格外突出。

　　中国文化线与外国文化线第二次交汇，开端于明朝万历年间，也即 16 世纪末叶。这次文化交汇绵延四个世纪，正处在宋以后退守自固状态形成的情势之下，并且到清中叶以后又进入文明转型阶段，故同第一次交汇的状况有所不同。

　　陈独秀在《吾人最后之觉悟》中曾将四个世纪以来中国吸收欧洲文化的历史分为七期（明中叶、清初、清中世、清民初元、民国二次革命、新文化运动），从这七期可以看到"西学东渐"的大致脉络，也可以看到中华文化系统从古代轨道走向近现代的曲折历程。

　　一个民族或国度文化的进步，离不开文化传播的健康进行。"问渠那得清如许，为有源头活水来。"② 没有交流的文化系统是没有生命力的静态系统；断绝与外来文化信息交流的民族不可能是朝气蓬勃的民族。犹如江河之于细流，拒之则成死水，纳之则诸流并进，相激相荡，永葆活力。"国民精神之发扬，与世界识见之广博有所属。"③ 今天，当中华民族再次敞开国门，发现自己处在古今东西文化的汇合点上，放眼望去，真可谓"千岩竞秀，万壑争流"。当此之际，抚今追昔，可以策励我们开放

---

　　① 〔清〕黄遵宪：《日本国志·自叙》，上海古籍出版社 2001 年版。

　　② 〔宋〕朱熹：《观书有感》。

　　③ 鲁迅：《摩罗诗力说》，《鲁迅全集》第一卷，人民文学出版社 1981年版，第 65 页。

胸襟，大智大勇地走向世界，走向未来。

二、中国的地理独立性与文化自生性

如果说，疆域广大，回旋余地开阔，地形、地貌、气候繁复多样，是中国地理环境的显著特点，那么，当我们把视线投向其外缘，就会发现另一个不能忽视的特征——与其他文明中心距离遥远，且有重重关山阻隔。这种地理形势对中华文化的发生、发展，以及特质的铸造，都有深刻影响。

（一）独立完成文明发生期的东亚文明区

人们习惯于把几个产生"原生型"文化的国度称之"四大文明古国"——巴比伦、埃及、印度和中国。近几十年来，世界史学界提出更具概括力的"四大文明区"——东地中海文明区（埃及、美索不达米亚①、亚述、腓尼基、希腊等），南亚次大陆文明区（印度及其周边），东亚文明区（中国、朝鲜、越南、日本等），中南美印第安文明区（玛雅、阿兹特克、印加）。其中印第安文明区位于西半球，截至哥伦布与美洲大陆"相遇"②，使东西两半球的文明统合以前，印第安文明大体是在隔绝于东半球诸文明之外的情形下发展起来的。至于东半球诸文明之间，几千年来不同程度地保持着联系，不过，相对言之，以中国为主体的东亚文明区，因远离其他文明中心而获得较大

---

① "美索不达米亚"是希腊人对底格里斯和幼发拉底河谷的称呼，意即"两河之间的地方"。巴比伦是美索不达米亚地区的巴比伦王国及新巴比伦王国的首都，建于公元前3000年，前4世纪末转衰。通常将"巴比伦"称为美索不达米亚。

② 过去流行哥伦布"发现美洲新大陆"的说法。近年来，拉丁美洲史学界对此提出修正，认为"发现"之说是站在亚欧大陆立论。事实上，在哥伦布到达以前，美洲早已有了文明，因而哥伦布到达美洲，不过是东、西两半球文明的"相遇"。此说合理，故采用。

的独立性，它的文化发生期大体是在与其他文明区少有联系的情况下展开的。

东地中海文明区诸古文明彼此的交流关系比较密切。如埃及和美索不达米亚相距不过一千公里，也没有难以逾越的地理障壁横亘其间。这两个最古老的文明历来声息相通，埃及的象形文字最初便受美索不达米亚图画文字的启发，二者的农业、手工业技术，数学、天文历法知识也多有交流。两河流域文明对西亚其他文明的影响更加直接和显著，大约在公元前3000年形成的美索不达米亚的苏美尔楔形文字，后来为阿卡德人、巴比伦人、亚述人、赫梯人、腓尼基人所接受，公元前2000年代中期，楔形文字成为西亚通用文字。此外，埃及文明、西亚文明通过东地中海，传播到爱琴海诸岛和希腊半岛，彼此间形成繁复的文化转城转出—接受机制。近代西方考古学家先后在爱琴海南部的克里特岛发现大量埃及古王国时期（前2686—前2181）的器具和珠宝，以及巴比伦汉谟拉比（前1740—前1686）时期的赤铁矿圆筒印。克里特的刻印、壁画、石器、文字都受埃及影响。同时，在上埃及曾发现一个古代仓库，内藏许多克里特的金银器皿。这都是埃及文化、美索不达米亚文化与爱琴文化早在四五千年前便有往来的明证。

东地中海文明与南亚文明也有一定规模的交流。它们之间虽然有伊朗高原相隔，但海道不远，陆上则有通道、山口，人员、物资和精神产品自古多有往还。最早的美索不达米亚图画文字，便是经由伊朗高原传到印度河流域的，而在两河流域也曾发现印度河流域哈拉巴的印章，说明这两个古老文化早在公元前3000年即已建立起实在的联系。至于公元前6世纪的希腊与波斯间的战争，公元前4世纪亚历山大大帝（前356—前323）对埃及和南亚次大陆的远征，更使西亚、南亚、北非、南欧诸文明间剧烈碰撞，并因此发生契合。尤其是西起希腊，东抵印度河，南至埃及的亚历山大帝国（前336—前323）的建立，增进了东地中海诸文明之间，以及东地中海文明与南亚文明之间的融汇过程，使其从人种到文字，从文学艺术到科学技术，都彼此渗透，相互接纳。

同东地中海文明与南亚文明早在公元前 3000 年间便多有交往的情况形成对照，以中国为主体的东亚文明与区外诸文明的联系，大体发生在公元纪年以后，这几乎比上述几个文明区之间的交往晚了整整三千年。

东亚文明区与东地中海文明区分处亚欧大陆东西两端，相距万里之遥，其间不仅有崇山峻岭、沙漠盐原相隔，而且中亚一带历来栖息着强悍猛鸷的游牧民族（如匈奴、突厥等），阻碍着亚欧大陆东西两端文明的直接接触。中国人以较大规模深入中亚，逼近西亚，是在汉武帝时期，约公元前 140 年至前 124 年前后，其时汉朝的远征军和使节先后抵达巴尔喀什湖一带，后来，汉朝又派遣使节"抵安息、奄蔡、黎轩、条支、身毒国"，安息（今伊朗）国王曾"发使随汉使来观汉广大，以大鸟卵及黎轩善眩人献于汉"①。"黎轩"在中国后来的史籍中称"大秦"，指罗马帝国及近东地区，"善眩人"就是幻术艺人。这大约是东亚文明与东地中海文明有限的早期联系。直至东汉，中国人关于地中海诸文明的知识，还只限于安息人、条支人（阿拉伯人）那里转手得来的神异之说，所谓"大秦国……近西王母所居处，几于日所入也。……有飞桥数百里，可渡海北诸国"②。反之，古代的东地中海诸民族对中国同样也只有印象模糊之词。例如，希腊古史称"赛里斯"（意谓"产丝之国"，指中国）地处世界尽头，其国人民身高逾十三英尺，寿命超过二百岁。可见，古希腊人关于中国的知识，远不及对埃及、巴比伦和印度了解得真切。

亚欧大陆东西两端的文明第一次有史籍可考的直接接触，发生在东汉后期桓帝延熹九年，即公元 166 年，其时大秦王安敦

---

① 《史记·大宛列传》。
② 《后汉书·西域传》。

（今译马可·奥勒留，121—180）遣使抵汉，献象牙、犀角、玳瑁。[①] 以后，南欧文明与中国文明往来渐多，形成"西学东渐"和"东学西渐"的双向交流过程。其中西学东渐的早期事例有唐太宗贞观九年（635），大秦景教（基督教聂斯脱利派的中国名称[②]）传入长安；东学西渐的著名事例有唐玄宗天宝十年（751），镇西节度使高仙芝部在怛逻斯（今吉尔吉斯斯坦）被阿拉伯人击败，随军工匠被俘，这些匠人把中国先进的工艺，尤其是造纸术带到西亚（今伊拉克、叙利亚一带），以后经过阿拉伯人的吸收和再创造，作为"阿拉伯工艺"传到欧洲，对15、16世纪欧洲文艺复兴发生巨大影响。

总之，东亚文明与东地中海文明接触较晚，长期以来，二者的交往多通过匈奴、突厥、安息、条支（阿拉伯）间接进行，因而规模和力度都受到局限。东西方文明的大规模碰撞和交融，迟至近代（经由海上）方正式展开。

东亚文明与南亚文明在古代的联系，其深度和广度远远超过与东地中海文明的交往程度。由于印中两国僧侣和其他人士的长期艰苦努力，印度的佛教文化自西汉末年开始传入中国，经过东汉、魏晋南北朝、隋唐、两宋千余年间与中国本土文化的撞击和交融互摄，终于铸造出中国化的佛教宗派——禅宗、华严宗、天台宗，以及吸收佛教成果的新儒学——宋明理学。

学术界把先秦至西汉称为"中国本土文化形成期"，把东汉至宋明称作"中印文化融会期"，把明末以降称作"中西文化融会期"，是不无道理的。然而，中国接受南亚佛教文化始于公元初年，在严格意义上接受欧洲文化迟至明朝末年，即16、17世纪之交，这都大大晚于东地中海诸文明之间以及东地中海文明与南亚文明之间相交汇的时间。

---

① 亦有学者认为"安敦遣使"可能是在西亚活动的罗马商人借安敦名义到中国求取通商权。但即便如此，也是罗马与中国的一次较为直接的接触。非以往经由安息人、条支人中转所可比拟。

② 一说"大秦"非指罗马，而指希腊。"大秦景教"为希腊东正教。

（二）中华文化的独特性

文化发生学告诉我们，一种文化的特性，首先在该文化的发生时期决定。如前所述，美索不达米亚、埃及、印度、希腊等西亚、北非、南亚、南欧古文化，早在公元前两三千年，即在发生期便彼此渗透、相互影响。如在古希腊雕塑和文艺复兴时期的意大利雕塑中，可以明显地看到古埃及风格的痕迹。又如最初产生在美索不达米亚的字母，被人类学家称之为"一个只发生过一次的发明"，这种字母很早就传播到埃及、印度、希伯来、阿拉伯，又经由西亚的腓尼基人带给克里特人，进而为全希腊所接受，又通过希腊人的再创造，形成完备的拼音文字，传播至整个欧洲。今日流行于世界的英文、法文、德文、俄文、希伯来文、阿拉伯文、梵文，尽管彼此多有歧异，但其字母都大体来自同一渊源。又如神话、哲学、科学，埃及与希腊之间，希腊与罗马之间，亦前后承传，彼此渗透。总之，埃及、美索不达米亚、腓尼基、亚述、希腊、罗马等东地中海诸文明之间，以及它们与南亚诸文明之间，自文化发生期即多有交际，你中有我，我中有你，并无严格的此疆彼界。然而，中华文化的发生期，大体是在与东亚文明圈以外诸文化相隔离的情况下独自完成的，因而中华文化有着鲜明的独特性。以文字为例，中国自殷商通用至今的表意—形声方块字，与发源于美索不达米亚，后来流行于世界大多数地区的拼音文字迥然相异，成为世界文化史上独成一体的特例。（见图6所示）

从图中可以得见，埃及、美索不达米亚、伊拉姆、印度、克里特、小亚细亚、叙利亚、巴勒斯坦等地的文字之间，都曾发生过直接或间接的相互作用，唯独中国文字（汉字）却是在一个独立系统内发展起来的，其文字的创生和定型过程，未受外界影响。这正是中华文化独自完成文化发生过程的典型案例。

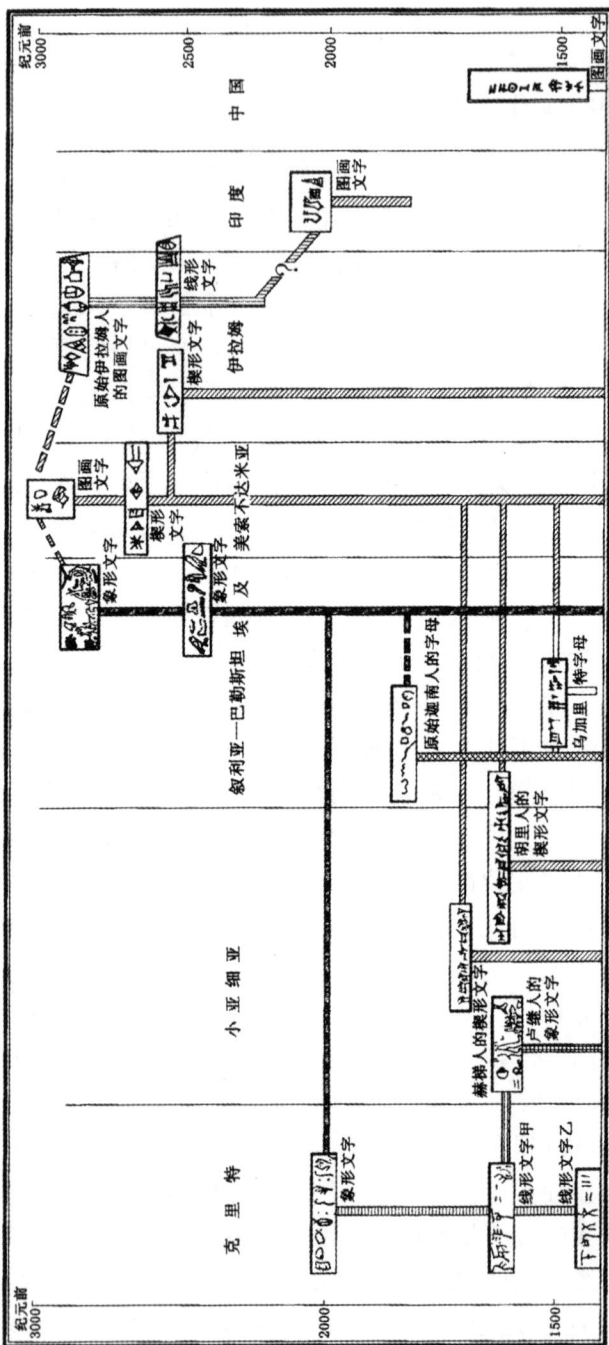

图画文字

纪元前
3000
2500
2000
1500

中 国

印 度

图画文字

原始埃拉姆人
的图画文字

线形文字

楔形文字

伊拉姆

楔形文字

美索不达米亚

图画文字

象形文字

埃 及

象形文字

叙利亚—巴勒斯坦

小 亚 细 亚

原始迦南人的字母

乌加里特字母

腓里人的楔形文字

赫梯人的楔形文字

卢维人的象形文字

克 里 特

象形文字

线形文字甲

线形文字乙

—— 各文字间的直接联系。

----- 各文字间的间接联系，或未获得无分证实的联系。

本图资料来源：泰晤士《世界历史地图集》

图 6

中国的文学艺术也自成风格，而这种鲜明的民族特色，从其起始期即已显现出来。三千年前，印度、以色列、希腊和中国几乎同时迸发出最早的诗歌，如印度的《黎俱吠陀》，以色列地区的《旧约》里最早的《希伯来诗》，希腊的《伊里亚特》和《奥德赛》，中国《诗经》中的最古部分——《国颂》和《大雅》。但中国古诗不同于印度、希腊那种叙事的，近于小说、戏剧的史诗，也不同于以色列那种唱着人生与宗教主题的诗，而是一种以世俗生活为题材的抒情诗。诚如闻一多所说："我们的文化大体上是从这一刚开端的时期就定型了。文化定型了，文学也定型了，从此以后两千年间，诗——抒情诗，始终是我国文学的正统的类型，甚至除散文外，它是唯一的类型。"[1] 中国的文艺评论传统也大异西方。钱锺书指出："中国传统文艺批评对诗和画有不同的标准，论画时重视王世贞所谓'虚'以及相联系的风格，而论诗时却重视所谓'实'以及相联系的风格。"[2] 这种评论诗画的准则迥然不同于西方。西方以为诗属心灵，画属自然。达·芬奇说："如果诗包容伦理哲学，绘画则研究自然哲学。"[3] 可见，彼此隔绝造成两种大相歧异的价值观念和艺术情趣。

中国哲学也有一整套独特的范畴体系，如先秦两汉出现的阴与阳、天与人、名与实、常与变，矛盾观中的一与二，人性论中的善与恶；魏晋时期玄学家综合儒道两家，提出有与无、体与用、本与末、一与多、言与意、动与静、自然与名教，等等，与欧洲哲学从亚里士多德到康德、黑格尔创立的范畴体系（实体、数量、性质、关系、地点、时间、姿态、状况、活动、遭受等）在立论的角度和侧重点上颇多差异，从而各成系统。

---

[1]　闻一多：《文学的历史动向》，《闻一多全集》第十卷，湖北人民出版社1993年版。

[2]　钱锺书：《中国诗与中国画》，《七缀集》，上海古籍出版社1994年版。

[3]　[意] 列奥纳多·达·芬奇：《芬奇论绘画》，戴勉编注，朱龙华校，人民美术出版社1985年版，第22页。

中国科技的"实用—经验型"，也不同于西方科学的"求智—理论型"，其优长和缺失，都富于民族特色。

中华文化的各部类也广采博纳外来文化之英华，但那是在大体完成发生过程，文字、思维方式、社会结构的基本风格确立以后，才渐次与异文化交会。这种交会导致的碰撞与融汇，恰如性格定型后的成年人之间的相互影响，力度毕竟有限。

(三) 文化独立发生的双重效应

半封闭的地理环境为中华文化提供了独立发展的自然条件。而这种文化独立性具有双重历史效应。

效应之一，是使中华文化较完整地保留传统，使文化前后递进、不曾中辍。

中华文化虽然采纳南亚次大陆的佛教文化，明清之际又与欧洲近代早期文化沟通，但截至鸦片战争之前，并未经受过外来文化的根本性挑战，从而一直保持着自身的风格和统系，如学术上的先秦诸子学—两汉经学—魏晋玄学—隋唐佛学—宋明理学—清代朴学；文学上的先秦诸子散文、《诗经》与《楚辞》—汉赋与散文—魏晋诗文—唐诗—宋词—元曲—明清小说，其中虽然不乏外来文化的影响，但中华文化的特有情致和韵味却一脉相承，未坠于地。

这种在数千年间文化统绪绵延不断，各主要文化门类代有高峰，此伏彼起的现象，在世界文化史上是罕见的。中华文化没有出现类似印度文化因雅利安人入侵而雅利安化，埃及文化因亚历山大大帝占领而希腊化、恺撒占领而罗马化、阿拉伯人移入而伊斯兰化，希腊、罗马文化因日耳曼民族南侵而中断并沉寂千年那样的"断层"。学术界把七个古代文明（埃及文明、苏美尔文明、米诺斯文明、玛雅文明、安第斯文明、哈拉巴文明、中国文明）称作现代文化的"母文明"。而这七个"母文明"唯有中国文明历经三四千年，持续到现在，未见中辍。中国文化这种延续力当然是综合原因造成的，但东亚大陆特殊的地理环境造成的隔绝机制，无疑是一个重要缘由。

由于中华古代文化始终保持着独立的、一以贯之的发展系统，而且长久以来其文化的总体水平明显高于周边地区，使得中原人把黄河、长江滋润的那片沃土视作唯一拥有文明的"化内之区"，而周边及远方则是荒僻、简陋的教化不及的"化外之地"。作为农耕民族的中原人虽然多次在军事上被"夷狄"征服，但由于中原人拥有发达的农耕经济和典章制度，在文化上一次又一次上演"征服者被征服"的戏剧。这无疑一再强化了华夏—汉人文化上的优越感，他们即或在武功上暂处劣势，也仍然有自己的声明文物"光被四表"① 的信心。

效应之二，养成自我中心主义。

中国与外部世界相对隔离，其文化又长期高于周边地区，这使得华人在长达数千年的时段内养成一种"中心"意识。

其一，自认世界主体，处于地理上中心位置。

古代华夏—汉族建都黄河南北，"外薄四海"②，处在"四夷"之中，故自称"中国"，与"四方"对称。三千多年前的殷人便以自己的居处为中（中商），将中商的左右前后分为东西南北。此后，先秦典籍进一步完善这种"中国"观念：

> 皇天既付中国民越厥疆土于先王。③
> 惠此中国，以绥四方。④

华人自古还以王城居于六合（东南西北上下）中心，认为王城中轴线即为天下中轴线。

此外，华人还自认中国占据世界主体。明末来华的意大利耶稣会士利玛窦说：

---

① 《尚书·尧典》。
② 《尚书·益稷》。
③ 《尚书·周书·梓材》。
④ 《诗经·大雅·民劳》。

中国人认为他们的辽阔领土的范围实际上是与宇宙的边缘接壤的。①

这大体符合古代中国人疆域观念的实际。

战国以降，中国人的"九州"观、"天下"观、"四海"观渐次扩大，但直至19世纪中叶以前，一直把自己的国度看作世界的主体和"天朝上国"，外域不过是罗列着的若干"蕞尔小国""蛮夷之邦"。这种见解在中国古人绘制的世界地图上体现得十分清楚。

认为本民族生活在世界的地理中心，并非古代华人独具的观念，许多古民族都有过类似看法。法显（约337—约422）在《佛国记》中提到，印度人自认本国为"中国"（即世界中心之国），而将包括中国在内的东亚诸国视作"边地"。此外，希腊人、罗马人、阿拉伯人都曾将自己的国度看作世界中心。不过，由于中国人长期保持封闭状态，因而这种自认处于世界中心的观念也特别长久。

其二，自认处于"世界中心"，这并非单指地理位置上的中心，还尤其指文化上的中心地位。汉代扬雄（前53—18）在界定"中国"这一概念时，便兼有文化中心和地域中心两层含意：

或曰，孰为中国？曰，五政之所加，七赋之所养，中于天地者为中国。②

这就把"中国"视作文明的渊薮，世界的中心。此类意识延及近古。明朝的永乐皇帝（1360—1424）热心远航，其出发点也不外乎"居中夏而治四方"，永乐元年诏谕各国："帝王居

---

① ［意］利玛窦：《中国札记》上册，中华书局1983年版，第63页。
② 《法言·问道》。

124

中，抚驭万国，当如天地之大，无不覆载。"① 古代中原人一向以"声明文物之邦""礼义之邦"自居，甚而认定，"人而无礼，虽能言，不亦禽兽之心乎!"② 在他们看来，一切不知"礼"，也即没有文化的外域人都算不上真正的人，理应如众星拱月、百川归海般地聚向中华帝国。"万国来朝"正是自认居于世界中心的华人的理想境界。"是以声名洋溢乎中国，施及蛮貊"③，表明华人乐于以布道者身份，将教化充溢于中国，进而扩及野蛮无文化的四面八方。

　　自居世界中心的观念，表现在文化意识上，便是自认文化领先，并雄踞世界文化中心，这是中国人的一个古老信念。直至近现代，也常常油然再生"世界文化中心"的幻觉。

　　如果说，15、16世纪以前，中华文化确乎在世界占据过领先地位，那时的中国人高视阔步，以文明人自居，还有几分真实根据，那么，自16世纪以降，当南欧、西欧先后迈入近代社会门槛，中华文化落伍态势渐成，那种自以为处在世界文化中心的意识就尤其可笑。然而，中国人直至19世纪中叶以前一直隔绝于东方一隅，茫然不知世界大势，久久未能从"中央帝国""文明中心"的迷梦中醒悟过来。如果说，17、18世纪之交的康熙帝（1654—1722）尚有学习西方文化的雅量和雅兴，到他的孙子乾隆帝（1711—1799），在这方面便大见倒退。18世纪末叶，接受产业革命洗礼的英国，其经济、政治、文化的发展水平已非中国可比，海外殖民活动遍及非洲、北美洲、中东和南亚，并对东亚虎视眈眈，而那位陶醉于"十全武功"的乾隆皇帝对这一切毫不知晓，在接见抱着"取得以往各国未能用计谋或武力获致商务利益与外交权利"目的而来的英国马戛尔尼（1737—1806）使团时，还自以为人家是前来朝贡的"贡使"，

---

① 《明成祖实录》。
② 《礼记·曲礼上》。
③ 《礼记·中庸》。

故要求使团行三跪九叩之礼，遭到拒绝，以半跪礼代之。但乾隆皇帝给英王的"敕谕"中仍保持一种"天朝"俯视"夷狄"的姿态，声称"天朝疆界严明，从不许外藩人等稍有越境搀杂"①，坚拒英国在北京派驻使节的要求，并对英国的通商希望兜头浇上一盆冰水：

> 天朝物产丰盈，无所不有，原不藉外夷货物以通有无。②

此后，乾隆的儿子嘉庆帝（1760—1820）的"上谕"也有类似话语："天朝富有四海，岂需尔小国些微货物哉?"③

这种妄自尊大的情绪是在长期"隔绝机制"里培植出来的，因而不易破除。鸦片战争以后，中国遭到一系列沉重打击，一些先觉者开始睁眼看世界；但与此同时，不少人则变得神经衰弱，朝文化封闭的绝路退缩。鲁迅剖析过这后一种情况：

> 汉唐虽然也有边患，但魄力究竟雄大，人民具有不至于为异族奴隶的自信心，或者竟毫未想到，凡取用外来事物的时候，就如将彼俘来一样，自由驱使，绝不介怀。一到衰弊陵夷之际，神经可就衰弱过敏了，每遇外国东西，便觉得仿佛彼来俘我一样，推拒，惶恐，退缩，逃避，抖成一团，又必想一篇道理来掩饰……④

近现代这种对外来文化"推拒惶恐"的情状，正是昔日以文明人的优越感傲视异域的心理向另一极端的变态。

第一次对中国人自居世界中心的观念给以撼动的，也许是

---

① ② 《粤海关志·贡舶三》。

③ 《清代外交史料·嘉庆朝》卷四，第29页。

④ 鲁迅：《坟·看镜有感》，《鲁迅全集》第一卷，人民文学出版社1981年版，第198页。

明末来华的意大利人、耶稣会士利玛窦（1552—1610）。他在肇庆接待中国士人的客厅里悬挂着一张"万国全图"，这幅反映欧洲文艺复兴晚期地理学成就的地图，已绘明四大洋及诸大洲位置，并有经纬度标示。此后，利玛窦移居北京，继续悬挂并翻印这张地图，以传播新的地理观念。《明史》载：

> 意大里亚，居大西洋中，自古不通中国。万历时，其国人利玛窦至京师，为《万国全图》，言天下有五大洲。第一曰亚细亚洲，中凡百余国，而中国居其一。第二曰欧罗巴洲，中凡七十余国，而意大里亚居其一。①

"万国全图"表明，中国并非世界主体，也绝未占据世界中心，而是偏处远东一隅，这引起中国士大夫的惊诧。有人著文抨击此图："焉得谓中国如此蕞尔，而居于图之近北？其肆谈无忌如此！"② 利玛窦为满足中国人自以为位居世界中心的心理，后来将《万国全图》重标经度，把中国移至图正中，并将文字译成汉字，由王泮以《山海舆地图》之名，印刷出版，在万历年间多次翻印，其中第二次刻印，由李之藻（1569—1630）主持，命名《坤舆万国全图》。另一意大利耶稣会士艾儒略（1582—1649）撰《职方外纪》，介绍世界史地知识。

应当说，耶稣会士带来的地理知识，其世界观念基本是正确的，但单凭这幅地图绝不可能破除中国人根深蒂固的自认世界主体和世界中心的意识。成书于清代乾隆年间的《明史》仍然说利玛窦、艾儒略介绍的地理知识"其说荒渺莫考"③，正表现了直至18世纪，中国朝野还沉溺于对外部世界的蒙昧无知之中。

---

①③　《明史·外国七》。

②　《利说荒唐惑世》，《圣朝破邪集》卷三。

三、突破封闭（一）：“海禁”及其近代开通

中国古代不乏消弭隔绝状态的有志之士。向西北作陆上突破的代表人物是张骞（约前164—前114）、班超（32—102）、玄奘（602—664），向东南作海上突破的代表人物是郑和。虽然在自然经济及宗法专制政体桎梏下，这类突破是有限的，却是值得纪念的。先议海向突破。

秦、汉、唐、宋、元、明诸朝，中国的海洋事业并未落后于世界水平，然而，到明末以后则渐入颓势。这与明清两朝出于君主专制的需要，采取闭关锁国的政策有关。明清两朝出于政治、军事目的，竞相厉行海禁、迁界，阻断海运（尤其是民间海运）的发展。而此间西方海运突飞猛进，中国海洋事业明显落伍。明代洪武年间，禁止近海人民建造三桅以上大船下海与外国贸易，违者照谋叛罪处斩。永乐年间官营海运大有发展，郑和下西洋为一时盛举，但民间海上外贸仍遭禁绝，朝廷下令将民间海船“悉改为平头船”，使其无法远航。这种压抑海运的苛政，其根本原因当然深藏于自然经济之中，而直接缘故往往是朝廷的维稳需求。明末清初学者顾炎武（1613—1682）指出：

> 永乐间，以渔人引倭为患，禁片帆寸板不许下海。后以小民衣食所赖，遂稍宽禁。嘉靖三十年后，倭患起，复禁革。[1]

清初康熙间，曾开放海禁，沿海商人一度“广置洋船，海上行走”[2]，但又受到封疆大吏的阻挠，如上海商人张元隆拟造百艘远洋帆船与外国商船竞争，江苏巡抚张伯行（1651—1725）

---

[1] 《天下郡国利病书·浙江下》。
[2] 《东华录》卷九十四，康熙五十三年十月。

诬张元隆结交海盗，非刑逼供，便是典型事例。

雍正以后，尤其是乾隆间，正式实行闭关政策，限定广州一口通商，并对民间海运横加干涉，"故有以四五千金所造之洋艘，系维朽蠹于断港荒岸之间……沿海居民，萧索岑寂，穷困不聊之状，皆因洋禁"①。到鸦片战争前后，中国人的海洋事业已大大落后于世界步伐，当西方殖民者的炮舰驶抵国门之际，中国仍处于"茫茫大海，从无把握"②的境地。

海运的难以振作，是中国近代落伍的表现之一，也是中国近代落伍的原因之一。近代中国一些先进的人士已意识到这一点。梁启超说：

> 海也者，能发人进取之雄心者也。陆居者以怀土之故，而种种之系累生焉。试一观海，忽觉超然万累之表，而行为思想，皆得无限自由。彼航海者，其所求固在利也，然求之始，却不可不先置利害于度外，以性命财产为孤注，冒万险而一掷之。故久于海上者，能使其精神日以勇猛，日以高尚，此古来濒海之民，所以比于陆居者活气较胜，进取较锐。③

这是有了新的世界观念和进取精神的中国人抒发的海洋颂。梁氏还直接呼唤国人走向海洋，学习"海国民族"的开拓精神：

> 吾闻海国民族思想高尚以活泼，吾欲我同胞兮御风以翔，吾欲我同胞兮破浪以飏！④

---

① 《论南洋事宜书》，《鹿洲初集》卷三。
② 《中西纪事》卷二十三。
③ 梁启超：《地理与文明之关系》，《饮冰室合集》文集之十四，中华书局1989年版。
④ 梁启超：《二十世纪太平洋歌》，《饮冰室合集》文集之十六，中华书局1989年版。

孙中山在中国第一部系统的现代化总体设计书《建国方略》中，规划交通事业的发展计划，其中又尤其注重海运，"兹拟建筑不封冻之深水大港于直隶湾（即渤海湾——引者注）中"，"使与纽约等大"；在杭州湾建"计划港"，"作为中国中部一等海港，远胜上海也"；"以上海为东方大港"，"首先解决此泥沙问题，然后可视上海为能永成为一世界商港也"，"改良广州为一世界港"。① 此外，还为各海港与内地的陆路和河运联络作周密设计，其意即在打破封闭，使中国走向海洋、走向世界，与列强争雄比胜。这正切中中国现代化的要害。

　　"海禁"在近代的突破，固然是中国人自身作出的一个历史选择，而西方资本主义殖民者的东来，无疑也是迫使中国统治者放弃"海禁"的强大外力。在英国的舰炮面前，清王朝的声威扫地已尽；以天朝为万古不朽的迷信破灭了；与文明世界的那种野蛮而密不通风的隔绝已被侵犯；互相交往的通路打开了。中国"海禁"的突破，标志着地理—人文环境的历史性转变，意味着一个新时代的来临。

　　必须正视，现代中国突破海洋障壁虽然取得一定成就，但仍困难重重。吾国三面向陆、一面向海的格局，具有天然限定性，而向海的一方，又面临三道岛链：在西太平洋，北起日本列岛、冲绳群岛，中接台湾岛，南至菲律宾、大巽他群岛，此为第一岛链；以关岛为中心，由日本小笠原群岛、硫磺列岛，美国马利亚纳群岛组成第二岛链；以美国夏威夷群岛为中心，北起阿留申群岛，此为第三岛链。中国走向太平洋，纵横四大洋，必须顺利通过三岛链，这需要经过长期的海洋文明建设方可达成，可谓任重而道远。

---

　　① 孙中山：《建国方略》，《孙中山全集》第六卷，中华书局1981年版。

四、突破封闭（二）：西北内陆障壁及其"凿空"

以上简述东亚海向地理对中华历史文化的影响，下面略议陆向地理对文化生成的作用。

（一）北方——戈壁、亚寒带原始森林围护

在中华民族主要聚居地——黄河流域和长江流域的北方，是蒙古草原—戈壁。《汉书·匈奴传》对这里的描述：

> 幕北地平，少草木，多大沙。

在这片难以跨越的戈壁滩以北，是茂密阴冷的西伯利亚原始针叶林，更严密地闭锁了北行之径。再往北去则是封冻的北极冰原。因此，对中国人来说，北路交通是很不方便的。一提到北方，古代中国人联想到的便是苏武（前140—前60）的流放地——那朔风凛冽、旷无人烟的北海（即贝加尔湖）之滨。[①]李白诗云："牧羊边地苦，落日归心绝。渴饮月窟冰，饥餐天上雪。"[②] 苦寒万状。

（二）西北——沙漠、盐原、雪山横亘

在西北方，从祁连山下"地热，多沙，冬大寒"的河西走廊开始，其西部是一片比蒙古戈壁更为干燥的盆地——天山北麓的古尔班通古特沙漠、天山南麓的塔克拉玛干沙漠，景象极为荒凉，"上无飞鸟，下无走兽。遍望极目，欲求度处，则莫知所拟，唯以死人枯骨为标识耳"[③]。在大漠南北，又有天山、阿

---

① 见《汉书·李广苏建传》。
② 《全唐诗》卷一八一。
③ 《法显传》，《高僧传》卷三。

尔泰山、昆仑山等雪峰横亘，"山路艰危，壁立千仞"①。《后汉书·西域传》称，西北山地和沙漠难以征服，是所谓"梯山栈谷，绳行沙庭之道；身热首病，风灾鬼难之域"。唐人岑参（约714—770）在一首诗中描写这一区域地势的险恶和气候的严酷：

> 君不见走马川行雪海边，平沙莽莽黄入天。轮台九月风夜吼，一川碎石大如斗，随风满地石乱走。②

以搜寻敦煌石窟文物而著名的英国探险家、考古学家斯坦因（1862—1943）曾于1900—1916年间三次进入我国新疆、甘肃，他对这一地段的环境有一番颇具声色的评述：

> 从地图上看来，这一大片地方很像是"自然"有意在地球上发生大文明的几处地域之间，造了这样一座障壁，隔断了他们在文化方面彼此的交流。因为在这片地方以内，自东到西径长一千五百哩，自南到北也在五百哩以上，而生物可以居住的只严格地限于几线沙漠田，这些沙漠田除去些许地方以外，比较又都是很小的地方。此外就是一望无垠的沙漠了。这些沙漠无论是散布在高峻的山脉之上，或是位于山麓挟带冰川，穷荒不毛，以及流沙推动的平原上，几乎是任到何处，滴水全无。③

可见，从中原通往西域的陆路交通是相当艰险的，缺乏绝

---

① 《法显传》，《高僧传》卷三。
② 《走马川行奉送封大夫出师西征》，《岑嘉州诗集》。
③ ［英］斯坦因：《西域考古记》，向达译，商务印书馆2013年版，第8页。

大勇气和强烈动力的普通人都视为畏途。不过，由中原到西域①的交通固然充满险阻，自古以来却不乏往返穿越的勇敢者，"凿空西域"的张骞（约前 164—前 114）便是最著名的先行人物。

汉武帝获知中亚的月氏"怨仇匈奴"②，便意欲与之交结，于公元前 138 年派遣年不到三十岁的汉中人张骞出使大月氏等西域各国。张骞穿越漫漫流沙和高峻雪峰，克服匈奴阻挠，远抵大宛（今乌兹别克斯坦费尔干纳盆地）、康居（今巴尔喀什湖与咸海之间）、大夏（今阿富汗北部），完成"凿空"伟业。此后，东汉班超（32—102）、班勇（？—127）父子又相继出使西域，班超的部将甘英还奉命出使大秦（罗马帝国），至条支的西海（波斯湾）折回。③张骞、班超、甘英带回长安、洛阳的，不仅有汗血马、葡萄、蚕豆、石榴、宝石、胡笳、箜篌等西部方物，更重要的是关于西域的地理、历史、经济、政治、民族等方面的确切知识。《史记·大宛列传》及《汉书·西域传》《后汉书·西域传》等关于中亚、西亚的较早地理专著，便是根据张骞、班超、班勇等人提供的材料写出的。从此，中西交通日盛，"使者相望于道"，丝绸之路进一步开通，中国的丝、丝织品、钢铁西传；中亚、西亚、南欧的农、畜、手工业品也流入中国。张骞们西行的主观意图是"断匈奴右臂"④，然而，客观的历史意义却更为深广。

玉门关以西的这条充满艰难险阻的中西通道，不仅留下使节、军队、商贾的足迹和尸骨，也是致力于佛法传播、经典输

---

① 玉门关（甘肃敦煌西）、阳关（敦煌西南）以西的中亚、西亚乃至欧洲，汉时统称"西域"。这一称呼此后沿用两千年，到清代，仍称中亚、西亚为"西域"，如龚自珍（1792—1841）倡议新疆设省的名文，题目便是《西域置行省议》。

②④ 《史记·大宛列传》。

③ 《后汉书·西域传》：（甘英）"抵条支而历安息。临西海以望大秦，拒玉门、阳关者四万余里，靡不周尽焉。"

133

入的高僧显示献身精神的场所。"慨律藏残缺"，"至天竺寻求戒律"①，其行迹的艰险和遥远连"汉之张骞、甘英皆不至"②的东晋僧人法显，以及北魏僧人宋云、惠生、南朝刘宋僧人法勇、唐代僧人玄奘便是沟通东亚与中亚、南亚交通的人物，由于他们的努力，中华文化赢得了南亚佛教文化的滋养。

　　经由中亚、西亚由沙漠、山脉、草原和盐原组成的陆上通道，是东西方经济、文化交流的走廊、绿洲桥和会聚线。多次踏查中国地质、地貌的德国地理学家李希霍芬（1833—1905）在《中国》一书中首次将这条中西通道命名为"丝绸之路"。这条陆路是在约三四千年前，由中亚、西亚、欧洲人由西往东率先打通的。约在两三千年前，中国人也从东往西艰难地开凿这条通道。上文论及的张骞、法显、玄奘便是这方面的英俊人物，而丝绸是这条交通线上的代表性商品，故被命名为"丝绸之路"。在葡萄牙航海家达·伽马为获得香料、象牙，完成绕过好望角，由大西洋直接进入印度洋的远航之前，这条充满障碍的陆上通道具有无可替代的价值，成为联系公元前2世纪到公元2世纪的四大帝国——罗马、安息、大夏—贵霜、汉朝，6至10世纪的三大帝国——拜占庭、大食、隋朝—唐朝的主要通道，并且是佛教、基督教、伊斯兰教等几种世界性宗教从发源地向东亚扩散的重要途径。假若没有这条陆上通道，古代亚洲与欧洲之间，东亚与南亚次大陆之间的隔绝情形将更甚百倍。然而，这毕竟是一条非常艰难的旅程，或者"山谷积雪，春夏含冻，虽时消泮，寻复结冰。经途险阻，寒风惨烈"③；或者"常流沙，人行迷误。有泉井咸苦。无草。行旅负水担粮，履践沙石，往来困弊"④。这种沙漠，"遇风则流，状为惊涛，乍聚乍散，寸草

---

　　①② 《法显传》，《高僧传》卷三。

　　③ 《跋禄迦国》，《大唐西域记》卷一。

　　④ 王仲荦：《敦煌石窟地志残卷考释》，上海古籍出版社1993年版，第210页。

不萌，车陷马滞"①，旅行者穿越其间，常有生命之虞，所谓"视日以准东西，人骨以标行路"。人行如此艰困，大规模的物资交流更难以进行。

在一定意义上，正如英籍考古学家斯坦因（1862—1943）在《西域考古记》中所说，西域的沙漠和高山，确乎是大自然"在地球上发生大文明的几处地域之间"，也即在东亚文明、南亚次大陆文明、西亚文明、南欧文明之间，"造了这样一座障壁，隔断了他们在文化方面彼此的交流"。

（三）西南——高原壁立

至于西南方，则耸立着地球上最为高大、险峻的青藏高原。这块由亚欧大陆与南亚次大陆彼此挤压造成的巨大隆起，平均海拔四千米，其上纵横着喜马拉雅山、唐古拉山、冈底斯山、可可西里山、昆仑山等山脉，全世界十四座八千米以上的高峰，有八座昂然屹立在青藏高原，可谓横空杰出，是当之无愧的"世界屋脊"。

打开一幅彩色世界地形图，无论是在南半球还是北半球、东半球还是西半球，再也找不到比青藏高原更广大的深棕色区域了。

青藏高原造成的地理障壁，更甚于西域的流沙和盐原，是"蒙没冰雪，经履千折之道"②。在整个地球上，就交通屏障功效而论，可与青藏高原相比拟的，只有南北两极冰冠和北非撒哈拉大沙漠。正因为如此，相互毗邻的东亚文明和南亚次大陆文明之间的交流，极少通过青藏高原这条直接的线路进行，而多半绕道丝绸之路得以沟通。

法显、玄奘到南亚次大陆求取佛经，都是绕着青藏高原北

---

① 《长春真人西游记卷上》，《丘处机集》附录一。
② 《后汉书·西羌传》。

部、西部边缘走的。① 张骞在第一次出使西域时，曾在中亚的大夏看到来自今四川的"邛竹杖、蜀布"，张骞经询问得知，这些物品由身毒（印度）转运而来。张骞由此推测，应该有从今四川经身毒通往大夏的捷径，这样就可以避开匈奴。征得汉武帝同意后，张骞第二次出使西域便从犍为（今四川宜宾）出发，"四道并出"，探路十余次，历时一年多，寻找去身毒的路径，因云贵高原、青藏高原险峻，以及"西南夷"的阻挠，而"终莫能通"。但汉朝受张骞启示，又重新恢复汉初经营西南的事业。② 至于由中原地区抵达西藏核心地带的道路，到唐代方正式开通，这便是所谓的"唐蕃古道"，文成公主（625—680）、金城公主（约698—739）就是沿着这条越过雪峰、峡谷的道路，实现唐朝与吐蕃间的和亲，并沟通汉藏文化的。

由于青藏高原特具的屏障功效，它成为东亚文化圈、南亚次大陆文化圈、中亚—西亚文化圈、北亚文化圈等几种文化类型的分水岭。以宗教分野，其东是儒、释、道交混；其南是印度教、伊斯兰教、锡克教、耆那教交混；其西是伊斯兰教、基督教、犹太教交混；其北，中亚以伊斯兰教为主，北亚以东正教和萨满教为主；至于青藏高原本身，则以佛教的一支——喇嘛教为主。

中国海向及陆向地理障壁重重，导致了文化的独立性、稳定性，同时也造成自闭与守常。先民对这种文化生态的反应是二重的，一方面对文化独树一帜安之若素，引以为傲；另一方面也感到固步自封的危害，遂有杰士作突破封闭的卓绝努力，汉唐宋海上丝路（或称茶瓷—香料之路）的开辟以及明代郑和七下西洋，为海向突破的典型例证。两汉张骞、班超"凿空"西域，唐代玄奘"西天"取经，文成公主沿唐蕃古道与松赞干

---

① 法显从丝绸之路去印度，又经斯里兰卡、印度洋，穿马六甲海峡，由海路返回中国。

② 见《史记·大宛列传》。

布联姻，则是陆向突破的伟绩。当然，海陆两向障壁的大规模开通，是在现代方得以实现，此举方兴未艾。

第三章　经济土壤

经济指人们在一定生产关系、社会结构中进行生产、交换、分配、消费的全部活动。经济是文化生态的基础与枢纽——依凭地理环境提供的条件，创制人们的生存与发展须臾不可或缺的物质财富，构成社会制度和观念文化滋生繁衍的土壤。

第一节　农耕与游牧

因地理环境的显著差异，东亚大陆的海向东区，温暖湿润、江河纵横，先民在这里拓殖耕耘，发展精细的农业经济；其陆向西区，干燥寒冷，先民于此迁徙畜牧，从事游牧经济。在一千多万平方公里的广袤空间，自古形成彼此对应而又互动交织的"农耕"与"游牧"两大经济区块。

中华先民跨入文明门槛后，截至近代以前，长期面对两种自然—人文生态：一为在温暖温润，江河纵横的地理环境中滋生的农业经济、宗法君主社会；二为在干燥寒冷的草原—荒漠中发育起来的游牧经济、部落社会。

自先秦以来，人们反复讨论的"华夷之辨"，就是探究这两组相互对照的文化生态之间的冲突与整合。

《礼记·王制》曾对"天下"作两级划分，一级是"中国"

与"戎夷"之分,"中国"(指中原)是农耕经济的文明之邦,"戎夷"(指周边少数民族)是游牧经济的野蛮之邦;二级又将"戎夷"划分为东夷、北狄、南蛮、西戎,与"中国"相对应。

后世学者继承这种生态划分法,并多有创识。如明清之际的王夫之(1619—1692)关于"夷夏之辨"便有富于理性精神的判别:"夷狄"处于"射生饮血"[①]阶段,其生活方式是"彼自安其逐水草、习射猎、忘君臣、略昏宦、驰突无恒之素"[②],这是对游牧文明的概括;至于中原地区的华夏族则"有城廓之可守,墟市之可利,田土之可耕,赋税之可纳,昏姻仕进之可荣"[③],这是对农耕文明的概括。

自商周以下,直至秦汉—明清的三千多年间,东亚大陆"农耕"与"游牧"两种经济形态并存的格局一直保持下来,二者之间的冲突与融会,成为前近代东亚的历史主题之一。不惟如此,这也是包括欧洲、南亚在内的整个亚欧大陆前近代社会的历史主题之一。

一、胡焕庸线

农耕与游牧的区隔,首先是由地理环境的差异造成的。

东亚大陆与太平洋相邻,由于海陆热力性质不同,加上冬夏行星风带的南北推移,季风现象十分明显,《史记》对此有明白无误的记述。[④]一面向海三面负陆的东亚大陆,境内水汽主要通过来自太平洋的东南季风输送;此外,印度洋为西南地区提供水汽,北冰洋为新疆北部提供少量水汽。对东亚大陆水汽供应起决定性作用的,是来自太平洋的东南季风,这造成东亚大

---

① 《诗广传》卷五。

②③ 《读通鉴论》卷二十八。

④ 《史记·律书》:不周风居西北,十月也;广莫风居北方,十一月也;条风居东北,正月也;明庶风居东方,二月也;清明风居东方维,四月也;景风居南方,五月也;凉风居西南维,六月也;阊阖风居西方,九月也。

陆降水量分布的基本态势——从东南沿海向西北内陆渐次递减。广东、海南岛、台湾等东南沿海地区降水量高达2000—5000毫米，新疆吐鲁番盆地西侧的托克逊年降水量则低至5.9毫米，而400毫米等降水量线，从大兴安岭西坡，沿西辽河上游、燕山山脉，斜穿黄河河套，经黄河、长江上游，直抵雅鲁藏布江河谷。以这条等降水量线为界，其东南为受太平洋及印度洋季风影响的湿润地区，其西北为少受东南季风影响的干旱地区。这条400毫米等降水量线，成为东亚大陆农耕区与游牧区的天然边界。对于中国的自然——人文状态东西两部划然有别现象，古人早有描述，但对此作明晰的生态学概括，乃近人所为。

地理学家胡焕庸（1901—1998）于1935年在《地理学报》发表论文《中国人口分布》，根据1933年的人口统计，提出中国人口密度对比线，从东北黑龙江省瑷珲，经河北省张家口，陕西省榆林，四川省雅安，到云南省腾冲，倾斜四十五度连线，其线之东南方，约计四百万平方公里，占国土36%，居住96%的人口，以平原、水网、丘陵、喀斯特和丹霞地貌为主要地理结构，自古以农耕经济为主；其线之西北方，约计七百万平方公里，占国土64%，居住4%的人口，是草原、沙漠、雪原高原地带，自古以游牧经济为主。这是两个自然——人文状况迥然相异的区域。这一划分被国内外人口学者和地理学者所承认和引用，美国俄亥俄州立大学华裔教授田心源将其命名为"胡焕庸线"，又称"瑷珲—腾冲线"，以后因地名变迁（瑷珲1956年改爱辉县，1983年改黑河市），又先后改称"爱辉—腾冲线"，"黑河—腾冲线"。

胡焕庸教授从人地关系角度研究我国人口问题，1935年用等值线方法绘制第一张《中国人口密度图》，附于论文《中国人口分布》之后。该图显示，中国东南半壁与西北半壁平均人口密度比为42.6：1。

1987年，胡氏据中国内地1982年人口普查数据，又据当代中国领土，修订结论："中国东半部面积占目前全国的42.9%，西半部面积占目前全国的 57.1%……在这条分界线以东的地区，居住着全国人口的 94.4%；而西半部人口仅占全国人口的 5.6%。"①

"胡焕庸线"是人口密度对比线，恰与东亚大陆降雨量 400 毫米线吻合，而降雨量 400 毫米以上地区适于农耕，降雨量 400 毫米以下地区适于游牧，故"胡焕庸线"与农耕—游牧边际线大体重合。"胡焕庸线"的价值在于，从中国人口东西分布差异，显示中国气候及植被的东西差，经济生活的东西差，文化类型的东西差，民族分布的东西差。

从文化生态学角度观察，本为人口密度对比线的"胡焕庸线"，也是中国景观分界线、生态环境边际线，而生态环境深度影响经济与文化，因此，"它还是一条文明分界线：它的东部，是农耕的、宗法的、科举的、儒教的；而它的西部，则是部族的、血缘的、有着多元信仰和生活方式的非儒教中国"②。置之中国经济史论之，"胡焕庸线"与传统的两大产业集群——农耕与游牧分界线大体重合，这昭示着"地理环境—经济生活—文化类型—人口分布"深刻、久远的联系。

二、东亚农耕区

我们首先讨论"胡焕庸线"东南向农业区的经济状态。

农业③是利用植物的自然再生产过程获得物质资料的生产门类。而植物的新陈代谢要求特定的日照、温度和水分，因此，农业较之工业更多地受到气候条件制约，在生产水平低下的古代尤其如此。中华文化的诞生地——东亚大陆以温带—暖温

---

① 2000 年第五次全国人口普查发现，东南、西北的人口比例为 94.2% 比 5.8%，与胡焕庸 1935 年、1987 年的统计相差无几。

② 《发现西部》，先锋国家历史杂志社出版。

③ 广义农业包括农、林、牧、副、渔，狭义农业指种植业。此处主要从狭义农业着眼。

带—亚热带为主，北跨亚寒带，南入热带，其绝大多数地段就日照及热能供应而言，都适宜农业发展，因而淡水供应就成为各地能否大规模经营农业的决定性自然条件。400毫米等降水量线以东的湿润带发育为农耕区，以西的干燥带发育为畜牧区，其原因盖出于此。

东亚大陆的半湿润带和湿润带，"草木榛榛，鹿豕狉狉"[①]，是动植物繁茂的区域。在气温和雨量适中的黄河中下游和长江中下游，华人先民从六七千年前的彩陶文化时期，就逐渐超越狩猎和采集经济阶段，进入以种植业为基本方式的农耕时代。这大体与世界其他主要古文明同步。在这一时期，西亚两河流域、北非尼罗河流域、南亚印度河流域与东亚黄河—长江流域先后出现农业集约地区，植物驯化、动物驯养，人口迅速增长。据统计，在8000年前至4000年前，地球人口增长了16倍，这显然是农业提供可靠的食物源和定居生活所致，文明的形成和发展从而获得坚实的物质基础。圣雄甘地（1869—1948）称，印度文化有三要素：一、耕田的犁；二、手工的纺织机；三、印度的哲学。[②] 这前两个要素也完全适用于中华文化，第三要素可对应为"儒释道哲学"。

新石器时代的农业共同体，在公元前4000年兴起于黄河中游的各支流（渭水、汾河、洛河等）台地（洪水线以上），这里有排水良好而又肥沃细腻的黄壤、适中的雨量和气温，为原始农业发展提供了较完备的条件。新石器文化（如仰韶文化），基本实现从采集、渔猎向农耕的过渡，但农业生产尚未固定，居住地也尚未固定，即所谓"游耕"；随后的龙山文化，则已经有较大的、经久的村落，制作器物表现出较高水平，社会组织较为固定和严密，宗教仪式也渐趋精致。这表明先民已完成"农

---

① 《封建论》，《河东集》卷三。
② 见糜文开：《印度文化十八篇》，台湾东大图书有限公司1984年版，第48页。

业革命"，或称之"新石器革命"。

论及东亚农耕区的早期范围，应当求助于考古发掘的实证。

在距今约六千年的仰韶文化（首次发现于河南渑池仰韶村），发掘出可见谷壳压痕的陶器；在距今约四千余年的龙山文化遗址（首次发现于山东章丘龙山镇），石锄、石镰、蚌镰等农具和各种谷物多有出土。而在距今约六千年的河姆渡文化遗址（首次发现于浙江余姚河姆渡村），距今五千多年的良渚文化遗址（杭州市西北），也有大量稻谷遗迹及猪、狗、牛等家畜骨骼；在距今约四五千年的屈家岭文化遗址（首次发现于湖北京山屈家岭），出土许多粳稻及猪、狗骨骼，而在湖南道县更发现一万年前的人工培育稻谷，证明长江中下游及钱塘江流域进入农耕时代并不晚于黄河流域。

与地下发掘相互印证，历史典籍也有关于传说时代即"以农立国"的记载，《尚书》便有对统治者应当"先知稼穑之艰难"① 的劝诫；《论语》称，"禹、稷躬稼而有天下"②，认为古代部族领袖能够赢得百姓拥护而拥有天下，是重视农业的结果。这与游牧民族的酋长靠硬弓骏马制驭诸部大异其趣。

殷人在三千多年前即进入有文字可考的青铜时代，其农具铜石并用，种植业达到新的水平。殷墟甲骨文中出现黍、稷、麦、稻等各种农作物字样，并多有农事活动记载。殷人发明历法，制定完整的纪时法、纪日法、纪旬法、纪季法、纪年法，此外，"二至"（夏至、冬至）、"二分"（春分、秋分）见于《尚书·尧典》，这些都与农业发展有关。

与殷人大致同先后的周人，也是一个农业部族，他们以后稷即农神为先祖。《诗》云：

思文后稷，克配彼天。立我烝民，莫匪尔极。贻我来

---

① 《尚书·无逸》。

② 《论语·宪问》。

牟，帝命率育。无此疆尔界，陈常于时夏。①

后稷不分疆界，教民学习农业耕作技术，受到高度赞扬和热情歌颂。周人后来的领袖公刘继承后稷事业，倡导农耕，"周道之兴自此始"②。

殷商西周，种植业虽然已经成为生活资料的主要来源，但渔、猎、采集等直接取自自然的生产方式还占有相当比重。春秋战国时期，农业得到长足进展。从《孟子·梁惠王上》"五亩之宅，树之以桑，五十者可以衣帛矣。……百亩之田，勿夺其时，八口之家可以无饥矣"等篇所表现的当时物质生活状况看，谷物生产、蚕桑业及家畜饲养是人们衣食的基本来源，渔猎、采集经济已不为人所道及。随着"实胜耒耜之利"③的牛耕在中原一带开始出现，铁制农具也渐次采用，所谓"铁器，民之大用也"④，"铁器者，农夫之死生也"⑤。与此同时，推广良种、防治病虫害也为农人所重视，《诗经》有歌咏"嘉种"的语句，还有"去其螟螣，及其蟊贼"⑥的歌咏。公元前3、4世纪，齐鲁地区已实行一年两熟耕作制，孟子说："今夫麰麦……至于日至之时皆熟矣。"⑦荀子说："今是土之生五谷也，人善治之，则亩数盆，一岁而再获之。"⑧这是世界上较早关于一年多熟制的记载。广种薄收的粗放耕作被"深耕熟耰""多粪肥田"所取代，魏文侯（前472—前396）时的李悝（前455—前395）倡导的"尽地力之教"为列国所仿效。发展农业生产，成为富国

---

① 《诗经·周颂·思文》。
② 《史记·周本纪》。
③ 《齐民要术·序》。
④ 《盐铁论·水旱》。
⑤ 《盐铁论·禁耕》。
⑥ 《诗经·小雅·大田》。
⑦ 《孟子·告子上》。
⑧ 《荀子·富国》。

强兵的基础，提倡"耕战"是诸侯们竞相施行的国策。

秦汉以后，大一统君主国家更把"重本抑末"作为"理国之道"①。列朝帝王都耕籍田、祀社稷、祷求雨、下劝农令，以"天子亲耕"，"王后亲蚕"② 之类的仪式和奖励农事的政令鼓舞天下农夫勤于耕作。农田水利的兴修、农具的制作、农书的刊行，被视作社会大事。农耕区的范围也随着生产工具和耕作技术的改善，以及朝廷移民拓边屯田政策的推行而不断扩展。

如前所述，黄河、长江流域的农业发生期大体相当，但由于黄河流域特有的自然条件，尤其是细腻、肥沃的黄土层为木石—铜石农具时期发展农耕提供方便，加之粟、稷等旱作物容易生长，种植业首先在黄河中下游达到较高水平。而长江流域土壤黏结，难以用木石—铜石农具耕作，水稻对种植技术要求又较高，因此，截至秦汉，长江流域基本停留在火耕水耨阶段。《史记》载："楚越之地，地广人稀，饭稻羹鱼，或火耕而水耨。"③《盐铁论》载："荆、扬……伐木而树谷，燔莱而播粟，火耕而水耨。"④ 自汉武帝经营南方以后，尤其是东晋南渡，随着铁制农具和牛耕的普及及中原农耕男女的迁入，长江流域的土地得以开辟和熟化，而一旦耕作技术和劳动力问题得以解决，长江流域丰富的水、热资源优势发挥出来，便迅速演进为农产丰盛的耕作区。隋唐以后，长江中下游成为长安、洛阳、开封、北京等京师漕米、布帛的主要供应地，宋代"苏松熟，天下足"⑤，明清"湖广熟，天下足"⑥ 之类谣谚反映了这一事实。南北运河的开掘，正是为着以新兴的东南农业经济支撑地处北方的政治军事中心。"东南财赋"与"西北甲兵"共同构成唐宋

---

① 《后汉书·桓谭冯衍列传》。
② 《春秋穀梁传·桓公十四年》。
③ 《史记·货殖列传》。
④ 《盐铁论·通有》。
⑤ 《古谣谚·大学衍义补》。
⑥ 《古谣谚·地图综要·湖广谚》。

元明清各朝赖以存身的两大支柱。

自唐代以降的千年间，中国农耕区不断扩大，还与各种早熟、耐瘠、高产的异域农作物的传入有关。如早熟稻、玉米、番薯、马铃薯先后从东南亚、美洲流入中国东南沿海，又渐次传播于东北、塞外、四川山地、云贵高原，并在这些广大区间获得良好的生产效果，从而使农耕区向东北、西北、西南延伸。

总之，随着中原农人的南迁、农业耕作技术的提高，以及各种高产、耐瘠作物的推广，自汉唐以下，农耕区从黄河流域和长江中下游渐次推向长江上游、长城以外，又向南越过五岭，达到珠江流域及云贵高原。王夫之说："武帝平瓯、闽，开南越，于今为文教之郡邑。"① 又说："江、浙、闽、楚文教日兴，迄于南海之滨、滇云之壤，理学节义文章事功之选，肩踵相望，天所佑也，汉肇之也。"②

充分肯定了汉以后农耕文明向长江流域和东南沿海、西南高原扩展的意义。

东亚大陆400毫米等降水量线东南的广大区间，先后辟为农耕经济区，进而成为声明文物昌盛发达的地域。栖息于这片愈益扩展的农耕区的华夏—汉族，以种植业为物质生活资料的主要来源，同时也发展家畜、家禽的圈养业和家庭手工业，构成一种自给自足的复合型经济。随着人口的增殖，种植业日益与畜牧业争地，以至不仅渔猎退居次要，畜牧业的发展也受到限制。《周礼》论述大宰"以九职任万民"，前四职与农业有关：

> 大宰之职……以九职任万民，一曰三农，生九谷；二曰园圃，毓草木；三曰虞衡，作山泽之材；四曰薮牧，养蕃鸟兽……③

---

① ② 《读通鉴论·武帝》。
③ 《周礼·天官·大宰》。

这种农—圃—林—牧的排列次序，正是经济生活中重农耕、轻畜牧的表征。如果说，先秦和秦代农牧业还比较均衡，那么，到了汉代，畜牧业则降为第三位（五谷—桑麻—六畜），以后历朝更偏重谷物，忽视畜牧。这种重于种植业、轻于畜牧业的经济结构，不仅与游牧民族恰成反照，而且，同欧洲中世纪农牧并重的经济结构相比较，也显示出一种"跛足农业"的特征。华夏人及后来的汉人的饮食结构特点即由此决定。自殷周以降，渔猎和畜牧的萎缩使动物性食物比较难得，只能为少数统治者所享用，先秦典籍中普遍以"肉食者"与"菜食者"分别作为统治阶级与普通民众的代称。而以素食为主的饮食结构又对华夏—汉族的生活习惯乃至民族体质、民族性格造成深远影响，汉人身体较灵活，性格较温顺平和，而强健、剽悍不足，便与此有关。

农耕人"早出暮入，强乎耕稼树艺"①，也许是世界各种职业者中最追求稳定与和平的。成书于东汉、魏晋之际的《四民月令》描绘了中原农村耕织并重、耕读传家的田园牧歌般的生活方式——男子耕田，妇孺养蚕；成童以上的青少年男子农闲入学读书，农忙从事农业生产。②

一首著名的古谣《击壤歌》描写了华夏—汉族的主体——农民的典型生活方式：

> 日出而作，日入而息，凿井而饮，耕田而食，帝力于我何有哉！③

这首古谣前半段如实反映了农民世世代代固着在土地上自给自

---

① 《墨子·非命下》。

② 《四民月令》：正月"农事未起，命成童以上入大学，学五经"；十月"农事毕，命成童入大学，如正月焉"；"谷雨中，蚕毕生，乃同妇子，以勤其事，无或务他"。

③ 《帝王世纪·击壤歌》。

足、周而复始从事简单再生产的情形，而最后一句"帝力于我何有哉"不过是文人的想象和期望，其实农民毕竟逃避不了帝王的控制和掠夺，农民是国家赋役的主要承担者，经年累月向朝廷提供粟米之征、力役之征、布缕之征，成为社会上层建筑赖以立足的基础、文化生长发育的根柢。《管子》说，"明于农事"者是社会中坚①，符合中国社会实际。中华文化的荣光和恒久、局限和弱点，都与经济生活中占主导地位的农业、人口中居大多数的农民有着难分难解的关系。

几千年间，华夏—汉族聚居区如果不是出现大灾荒、大战乱，农民甚少流徙。当然，他们常被朝廷征调外出服劳役，因而《诗经》有"君子于役"的叹息，杜甫有"三吏""三别"的悲歌，但作为基本生产和生活单位的农户，则一般较少移动，与"朝山阴、暮山阳"的游牧民族和漂泊海角天涯的海洋—商业民族的生活方式殊异。这种"固土重迁"的习性，使华夏—汉族在几千年间养育出保守性和受容性极强的文化心态。他们因为必须附着在小片土地上周而复始地精耕细作，无以产生强烈的创新和开拓欲望，故而发展了保守性；又由于农耕人安居一地，少有退路及转徙之处，只得在故土接纳各种外来文化，从而发展了受容性。这种受容性表现为对外来文化的宽厚和兼容并包精神，例如中国人对于外来的几大世界性宗教，如佛教、基督教、伊斯兰教都有所包容，甚至一人可以同时信仰几种宗教、崇仰几个宗教的至上神，缺乏强烈的一元神论的宗教意识。西方的《圣经》说：

> 我是耶和华，你的神，曾将你从埃及地为奴之家领出来。
> 除了我以外，你不可有别的神。……
> 不可跪拜那些像，也不可事奉他，因为我耶和华，

---

① 《管子·山权数》。

你的神，是忌邪的神。①

诸如此类排他性的宗教—文化观念，在中国人那里并不发达，而逢神便拜、"祭神如神在"，则是中国普遍存在的散漫、宽容的宗教—文化意识。中国大多数老百姓可能崇信宗教，却又相当朦胧含混。笔者 1980 年代初曾在道教中心湖北武当山询问络绎不绝的"香客"，他们几乎大都说不明白究竟是朝拜哪一教门的神灵，多说是去"拜老爷"（约指拜太上老君），尤其可笑的是，他们所携带的纸钱上无一例外地都印有"佛"字（因为商店卖的只有这种纸钱）。这种现象若发生在宗教观念比较严格的地区（如伊斯兰世界、印度教世界），可能会酿成大乱子，但在宗教观十分宽容散漫的汉人聚居区，以拜佛纸钱敬奉道教祖师却是见怪不怪的平常事。

农耕华人的文化受容性并非对外来文化无所抉择地一味收受，更不意味着对自身文化传统的放弃。在以农民为主体的中国人那里，深蕴本位文化精神，他们往往以冷峻的态度迎候异文化的纷至沓来，却抱定一种"以不变应万变"的信念和"以我化人"的心态。这一切决定了汉民族虽广为受容外来文化，却未能造成双向性优化组合，没有出现农耕文化与游牧文化、海洋—工商业文化相激相荡而成的新结构文化，而是以农耕文化为本位，单向性吸纳和同化游牧文化与海洋—工商业文化。这样，汉民族固有的农耕文化难以完成质的飞跃，而是在补入若干异质文化因素的情况下变得更加完备自足。

农耕文明区人群少有流徙，当然只是一个相对概念。在东亚农耕区，与占人口多数的广大农民的固土重迁相同时，也有少数经常东西南北跋涉的人们，诸如行商、盐贩、军士、游方僧及宦游士人。史学家司马迁（前 145 或前 135—?）曾"西至

---

① 《圣经·旧约·申命记》第五章。

崆峒，北过涿鹿，东渐于海，南浮江淮"①，有广泛的游历记录。李白等诗人也是足迹遍天下，他宣称："大丈夫必有四方之志，乃仗剑去国，辞亲远游。"② 明代旅行家徐霞客（1586—1641）也说"大丈夫当朝碧海而暮苍梧"，表述的都是中国社会中为数甚少的浪迹天涯、志在四方的人们的情趣。那一时代有限的社会信息传播使命主要由这一小部分人承担。

三、中亚游牧区

我们进而讨论"胡焕庸线"西北向游牧区的经济生活。

在 400 毫米等降水量线西北部，虽然有少量由内陆河与地下水灌溉的绿洲农业，但这里占压倒优势的是游牧经济，与追求稳定与和平的农耕经济形成强烈对照。"天苍苍，野茫茫，风吹草低见牛羊。"③ 游牧人在这片广阔的草原—荒漠地带以放牧牲畜为生。

古人在称农耕定居国度为"住国"的同时，又称迁徙无定的游牧国度为"行国"。《汉书·西域传》说：

> 行国，随畜逐水草往来。

这是一个简练而准确的概括。

13 世纪初叶，山东道士长春真人丘处机（1148—1227）应成吉思汗（1162—1227）之邀前往中亚兴都库什山的雪山行宫。他对塞外游牧人的生活环境及生活方式有生动描写：

> 地无木植唯荒草，天产丘陵没大山，五谷不成资乳酪，

---

① 《史记·五帝本纪》。
② 《上安州裴长史书》，《李太白全集》卷二十五。
③ 《敕勒歌》。

皮裘毡帐亦开颜。①

作为来自农耕区观察者的丘处机师徒发问道："如何造物开天地，到此令人放马牛?"②

其实，在丘处机来到这片草原之前很久，"造物"提供的这一干燥而开阔的原野上，便有"放马牛"的游牧部族栖息。

从先秦到两汉，戎、羌、匈奴出没于黄河河套以西的广大山地和荒原间。《礼记·王制》说："西方曰戎。"《大戴礼·千乘》说："西辟之民曰戎。"都是从地理分布上对游牧人作的概括。《说文·羊部》对"羌"的解释是：

> 羌，西戎，牧羊人也，从人从羊，羊亦声。

这是从生产特征上概括游牧人。

史籍关于匈奴的生活方式记述较为详细：

> 匈奴，其先祖夏后氏之苗裔也。……逐水草迁徙，毋城郭常处耕田之业，然亦各有分地。毋文书，以言语为约束。儿能骑羊，引弓射鸟鼠；少长则射狐兔，用为食。士力能毋弓，尽为甲骑。其俗，宽则随畜，因射猎禽兽为生业，急则人习战攻以侵伐，其天性也。……利则进，不利则退，不羞遁走。苟利所在，不知礼义。③

这段文字概述了游牧民族的特征：

第一，无城郭、耕地，迁徙无定，游牧为生；
第二，尚处在文明社会的门槛之外，无文字、不知礼仪；
第三，全民善骑战，极其勇猛剽悍；

---

① ② 《长春真人西游记卷上》，《丘处机集》附录一。
③ 《史记·匈奴列传》。

第四，畜牧、狩猎和战争掠夺，是其生活方式的两个互为补充的方面，而且它们可以随时彼此转化。

唐时的突厥，宋时的契丹、女真、党项，以及后起的蒙古，生活方式与匈奴近似。至于东北的夫余、靺鞨、女真，以及由女真演化而成的满洲，则是半农半牧或半农半猎的骑马民族，也具有游牧人的特性——惯于迁徙，孔武强悍。"胡人以鞍马为家，射猎为俗。泉甘草美无常处，鸟惊兽骇争驰逐。"① 此话可用以概括游牧人、半游牧人的生活方式。宋代诗人柳开（947—1000）曾生动描绘游牧民族的尚武英姿：

> 鸣骹直上一千尺，天静无风声更干。
> 碧眼胡儿三百骑，尽提金勒向云看。②

在晴朗无风的塞上草原，空中一声响箭，三百生着碧眼的骑手勒马回首，仰望云空。游牧骑士的矫健之态，跃然纸上。

一般而言，当牧区水草丰茂的时候，游牧人满足于自己的草原生活。当然，农耕区的富庶对他们不无吸引力，以畜牧产品同农耕人交换粮食、茶叶和布帛、铁器，自古在游牧—农耕分界线，如长城各关口进行，这种物资交换形式后来称作"茶马互市"。然而，在草枯水乏之际，饥饿使游牧人躁动起来，他们竞相南下劫掠，来如飙风，去若闪电。如果游牧人建立起比较严密的社会—军事组织，产生了具有号召力的领袖，便把短暂的劫掠发展为大规模、长时段的征服战争，甚至"以弓马之利取天下"，入主中原，建立混一游牧区和农耕区的王朝。公元5世纪鲜卑拓跋部统一黄河流域，即为一例；公元13世纪蒙古人建立的元朝和17世纪满洲人建立的清朝更是统一中原的强者。

---

① 《明妃曲和王介甫作》，《欧阳修全集》卷八。
② 《塞上》，《五代诗话》卷四。

四、农耕与游牧对垒

从更大范围看，整个亚欧大陆古来即存在农耕与游牧这两种特征迥异的经济类型，由此导致了生活在亚欧大陆核心部位的游牧人与生活在亚欧大陆东、南、西三方濒海地带的农耕人之间长达数千年的冲突、互补和交融。

在地球最辽阔的大陆——亚欧大陆的腹里地带，纵横着一片总面积达一千多万平方公里的草原—沙漠地带，东起大兴安岭西侧、黄河河套，西抵里海、黑海北岸的伏尔加—顿河草原，南邻帕米尔高原，北沿西伯利亚—北欧寒带森林、沼泽，其东、南、西三方临近东亚、南亚、西南亚、中西欧农耕区。在这片水草并不经常丰茂的原野，生活着若干支"今日行而明日留，逐水草便畜牧"的游牧民族，或曰骑马民族，主要有西部的斯基泰、萨尔马提亚、阿兰、阿维尔、哈塞尔，中部的乌孙、康居、月氏，东部的匈奴、鲜卑、乌桓、柔然、回纥、契丹、蒙古，等等。

如果说，农耕民族国家，是在土地这个固定的基础上，在农业经济发达的前提下建立起来的，因而具有稳定性，其典章制度也较为完备，那么，骑马民族国家则是那些四处流徙的游牧人为着游牧和战争的需要，临时组合起来的，由部族而民族，由民族而国家，其兴起和衰落，都如同草原上的沙暴一样神速。

伊利汗国宰相拉施特（约 1247—1317）主纂《史集》，这样描述骑马民族的生活方式：

> 我们是草原的居民；我们既没有珍奇的东西，也没有贵重的物品；我们主要的财富是马匹，它的肉和皮可供我们作美好的食物和衣服，而对我们最可口的饮料则是它的乳和以马乳做成的马奶酒；在我们的土地上，既没有花园，也没有建筑物；观赏在草原上放牧的牲畜——这便是我们

游玩的目的。①

骑马民族经济文化一般处在较原始的阶段，文明发展程度大大低于其东、其南、其西的农耕民族，然而，他们善于骑射勇猛剽悍，武功十分强盛，往往对农耕区发起毁灭性攻击，所谓"北方游牧民族的内迁"，北宋末的"靖康之变"，宋元之际对"南人"的大规模杀戮，清初的"嘉定三屠""扬州十日"，繁荣的农耕文明创巨痛深。

文明进程滞后，人口数又大大低于农耕人的游牧人之所以能在16世纪以前的两三千年间纵横于亚欧大陆，征战少有敌手，是因为在枪炮发明和广泛使用以前的冷兵器时代，由硬弓长矛装备起来的骁勇骑兵是最有战斗力的武装部队。而酷烈的气候，流动畜牧、四海为家的生活方式，把"骑马民族"自幼养育为善战的骑士，他们只需掌握铁兵器制作，便立即可以变成令农耕人战栗的武装力量。

春秋时，中原各诸侯国盛行车战，北边戎狄步战，未构成对中原人的真正威胁。战国时，北边出现长于骑射的胡人，对秦、赵、燕等北方诸侯国形成威胁，迫使农耕人学习骑战，如赵武灵王下达"胡服骑射"令，聘请擅长骑兵战术的匈奴军官为赵国训练军队，凭借这支武装，赵国灭亡中山国，攻打楼烦、林胡，扩充领土，"北至燕、代，西至云中、九原"②。以后，汉、唐两朝武功盛大，原因之一是承袭胡人骑战之术。

汉代为发起对匈奴的决战，做了长期物质准备，养马是其中重要一项。《史记》称："天子为伐胡，盛养马。马之来食长安者数万匹，卒牵掌者关中不足，乃调旁近郡。"③当汉武帝正式派遣大军远征匈奴时，其壮阔的场景是"发十万骑，负私从

---

① 见［苏］符拉基米尔佐夫：《蒙古社会制度史》，刘荣焌译，中国社会科学出版社1980年版。

② 《史记·赵世家》。

③ 《史记·平准书》。

马凡十四万匹"①。拥有如此庞大的马队，汉军方敢作"绝漠"之战，以至于"匈奴远遁，而幕南无王庭"②。后来，汉军不能继续远征，也是因为马匹损失惨重，"然汉马死者十余万。匈奴虽病，远去，而汉亦马少，无以复往"③。可见当年战争，对马匹的多寡、强弱依赖颇深。武功盛大的唐代也十分重视马政。

　　天宝后，诸军战马动以万计。……议谓秦汉以来，唐马最盛。④

长城南北广大山野草场，都是牧马之地，朝廷还一再从中亚购买"善马"。唐太宗便是一位马匹鉴赏者，后来雕刻在他的陵墓上的"昭陵六骏"（拳毛騧、什伐赤、白蹄乌、特勒骠、青骓、飒露紫），就是随唐太宗南征北讨的六匹良马英俊形象的写真。唐代因马政发达，唐军拥有强大骑兵，方可与突厥可汗决战塞外。

　　宋代的经济发展水平超过汉唐，文化造极，然而，军事上却一直被动积弱，每年以银十万两、绢二十万匹给辽，银五万两、绢十三万匹、茶二万斤给西夏，称"岁币"，以求边境安宁，然而仍一再被辽、金、西夏所攻袭。王安石（1021—1086）曾感慨道："汝生不及贞观中，斗粟数钱无兵戎。"⑤ 宋代国防不及唐代强固，原因是多方面，马政荒怠是原因之一。一方面，幽、燕及宁夏等养马之地为契丹、党项占据；另一方面，因牧马占地较多（一马五十亩），渐趋增多的农业人口改牧场为农田，导致宋代马政衰敝。欧阳修（1007—1072）称："唐世养马之地，以今考之，或陷没夷狄，或已为农田。"李纲（1083—1140）在分析宋金对垒形势时，也有步兵难以抵御骑兵之说：

---

　　①②③ 《史记·匈奴列传》。

　　④ 《新唐书·兵志》。

　　⑤ 《河北民》，《王荆公诗注》卷二十一。

> 金人专以铁骑胜中国，而吾之马少，特以步兵当之，飘暴冲突，势必不支。①

明代前期军力比较强大，明成祖有"五征漠北"之举，原因之一是，其时朝廷"奄有四海之大，凡中国所谓宜马之地，皆在焉"②。而明代中后期军力衰竭，不能与蒙古、女真（后改称满洲）争锋，原因之一也在于，"自万历以来，马政大坏，而边牧废弛愈不可问"③。

以农耕人为主体建立起来的诸中原王朝，虽然国力强弱有别，但就总体而言，在军事上抗御游牧人都相当吃力。这与农耕与游牧两种经济类型的特点有关。

游牧民族军事组织与生产组织二而一，游牧与狩猎就是军事演习，战争和掠夺是他们的生产方式和生活方式，普通的游牧人与骑兵之间只有一纸之隔，一个游牧部族只需稍加编组，立即可以成为所向披靡的武装部队。其给养可以随处获取，无须"输将之费"④。

农耕民族则不然，为了保障农业生产，趋向兵农分工。如果说，春秋以前尚处在兵农相混、文武不分阶段，到春秋五霸以后，各诸侯国则纷纷采取兵农强制分工的政策，战国时李悝（前455—前395）在魏、吴起（前440—前381）在楚、商鞅（约前390—前338）在秦，相继使兵农专职，列国竞相实行募兵制，出现脱离生产的职业军人，"齐桓、晋文始为召募、科民之法，而是时秦有陷阵，楚有组甲、被练，越有习流、君子之军。迨至战国，益尚骑射，而（齐之）技击，（魏之）武卒，（秦之）锐士，（赵之）胡服、百金之习⑤行于中国，后世诈力

---

① 《论进兵札子》，《李纲全集》卷八十四。
② 《大学衍义补》卷一二四。
③ 《明史·兵志》。
④ 《汉书·晁错传》。
⑤ 指赵国实行擒敌奖赏百金的政策。

之兵用矣"①。西汉晁错（前200—前154）倡导移民实边，企图在边境地带实行兵农合一的屯垦制，以抗御游牧民族。三国时曹魏实行屯田养兵制，明初实行卫所屯田制，都有兵农合一倾向，但屯田时日一久，即产生兵不习战的后果。同时，军官变成实际上占有屯田和屯卒的农奴主，这种所有制关系较之当时全国早已普及的小农经济和地主土地所有制远为落后，故而不可能长期维持。秦汉以后的基本趋势是兵农相分，所谓"秀者必士，朴者必农，剽而悍者必兵"②，按人的才性差异实行士、农、兵的分工。中原朝廷主要用募兵方式来抵御"全族皆兵"的游牧民族，这就需要朝廷和民众投入大量财力，"武帝征伐四夷，重赋于民"③，无限的军事消费与有限的农业生产积累形成巨大矛盾，以致"赋税既竭，犹不足以奉战士"④。总之，兵农相分的农耕人采取大规模军事行动时，在财政上承受着难以应付的压力，远不如兵牧合一的游牧人那样便捷，在战争生活中游刃有余。

此外，农耕人由定居生活养育出的饮食起居习惯，也无法与"风雨罢（疲）劳，饥渴不困"⑤的游牧人一较短长，必须经过艰苦努力，才能把"三十亩地一头牛，老婆孩子热炕头"的中原农人训练成粗犷无畏、驰骋八方的战士，这要进行从生活方式到内在心态的重大调整。"匈奴未灭，无以家为"⑥固然是华夏英俊男儿的壮阔情怀，但这种以牺牲农耕人"安家立业""妻子同堂"的生活常规为代价的行为，只能是少数豪杰的特立独行。

汉代晁错的行为曾对比"兵民合"的游牧人与"兵民分"

---

① 《历代兵制·春秋》。

② 《读通鉴论》卷二十二。

③ 《汉书·贡禹传》。

④ 《史记·平准书》。

⑤ 《汉书·晁错传》。

⑥ 《史记·卫将军骠骑列传》。

的农耕人所从事的两种截然相异的生活方式：

> 胡人衣食之业不著于地……胡人食肉饮酪衣皮毛，非
> 有城郭田宅之归居，如飞鸟走兽于广野，美草甘水则止，
> 草尽水竭则移，以是观之，往来转徙，时至时去，此胡人
> 之生业，而中国之所以离南亩也。①

基于上述，战争优势往往被"往来转徙""兵民合"的游牧人占
据，"兵民分"的农耕人从军则要忍痛"离南亩"，战争对他们
而言是被动、不自然的事情。

农耕与游牧这两种经济类型和生活方式，决定了古代中世
纪的军事格局：经济、文化先进的农耕人处守势，经济、文化
落后而武功强盛的游牧人处攻势。

五、长城：农耕区的防御屏障

（一）游牧人的进攻态势

战争是政治的延续，同时也受到经济的影响和制约。农耕
民族从事战争，是为了保护自己的耕作区，或者进而扩大耕地
面积、增加农人数额，以便征收更多的赋役，因此，农耕民族
一旦赢得战争，便立即着手恢复农业生产。然而，游牧民族茹
生饮血、逐水草而流徙的生活方式，决定了他们对农业和农人
无所顾惜的破坏性。元太宗窝阔台（1186—1241）当政时，中
使别迭等人向窝阔台说："虽得汉人，亦无所用，不若尽去之，
使草木畅茂，以为牧地。"② 这便是游牧人征服农耕区的最初心
态。古来关于匈奴、突厥屠掠农耕人，蒙古摧毁中亚花剌子模

---

① 《汉书·晁错传》。
② 《中书令耶律公神道碑》，《元文类》卷五十七。

等城市和阿姆河灌溉系统的记载，史不绝书。游牧人对农耕文明的破坏力，又被他们作为"引弓之国""控弦之士"的猛骜善战所加强，在数千年间构成对东亚、南亚、西南亚和欧洲的农耕区域飓风般的军事威胁。

早在公元前3000年至前2000年，来自两河流域西北部操闪米特语的诸游牧部落相继入侵美索不达米亚，公元前729年，巴比伦王国被半农半牧的亚述人所灭。公元前1720年至前1570年，埃及被来自西亚的游牧部族希克索斯①人征服；几乎同时，印度河流域的哈拉巴文明被北方的游牧部族雅利安人摧毁。

从公元前1世纪开始，亚欧大陆核心部位的游牧人相继脱离原始社会，进入军事民主制阶段，再次发起对农耕区更强劲的攻势。首先是匈奴人进袭汉朝，在西汉到东汉的数百年间，匈汉战争时张时弛，却不曾止歇，直至公元1世纪，北匈奴开始西迁，东汉大将窦宪（？—92）出塞三千里，大漠内外未见北匈奴踪迹。公元4世纪，西迁的匈奴人袭击罗马帝国东部，欧洲农耕人始闻"匈人"之名。在匈人西进的推动下，西哥特人越过多瑙河进入西罗马帝国，成为半农半牧的日耳曼民族南徙的开端，从而敲响了罗马帝国的丧钟，欧洲以此为契机，从古代走向中世纪。

公元10至12世纪，一支新的骑马民族——塞尔柱突厥人对欧洲农耕区造成威胁，一度建立东起锡尔河，西迄黑海、地中海的塞尔柱国家。13世纪，蒙古人在成吉思汗（1162—1227）及其子孙统率下，几乎征服了大半个亚欧大陆，东起朝鲜半岛，西迄中欧腹地、亚德里亚海东岸，西南至大马士革，东南达缅甸、越南，南抵爪哇，均为蒙古铁骑的兵锋所至处。

抵御游牧民族的骚扰和毁灭性攻击，是亚欧大陆东、南、西三个方向滨海农耕人生命攸关的大事，成为16世纪近代文明兴起以前，一个长达数千年（冷兵器时代）的世界性历史主题。

---

① 在埃及语中，"希克索斯"意为"牧人王"。

（二）农耕人筑城以守

生活在东亚的华夏—汉人为抵御游牧人的来袭，做过种种努力。当他们相对衰弱时，便退守农耕区边界线；相对强大时，则西出邀击，或远征漠北。然而，游牧人朝发夕至，来去无定，农耕区却固定难移，加以"骑兵驰突""步人不能抗"[①]。总之，彼动我静，注定了农耕人在军事上的被动状态。为着确立一种退可守、进可攻的态势，中原农耕人在长达两千多年期间，历尽艰辛，耗费巨大财力、物力、人力，修筑长城，创造出世界文明史上的一大奇迹。汉代桑弘羊（前152—前80）曾论及中原王朝修筑长城的缘由：

> 匈奴背叛不臣，数为寇暴于边鄙。备之则劳中国之士，不备则侵盗不止。先帝哀边人之久患，苦为虏所系获也，故修障塞，饬烽燧，屯戍以备之。[②]

从事定居农业的民族筑城自守，几为通例，古波斯和古英国曾修造数百里长墙，以抗御外敌入侵，然而，与东亚的两万里长城相比，则不过是小巫见大巫了。

长城始建于春秋战国时期。《诗经》有"城彼朔方"[③]之句，即指公元前9世纪北边配有烽火台的小城。战国时，列国竞相修筑"互防""拒胡"两种长城。**"互防"**长城如齐长城，《史记·楚世家》引《齐书》："齐宣王乘山岭之上筑长城，东至海，西至济州千余里，以备楚。"与此相应，楚国也修方城，以"备齐""备秦"。此外，燕国修南长城以"防齐"，赵国修南长城以"防魏"，魏国修河西长城以"防秦"，秦国在洛水西

---

① 《唐荆川左编》卷二十七，引〔宋〕吕颐浩所上《论御虏十事》。
② 《盐铁论·本议》。
③ 《诗经·小雅·出车》。

岸筑长城以"防魏"。

战国时，北方的几个诸侯国，如赵、燕、秦与游牧民族（时称胡人）相邻，纷纷筑长城以"限戎马之足"。为**"拒胡"**目的而在北边修长城，较著名的有秦昭王所筑陇西、北地、上郡长城；赵武灵王所筑云中、雁门、代郡长城；燕昭王所筑上谷、渔阳、右北平、辽西、辽东长城。

秦统一中国后，列国"互防"长城失去意义，被拆除，而列国"拒胡"长城则有必要连成一片。秦始皇在发起北逐匈奴战争的同时，又修建万里长城。《史记》载：

> 秦已并天下，乃使蒙恬将三十万众北逐戎狄，收河南。筑长城，因地形，用制险塞，起临洮，至辽东，延袤万余里。[①]

秦长城是在燕北长城、赵北长城、秦北长城的基础上修复、连贯而成的，西起今甘肃岷县，中经黄河河套以北的阴山山脉，东止于朝鲜平壤西北部清川江入海处，全长七千余公里，即一万五千余华里。秦长城将华夏农耕区围护起来，"却匈奴七百余里"，使胡人"不敢南下而牧马"。

秦以后，西汉、东汉、北魏、北齐、北周、隋、辽、宋、金、元、明各代都修筑或增建过长城。其中汉长城东起辽东，经玉门，屏障河西走廊，直达新疆罗布泊以西，全长超过一万公里，即二万华里。汉代皇帝（如宣帝、元帝）曾与匈奴单于约定："长城以南，天子有之；长城以北，单于有之，有犯塞辄以状闻，有降者不得受。"[②] 明确规定长城是汉、匈界限，也即农耕人与游牧人的交接线。

汉长城还有掩护丝绸之路的作用，《汉书·张骞传》称："汉始筑令居（今甘肃永登——引者注）以西，初置酒泉郡，以

---

① 《史记·蒙恬列传》。

② 《汉书·匈奴传》。

通西北国。"自汉武帝元狩二年（前121）至太初四年（前101年），经二十年，沿河西走廊筑起烽燧亭障，以保障通往中亚、西亚的道路畅通，这表明长城作为一种防御工事，又有积极进取、保卫对外交通线的功能，这也是我们在考察长城历史作用时所不应忽视的一个重要侧面。

今天我们所见长城，要指明长城。明代因蒙古和女真（后更名满洲）先后在北边造成强大军事压力，朝廷一再修造长城。洪武、建文、永乐、正统、天顺、成化、弘治、正德、嘉靖、隆庆、万历诸朝均有筑长城之举。明长城是中国最后一道万里长城，也是今日所存万里长城的主体。它东起鸭绿江边，沿燕山山脊巍然耸立，屏护北京，然后斜穿黄河河套，直抵甘肃嘉峪关，全长七千三百公里，即一万四千六百华里。

(三) 秦汉至宋明：长城向东南后退

秦长城和汉长城，都是在黄河河套以北、以西，凭阴山、贺兰山之险及黄河天堑而筑。但明长城却向东南后缩数百公里，沿山西大同、陕西榆林一线逶迤西去。这是自然和人文双重因素造成的变迁。就自然条件而言，在距今五千年至一千年间，黄河流域的气候发生了由温暖湿润向寒冷干燥的转化。据碳14测定，五千年前的半坡村（今西安附近）多有水獐、竹鼠等亚热带动物；三千年前的西周丰京、镐京（也在西安附近）多有梅、竹等湿暖地带的植物，而宋代（10世纪前后）关中已经无竹。12世纪以后，黄河流域更转向干冷。这样，农耕区与游牧区的分界线有向东南后退的趋势。黄河河套以内的鄂尔多斯地区，秦汉时本属农耕区，唐宋以后变为荒漠草原，成为游牧区。而作为农耕区—游牧区边界线的长城也就随着这条边界线的南缩而向东南后退了。在秦汉，鄂尔多斯围护在长城以内，明代却已被限隔于长城以外。就人文条件而言，长城的南移又说明游牧民族对中原农耕民族的攻势愈益严峻，黄河河套以外的阴山、贺兰山等天险，中原王朝已无力防守，拱手交与游牧人。

农耕人在失去天然屏障的情况下，越来越依赖"峻垣深壕，烽堠相接"① 的长城来维系自身的安全。秦汉长城均系版筑土城，明长城则由砖石砌造，由石灰与糯米粘接，坚固度大增。

　　一个值得玩味的现象是，明长城的线路走向，几乎与前述400毫米等降水量线相重合。（见图7）这恰恰说明，长城是湿润区与干燥区的边界，也即农耕区与游牧区的边界。它是华夏人护卫农业经济、礼乐文化的防线，在这一意义上，与其说长城是中国古代若干王朝的北部边界，毋宁说是中华文化圈内农耕与游牧这两大部类文明形态的分界线，它的历史作用是护卫农耕文明，使其不致在游牧人无止境的袭击中归于毁灭。因而无论从中华文明史还是从世界文明史来看，长城在历史上发挥的作用是进步的和正义的。正因为如此，孙中山在《孙文学说》中指出："长城之有功于后世，实与大禹治水等。"

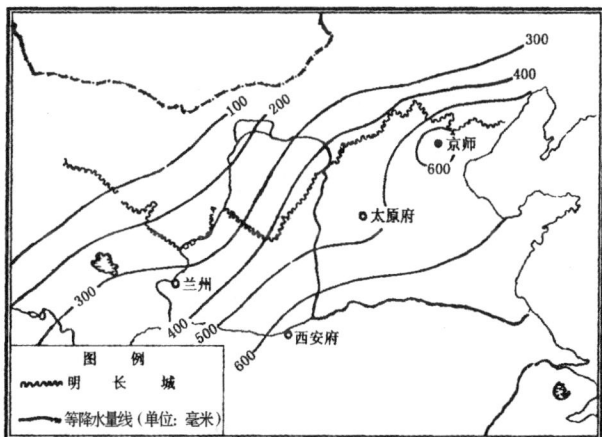

图 7　明长城与 400 毫米等降水量线基本平行重合示意图

　　长城是农耕区与游牧区的军事分界线，所以，当一个朝代的疆土大大超迈塞上，将农耕区与游牧区总括宇内，长城便失去效能。如盛大的唐代便没有筑造过长城，曾有臣下向唐太宗

────────────

　　①　《明史·兵志》。

（598—649）提出修复长城的建议，这位被诸游牧民族推尊为"天可汗"的贞观皇帝以"安用劳民"一笑置之。清代疆土更远跨塞外，国防线推移到长城以北、以西数千公里之遥，因而清二百余年间也无修长城之举，这道昔日的"华夷天堑"已失却文化隔绝功能。当臣下提议修缮长城，康熙（1654—1722）答曰："修筑长城，实属无益。"他的孙子乾隆（1711—1799）更进而对"秦人北筑长城，畏其南下，防之愈严，则隔绝愈甚"的做法提出批评。这是对农耕—游牧两种文明类型交互关系的历史从一新角度加以考察，其着眼点在于二者的整合，而不是二者的分离。这是强者的慧识。

时至近代，中国人面对的"外患"转为由坚船利炮武装起来的西方资本主义殖民者，国防前线由西北移往东南沿海。清人龚自珍（1792—1841）在19世纪30年代已敏锐指出，中国的外来威胁是袭击东南沿海的"西夷"。当龚的朋友林则徐以钦差身份远赴广州前夕，龚致函林氏，认为对付"英夷"的办法应大不同于昔日对付西北胡人，"至于用兵，不比陆路之用兵"，同英人会战海滨"岂古人于陆路开边衅之比哉"①。清中叶以降，富于忧患意识的士子纷纷把眼光投向东南海防。光绪年间，巴陵人李荣登岳阳楼时所提楹联便颇有代表性：

每眼前望吴楚东南辄忧防海
只胸中吞云梦八九未许回澜

晚清当然也有从西北内陆方向来的压力，例如沙俄的军事威胁，然而却不再是用长城所能抵御的。长城终于失去军事作用，而以一个雄伟的历史遗迹，作为世界文化遗产屹立在东亚大陆400毫米等降水量线的崇山峻岭间，供人凭吊。

---

① 〔清〕龚自珍：《送钦差大臣侯官林公序》，《龚自珍全集》，上海人民出版社1975年版，第107页。

秦时明月汉时关，万里长征人未还。
但使龙城飞将在，不教胡马度阴山。①

王昌龄（约690—约756）的诗，表达了农耕人特有的国防意识：汉人修筑长城也好，飞将军李广（？—前119）出征塞外也好，都是为着防范"胡马"南度，毫不含糊地呈现防御态势。

六、农耕—游牧互补与融汇

在农耕与游牧的交互关系中，冲突、战争所导致的文明的惨烈破坏是一个侧面，另一侧面是文化互补、民族融合，而且，战争本身也是文化互补、民族融合的一种激烈形态。

农耕人与游牧人发生互摄性交流，大体沿着长城一线展开，进而向更广阔的地域伸延。

游牧人虽然整个社会发展水平处在较低层次，但也有两个明显优势。其一，孔武善战，骑射为其绝技；其二，流动生活，成为异域远方文化的传播载体。中原农耕人可以学习游牧人的骑射技术，吸收游牧人从远方带来的异域文化，并以粗犷强劲的游牧文化充作农耕文化的复壮剂和补强剂。战国时秦学习西戎"击技"，楚汲取苗蛮、越族文化，赵武灵王"变俗胡服，习骑射"② 使赵国迅速强大起来；汉代开辟丝绸之路，广采博取中亚、西亚游牧文化及绿洲文化的成果；唐代承魏晋南北朝以降汉胡文化融合之势，增添新的生命活力，构成唐代昌盛繁荣的动力之一；契丹在战胜回纥时得到西瓜，契丹又把西瓜种植法传给中原汉人③；宋代仿效回回炮，并加以改进推广④，都是农耕区从游牧区获得积极影响的生动事例。在对待游牧人和游牧

---

① 〔唐〕王昌龄：《出塞二首》其一。
② 《史记·匈奴列传》。
③ 见《松漠纪闻》下。
④ 见《宋史·兵志》。

文化的态度方面，作为农耕人的汉民族也不乏胸襟博大者，如唐太宗宣称："自古皆贵中华，贱夷狄，朕独爱之如一。"① 又说："夷狄亦人耳，其情与中夏不殊。人主患德泽不加，不必猜忌异类。盖德泽洽，则四夷可使如一家。"② 这种盛唐精神显示了农耕文明接纳游牧文明的气度。而由入主中原的游牧人或半牧半农人建立的元朝和清朝，更混一长城内外，以疆域的空前拓展、异域八方文化的大聚会而彪炳千古。

　　游牧人则从农耕人那里广为学习先进的生产方式、政治制度乃至改变生活习俗，促使自身的社会形态发生历史性飞跃。其间尤其引人注目的是，以征服者身份进入农耕区的游牧人在高势能的农耕文化氛围中，往往为被征服者所同化。内迁的鲜卑人、北魏孝文帝拓跋宏（467—499）热爱汉文化，他"雅好读书，手不释卷，五经之义，揽之便讲"③。他大刀阔斧地实行以三长制、均田制为基本内容的汉化改革，使北魏社会迅速发展。元代蒙古人入主中原后，渐次皈依汉文化，元世祖忽必烈（1215—1294）将首都从游牧区迁至农耕区的"大都"（即北京），便是归化于农耕文明的决定性步骤。后金首领努尔哈赤（1559—1626）也十分注意学习汉文化，他"好看《三国》《水浒》二传"④，让人把《三国》译成满文，发给部下阅览，故其用兵谋略，颇得《三国演义》之妙。努尔哈赤的儿子皇太极（1592—1643）在更高层次上以汉文化为师，并明确宣称"满汉之人，均属一体，凡审拟罪犯，差徭公务，毋致异同"⑤。这些游牧人的卓越领袖都显示了接纳农耕文明的渴求。匈奴、鲜卑、突厥、契丹、女真、蒙古等游牧或半农半牧民族在与汉族农耕文明接触的过程中，几乎都发生了由氏族社会迅速向阶级社会

---

① 《资治通鉴》卷一九八。
② 《资治通鉴》卷一九七。
③ 《北史·高祖孝文帝本纪》。
④ 《四夷附奴酋》，《博物典汇》卷二十。
⑤ 《清太宗实录》卷一。

过渡的进步，充分说明，农耕文明作为一种"高势位"文明，对相对后进的游牧文明的巨大诱导作用。

总之，东亚大陆农耕和游牧两大文明区绝非自我禁锢的系统。以迁徙、聚合、战争、和亲、互市等形态为中介，农耕人与游牧人彼此交往，相互融合，不断实行互摄互补，历数千年，方汇成今日气象恢宏的中华文化。

农耕与游牧作为东亚大陆两种基本的经济类型，是中华文化的两个彼此不断交流的源泉。中华文化是农耕人与游牧人的共同创造，是农耕人与游牧人在长期既相冲突又相融汇的过程中整合而成的。而长城正是实现这个整合过程的交汇线，迁徙、聚合、战争、互市都在这条交汇线上波澜起伏地展开。

第二节　农耕区经济形态

人类从采集者、狩猎者变成农耕者，从"穴居而野处"①的游荡生活转为定居生活，由"采食经济"变为"产食经济"，是人类历史上具有决定意义的变革，史称"农业革命"。农耕经济的确立，使人类不再单靠自然赐予，而可以通过社会经济再生产过程同生物自然再生产过程的结合来获得生活资料，从而奠定较为丰富、可靠的物质基石，得以养活众生（包括从事直接物质生产之外的人），开创了历史的新纪元。地球上的各个古老文明，如埃及文明、苏美尔文明、印度文明、玛雅文明和印加文明，以及华夏—汉族文明，都是从定居农业的基础上发展起来的。

在近代商品经济得到充分发育以前，世界各主要文明民族的生产方式，大体不外农业自然经济的两种形态，其一为土地国有或村社所有、集体劳作的自然经济，如苏美尔的公社所有—神庙所有经济，埃及的法老—国家经济，印度的村社经济，

---

① 《周易·系辞下》。

欧洲中世纪的贵族庄园经济；其二为土地由地主和自耕农所有、个体劳作的自然经济，战国以后的中国是其代表。当然，前一形态的自然经济，在中国的商周时代也曾盛行，秦汉以降（尤其是东汉和魏晋南北朝、唐前期）还部分存在。

以土地所有制为主要尺度，中国前资本主义生产方式的形态大体经历了三个阶段：殷商西周的土地国有（王有）及公社所有阶段，或称"三代井田"的领主经济阶段；东周井田制瓦解至唐中叶均田制瓦解阶段，土地私有制确立，而君主国家对土地私有权保留种种干预；唐中叶均田制瓦解到明清，土地私有制普及，国家对土地私有权仍有干预。① 后两阶段又可划归一个大的段落，也即土地私有的地主经济阶段。

一、殷商西周：土地国有及公社所有、集体劳作的领主经济

春秋以前，是中国农耕经济的第一个大段落。其特点，一是土地国有（"官有""王有"），所谓"溥天之下，莫非王土；率土之滨，莫非王臣"②，所谓"古者田皆在官"③，即指这种土地占有情形。

土地国有（王有）是古代东方普遍实行的制度，如印度《政事论》记载，古印度"通晓经典的人承认，国王是土地和水的所有者"。《摩奴法典》第八卷第三十九条载："国王是万物之主。"缅甸国王则冠以"耶弥欣"（水和土地的主人）。中国在殷商西周，广大庶众"上无通名，下无田宅"④，国家为实施对土地的管理和贡赋的收取，在地官司徒之下设有载师、闾师、

---

① 中国土地所有制三阶段说。参见赵俪生《中国土地制度》，齐鲁书社1984年版。

② 《诗经·小雅·北山》。

③ 《资治策疏》，《昭代经济言》卷一。

④ 《商君书·徕民》。

县师、遗人、均人等职官。这种国有土地又由天子分封给各级贵族，形成领主所有制。西周时，诸侯们只有土地使用权（"永享"），而无所有权，周天子可将土地收回，或转赐别人，因而天子名义上拥有土地的最终所有权。在广大农村，"九夫为井"①的农村公社土地所有制也普遍存在。土地国有（包括王有和领主所有）加上土地农村公社所有，共同构成这一历史阶段所有制的基础。

二是土地不得自由买卖和私相授受，所谓"田里不鬻"②，即使贵族，在封地之外另求土地以传子孙也不可能，诚如清人张英（1637—1708）所说："三代以上，虽至贵巨富，求数百亩之田贻子及孙，不可得也。"③

三是农业生产以集体劳作为主。殷墟甲骨文有"王大令众人曰'协田'"的卜辞。"协"字甲骨文象三耒共耕，"众人""协田"是殷商时期盛行的集体耕作的反映。《诗经》的一些篇章有西周前期集体劳动场面的生动描写：从宗族长老、青壮男子到妇女儿童，在广阔的田野一同耕作，"载芟载柞，其耕泽泽，千耦其耘"④；人们一同收获谷物，并将集体的谷仓堆满，"获之挃挃，积之栗栗……以开百室，百室盈止。"⑤这是一幅大集体耕作的风情画。《周颂》中的一篇描绘周初成王时期集体农耕的景象：

> 噫嘻成王，既昭假尔。率时农夫，播厥百谷。骏发尔私，终三十里。亦服尔耕，十千维耦。⑥

---

① 《周礼·地官·小司徒》。
② 《礼记·王制》。
③ 《恒产琐言》，《文端集》卷四十四。
④ 《诗经·周颂·载芟》。
⑤ 《诗经·周颂·良耜》。
⑥ 《诗经·周颂·噫嘻》。

"千耦其耘"，即两千人对耦而耕；"十千维耦"，即万人对耦而耕，都是极言集体耕作时人数之多。

　　到西周后期，"公田""私田"分野，诗云"雨我公田，遂及我私"①。这里的"公田"指公社大家长以"公"的名义占有的田地，"私田"指公社小家长及其管理下的农夫共有的田地，并非农夫私有财产。当时的劳动者要先耕耘公田，然后耕耘私田。战国时的孟子将这种制度称作"井田"，并加以理想化追述：

　　　　方里而井，井九百亩，其中为公田。八家皆私百亩，同养公田。公事毕，然后敢治私事，所以别野人也。②

　　田产公有和集体耕作，与那一时代社会生产水平低下相适应，也是原始社会末期氏族公社集体生产方式的沿袭，同时又与分封制直接相关。成书于战国的《周礼》称：

　　　　诸公之地，封疆方五百里，其食者半。诸侯之地，封疆方四百里，其食者三之一。诸伯之地，封疆方三百里，其食者三之一。诸子之地，封疆方二百里，其食者四之一。诸男之地，封疆方百里，其食者四之一。③

这当然是对周代各方国领地的模式化概括，实际情形绝非如此整齐划一，各级贵族分别从周天子那里受封大小不等的领地，既占有土地，又占有在土地上集体耕作的农人却是实际情形。诚如一位楚国官员所说："封略之内，何非君土？食土之毛，谁非君臣？"④

---

　　① 《诗经·小雅·大田》。
　　② 《孟子·滕文公上》。
　　③ 《周礼·地官·大司徒》。
　　④ 《左传·昭公七年》。

前述土地公社所有制和土地、农人均属封君的领主制，以及与这两种占有制相伴随的集体生产方式，是华夏社会经济的一个重要发展阶段，可以称作"三代井田"时期。它是在氏族公社解体，进入初期阶级社会时，血缘贵族保留土地公有制外壳，并继续实行集体生产的一种经济制度。后来，社会生产力的阔步前进，使井田制成为"明日黄花"，但因为它所具有的土地公有的均平形态，以及人们"先服公田，而后服其田"① 的君子国式的劳作方式，对后世胸怀改良之志的士人，有着无穷的吸引力，特别是当土地兼并剧烈，社会贫富极度不均时，更成为那些"先天下之忧而忧"的士人们的一种邈远而富于魅力的梦想。因此，历朝历代都一再发生"复井田"之议。这种对往昔经济模式的追怀，与政治专制时期人们向往氏族民主制（所谓"尧舜之治"）颇为近似。

"三代井田"阶段，社会的最高组织是王、贵族、宗教职业者（巫祝之类）组成的国家。从这样的土壤中生长出来的文化，其特点之一是神权至上，迷信支配人生。殷人尊巫事鬼，崇拜天帝和祖先神，并以此为族类的尊卑区分及宗法等级制度张目。郭沫若指出：

> 大抵至上神的观念殷时已有之。年岁的丰啬，风雨的若否，战争的成败，均为所主宰。②

周人代殷以后，逐渐淡化了殷人的迷信，发展了"天命"观念和"德治"主义，以"敬天""孝祖""敬德""保民"等一套思想体系为领主制农业经济的合理性作理论论证，并提供伦理道德上的依据和感召力。这些思想几经改造，后来被吸纳入儒学，成为三千年间中华农业文化的精神支柱。

---

① 《大戴礼记·夏小正》。
② 《辞通纂考释·天象》。

立足于领主制农业经济基础上的殷商—西周文化的另一特征，是学术只限于王室和贵族圈子，典籍及典籍的阐释权均被深居宫室内的官方文化人——巫、史、祝、卜所执掌，这便是所谓的"学在官府"，文化乃贵族专利品，平民不能问津，难以企及，这就叫作"礼之专及"。所以，殷商—西周文化可称为"巫史文化"。它以主体性的被抹杀，个人及学派的创造性思维无存身之地为显著特征。这与领主制农业经济的王有性（"溥天之下，莫非王土"），劳作方式的集体性（"千耦其耘"），有着内在联系。

二、东周秦汉以降：土地私有、个体劳作的地主经济

东周以后，中国农耕经济进入第二个大的段落，领主经济转向地主经济。

领主经济的基本特征是，享有世袭特权的封建贵族占有土地（故称领主），并且不完全占有农奴，以劳役地租剥削直接生产者。领主的土地从上级封建主封赐而来，土地不可买卖，领主在领地拥有行政、司法权。西周领主经济以"井田制"为具体形态。

春秋以降，伴随着"封建解纽"，领主经济向地主经济逐步转化，井田制瓦解。

地主经济的特征是土地买卖、小农经营、实物地租（伴以劳役地租、货币地租）。地主经济逐渐取代领主经济，是社会生产力进步的结果，也是政治制度变革的原因与结果。

时至春秋、战国，中原地区开始牛耕和使用铁制农具，《国语·晋语》称"宗庙之牺，为畎亩之勤"，是春秋时三晋一带实行牛耕的文字证据。1923 年在山西浑源县李峪村晋墓出土的"牛尊"，其牛鼻穿环，表明至迟在春秋，牛已被用作农耕。《国语·齐语》称："美金（指青铜——引者注）以铸剑戟，试诸狗马；恶金（指铁——引者注）以铸锄夷斤斸，试诸壤土。"钽即

锄，夷为锄类农具，斤为斧，斸为大锄。这段文字是春秋时齐国以铁器作农具的证据；战国时的孟子也有"铁耕"之说①。随着生产水平的提高，剩余产品增加，领主争夺土地与农人的战争日益频繁，"争地以战，杀人盈野；争城以战，杀人盈城"②。封建领主们还发现，解除人身依附关系、拥有私有财产的农民具有更高的生产积极性，这促使列国通过变法，加速从领主所有制朝地主所有制转化，由集体生产向个体生产过渡。秦始皇三十一年（前216），"令黔首自实田"，秦汉以降继续着这一趋势。宋元之际史学家马端临（1254—1323）曾指出，秦代在强化政治集权，变"公天下"为"私天下"的同时，在土地所有制上变"公田"为"私田"：

> 三代而上，天下非天子所得私也；秦废封建而始以天下奉一人矣。三代以上，田产非庶人所得私也；秦废井田，而始捐田产以予百姓矣。③

从领主经济向地主经济转化的过程，春秋战国已经开始，不过秦代使其更趋定型，在此后两千年间，中国的经济形态多有起伏变化，东汉魏晋间，领主经济回潮，唐宋以降地主经济再显。就大势言之，秦以后的农业经济基本格局如下。

第一，土地国有、私有并存，而私有渐居主导。

如果说，春秋以前，土地国有和公社所有是一种普遍的社会存在，那么，春秋以后则发生公田、私田交错现象。《春秋公羊传》所载郑庄公以玉璧向鲁国借田的故事，便是列国诸侯争夺公田的写照。战国时期土地所有制更处于交错状态，总趋势是由土地国有走向土地私有。秦国商鞅变法的一项重要内容就

---

① 《孟子·滕文公上》："许子以釜甑爨，以铁耕乎？"
② 《孟子·离娄上》。
③ 《文献通考·自序》。

是"制土分民"①，促进土地私分。其他诸侯国的变法也相类似。荀子则从理论上论证私分的必然性和合理性：

> 人之生不能无群；群而无分则争；争则乱，乱则
> 穷矣。②

《管子》更倡导"均地、分力"③，认为通过"分货"，使百姓们"审其分"（了解私人占有的好处），方能达到"民尽力""民不惮劳苦"④的目的。

秦汉以后，土地私分的趋势未衰。不过，两汉至明清，各王朝始终保留着国有土地，如屯田、营田、官庄、皇庄、没入田、旗地，还有庙产、族产、学田等宗族所有土地，但土地私有渐居主导地位。曹魏时期的大规模屯田，是秦汉以后国家干预土地私有制突出的一次。然而，这是利用战乱后出现大量无主荒地实行的，是一种历史的特例。而且，曹魏屯田后几十年，土地私有浪潮重新席卷社会，魏晋之际的豪强世族狂占田产，晋初的"占田制"以及北魏至唐中叶的"均田制"，都是在国家干预下趋向土地私有。而均田制取消后，土地私有化更在民间以经济方式普遍展开，民田为主、官田为辅的土地占有状况形成。据明代弘治年间颁布的《大明会典》载，弘治十五年（1502），全国耕地4.288亿亩，其中官田0.598亿亩，为总耕地的14.1%；民田3.63亿亩，为总耕地的85.9%。这个比例反映了两宋至明清各朝官田与民田所占比例的一般情况。土地私有又分地主土地所有和自耕农土地所有两种形态。

北魏至唐前期实行按人口分配土地的"均田制"，辅以"租庸调法"（"租"指征收谷物，"庸"指征收布匹，"调"指为朝

---

① 《商君书·徕民》。
② 《荀子·富国》。
③④ 《管子·乘马》。

廷服劳役）。唐中叶均田制被破坏，以此为界线，之前国有土地和自耕农土地尚占较大比重，之后国有土地减少，自耕农土地难逃被兼并的厄运，地主土地所有制愈益占据优势。以明、清两朝为例，初期自耕农所占耕地都在一半左右，到中后期，则只占十分之一二，大量田产转为地主及豪右占有。地主多半不具备特权身份，顾炎武指出，汉唐土地多为"豪民"所有，宋以后占有土地的多称"田主"①，这表明土地占有者日益由具备政治权势和身份的豪族地主转向平民化的庶族地主。土地私有化倾向，尤其是土地的地主占有倾向，渐成主潮。追逐私人田产，以获得富足、安定生活的保障，成为人们争相求索的目标。宋人周辉转述时人言论：

> 人生不可无田，有则仕宦出处自如，可以行志。不仕则仰事俯育，粗了伏腊，不致丧失气节。有田方为福，盖福字从田、从衣。②

有了田产便可衣食丰足，洪福齐天。这种"田产崇拜"，在秦汉以来的两千余年间，尤其是中唐以后的一千年间，十分流行。自耕农当然要千方百计保住自己的小块田产，地主则尽力扩大田产，仕宦、商贾一旦赢得较多钱财，也要购置田产充作"永业"，有的甚至为了"与人争数尺地"而"捐万金"③。土地成为社会各阶层人们争相获取，同时又有可能获取的最重要的私有财产。把握住这样一个基本事实，方把握了打开秦汉以至明清种种社会矛盾和繁复纷纭的社会心理的钥匙。

五代宋以降，土地私有化向纵深发展还有一重要表现，便是官田的私田化和官租的私租化④，即国家所占有的一部分田

---

① 《苏松二府田赋之重》，《日知录》卷十。
② 《清波杂志》卷十一。福字从示，象征祭祀，从衣说是错误的。
③ 《五杂俎·地部二》。
④ 见赵俪生：《中国土地制度史》，齐鲁书社1984年版，第386—393页。

产，也要按照比较先进的私田方式进行经营和征收田租。这从又一侧面证实了地主经济较之领主经济所具有的优越性和不可抗拒的吸引力。

第二，土地买卖。

与田产私有（地主所有和自耕农所有）互为因果，自战国开始，延至明清，土地转让、买卖渐成风习。这大不同于殷商西周的土地分封制，也不同于西欧和日本中世纪的领主世袭制、采邑制。土地来自封授而不是来自买卖的状况到春秋时期开始发生变化。春秋时晋国已有"爰田"现象①。爰田，即易田、换田，是土地买卖的先声。至战国，在土地封授之外，土地买卖日益普遍，如赵国将领赵括（？—前260）以赵王所赐金帛广为采购田宅②；商鞅则在秦国推行"坏井田，开阡陌"③，"民得卖买"的土地政策，土地转让、买卖日益合法化、普遍化；韩非也在著作中记述"中牟之人弃其田耘、卖宅圃而随文学者，邑之半"④ 的情形。

随着商品经济的发展，自秦汉以至于明清，土地买卖的频繁程度日益加剧，加上实行诸子分户析产，以及频繁的政治动荡，引起权力和财产不断再分配，不像中世纪西欧和日本那样领主稳定占有土地。如果说魏晋南北朝土地为豪佑占据，少有买卖，那么，到宋代则广为出现田产频繁转手现象，所谓"贫富无定势，田宅无定言，有钱则买，无钱则卖"⑤。明清时更有"千年田，八百主"的谣谚。明人海瑞（1514—1587）称："田宅无分界，人人得以自买自卖。"⑥ 明人张萱记载反映当时土地买卖转手频繁的一首诗："一派青山景色幽，前人田土后人收，

---

① 《左传·僖公十五年》："晋于是乎作爰田。"
② 《史记·廉颇蔺相如列传》。
③ 《汉书·食货志》。
④ 《韩非子·外储说左上》。
⑤ 《袁氏世范·治家》。
⑥ 《使毕战问井地》，《海瑞集》卷六。

后人收得休欢喜，还有收人在后头。"① 从秦汉至明清，皇帝赏赐勋贵，除金银财宝和奴婢外，也有土地。这些土地一经落入贵族之手，也可以典质、变卖，汇入土地转让、买卖的洪流之中。

北魏至唐中叶曾实行"计口受田"的"均田制"，这是土地国有和私有之间的过渡形态。北魏初，鉴于长年战乱，土地抛荒，朝廷下诏计口分配空荒土地，所受之田，不准买卖。北齐、北周、隋、唐均沿此制，而略有变通。唐代女子大多不授田，男子授永业田、口分田，有余可卖，不足可买，身死无力营葬可卖。至唐中叶，因丁口滋生，官无闲田，无所授受，均田制自行取消。均田制与战国以降土地自由买卖的总趋势相背，但均田制规定的不得买卖的田地，仅限于朝廷计口分配者，并不包括地主—自耕农原有田产。唐中叶以后，随着均田制的消失，土地转让、买卖重新成为社会通例。

土地转让、买卖使得秦汉以降的中国社会发生重要转变——殷周时代严格的贵族等级制度渐趋淡化，少有欧洲及日本中世纪普遍存在的世袭贵族政治和等级结构。自秦汉至明清，中国各朝代虽仍在皇室、贵族中保有封赐的世袭爵秩、勋位，但社会等级结构已渐松弛。首先，与经济上的"人之贫富不定之去来无常"② 相呼应，政治上的买卖爵位也司空见惯，"纳粟拜爵"③ 秦时多有，"以赀为郎"④ "民得卖爵"⑤ 汉时常见，清时买官鬻爵更成通例，甚至将官职以明码实价标示，成为朝廷财政收入之一项。其次，官僚选取，趋向于摆脱等级身份。如果说魏晋南北朝一度出现等级制回潮现象，"上品无寒门，下品无势族"，官僚选取以家世为重，那么，从隋唐以至于明清长盛

---

① 《田宅》，《西园闻见录》卷二十四。
② 《答曾邑侯问丁米均派书》，《皇清经世文编》卷三十。
③ 《史记·秦始皇本纪》。
④ 《史记·司马相如列传》。
⑤ 《汉书·文帝纪》。

不衰的科举制度，一反魏晋间保证世家大族垄断官职的九品中正制，向广大庶族地主和自耕农开放政权，无特权身份的读书人只要"苦读诗书"，便有可能沿着"学而优则仕"的道路"蟾宫折桂"，进入官僚行列，从而拓宽统治基础。这正是中国的帝制文化走在当时世界前列，使欧洲中世纪文化难以企及的原因之一。

第三，单家独户经营、男耕女织的小农业。

春秋战国以降，领主经济逐步向地主经济转化，集体生产渐次向个体生产过渡。西周时期那种"千耦其耘""十千维耦"的大规模集体耕作制，到春秋变为"二十五家为一社"的小规模集体耕作制；到战国则演成"百亩之田，匹夫耕之，八口之家足以无饥矣"① 的家庭耕作制；至秦汉，则以"一夫挟五口，治田百亩"② 的小家庭耕作制为主。一个家庭内，"男子力耕"，"女子纺绩"，"一夫不耕，或受之饥；一女不织，或受之寒"③。这种男耕女织、以织助耕的封闭自足机制日趋完善的农户，成为构筑中国社会机体的一个个彼此雷同的细胞。

个体农户出现并且推而广之，战国是关键阶段。孟子追怀的"八家共井"时代已经一去不复返。

为了促进生产力的发展，列国先后采取措施，鼓励农业生产小家庭化和土地私有化，所谓"制民之产"④，所谓"名田宅"⑤，都是允许并鼓励私人占有田宅。与私营产业相随相伴，个体生产的优越性也日益为统治者所认识。商鞅变法的一项重要内容，就是斩断宗法纽带、瓦解生产过程中的集体关系，下令"民有二男以上不分异者，倍其赋"⑥，以国家力量促进个体农业经济的发展。荀子更力主"分田而耕"⑦，认定土地私分、

---

① 《孟子·尽心上》。
② 《汉书·食货志上》。
③④ 《孟子·梁惠王上》。
⑤⑥ 《史记·商君列传》。
⑦ 《荀子·王霸》。

个体劳作方能调动农民的生产积极性。墨子则论述个体农民辛勤劳作的原因："今也农夫之所以早出暮入，强乎耕稼树艺多聚菽粟，而不敢怠倦者，何也？曰：彼以为强必富，不强必贫；强必饱，不强必饥，故不敢怠倦。"① 努力耕作即可获得温饱富庶，这正是土地私分后个体农民劳动生产率高于农奴的因由所在。

与倡导农业生产小家庭化相配合，战国及秦汉，手工业也日益小家庭化，尤其是提供衣被之用的纺织业，虽有少量官营或私营手工工场，但占压倒性优势的却是家内纺织业。农家老奶奶操作的纺车和织机供应着中国大多数人的服装材料。这便妨碍了手工业的专业化发展，强化了自然经济的生命机制。小农业与家庭手工业相结合的男耕女织的经济形态，构成古代中国生产方式的广阔基础。战国末期成书的《管子》称：

> 上农挟五，中农挟四，下农挟三；上女衣五，中女衣四，下女衣三。……一农不耕，民有为之饥者，一女不织，民有为之寒者。②

西汉《淮南子》也强调耕织的重要性：

> 耕之为事也劳，织之为事也扰，扰劳之事而民不舍者，知其可以衣食也。人之情不能无衣食，衣食之道，必始于耕织。③

先秦有记述食（农殖嘉谷）、货（布帛金贝）的传说，《史记·平准书》开食货志先河，东汉史学家班固撰写的《汉书》

---

① 《墨子·非命下》。
② 《管子·揆度》。
③ 《淮南子·主术训》。

正式立《食货志》，内称：

> 洪范八政，一曰食，二曰货。食谓农殖嘉谷可食之物；货谓布帛可衣，及金刀龟贝，所以分财布利通有无者也。二者生民之本。①

从此，"食""货"并称成为惯例。这正是对小农业经济格局下农业与工商业关系的简洁概括。

这种"以农桑为本"②、耕织并重的谋生方式，是在一个个小农户内独立完成的。成书于战国中期的《孟子》称：

> 五亩之宅，树之以桑，五十者可以衣帛矣。鸡豚狗彘之畜，无失其时，七十者可以食肉矣。百亩之田，勿夺其时，数口之家可以无饥矣。③

西汉的《盐铁论》称：

> 匹夫之力，尽于南亩，匹妇之力，尽于麻枲，田野辟，麻枲治，则上下俱衍，何困乏之有矣。④

这种"匹夫"尽力农耕，"匹妇"尽力纺织的耕织并重的小农户，是组成秦汉以降中国社会的千万个细胞。著名的民间故事《牛郎织女》，固然含有反对等级特权、追求婚恋自由的意向，而其生活理想囿于男耕女织的小农经济轨范之内。南宋范成大（1126—1193）的一首诗将男耕女织的情景描绘得十分生动：

---

① 《汉书·食货志》。
② 《潜夫论·务本》。
③ 《孟子·梁惠王上》。
④ 《盐铁论·园池》。

昼出耘田夜绩麻，村庄儿女各当家。童孙未解供耕织，也傍桑阴学种瓜。①

农家儿女忙于耕织，不分昼夜，连贪玩的小孙子，也在桑树荫下捏泥巴，做农活演练。

统治阶级也深知耕织的重要性，建于明清都城北京的先农坛和先蚕坛，分别是每年皇帝行亲耕礼、皇后行亲蚕礼的祭坛。两坛相互呼应，象征着男耕女织的小农业是中国社会的根基所在。日本至今保持天皇"亲耕"传统，每年春末，天皇到水田劳作。笔者世纪之交几年在日本讲学期间，多次在电视中见到平成天皇插秧情景。

战国以降的诸王朝，虽推行过"徙远方以实广虚"②的集体生产的屯田制，多半带有军事性质，而在全社会占主导地位的经营方式，则是生产与消费的全过程大体在单家独户内自我完成的小农经济。东汉今文经学家何休（129—182）曾描述这种男耕女织、农业副业相结合的农户的生产方式和生活方式：

一夫一妇受田百亩，以养父母妻子。五口为一家。……种谷不得种一谷，以备灾害；田中不得有树，以妨五谷。还（通"环"——引者注）庐舍种桑荻杂菜，畜五母鸡，两母豕，瓜果种疆畔（田界空地——引者注），女工蚕织，老者得衣帛焉，得食肉焉，死者得葬焉。③

这较之战国中期孟子对衣食自供的小农户的描述更为具体。

南北朝时期北齐人颜之推（531—?）也概括过当时的经济生活状态：

---

① 《四时田园杂兴》（六十首之一），《石湖诗集》卷二十七。
② 《汉书·晁错传》。
③ 《春秋公羊解诂》"初税亩"条。

生民之本，要当稼穑而食，桑麻以衣。蔬果之畜，园场之所产；鸡豚之善，塒圈之所生。爰及栋宇器械，樵苏脂烛，莫非种植之物也。至能守其业者，闭门而为生之具以足，但家无盐井耳。①

一个农户可以自我供应衣、食、住、用各方面的物资，除盐要外购，几乎可以关起门来百事不求人，"闭门而为生之具以足"。

这种自给自足的小农业与家庭手工业结合的经济结构，自战国出现，秦汉确立，其后虽多有起伏变化，而基本格局一直沿袭到明清以至近代。

自秦汉以降的两千年间，中国社会广阔而实在的基础，正是小农业与家庭手工业相结合的自然经济，与此相辅相成的地主—自耕农土地占有制，以及地方小市场在城乡的普遍存在，地主、商人、高利贷者的三位一体，形成中国前资本主义经济从生产、流通到分配的完整结构。② 这种经济结构形成完备的自给自足的封闭系统，拥有自发的调节能力，特别是因其大大缩短了原材料与生产过程的距离，也缩短了产品与消费过程的距离，从而具有廉价性与便捷性，对商品经济有着强劲的抗御力，显得坚韧、稳固。

在一种生产方式没有充分发挥完其优势之前，是不会自动退出历史舞台的。家庭自主小农业有利于生产力的延续，因而长期葆有生命活力。

二十世纪七八十年代之交，农民自主实行土地联产家庭承包制，突破"一大二公""大锅饭"公社体制，生产积极性大增，农业生产力得到恢复和发展。这一事实再次昭显，在现代化大农业所必需的社会条件尚未具备之前，家庭自主小农业是

---

① 《颜氏家训·治家第五》。

② 见方行：《中国封建社会的经济结构与资本主义萌芽》，《历史研究》1981 年第 4 期。

恰当的、合乎自然的选择。其改造与进步则期之以社会经济提供新的生产力条件和社会关系条件。

家族小农业也有严重的历史局限性，其劳动生产率低下、"农民不离畎亩而足乎田器"①，历史上的小农经济结构一再诱导社会财富投向土地，而不是转向商业资本，甚至商业资本也情不自禁地趋向投入土地，如明清两代的徽商、苏商、晋商竞相追逐土地，"多置田产"，"以末致富，以本守之"成为商人的普遍心理，他们"多买田宅"为的是"以长子孙"，因为有了田租这种"固利"，可以避免经商的风险，"宴然享安逸之利"②。而土地拥有者，着力点也不是追加投资，提高劳动生产率，而是扩大地产，并通过培养子弟沿着科举之径，从自耕农、自由职业者变成地主乃至官僚地主，这便是中国古来的"耕读传家"的真实意义。

社会资金流向土地买卖，是前近代中国普遍的社会行为，这使得商品经济在宋明达到相当水平以后，一直未能进入资本的原始积累阶段，自然经济难以解体。

小农业与家庭手工业相结合构成古代中国自然经济的基本形态，并不意味着这种"结合"形式全然没有变化。事实上，这种结合形式，可以表现为自然经济占统治地位的最原始的经济结构，也可以表现为商品经济获得某种程度发展的过渡形态，如明清时漳州等地家庭手工业产品较大规模涌入商品流通市场，从而促成手工业由家庭副业走向独立的手工业，进而向工场手工业转化。与此同时，自产自销的小农业也向商品性、专业性农业转化。不过，这一过程在中国发展缓慢，而且在地区上也极不平衡。

如果说，在土地王有、集体生产的农村公社—领主经济的土壤中，养育了殷商西周的官学文化，那么，在土地地主—自

---

① 《盐铁论·水旱》。

② 《运田地法》，《补农书》上卷。

耕农所有、个体生产的小农经济的土壤中，则养育了崛起于晚周的以"民本"和"君治"为两翼的官学—私学文化，秦汉以后，又定型为以儒学为正宗，兼纳百家、融汇释道的三教共弘文化。至于在商品经济有较充分发育的基础上得以繁衍的市民文化，在清中叶以前的整个中国社会都相当幼弱。总之，要把握中华文化的基本性格和发展大势，除必须注意文化的自身逻辑外，还应当把握文化得以运行的经济助力，应当对中国传统的农业型自然经济前后两大段落的基本状态有一个真切的认识。

三、编户齐民·豪族地主与庶族地主

秦汉至明清，中国农业的基本形态是地主经济，与先秦的封建领主经济分属不同的历史范畴。

拥有土地者旧谓"田主"，《史记》《宋史》皆有"田主"用例。而"地主"的原义是本地人，与"外人"相对应，"尽地主之谊"即此之谓也。至近代，以"地主"翻译西语Landlord，其义演为拥有土地并租佃给农民耕种者。1920年代以降，随着唯物史观及其阶级分析法在中国传播，"地主"成为占有土地、剥削农民的一个阶级的名称，而"地主经济"则指由地主占有并经营土地，农民租佃土地并交奉地租的经济形态。

周代的领主经济，土地乃非卖品，贵族拥有的土地由天子或上级贵族封赐所得，农人归属封建贵族（公卿大夫），须"同养公田，公事毕，然后敢治私事"①。至战国，列国变法的内容之一是消弭"世卿世禄"，废除封建领主土地所有权，土地分授农民，此为拥有私田的自耕农，可以自耕私田，生产积极性增加；土地也分授官僚及有军功者，此为田主，田主将土地划为小块，分租农民耕种。与此相为表里，列国推行编户制（如秦

---

① 《孟子·滕文公上》。

献公时以五家为"伍"编制户籍，所谓"为户籍相伍"①），农人从依附于贵族变为由国家（通过官吏）管理。

秦汉以后，"田里不鬻"旧制打破，"土可贾焉"成为常态，伴随土地私有，农人脱离对封建领主的人身依附，成为国家属民。汉代正式将田主、自耕农、佣工、雇农编入户籍，成为朝廷直接掌控的**"编户齐民"**②，齐民（即各类平民）给国家交田租（"三十税一"或"什一税"）、人头税，承担徭役、兵役。西汉桓宽《盐铁论·通有》论述战国制度说："宋、卫、韩、梁，好本稼穑，编户齐民，无不家衍人给。"此为"编户齐民"语的较早呈现。唐人颜师古为《汉书·食货志》作注，引文解释"齐民"曰："齐，等也。无有贵贱，谓之齐民，若今之平民矣。"农人成为身份自由、有稳定职业（"士农工商，四民有业"③）的"齐民"（平民），小农家庭成为生产与消费的基本单位，农民是有一定自主权的生产力主体，不同于封建领主制之下的农奴。王夫之《读通鉴论》称战国乃"古今一大变革之会"，便包含从封建领主经济向非封建的地主—自耕农经济转变的内容。此"一大变革"始于战国，完成于秦汉。这是中国社会形态的一次重要转折。

秦汉至明清的两千年间的地主经济，情况并不单纯。一方面，拥有少量土地，自力耕种的自耕农与田主并存，两者相互转化，故地主经济又称地主—自耕农经济；另一方面，地主有大小之别、是否拥有政治经济特权之别，由此区分为"豪族地主"和"庶族地主"两大部类，二者不可混为一谈。

秦汉以降的"编户齐民"，主要指不享有政治经济特权的庶族地主和自耕农，高踞其上的还存在拥有政治特权的世袭权贵，他们不仅广领由封赐所得田产，而且利用掌握的政治权力，兼

---

① 《史记·秦始皇本纪》。

② 《盐铁论·通有》。

③ 《汉书·食货志上》。

并土地，盘剥庶众，又将国家征收赋役的负担转嫁给庶族。故豪—庶之间大相悬隔，二者的历史境遇和社会功能颇有差异。因此，地主经济不可笼统言之，须作豪—庶分野。

（一）豪族

豪族又称"世族"，还有"士族、门第、衣冠、势族、门阀、阀阅"等名号，指世代贵戚、累世为官的名门望族。史上世族著名者，有春秋晋六卿（赵氏、韩氏、魏氏、智氏、范氏、中行氏）；战国四公子（魏国信陵君、齐国孟尝君、楚国春申君、赵国平原君）；东汉世传公室，如袁绍家族"四世三公"；魏晋南北朝实行"九品中正制"，出现世家巨族（如琅琊王氏、陈郡谢氏、陈郡袁氏、兰陵萧氏），隋唐则有关陇贵族五姓七望（如陇西李氏、博陵崔氏、范阳卢氏、荥阳郑氏、太原王氏）。豪族地主经营实力雄厚的庄园经济，接近于先秦封建领主经济。豪族世代显贵，以"品官占田制"兼并土地，以"荫客制"拥有大量依附民（魏晋南北朝时称"部曲、客、奴客、世兵"），门阀士族往往一家有数以百千计，甚至数万计的依附民，对其实行经济掠夺，"豪强征敛，倍于官赋"①。佛道寺观也广占田地，不仅僧尼道士众多，且多有依附民（僧祇户、寺户、白徒），南朝齐梁之际"天下户口，几亡其半"②。依附民大量产生，多因国家赋役苛重，农民"附托有威之门，以避徭役"③。

朝廷—豪族—庶族之间呈现错综复杂的交互关系，其基本态势是，朝廷、豪族竞相争夺庶族大众，庶众则徘徊于朝廷、豪族之间，较多倾向于依附朝廷。

秦汉时人民多为国家控制的、身份自由的"编户齐民"，这是以下各朝常态，然而也有异态，如三国时期朝廷以编户民赐

---

① 《魏书·食货志》。
② 《南史·循史列传》。
③ 《韩非子·诡使》。

臣下作依附民，或将编户民转为屯田客和兵户。至魏晋南北朝，"士庶之际，实自天隔"①，豪族地主经济占据优势，"豪党兼并""户口租调，十亡六七"②，豪族地主掌控人口、财赋达半数以上。在这一意义上，魏晋南北朝有重返周代宗法封建制趋势，这种社会形态可称之为**"亚封建"**。隋唐力辟前弊，复还君主集权常态，沿秦汉故迹，松弛农民的人身依附，代之以契约租佃关系，庶族地主—自耕农经济占比上升，但豪族势力不绝如缕，有时又再复强势。如明代藩王掠占田土愈演愈烈，嘉靖、隆庆所赐土地数额空前，封地河南的周王逼使百姓"田产子女，尽入公室，民怨已极"③。万历更上层楼，一次赐给封藩洛阳的福王土地二百万亩，河南土地不足，"并取山东、湖广田益之"④。皇室还直接经营皇庄，如明武宗有皇庄三十多处，广布顺天、保定、河间诸府。此外，皇太后、皇太子都有庄田。豪族地主"田连千顷，马系千匹"⑤，宦官亦"夺民业为庄田"⑥，锦衣卫"夺民田"⑦。总之，秦汉以降豪族占有制始终存在，有时得到平抑，有时则强势逼人。

（二）庶族

又称"寒门""寒族"，指豪族（士族）以外的并不拥有政治特权的庶民。按九品中正制，凡九品以上官吏及得到中正品第者，皆为"士"，否则为"庶"。秦汉以来，庶民有积蓄者（包括商贾）可购置田产，成为田主，占地量超过自耕农，将土地租佃给农民，从租佃者那里收取实物地租或劳役地租。这便

---

① 《宋书·王弘传》。
② 《隋书·食货志》。
③ 《中州杂俎》卷一。
④ 《绥寇纪略》卷八。
⑤ 《弇山堂别集》卷九十二。
⑥ 《明史·郑自璧传》。
⑦ 《明史·杨淮传》。

是庶族地主，又称庶民地主。他们与租佃户之间有一定的宗法依从关系，但一般没有豪族地主对依附民拥有的那种人身控制权。盛行门阀制的魏晋南北朝，庶族难以仕进，经济上也被挤压，沦为弱势群体。隋唐以后，庶族地位上升，可经科举入官，经济上也得以伸展。宋代工商业者购地渐多，工商地主涌现，成为庶民地主中较富活力的部分，对文化发展颇有贡献，晋商、徽商的赞助文教皆为显例。

有雄厚实力的豪族（士族）既与皇家有盘根错节的联系，是皇权的依靠之一，又往往势逼皇权，如晋代"王与马，共天下"[1]，司马氏（简称"马"）帝王对王氏等贵胄也要退避三舍，豪族成为中央集权的竞争力量。而庶族地主及自耕农多与皇权保持互动关系。庶族地主—自耕农是农业经济时代社会财富的重要创造者，也是朝廷财赋收入和劳役资源的主要提供者。同时，庶族地主—自耕农或者游离于政治权力圈之外，或者通过科举进入官宦行列，为帝王所用，但其为官所获权力不能世袭，一般不会演变为尾大不掉的权力集团。以上两点，使庶族地主—自耕农成为君主体制较为可靠的基础。因此，隋唐以降，朝廷往往抑制豪强，扶植庶族，如武则天编纂《姓氏录》，提高庶族的政治地位，推助庶族地主—自耕农经济。豪族收缩，庶族崛起，是隋唐以后的一种常规趋势。发端于隋唐的科举制度及文化向庶族下移，便是唐宋以降的题中应有之义。

需要指出的是，由皇权制度所决定，皇权派生的豪族从未退出舞台，其在经济上始终殷实，政治上尤居优势，如唐代十位名相，除张九龄是庶族出身外，其余九位（姚崇、宋琛、张说、房琯、李泌、杨炎、陆贽、裴度、李德裕）皆出自世家大族。宋代虽有欧阳修等庶族进入朝廷中枢，但豪族参政仍然普遍。明清时庶族入仕渐多，但占比从未超过三四成，清代还有八旗享受政治经济特权，是压制庶众的又一强劲力量。

---

① 《晋书·王敦传》。

不可忽略的是，两汉、唐宋，以至明清，每当进入承平时期，以皇帝为首的特权阶层私欲膨胀，利用手中权力，大肆兼并土地，掠夺社会财富，皇家本身成为最大的豪族地主，由其引领，各朝代的中后期再度形成豪族地主经济压制庶族地主—自耕农经济的局面。而权贵强力介入，兼并剧烈，导致土地转移迅疾，丧失土地的多是庶族，而收得土地的多是豪族，因为促成田产快速转移的，往往并非经济杠杆，而是政治强力，其结局是庶族地主破产，自耕农沦为佃户。庶族财富传递性差，所谓"富不过三代"。以明朝为例，中叶以后，藩王、宦官、豪右乃至皇庄占地巨万，造成农人失地，"农无田者十之七"①"有田者什一，为人佃作者什九"②。这对社会财富的积累和扩大再生产十分不利。

　　土地所有权问题是农耕文明时代的关键社会问题。《诗经》所谓"溥天之下，莫非王土"说虽在战国以后被虚置，土地私有在秦汉以下两千年成为常态，但"王土"说的魅影始终笼罩在农民头上，庶众地产随时可能葬丧于"王有"或豪右，故争取土地民有权是庶族地主—自耕农千百年的诉求，而历代民本思想家为维护土地民有而呼吁，明清之际王夫之指出："若土则非王者之所得私也。天地之间有土，而人生其上，因资以养焉，有其力者治其地，故改姓受命，而民自有其恒畴，不待王者之授之。"③直接否定"王土"说，并且不承认农民的"恒畴"（畴即土地）须王者恩授，而是农人凭劳力获得的。清初颜元（1635—1704）提出"天地间田宜天地间人共享之"④的观点，逼近"耕者有其田"说。但两千年来，这种农人的理想难以实现，中国农耕经济也无法突破平面循环的圆圈。

　　农耕文明时代的又一个回环圆圈是庶众受朝廷、豪族双重

---

① 《江阴县志》卷三。

② "苏松二府田赋之重"条，《日知录》卷十。

③ 《王船山遗书·噩梦》。

④ 《颜李丛书·四存编》。

榨取，当超过耐受极限时，便揭竿而起，这就是秦汉以降多次爆发的农民战争。即使改朝换代，帝制大格局并未打破。新朝初年扶植庶族，中衰期豪族膨胀、庶族沦落，重演一轮"朝廷—豪族—庶族"之间博弈的故事，庶众往往再陷深渊。孟子以制民恒产为仁政之本，但庶民的"恒产"得不到维护，因而"仁政"只能是高悬的画饼，汉唐如此，明清亦复如此，两千年间庶众在获得恒产（土地）与丧失恒产（土地）之间徘徊，社会经济在复兴—繁荣—中衰—崩溃—再复兴的循环中蹒跚缓进。

这是秦汉至明清两千年间社会及文化起伏变更的基本生态状况。研讨文化史须从此种生态解析入手。

四、城乡经济同一性，工商业官营民营之辩

中国前资本主义生产方式的又一显著特点，便是城市不具备自立的经济，而与乡村在经济上是合一的，这种同一性的基础是，城市在政治上统治乡村，经济上却依赖乡村，没有发展成独立于乡村之外的经济中心。这对中华文化特质的形成及其走向，影响深远。

在世界各地，城市多起源于政治中心和军事堡垒，并在经济上依赖农村。《吴越春秋》所说"筑城以卫君"，昭示了古代城市作为保卫统治者的防御堡垒的属性，东西方概莫能外。（雅典的工商业城邦为特例）然而，进入中世纪，欧洲城市走上独立于封建政权和领主经济之外的道路。这是因为，为着便于对农奴的剥削和控制，封建领主的政治—军事中心由城市转移入农村，他们在自己的采邑、庄园筑起坚固的城堡，以就近获取贡赋徭役，并防卫受其榨取的农奴的反抗和异邦力量的入侵，而城市则转变为经济上独立的工商业中心，行会制度也发达起来，逐渐成为自外于僧俗领主的，由市民（行会成员）控制的自治—自由城市。这样，就出现了城乡分离的局面，在封建国家内部形成城市与庄园两个经济中心。这两个经济中心之间，

不断进行工业品与农产品的双向交流，城市经济便成为以自给自足为特征的封建经济的离心力量。

然而，在整个前资本主义时期，中国城市却一如既往地保持着作为帝王—官僚的政治中心—军事堡垒的基本属性，无论是天子驻跸的都城，还是地方大吏主持的郡邑、州治、县城，都是按照国家政权的政治—军事需要修筑起来的，城市的结构模式，也严格遵循礼制，如国都一律"择国之中而立宫，择宫之中而立庙"①，宫殿置于全城中轴线上，市场受官府控制，置于宫殿宗庙背后，正所谓"左祖右社，面朝后市"②。各地方性城市的格局也仿效都城。这些大大小小的城市，是国家政权（中央一级或地方各级）所在地，其主要职能是实施对全国或地区的政治统治和军事控制，至于工商业，在宋以前的城市中不过是政治的附庸而已。

古代中国城市，无论是都城还是州县所在地，与乡村的经济联系，主要是单向性的，即城市从乡村征收贡赋、调集劳役，一般较少向乡村提供产品，广大乡村则在男耕女织的自然经济规范内生存。国与野、都与鄙、城与乡之间，政治上是前者对后者的压迫与控制，经济上则是后者对前者财富和劳力的供应。这使中国古代城市不仅是政治性的，而且是消费性的，城市手工业基本是为官府服务的官手工业。宋以前，中国城市普遍实行市坊—厢坊制，规定各种作坊、商店必须开设在市区某一街区，交易聚散有时间规定。自宋代开始，城市的经济功能加强，民间活力日增，限制民间商业发展的厢坊制度被突破，代之以市、集镇、瓦子等商业贸易场所，出现《清明上河图》中所展现的那种繁盛的市井生活，城乡间的双向物资交换有所发展，日本汉学家内藤湖南（1866—1934）把这种变化称之中国的

---

① 《吕氏春秋·慎势》。
② 《周礼·冬官·匠人》。

"都市革命"①。然而，直至明清，中国城市作为政治中心、军事堡垒的性质并未发生根本性变化，正如明末清初孙承泽（1592—1676）所说："历代建国，必有高城深隍，上以保障宗社朝廷，下以卫捍百官万姓，其所系甚重，其为功不少。"②

古代中国城市，未能摆脱帝王—官僚的直接控制，没有成为自然经济结构的离心力量，并始终是自然经济结构的核心部位和统治中心，城市也就不可能提供瓦解自然经济的强大动力，而只是无止境地从乡村掠取产品和劳役。从《红楼梦》五十三回庄头乌进孝上呈宁国府贾珍的缴租单子可以得见，住在城里的贵族官僚是怎样盘剥乡间农民的。即使荒年歉收之际，贡物仍有：

> 大鹿三十只，獐子五十只……活鸡、鸭、鹅各二百只……熊掌二十对，鹿筋二十斤，海参五十斤，鹿舌五十条……银霜炭上等选用一千斤，中等二千斤，柴炭三万斤；御用胭脂米二石，碧糯五十斛，白糯五十斛……下用常米一千石。③

这种单向性物资流动，只能加剧农村贫困化，使广大乡村封闭在小农业与家庭手工业相结合的自然经济小天地之内。而城市自身，一方面是贵族、官僚依凭盘剥农村而过着膏粱锦绣的寄生生活；另一方面是城市工商业受到种种限制，难以获得健康发展，无以形成欧洲中世纪城镇那样的行会制度。中国城市的行会受到国家力量和宗族力量的双重制约，显得十分软弱，在保护同业权益、抗御统治阶级的超经济掠夺方面，表现出妥

---

① 见［日］内藤湖南：《中国史通论》上册，社会科学文献出版社2004年版。

② 〔清〕孙承泽：《春明梦余录》卷三十九，见影印文渊阁四库全书868册，第622页。

③ 〔清〕曹雪芹：《红楼梦》，人民文学出版社2008年版，第719—720页。

协性，因而社会对生产过程的干预，主要不是来自行会，而是来自朝廷和宗族。

朝廷出于狭隘的自利目的，实行官立市场制度，又通过商贾律、告缗令等抑商政策，对商贾加以限制。至于手工业者，更身受各种形式的劳役强制，直到明初，朝廷还颁令把手工业者编入匠籍，称"轮班匠""住坐匠"等，不得自行脱籍。中国手工业者比农民受到更深重的人身压迫和限制，清代以前，官营手工业工匠无异于帝王、贵胄及官僚的家奴。朝廷通过官营手工业制造所需要产品，不足者要求民间无偿贡献即所谓"任土作贡"。官工业和民间贡献，都不属于创造交换价值的商品生产。而私营手工作坊和个体手工业，均规模狭小，技艺代代相传，世守家业，往往产销兼营，"前店后厂"，有着明显的封闭性和保守性。此外，朝廷还实行榷酤制度、专卖制度，将盐、铁、茶等有利可图商品的生产和销售权收归官营。与此同时，宗族势力则通过拥有公田、义仓等物质条件，操纵地方经济。每有以风水为由，禁止开矿、烧石灰、建工场等举措，并以族有市场、乡有市场垄断商品交换。总之，类似欧洲中世纪晚期封建王权赞助城市工商业者以对抗割据诸侯势力的政策，在中国前近代，基本没有出现，通常发生的，则只有政权及族权对城市民营工商业的限制乃至扼杀，著名者如明代后期以盘剥民间工商业为能事的"矿监""税吏"等恶政。

古代中国的城乡关系，政治上城市是宗主，乡村是附庸；经济上，乡村是财富的来源地，城市是财富的消耗处。从国家机制看，城市高高凌驾于乡村之上；但从经济看，城市并未能获得独立运行的生命机制，不过是农业经济的附属物，自给自足的农业经济成为乡村和城市共同赖以存身的基础。正因为如此，中国自然经济难以解体，社会一再往复交替出现"恢复—高涨—危机"三阶段周期循环，迟迟未迈入新的运行轨道。资本主义生产方式萌芽发展迟缓，市民阶层晚成，市民文化单弱等现象，均与城乡经济的同一性，城市未能形成独立的、与农村相区隔又彼此互补的经济中心，有着不能解脱的内在联系。①

中国古代，家族手工业延绵不绝，是维系"男耕女织"的农业型自然经济的基础之一。而保证财政收入，满足政治、军事需求及统治阶级奢靡生活，国家又着力掌控手工业和大宗商业贸易。西周"工商食官"（王室、公卿垄断工商业），工奴商奴"执技以事上"；至春秋，出现"不为官贾者""不为官工者"② 的民营工商业，工商业官营、民营并存。此种格局一直沿袭后世，然官营多占优势。西汉武帝从桑弘羊议，实行盐铁官营制度，昭帝时杜延年提议罢酒榷盐铁官营。昭帝开盐铁会议，令贤良文学与御史大夫桑弘羊辩论盐铁官营之是非。贤良文学主张罢官营，"毋与天下争利"，而桑弘羊以为官营"不可废"，会议结论，罢酒酤。这种工商业官营民营之辩，后世始终未绝，但官办一直居优势，给中国经济生态打上深刻烙印。

五、生活资料生产与人口再生产比例周期性失调

作为文化生态构成部分的生产活动，包括两个相互关联的方面：一为生活资料（衣、食、住、行）以及为此所必需的工具的生产；二为人类自身的生产，即人口再生产。在中国历史上，这两种生产之间的比例多次发生起落升降，一再经历协调—失调—严重失调的周期性变化，这种变化周期与整个社会的兴衰周期大体同步。③ 在考察中华文化生态时，不可不注意这一至关紧要的经济—社会现象。

人类自身生产与物质资料生产相适应，是社会健康发展的

———————————

①　见傅衣凌：《关于中国资本主义萌芽的若干问题的商榷》，《明清社会经济史论文集》，人民出版社1982年版；傅筑夫：《中国古代城市在国民经济中的地位和作用》，《中国经济史论丛》（上），三联书店1980年版。

②　《管子·乘马》。

③　见王守稼：《论中国封建社会的周期性危机》，中国史研究编辑部编《中国封建社会经济结构研究》，中国社会科学出版社1985年版。

重要前提。而两种生产相适应则意味着：一、作为消费者的人口总量要同消费资料生产总量相适应，人口增长速度不得超过消费资料生产增长速度；二、作为生产者的劳动人口数量和构成，要与当时社会所拥有的劳动手段和劳动对象相适应，劳动人口的质量要同当时的生产技术水平相适应。人类自身生产与物质资料生产的比例，是社会生产过程中各种比例关系中最基本的比例关系，这种比例的协调或失调，直接影响文化的发展。

中国历史上两种生产比例的协调与失调，与王朝的盛衰兴替几成对应，二者间互为因果。各个王朝多是在经历了农民战争或民族战争之后，在一片废墟上建立起来的，因而王朝初期往往人口稀少，连一向繁华的中原地区也"百里无人烟"。曹操（155—220）诗作《蒿里行》称："白骨露于野，千里无鸡鸣。生民百遗一，念之断人肠。"唐初魏徵（580—643）说："今自伊、洛之东，暨乎海、岱，萑莽巨泽，茫茫千里，人烟断绝，鸡犬不闻，道路萧条，进退艰阻。"① 由于土地大量抛荒，社会经济无以运转，繁衍人口便成为恢复经济的当务之急，人口再生产与物质资料生产之间形成互相促进的共向性增长，出现诸如汉代"文景之治"的"畜积岁增，户口寝息"②、唐代"贞观之治"的"天下大稔，流散者咸归乡里"③，宋初的由五代"田园荒尽"变为"稻穗堆场谷满车，家家鸡犬更桑麻"④。这是两种生产协调发展的良性状态。

以自然经济为主体的前近代社会，扩大社会再生产的能力有限，发展规模经过几十年、百余年的"休养生息"，便大体接近极限（这首先由耕地面积的有限性所决定）。然而，地主—自耕农经济的一大特点是，农民不仅关心自己的劳动成果，也尤其关心劳动力的再生产。因为，个体小生产主要不是通过科学

---

① 《论纳谏》，《贞观政要》卷二。

② 《汉书·刑法志》。

③ 《太宗皇帝》，《资治通鉴》卷一九三。

④ 〔宋〕杨万里：《田家乐》。

技术的提高来维持及增加生产量，而是依靠扩大劳动力的投入，所以劳动力数量便至关重要，人们就用早婚、多育的方法来缩短人口再生产的周期。早婚、多育（特别是多生儿子，即男性劳动力）便成为以农民为主体的中国人的传统心理。因此，每当一个朝代承平数十年、百余年，人口便数倍甚至十余倍增长，而且增长率高于物质资料的增长率，发生两种生产比例失调现象，由此带来一系列社会问题，如土地问题、赋役问题、流民问题，等等。这样，当人口繁盛之际，恰是一个朝代盛极而衰的转折点。"天下户口之盛，历代稽考，莫甚于隋大业，唐开元，宋庆历，而明嘉隆之间为更盛。"[①] 隋炀帝大业间（605—618）、唐玄宗开元间（713—741）、宋仁宗庆历间（1041—1048）、明世宗嘉靖间（1522—1566）、穆宗隆庆间（1567—1572），正是隋、唐、宋、明几朝社会危机酝酿或发展的关头。其所以如此，原因当然是多方面的，却与这些时期两种生产的比例开始失调大有干系。当社会危机发展到隋末、唐末、宋末、明末，终于激起大规模农民战争，或北方游牧人大规模南下，每每进入长达十几年甚至几十年的战乱时期，使得人口锐减，从而自发地调节两种生产的比例。

　　在上述各朝，中国人口一直在两千万左右到六千万左右之间，周期性地徘徊。中国人口总数大幅度突破上述数额，发生在明代，明初五千万，至明末的 1600 年，达到一亿五千万左右[②]。至清代，经过康熙（1662—1722）、雍正（1723—1735）七十余年的发展，人口由顺治间（1644—1661）的二千万左右增至八千万左右，又经过乾隆（1736—1796）六十余年，人口

---

　　① 《燕在阁知新录》卷二十。

　　② 以 1600 年论，何炳棣统计，人口达一亿五千万；葛剑雄统计，人口达一亿九千七百万；安格斯·麦迪森统计，人口达一亿六千万。

更增至三亿左右①，从而奠定了近代中国庞大人口的基础。而在这人口成十倍激增期间，耕地面积却所加有限，小农生产方式又束缚着经济向深度和广度进军，人口生产增长率便超过物质资料生产增长率，两种生产比例失调之势铸成。乾隆皇帝深感问题的严重性，他说：

> 朕查上年各省奏报民数，较之康熙年间，计增十余倍。承平日久，生齿日繁，盖藏自不能如前充裕。且庐舍所占田土，亦不啻倍蓰。生之者寡，食之者众，朕甚忧之。②

乾隆以降"生齿日繁，地不加益"，两种生产比例失调现象昭著天下，因而乾嘉间研究这一问题的学者颇多，其中以洪亮吉（1746—1809）最为著名。他揭示"治平"时代的一大矛盾：户口在百年、百数十年间激增十倍、二十倍，而衣、食、住等生活资料所增有限，以致"田与屋之数常处其不足，而户与口之数常处其有余也"③。水旱疾疫等自然灾害可消减一部分人口，洪亮吉称之为"天地调剂之法"；朝廷实施善政（如赞助垦荒、减轻赋役、赈济灾荒、抑制兼并等）也可缓和矛盾，洪亮吉称之为"君相调剂之法"。他认为，这两种调剂之法都不可能从根本上解决两种生产比例失调的矛盾，从而陷入绝对人口过剩的悲观论。洪亮吉叹曰："此吾所以为治平之民虑也。"④

稍晚的恽敬（1757—1817）对两种生产比例失调的剖析，

---

① 据《清史稿·食货志一》载，顺治十八年，"会计天下民数，千有九百二十万三千二百三十三口"，康熙六十年，"二千九百一十四万八千三百五十九口"，乾隆六十年，"二万九千六百九十六万五百四十五口"。各朝人口的实际状况与正史所载有出入，因"当时民册恐不免任意填造之弊"（《清史稿·食货志一》），学者对此多有考订文章问世，此处不赘。

② 《清史稿·食货志一》。

③④ 《洪北江遗集·治平篇》，光绪三年授经堂重刊。

更有一层新见。他认识到，这种"失调"不但表现在人口再生产速率高于物质资料生产速率，而且还表现在非生产人口增长速率高于生产人口增长速率。为此，他提出"十四民"说，其中农、工、商三民是物质资料的创造者，其他十一民（贵者、富者、操兵者、贱役者、仆者、倡优等）是物质资料的消耗者，所谓"农工商三民为之，十四民享之"①。恽敬指出，这种局面本是古来即有的，问题发生在"后世四民之数日减，十民之数日增，故农工商三民之力不能给十一民而天下敝矣"②。以至于出现"农病""工病""商病"，创造物质财富者陷入困境。恽敬的这一观察，是有历史涵盖性的，这类问题不仅发生在清代，其他朝代也往往发生。如明代宗室数量的膨胀，速度大大超过人口平均增长率，成为明代中末叶的一大困局，奉养宗室的"宗禄"问题"极敝而大可虑"③。科学家、明末内阁大学士徐光启（1562—1633）经过数学统计指出："洪武中亲郡王以下男女五十八位耳，至永乐而为位者百二十七，是三十年余一倍矣。隆庆初，丽属籍者四万五千，而见存者二万八千；万历甲午，丽属籍者十万三千，而见存者六万二千，即又三十年余一倍也。"据此，徐氏推测"百余年而食禄者百万人，此亦自然之势，必不可减之数也"。届时，"为禄当万万石"，"竭天下之力，不足以赡"④。除宗室外，乡宦权贵也过着锦衣玉食的生活，往往妻妾成群，子孙繁茂，奴仆如云，所占人口比率日增。同时，朝廷的各级官僚机构也恶性膨胀，冗官、冗员、冗兵愈益加多，诚如明人何良俊（1506—1573）说："昔日乡官家人亦不甚多，今去农而为乡官家人，已十倍于前人矣。昔日官府之人有限，

---

① ② 《大云山房文稿·三代因革论五》，光绪十年涵芬楼版。"三民"（农、工、商）加上士为"四民"。恽敬认为"四民"皆有益社会，故在"三民"与"十一民"对称之外，有时又以"四民"与"十民"对称。

③ 《明史·食货志》。

④ 《处置宗禄查核边饷议》，《徐光启集》卷一。

今去农而蚕食于官府者，五倍于前矣。"[1] 如此等等，都导致了"生之者寡，食之者众"的问题。

总之，前资本主义时期，中国的两种生产都处在自发变化阶段，人口放任增殖，物质资料生产扩大的天地又受到局限，因而两种生产的比例很容易失调，而对这种失调的人为控制（即洪亮吉所说"君相调剂之法"），其作用毕竟有限，恽敬的"不病农工商而重督士"[2]之法也只能是一种空想。历史往往通过战争、瘟疫、饥荒来大量消灭人口，使两种生产比例失调重新得以缓和，然而其代价是经济、文化的惨重损失，对社会进程造成周期性破坏，成为中华文化健康发展的严重障碍。

两种生产比例的协调问题，不仅长期困扰古人，也是一个困扰今人的问题，故而中国近代注目于此的学者数不在少。如汪士铎（1802—1889）重申洪亮吉的观点，主张用"君相调剂法"和"天地调剂法"克服人口暴增，甚至主张杀光"乱民"，强行限制婚配，提倡溺婴，其法显然不足取。薛福成（1838—1894）则主张用发展商品经济来应对人口增长，如建立和发展大机器工业，采矿，振兴商务，对外移民等，都是消化中国人口的办法。但他只强调发展物质资料生产一个侧面，对控制人口再生产则很少涉及。严复（1854—1921）介绍马尔萨斯人口论，并以"人口消长的治乱循环论"解释中国社会问题，力主中国减少人口数量，提高人口质量，革除多子多福、早婚、一妻多妾等积习，倡导计划生育。

时至 21 世纪初，中国人口已达 14 亿，人均耕地数、人均淡水数、人均矿产资源数都大大低于世界平均水平，"人口—资源"形势更加严峻，而人口老龄化的危机又迅速来临，劳动力红利逐渐淡出，两种生产比例的协调问题以新的形态摆在面前，容不得半点疏忽。从客观存在的两种生产的实际状况出发，并综观前哲意见，须制止人口增殖的自发状态，并将物质资料的

---

①② 《四友斋丛说》卷十三。

生产引向深度和广度，使两种生产走上良性循环的坦途，这才是中国的前途所在。中华文化在今后能否繁荣昌盛，很大程度系于两种生产比例的协调之上。

这是历史和现实所明白昭示的。

六、前近代农业发展水平

中国素称"文明古国"，然而，这个"古国"的"文明"程度究竟达到何种地步，与同时代的世界各文明古国相比较，其高下怎样，却是一个需要下功夫方能讲清楚的问题。一个民族或国家的文明程度，最基本的标志是其经济发展水平。如果以此衡量，中华文化曾在16世纪以前的一千年间，居于世界前列，16世纪以后地位显著跌落，其颓势至当代方逐渐扭转，但仍不乐观。

（一）种植业

中国种植业的历史固然晚于埃及和巴比伦，但就农业发展的后续力而言，又超过埃及和巴比伦，而与印度并列为农耕经济的两大典范。历经夏、商、周的惨淡经营，秦汉时期中国的农业已达到当时世界较先进水平，农业技术体系初具规模，后来又在这个基础上不断改进、完善。中国古代的三百多种农书（以《氾胜之书》《齐民要术》《王祯农书》《农政全书》为代表）就是其真实记录。国外学者评论道：中国早在公元6世纪就形成了即使从全世界范围来看也是杰出的、系统完整的耕作理论。

对比欧洲古代中世纪农业，中国农业曾显示出毋庸置疑的前沿性：当欧洲人还在使用木犁时，中国在汉代已经推广铁犁。欧洲人在18世纪才发明条播机，中国却早在汉代便有了这种农具。当欧洲农业还是休闲制时，中国已进入轮作复种阶段。欧洲人长期实行放牧，中国早就家禽舍饲。古农学家石声汉（1907—1971）说："在有历史记载的近几千年中，我国的农业，经过无数次大大小小的天灾人祸的考验，始终没有出现过由于技术指导上的错误而引起的重大失败。这件事实，雄辩地证明了这一科学技术知识体系的优越性。可以自豪地说，农业科学知识这一优良传统，是我国的祖先为人类创造的宝贵遗产之一。"①

我国古代的农田水利建设，其规模之大、建设之早和收益之宏，实属罕见。早在公元前251年，战国时期秦国的李冰就主持修筑了驰誉世界的都江堰。关中的郑国渠和南岭灵渠也是在两千多年前建成的大型水利工程。

我国是最早的水稻生产国之一。在三千年前的周代，水稻开始从我国传到国外。1973年，考古学家在浙江余姚河姆渡村新石器时代遗址中，发掘出大量的炭化稻谷，经专家测定，距今已有六千七百多年。近年更在湖南道县发现一万年前的人工培育稻谷。

中国的农业生产力在宋代已入佳境，这在很大程度上，是由长江中下游的水田稻作技术的高度发展造成的，如早熟籼稻的推广，矮株桑的普及和植桑园林化，使"男耕女织"的小农经济在地主—自耕农土地所有制的轨范下，生产潜力得到发挥。从宋到清初的六七个世纪间，中国的食品和衣被供给优于欧洲。中国人口长期增长趋势始于北宋（11世纪），而欧洲人口长期增长趋势迟至18世纪产业革命方开始。②

（二）丝绸与茶叶

我国是世界上首先饲养家蚕、织造丝绸的国家。早在四五千年前的新石器时代，先民就在河北、河南一带养蚕缫丝。春秋至秦汉，丝绸生产已遍及全国。远在公元前2世纪的西汉时期，质地精美的中国丝绸就通过"丝绸之路"源源不断输往西

---

① 石声汉：《中国农学遗产要略》，农业出版社1981年版，第1页。

② 见许涤新、吴承明主编：《中国资本主义的萌芽》，人民出版社1985年版，第8页。

亚和欧洲各国。古希腊、罗马称中国为 Seres，意为丝绸，Seres 这个词显然是从中国的"丝"音转化过去的。当时的欧洲，经济生活较为落后，即或是贵族，也不过是打着火把，穿着亚麻衣裳，吃着烤肉。因此，轻柔华美的丝绸传入欧洲，立即引起社会的欣喜，不论贵族还是民众都以能穿上丝绸衣服为荣。据说，公元前1世纪时，罗马帝国统治者恺撒（前100—前44）有一次穿着中国丝绸袍去看戏，顿时轰动整个剧场，达官贵人们个个翘首观望，欣羡不已，以至于无心看戏。由于输入大量丝绸和亚洲的其他奢侈品，公元1到2世纪时，罗马在对亚洲国家的贸易中产生逆差。

同丝绸相辉映，我国是世界上种茶、制茶和饮茶最早的国家，相传早在四千多年前我国就用茶叶来治病，间有啖之者。秦汉以后饮茶之风逐渐传开。唐朝时，陆羽（733—804）系统编著了世界上第一部茶叶专著——《茶经》，内有茶的历史、种植、加工、生产工具和饮茶风俗等内容，陆羽因而被后人尊为"茶圣"。公元5世纪时，我国茶叶输出到亚洲一些国家，16、17世纪时输往欧洲各国。茶叶一经出口，立即受到输入国人民的珍视，以至于有人为了买到茶叶，"其价几何，在所不惜"。茶成为与咖啡、可可并称的世界三大饮料。19世纪末叶以前，我国茶叶在市场上还是独一无二的。1886年创最高输出量纪录，达13.4万吨，值银5220万两，占出口总值半数以上，居我国出口商品的第一位。我国不仅输出茶叶，而且向很多国家提供茶树或茶籽。公元9世纪初茶树传入日本，17世纪茶籽传入爪哇，18世纪茶籽传入印度，19世纪茶树先后传入俄国和斯里兰卡等国。荷属爪哇和英属印度还分别在1883年和1834年从中国运走茶工和制茶工具，在国内试种茶树和制茶，印度后来一度超过中国，成为最大产茶国。21世纪初，中国再成第一产茶国，2016年世界茶叶总产量600万吨，中国产量240万吨。

茶在世界各国的传播和影响极为深远，英语单词 tea 和法语的 thé 都来自汉语的 té，这是中国福建方言中对茶的称呼。俄语单词 cyar 则来自 chà，这是中国北方"茶"的发音，蒙古人、土耳其人、波斯人和现代希腊人所使用的相似的单词，也都来源于 chā 字。

(三) 蔬菜水果

我国蔬菜种类繁多，品种丰富，总数大约 160 种，其中一半是我国原有品种。其中有不少流传海外，深受各国人民欢迎，如营养丰富、利用价值高的大豆，约在 1790 年传入欧洲。四时供应的大白菜和小白菜，因原产中国，所以它们的学名分别叫 Brassica Chinensis 和 Brassica Pekinensis，即在芸薹属后边加上中国和北京的字样。日本从 1875 年开始由我国引种白菜，现在产量和种植面积都占蔬菜的第二位。中国很早就不断引进外国蔬菜，经过精心培育，逐渐改变其习性，创造出许多新的、优良的类型和品种。如辣椒原产美洲，后来经由欧洲传入中国，已历三四百年，培养创造了丰富的辣椒品种，其中北京种柿子椒已引种到美国，命名为"中国巨人"。

中国还是世界上最大最早的果树原产地之一。如桃是古老的栽培果树，《诗经》中便有"桃之夭夭，灼灼其华"的诗句。大约在公元前 1 到公元 2 世纪，桃由陕甘经由中亚传入波斯，再由波斯传到希腊，以后再传到欧洲各国。19 世纪后半期，日本、美国等又从我国引种水蜜桃和蟠桃，在此基础上培育了许多新品种。原产于中国的甜橙也是在 1945 年由葡萄牙人引种到里斯本的，在这以后西方各国才开始大量栽培，逐步传播到世界各地。

(四) 家畜饲养

古老的畜牧业也有着重要成就。中国猪种向以早熟、易肥、耐粗饲、肉质好和繁殖力强著称于世，汉、唐以来，广为欧亚人民所称赞。当时大秦（罗马帝国）的本地猪种生长慢、晚熟、肉质差，遂引入中国华南猪以改良本地猪种，育成罗马猪。英国在 18 世纪初，引入中国的广东猪种，到 18 世纪后期，英国本地土种猪已渐趋绝迹，代之以中国猪血统的猪种。如大约克夏猪，是英国最著名的腌肉用猪，这种猪是用中国华南猪和美国约克夏地方的本地猪杂交改良而成。1818年，这种猪曾被称为"大中国种猪"，以示不忘根本。现今世界上许多著名猪种，几乎都含有中国猪的血统，故达尔文指出："中国猪在改进欧洲品种中，具有高度的价值。"中国古代还很早就发明了阉割术，受到国外畜牧兽医界的高度重视。在丹麦哥本哈根农牧学院所筹建的一所兽医博物馆里，陈列了很多兽医器械，其中有一件是用于给三周龄小猪阉割的工具，它是18世纪末由一位瑞士商人从中国带到欧洲去的。日本人川田熊清曾专门研究中国古代马的阉割术，认为世界上马的阉割，以中国为最早。

七、前近代手工业发展水平

（一）四大发明

中国的手工业水平，曾长期居于世界领先地位，并由此产生了对人类历史进程发生革命性作用的"四大发明"。

指南针、造纸术、火药和活字印刷，是中华民族奉献给世界并改变人类历史进程的技术成果。需要指出的是，**它们是技术发明，并非科学发现。**

造纸术是我国古代劳动人民的一项卓越创造。造纸术发明以前，古代埃及取用纸草茎部的薄皮，书写于上。欧洲人则在羊皮上书写。我国曾以甲骨、竹木乃至丝帛作为书写材料。西汉时，人们使用丝絮制成薄片，叫作絮纸。这是造纸术的开端。由于丝絮珍贵，絮纸原料来源极窄，人们又采用麻纤维制成的薄片，亦即植物纤维纸。到东汉时期（公元2世纪初），蔡伦（？—121）集中前人的造纸经验，反复试验，创造了利用树皮、麻头、破布、渔网等废物制成的植物纤维纸。这种造纸方法，使造纸原料的来源扩充，造纸的成本大为降低，因此很快推广开来。蔡伦遂成为后世所传的纸的发明人，并赢得"蔡侯纸"之名。至晋朝时，纸张已为人们普遍使用，从而取代简、帛地位成为我国主要的书写材料。公元6世纪开始，造纸术传往朝鲜、越南、日本。公元751年传到中亚细亚的撒马尔罕，以后又传到西亚的大马士革城。阿拉伯纸大批生产后，源源不断输往欧洲的希腊、意大利等地。1150年西班牙开始造纸，建立欧洲第一家造纸工厂，此时离蔡伦的发明已有一千多年。后来法国、意大利在13世纪开始造纸，德国（1391）、英国（1495或1498）、荷兰（1586）、美国（1690）都先后设厂造纸。16世纪，纸张方在欧洲流行。

"纸对后来西方文明整个进程的影响无论怎样估计都不过分。"① 中世纪的欧洲，尚流行以羊皮作为文字的物质载体，据估计，生产一本《圣经》，至少需要三百多只羊的皮，文化信息的传播因材料的限制而范围狭小。纸的生产，为当时欧洲蓬勃发展的教育、政治、商业等方面的活动提供了有利的条件。从这一意义而言，"世界受蔡侯的恩惠要比许多更知名的人的恩惠更大"②。

被称为"文明之母"的**印刷术**是我国古人的又一伟大发明。雕版印刷是在古代刻石和印章的基础上产生的。隋代初期（7世纪初），民间已经开始用雕版印刷佛像等数量较多的宗教画。唐代又逐渐用雕版印刷流通较广的书籍。1900年，敦煌千佛洞发现一卷唐懿宗咸通九年（868）印刷的《金刚经》，长约五百三十三厘米，由七个印张粘接而成。卷首是一幅释迦牟尼说法图，卷尾题有"咸通九年四月十五日王玠为二亲敬造普施"。此卷雕刻精美，刀法纯熟，印刷清晰，是目前世界上最早的印刷物。欧洲现存最早的有确切日期的雕版印刷品，是德国南部的《圣克利斯托菲尔》画像，时在公元1423年，晚于我国约六百年。五代后唐宰相冯道等奏请雕印九经，这是国家雕版印刷儒家经

---

①② ［美］德克·卜德：《中国物品西传考》，转引自《中国文化》第二辑，第358页。

典的开始。于是，雕版印刷更广泛得到应用。由于雕版印刷费工费料，印刷业遂产生改进技术的意向。宋仁宗庆历年间（11世纪中期），刻字工人毕昇（约971—1051）发明活字印刷，他的方法是用胶泥刻成单字，入火烧烤，使之坚硬，做成字模，然后排列起来进行印刷。这是排版印刷的开始。以后，又有人用锡、铜等金属制成活字。

我国的雕版印刷大约在公元8世纪传到日本，12世纪或略早，传入埃及。波斯也很早便熟悉了中国的印刷术，并曾经用来印造纸币。伊儿汗国历史学家拉希德·丁在1310年主持完成的著作《史集》中，专门介绍了中国雕版术。活字印刷则于14世纪传到朝鲜。欧洲接触中国印刷术当在13世纪（元代），此时，中西交通活跃，不少欧洲旅行家远涉中国，亲眼看到中国人用雕版和活字印刷图书、纸币和纸牌，从中受到启发。于是，14至15世纪，雕版与活字印刷开始流行于欧洲。1466年意大利出现印刷厂以后，欧洲各国的印刷业蓬勃发展起来。

印刷术在欧洲的出现，把学术、教育从基督教修道院中解放出来。印刷术的发明以及商业发展的迫切需要，不仅改变了只有僧侣才能读书写字的状况，而且也改变了只有僧侣才能受较高级的教育的状况。从此，欧洲的学术中心由修道院转移到各地的大学。印刷术的出现为当时欧洲的宗教改革运动和反封建斗争提供了有力的武器，对于资本主义生产方式的确立和思想文化的交流传播起了巨大作用。

我国古代劳动人民在长期的生产实践中发现硝石和硫黄的功能，为**火药**的发明奠定了基础。唐初名医孙思邈（581—682）在他的著作《丹经》一书中，提出一种火药的配方，把硫黄、硝末、木炭制成一种药粉，用来发火炼丹。这说明最迟在唐朝已经发明了火药。以后提炼纯硝的技术不断提高，它的燃烧性、爆炸性逐渐显现出来，于是，火药开始用于军事。唐朝末年（10世纪初），出现"飞火"，也就是火炮、火箭。宋朝时，将火炮、火箭应用于战争更为普遍。

北宋末年（12 世纪初），出现"霹雳炮"，加强了火药的爆炸力和破坏力。南宋初年（12 世纪初）陈规发明管形火器，近代枪炮就是从原始的管形火器发展起来的。《水浒》中的"轰天雷"凌振，便是元末明初文学作品刻画的一位宋代火炮专家。蒙古人在对宋、金作战中学到制造火药、火器的方法，阿拉伯人在同蒙古人作战中也学会制造火药、火器。欧洲人于 13 世纪后期，从阿拉伯人的书籍中获得火药知识。14 世纪前期，又从对回教国家的战争中学到制造、使用火药火器的方法，掌握了火药的秘密。

　　火药传入欧洲后发生巨大影响，火器一开始就是城市和以城市为依靠的新兴君主政体反对封建贵族的武器。以前一直难以攻破的贵族城堡的石墙抵不住市民的大炮；市民的枪弹射穿了骑士的盔甲，贵族的统治跟身披铠甲的贵族骑兵队同归于尽。火器的使用，在城市市民反封建的斗争中发挥了威力。

　　指南针的发明，是世界航海业中划时代的事件。早在战国时期，先民已经发现天然磁石吸铁和指示南北的现象。北宋末年（12 世纪初）朱彧在《萍洲可谈》中提到，他曾在广州看见"舟师识地理，夜则观星，昼则观日，阴晦则观指南针"以确定航向。这是世界航海史上使用指南针的最早纪录。在宋朝，中国的商船在南洋、印度，西至波斯湾一带，极为活跃。同时波斯和阿拉伯的船只也在红海和波斯湾一带航行，他们不久就从中国人那里学会采用指南针来指导航向，以后经过他们又传播到欧洲。磁针从阿拉伯人传到欧洲人手中在 1180 年左右。

　　磁针罗盘的使用，为远洋航行创造了有利条件。15、16 世纪时，葡萄牙人达·伽马环绕非洲到达印度的航行，意大利人哥伦布发现美洲新大陆的航行，葡萄牙人麦哲伦的环行全球，若是没有磁针罗盘，是不可想象的。新航线的开辟，殖民地的建立，导致世界市场的出现，刺激了欧洲的工业生产。这一切又都促进新兴资产阶级的成长壮大和封建贵族的没落衰亡。

　　美国学者德克·卜德说："倘使没有纸和印刷术，我们将仍然生活在中世纪。如果没有火药，世界也许会少受点痛苦，但另一方面，中世纪欧洲那些穿戴盔甲的骑士们可能仍然在他们有护城河围绕的城堡里称王称霸，不可一世，而我们的社会可能仍然处在封建制度的奴役之下。最后，如果没有指南针，地理大发现的时代可能永远不会到来，而正是这个地理大发现的时代刺激了欧洲的物质文化生活，把知识带给了当时人们还不了解的世界，包括我们美国。"① 火药、罗盘、印刷术是预兆资产阶级社会到来的三项伟大发明。

（二）冶金技术

中国古代冶金历史悠久，虽然中国并不是最早发明炼铜和炼铁的国家，但我国冶炼技术后来居上，在人类冶金技术的六千年历史中，相当长时期充当前驱先路。

冶铜术最早在西亚地区出现（公元前 4000 年初），而青铜的使用在西亚地区却和中国几乎同时（公元前 3000 年初）。早在公元前 14 世纪的殷商时代，中国青铜冶铸技术便高度发达，掌握了先进的铸造技术，工艺有范铸法、分铸法、镶铸法、失蜡法，制范材料有石范、泥范、陶范、铁范、铜范，型范的结构有单面范、双面范、复合范、叠铸范，并提出世界上最早的铜锡配比和性能、用途关系的规律——"六齐"法则②。世界罕见的青铜文物如重 875 公斤的司母戊青铜大方鼎和精美的四羊尊便产生在这一时期。

古代冶铁术最早发明于公元前 12 世纪的地中海东岸、两河流域上游地区，但长期停留在原始的块炼技术而得不到发展。中国在公元前 7 世纪的春秋时期进入铁器时代，约在公元前 3 世纪的战国中期达到世界冶铁技术的先进水平，其中比块炼铁质

---

① ［美］德克·卜德：《中国物品西传考》，转引自《中国文化》第二辑，第 364—365 页。
② 《周礼·冬官·玉人》："金有六齐：六分其金而锡居一，谓之钟鼎之齐；五分其金而锡居二，谓之斧斤之齐。"文中"金"指铜。齐（jì），意为比例。

量先进的铣铁冶炼技术领先于西方约两千年。为了改进生铁性能，先民早在东周时代就掌握了可锻铸铁的生产技术。所谓可锻铸铁，即将白口生铁经高温退火后得到的一种高强度展性铸铁，而西方发明这种铸铁是在两千多年后的公元 1722 年。在可锻铸铁中有一种性能优良甚至可以代替铸铜的球墨铸铁，这种铸铁所含的石墨呈分散的小球状。现代冶炼球墨铸铁技术是在 1948 年左右发明的，而在河南铁生沟汉代冶铁遗址中出土的铁镢以及河南渑地出土的汉魏铁斧，竟然是具有球状石墨组织的退火铸铁件，这在世界冶金史上是罕见的。从战国晚期到南北朝时期，先民创造了一整套炼钢技术，包括渗碳钢、铸铁脱碳钢、炒钢、百炼钢和灌钢等。英国在 18 世纪中叶发明了以生铁为原料的炒钢技术，在产业革命中起了巨大作用，具有划时代的意义。而这项革新在我国 1 到 2 世纪就已经出现。其他几种炼钢技术在当时也都具有世界先进水平，其中灌钢技术早于欧洲一千多年。

我国还是世界最早冶炼金属锌，制出黄铜（铜锌合金）、白铜（铜镍合金）和铁合金的国家。在合金冶炼方面，中国古代曾经处于领先地位。中国古代冶金技术的兴盛，使中国的金属产量达到年产成万吨的水平，把世界其他地区抛在后面，故李约瑟在《中国科学技术史》中说："中国的这些发明和发现往往远远超过同时代的欧洲，特别是在 15 世纪之前更是如此。"

我国古代冶炼技术之所以长期处于世界先进水平，重要原因之一，是最早采用高炉冶炼。如河南郑州古蒙镇的一座汉代冶铁高炉，复原后炉高 4.5 米，容积约 44 立方米，日产量约 0.5~1 吨，在两千年前，这一成就相当杰出。其次，很早就有了较强的鼓风系统，以加强炉温。战国时，已开始采用人力压动的皮风囊鼓风，汉代出现马排、牛排（即用马、牛带动的皮风囊），特别是东汉初年，发明了水力鼓风囊——水排，先于欧洲一千二三百年。在明代出现了活塞式木风箱。活塞式木风箱能产生较连续的压缩空气，从而扩展风区，增大风量，强化了冶炼。欧洲在 18 世纪后期才发明活塞式鼓风箱，比我国晚了一个多世纪。再次，冶金燃料发展很快。汉代冶炼遗址中已发现煤饼；晋代用煤冶铁已有明确记载。南宋末年，开始使用焦炭。广东新会一处 13 世纪后期的冶炼遗址中出土的焦炭，是目前世界上发现最早的焦炭。在欧洲，英国至公元 1788 年才开始用焦炭炼铁，比我国晚了五百多年。

汉朝通西域后，中国钢铁曾通过"丝路"运往西方。印度梵文中的钢写作"Cinaja"（秦地生，"秦地"指中国），显示了中国钢铁对印度的影响。公元 1 世纪，罗马博物学家普林尼在其名著《自然史》中说："虽然铁的种类很多，但没有一种能和中国来的钢相比美。"此说确非虚誉。有人估计，北宋元丰年间（11 世纪后期），中国铁年产量达 12.5 万吨，而欧洲的铁产量在 17 世纪才达到这个水平。

（三）化工技术与瓷器技艺

作为化学的原始形式的炼丹术在我国起源很早，它跟后来出现的本草学一起，构成中国古代化学研究的基本内容。在我国的炼丹术和本草学中，含有关于无机强酸、有机酸、植物碱、无机盐、铅、汞、硫及其化合物等方面的丰富的化学知识。炼丹术的目的虽然是反科学的，但炼丹者用铅、汞、硫等及其化合物与其他物质一起烧炼，利用各种实验手段实现了许多化学转变和无机合成，为化学的发展积累了相当丰富的资料。化学史上最早的人工合成物的记载，便见于中国古籍。公元 2 世纪，《周易参同契》记载了炼丹家们把红色硫化汞加热分解成水银，将水银和硫磺加热，升华成红色硫化汞，这是化学史上最早的人工合成化合物的方法。

现代化学是在欧洲中世纪炼丹术的基础上发展起来的，而欧洲炼丹术导源于阿拉伯炼丹术，阿拉伯炼丹术又是从中国传去的。中国炼丹术很早就使用的硝石，在阿拉伯和埃及都叫"中国雪"，在波斯叫"中国盐"。此外，阿拉伯和波斯炼丹家都在七种金属中列入"中国金属"或"中国铜"。故李约瑟认为：

"整个化学最重要的根源之一（即使不是唯一最重要的根源），是地地道道从中国传出去的。"

由于化学知识的积累和不断丰富，中国古代在瓷器、漆器、酿酒、染色、兵刃、农具、货币等方面的制造技术上也相应取得突出成就。其中瓷器制造尤为出色，为中国文明增添了灿灿光华。

早在新石器晚期，中华先人已经开始利用瓷土做原料，经高温烧制制成精美的硬陶，商代又发明玻璃质釉（青釉）。瓷土的采用，釉的发明，烧造温度的提高，开辟瓷器的新纪元。此后，随着原料和烧造技术的不断改进和完善，"原始瓷器"成熟发展经历从青瓷—白瓷—彩瓷这样几个阶段，益臻精美，成为具有极大审美价值的艺术品，如唐代的白瓷类雪似银。杜甫曾在《又于韦处乞大邑瓷碗》一诗中赞美道："大邑烧瓷轻且坚，扣如哀玉锦城传；君家白碗胜霜雪，急送茅斋也可怜。"这种质地"轻且坚"，扣声"如哀玉"、色泽"胜霜雪"的白瓷确是弥足珍贵的精美艺术品。再如宋代制瓷，各大名窑的瓷器在胎质、釉色、花纹等方面各具特色，河北定窑白瓷，胎薄质细，釉色洁白，造型优美，以刻花、划花、印花等加以装饰，艺术水平很高；河南钧窑，异军突起，烧成蓝中带红或带紫的色釉，色泽如玫瑰、海棠、晚霞，极为艳丽，光彩照人；江西景德镇窑，别开生面，烧出釉色明澈温润、白中泛青的影青瓷，誉满全球；浙江龙泉窑向有哥窑、弟窑之称。哥窑，利用胎和釉在烧制时收缩率有差别，烧成釉面有疏密不同裂纹的"百圾碎"。弟窑，釉青莹无纹片。南宋官窑的青瓷，器口及底部露胎处呈灰色或铁色，被称为"紫口铁足"；江西吉州窑，运用剔花、洒釉、印花、贴花等多种手法装饰瓷器，具有民间艺术风格，而剪纸贴印则是它的独创；河北磁州窑烧出白地黑花瓷，以人们喜闻乐见的人物、山水、花鸟等作装饰内容，别具一格，生动活泼。清代的粉彩瓷与珐琅彩瓷也十分可爱。粉彩烧后，颜色深浅不同，浓淡协调，绚丽多姿。珐琅彩是用油画的技法，用化学方法精炼配制的珐琅彩料在瓷器上作画。烧造后的画面瑰丽精美，富有立体感。

中国瓷器在世界上拥有颇高声誉，受到各国人民的广泛欢迎。"自太古以来，几乎所有的人类都会用黏土烧制陶器碗、盘、瓮等物品，但是瓷器却被公正地作为中国人独具的智慧的产品而受到赞誉。"①南宋绍兴二十四年（1154）阿拉伯地理学家埃垂西著书说："中国面积很大，人口极多……艺术作品以绘画和瓷器为最精美。"南宋乾道七年（1171）埃及王萨拉丁用四十件中国瓷器赠给大马色国王努尔埃丁，表明中国瓷器是甚为外人珍视的物品。宋以后，中国瓷器已大量运销国外，甚至间接传播到遥远的非洲。西方人看到中国瓷器精巧的制作，美丽的图案和丰富的色彩，赞叹羡慕不已。不少外商来到中国，大量购买瓷器，贩到西方各国，追逐利润。明万历三十二年（1604），葡萄牙船加塞里那号载去各种各样的瓷器。万历四十二年（1614），东印度公司的克德兰德号载去碗、碟、盘等69057件，值荷币11545.11弗拉仑。欧洲统治阶级还向中国订造大批瓷器。法王路易十四命宰相马札兰创立"中国公司"，派人到广东定做带有法国甲胄、纹章的瓷器。俄国彼得大帝也在中国定做瓷器，故宫博物院有康熙年间景德镇制造的有俄国双鹰国徽的五彩茶罐，便是这时制造的。英国瓷器发展得较晚，所以更大量吸收中国瓷器。清康熙十二年（1673）英人维代尔在广州收买中国特产，其中瓷器就有五十三箱，比他所收买的绸缎，几乎多过两倍。美洲、非洲、澳洲也都有人直接来中国购买瓷器，中国文化艺术伴随着瓷器输出而传到世界各个角落。笔者在法国罗浮宫、凡尔赛宫、俄罗斯莫斯科、圣彼得堡博物馆，奥地利维也纳博物馆，匈牙利布达佩斯博物馆见到多种中国古代瓷器，其精美令人叹为观止。

中国瓷器运销国外，其制作方法也传往世界各地。朝鲜、日本、阿拉伯等国相继学习、掌握制瓷技术，烧造瓷器。15世纪后

---

① ［美］德克·卜德：《中国物品西传考》，转引自《中国文化》第二辑，第355页。

半期，中国制瓷技术传到意大利威尼斯，为欧洲造瓷历史开辟一个新纪元，其影响至今仍有余响。欧洲学者乔治·萨维奇在1977年版《英国大百科全书》中指出："陶瓷在全世界，再没有像在中国那样，具有如此重大的意义，而中国瓷器对于欧洲后期的陶瓷的影响至今还是很深的。"正因为如此，中国在英语中称为"China"（"China"在英语中又是瓷器、陶器的意思）。"China"的双重意义鲜明地标示了中国作为"世界瓷国"的独特地位。

曾经走在世界前列的中国古代技术成就是不胜枚举的。如世界上第一个给风力定级的是我国唐代杰出的学者李淳风（602—670）；雨量器和测湿仪的发明者也是中国人；隋代工匠李春在隋开皇十五年至大业初（595—605）设计建造的赵州桥是世界上最古老的至今保存完好的石拱桥，它首创世界上"敞肩拱"的新式桥型，一千二百多年后，这种桥型才在欧洲出现；隋代开凿的京杭大运河，是世界上开凿最早、规模最大、里程最长的航行运河；至于气势雄伟的万里长城，更是人类建筑史上的奇观。英国学者李约瑟（1900—1995）在其皇皇巨著《中国科学技术史》中列举机械与技术从中国向西方传播的项目，并指出中国发明物在时间上的领先地位（见图8）。

在列举以上成就后，李约瑟强调指出："我写到这里用了句点。因为二十六个字母都已经用完了，可是还有许多例子可以列举。"20世纪70年代初，李约瑟在香港中文大学发表专题演讲，再次高度赞扬中国古代科技对世界文化的重要贡献。他指出，有"震撼世界的十个、二十个或三十个发明及发现"，它们"并不是始于欧洲，而是从远处的东方传来"。美国学者德克·卜德（1909—2003）也在《中国物品西传考》中说："从公元前200年到公元后1800年这两千年间，中国给予西方的东西超过了她从西方所得到的东西。"① 中国技术的实用—经验型特点，

---

① ［美］德克·卜德：《中国物品西传考》，转引自《中国文化》第二辑，第352页。

也给世界文明作出间接贡献。不少科学史家，如英国的李约瑟、日本的薮内清都认为，中国重经验、实用的观点，经由蒙古西征的渠道传到阿拉伯及欧洲后，帮助西方实现理论与经验、科学与技术的结合。

名　　　　称	西方落后于中国的 大致时间(以世纪计算)
1. 龙骨车	15
2. 石碾	13
用水力驱动的石碾	9
3. 水排	11
4. 风扇车和簸扬机	14
5. 活塞风箱	约14
6. 提花机	4
7. 缫丝机(使丝平铺在纺车上的转轮在11世纪时出 　现,14世纪时应用水纺车)	3—13
8. 独轮车	9—10
9. 加帆手推车	11
10. 磨车	12
11. 拖重牲口用的两种高效马具:胸带	8
套包子	6
12. 弓弩	13
13. 风筝	约12
14. 竹蜻蜓(用线拉)	14
走马灯(由上升的热空气流驱动)	约10
15. 深钻技术	11
16. 铸铁	10—12
17. 游动常平悬吊器	8—9
18. 弧形拱桥	7
19. 铁索吊桥	10—13
20. 河渠闸门	1—17
21. 造船和航运的许多原理	多于10
22. 船尾的方向舵	约4
23. 火药	5—6
用于战争的火药	4
24. 罗盘(磁匙)	11
罗盘针	4
航海用罗盘针	4
25. 纸	2
雕版印刷	10
活字印刷	6
金属活字印刷	1
26. 瓷器	11—13

图8　15世纪以前中国技术的领先状况

第三节　农业文明的生态理念

人们通常把以自给自足的农业经济为主体的文明形态称作"农业文明"，以区别于产业革命之后的"工业文明"。

所谓"工业文明"，当然不是说构成这种文明的成分中没有农业，而是指现代工业在整个国民经济中占主导地位，包括农业在内的其他经济门类从属于工业，其组织形式和经营方式也日趋工业化。同样，所谓"农业文明"，也并不意味着构成这种文明的成分中没有工业，而是指整个文明基础的主导面和支配力量是在自然经济轨道中运行的农业。

中华传统文化的主体，无论是诸子百家学说，文人雅士的笔墨生涯，还是民间信仰和风俗，大多可以归结到这种生产过程周而复始的农业文明的范畴之内。中华传统文化的一系列生态理念，都深植于这样一种经济生活的事实之中。

一、经验理性

民族心理的务实精神，是"一份耕耘一份收获"的农耕生活导致的一种群体趋向。

华人的主体——农民在农业劳作过程中领悟到一条朴实的真理：利无空至，力不虚掷，说空话无补于事，实心做事必有所获。这种农人的务实之风也感染了文化专门家，"大人不华，君子务实"①，是中国贤哲们一向倡导的精神。"国民常性，所察在政事日用，所务在工商耕稼，志尽于有生，语绝于无验。"②章太炎的这一描述，刻画了以农民为主体的中国人"重实际而

---

　　①　《潜夫论·叙录》。

　　②　章太炎：《驳建立孔教议》，《章太炎政论选集》（下），中华书局1977年版，第689页。

黜玄想"的民族性格。正是这种民族性格使中国人发展了实用—经验理性，而不太注重纯科学性的玄思，亚里士多德式的不以实用为目的，而由探求自然奥秘的好奇心所驱使的文化人，较少在中国产生。

"重实际而黜玄想"的民族性格的另一表现，是中国人在宗教问题上的状态。自周秦以后的两千余年间虽有种种土生的或外来的宗教流传，但基本上没有陷入全民族的宗教迷狂，世俗的、入世的思想始终压倒神异的、出世的思想。就主体而言，中国人的"终极关怀"，即对生命终极意义的追求，并未导向去彼岸世界求解脱，而是在此岸世界学做圣贤，以求得人生的"三不朽"（立德、立功、立言）[①]。这正是中国传统文化的主要精神，也是儒学不成其为宗教的根本原因。

作为农耕民族的华夏—汉人从小农业的简单再生产过程中形成的思维定势和运思方法是注意切实领会，并不追求精密谨严的思辨体系，却较早完成贯穿自然、社会、人生的世界观的构筑。华人还被西方人称赞为东方民族中"最善于处理实际事务的"。这都是农业民族务实性格的表现。

一般而言，中世纪是文化的黑暗时代，但华人却创造了辉煌的中古文化，在15世纪以前的一千余年间，长期处于世界前列，被神学所笼罩的中世纪欧洲各国不能望其项背。13世纪来华的马可·波罗（1254—1324）在其口述的《行纪》中，便充满对中华文化的赞叹，表达了欧洲人"自愧不如"的情绪。中华农耕文明所取得的成就，早已蜚声世界，被认为是人类文明的第二个高峰（第一个高峰：奴隶制文化，其代表为希腊、罗马；第二个高峰：宗法专制文化，其代表为中国；第三个高峰：资本主义文化，其代表为意大利、尼德兰、英国、法兰西），这不能不归因于农业社会的成熟，归因于中华农民和士人的务实

[①] 《左传·襄公二十四年》："太上有立德，其次有立功，其次有立言，虽久不废，此之谓不朽。"

精神，以及由此生发的实用理性。当然，华人的非宗教倾向，并不是以科学理性为基础的，而是以农业社会所特有的经验理性为基石。先秦时期的两大"显学"——儒学和墨学，以及贯穿整个宗法专制时代的三大学派——儒家、道家和法家，都从不同侧面发扬经验理性，未能建立以形式逻辑和实验方法为基础的科学体系。

二、循环论

思维方式的循环论，是农耕经济循环运行提供的生态观启示。

作为一个农业民族，华夏—汉人受到农业生产由播种、生长到收获这一循环状况以及四时、四季周而复始现象的启示，产生一种**循环思维**。正如《易传》所概括的："寒往则暑来，暑往则寒来。"政治生活中朝代的周期性盛衰更迭、治乱分合的往复交替，所谓"天下大势，分久必合，合久必分"，以及人世间"白云苍狗"式的变幻离合，更强化了人们的循环观念，而金、木、土、水、火"五行相生、相克"的公式，便是循环论自然观和社会观的哲学表征。董仲舒说："天有五行，木、火、土、金、水是也。木生火，火生土，土生金，金生水"[1]，这是"五行相生"；五行还是相克的（或曰"相胜"）：金胜木、木胜土、土胜水、水胜火、火胜金。[2] 这就推导为封闭式的，统一有序、环环相扣的循环系统，可用图9表示。

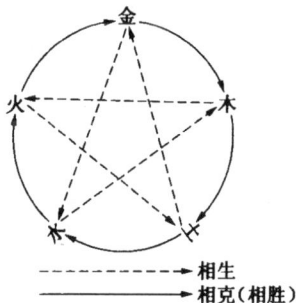

图9

------

① 《春秋繁露·五行对》。
② 见《春秋繁露·五行相胜》。

五行相生、相克的思想类似希
腊哲人赫拉克利特（约前544—前
483）的观念。赫拉克利特认为：
"火生于土之死，气生于火之死，水
生于气之死，土生于水之死。"[1] 后
来，柏内特将其概括为"四元素循
环说"，见图10。

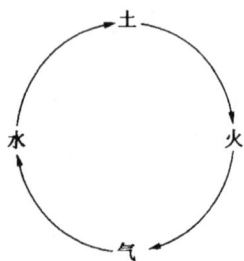

所不同的是，古希腊的元素循
环说是自然哲学的产物，而古代中国的循环模式则与农业生产
以及建立在农业社会基础上的政治伦理学说关系密切，是为农
业社会的政治伦理学说作论证的。如董仲舒（前179—前104）
在论述了五行相生之后，引申到父子伦常关系，并强调："父授
之，子受之，乃天之道也。故曰夫孝者，天之经也。"[2] 他还从
五行相胜推衍出五种官职（司农、司马、司营、司徒、司寇）
的彼此相生、相克关系：司农为五行之木，使谷类丰收，木生
火；司马为五行之火，诛伐得当，天下安宁，火生土；司营为
五行之土，以忠信事君治民，保四境安定，土生金；司徒为五
行之金，使民以仁义行事，金生水；司寇为五行之水，使君臣
长幼各以礼节行事，水生木。如果五官违背仁、智、信、义、
礼，就发生相克（相胜）的连锁反应：司农为奸，被司徒所诛，
这是金胜木；司马为谗，被司寇所诛，这是水胜火；司徒为贼，
被司马所诛，这是火胜金；司寇为乱，被司营所诛，这是土胜
水；司营为患，人民叛离，这是木胜土。五官之间的相生相克
关系，接近于一个循环系统，只是缺木克土这一个环节。然而，
司农的职守是使五谷丰登，而五谷丰登方能人民康泰。因此，
司营为患，人民叛乱，可以解释为司农（通过人民）对司营的

---

① ［古希腊］赫拉克利特：《赫拉克利特著作残篇》，转引自《西方哲学
原著选读》上卷，商务印书馆1984年版，第21页。

② 《春秋繁露·五行对》。

惩罚，也即木克土，这样，"五官相克"就构成一个完整的循环系统，见图11。

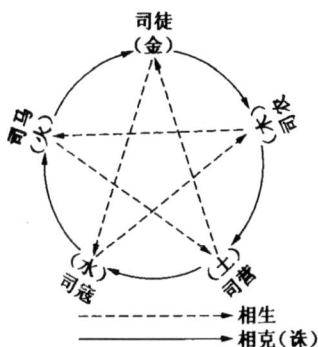

图 11

董仲舒构筑循环论系统，是替大一统的农业社会作理论论证的一种努力。当然，在董仲舒以前，先秦儒学中已有由伦理中心主义派生出来的循环论思想的雏形，如《大学》说："知止而后有定，定而后能静，静而后能安，安而后能虑，虑而后能得。"从外观看，这是一种直链状推导：知止→有定→能静→能安→能虑→能得。宋代理学家从这段话中挖掘出循环论的内质。朱熹（1130—1200）在《四书集注》中对这段话作了如下注释："止者，所当止之地，即至善之所在也，知之，则志有定向。'静'

图 12

谓心不妄动，'安'谓所处而安，'虑'谓虑事精详，'得'谓得其所止。"这样，就把这个链状推导的结尾——"得"，与开端——"止"（止于至善）衔接起来，从而构成一个首尾相连的修养循环：由定而静，由静而安，由安而虑，自虑而得，达到"得其所止"的佳境，也即回到"止于至善"的起点，见图12。

这种以伦理观念为出发点，最后又归结到伦理观念的循环模式，是盛行于农业社会的一种"推原思维"。这种思维的特点是出发点与归宿点合一或曰"重合"。这恰恰是农业生产周期和植物从种子到种子周而复始衍化所暗示的。这类循环模式长期制约着中国人的思想方法。汉、晋后流行于中国的佛教，其因果报应、修行解脱说，也是一种循环论。而将儒、佛、道三教汇合的宋明理学，其史观也是循环论，邵雍（1011—1077）的

219

"元、会、运、世"周而复始的模式即是典型。在中国古代，突破循环论，提出进化史观的是明清之际的王夫之（1619—1692）。他从"气化日新"的自然观引申出由禽兽到人类，由夷狄之"野"到华人之"文"的文明演进论[1]，这就打破了中国古来盛行的盛衰循环论，开创"日进无疆"的进化史观。然而，王夫之的著作当时大都没有出版，谈不上社会影响，鸦片战争以前，从士大夫到老百姓，流行的仍然是循环史观。直至近代工业文明大规模进入中国，否定之否定的"圆圈"式思维型制揭示出事物发展是螺旋状上升的这一客观规律，方突破平面循环的思维模式；而当代兴起的网状（或称树状）思维型制，则展现了事物间错综复杂的、彼此制约的多元关系，如生态平衡问题以及种种社会现象，只有运用网状思维方能解释，从而使平面循环观相形见绌。

三、恒久意识·变易观

农业社会中的人们满足于维持简单再生产，缺乏扩大社会再生产的动力，因而社会运行缓慢迟滞，几近静态，在这样的生活环境中，容易滋生**永恒意识**，认为世界是悠久静定的。中国人由于某些原因的策动，可能在某一阶段作出暴烈行为，急于在一个早上改变现状，然而，在更多的时候则表现出习故蹈常的惯性，好常恶变。反映在精英文化中，则是求"久"观念的应运而兴，《易传》所谓"可久可大"，《中庸》所谓"悠久成物"，《老子》所谓"天长地久""长生久视"，董仲舒所谓"道之大原出于天，天不变，道亦不变"；反映在民间心态中，便是对用具追求"经久耐用"，对统治方式希望稳定守常，对家族祈求延绵永远，都是求"久"意识的表现。

当然，农业生产也向人们反复昭示着事物的变化和生生不

---

① 见《思问录·外篇》，《读通鉴论》卷二十八。

已，因此，与恒久观念相反相成，**变易观念**在中国也源远流长，影响深远，如《易传》所谓"富有之谓大业，日新之谓盛德，生生之谓易"①，"刚柔相推而生变化"②。再如老子论道，称："有物混成，先天地生，寂兮寥兮，独立而不改，周行而不殆，可以为天下母，吾不知其名，字之曰道，强为之名曰大，大曰逝，逝曰远，远曰反。"③ 这个"可以为天下母"的"道"是一个整体，而道的主要含义是"逝"，这就把最高本体的道与变化流逝，亦即整体与过程联系起来。庄周也将"天地之大全"视为一个整体，而天地之间的万物都在变化转移之中，"物之生也，若骤若驰，无动而不变，无时而不移"。④

这种矛盾的恒久观与变易观，在中华文化内部统一的主要形态是寓大化流行于保守之中，如汉武帝的"复古更化"说，"复古"是承继尧舜禹三代道统，"更化"是以儒学哲理改变秦代遗留的恶俗；又如王安石变法、张居正改革、康有为变法，当代"新儒家"呼唤的"返本开新"，都是某种程度的"托古改制"。这种复古以变今的思路，正是农业经济养育的文化在古与今、常与变问题上矛盾统一的表现。

四、中庸之道·天然节奏

"中庸"是华人的基本生态意识。而中庸之"中"，为适应之谓；中庸之"庸"，为经久不渝之谓。可见，中庸与上述产生自农业社会的恒久意识是相通的，它又进而演为不偏不倚，允当适度之意。

华人崇尚中庸，少走极端，是安居一处，企求稳定平和的农业型自然经济造成的人群心态趋势，集中到政治家和思想家

---

① ② 《周易·系辞上》。
③ 《老子》第二十五章。
④ 《庄子·秋水》。

那里，中庸之道就成为一种调节社会矛盾使之达到中和状态的高级哲理，所谓"极高明而道中庸""执其两端，用其中于民"①。这种中庸之道施之于政治，是裁抑豪强，均平田产、权利；施之于文化，则是在多种文化相汇时，异中求同，求同存异，万流共包；施之于风俗，便是不偏颇、不怨尤、入情尽理、内外兼顾。而这种中庸精神既发端于农业社会，又效力于农业社会，替这个社会赢得稳定与祥和。

与中庸之道密切相关，农业社会的理想人格，不是强烈的自我表现，而是执两用中、温顺谦和的君子风，这甚至发展到对于"辩才"的猜忌。农业型自然经济对商品交易的排拒，对社会公共关系的疏远，导致人们普遍推崇诚信，鄙弃口辩，所谓"君子讷于言而敏于行"②，所谓"敏于事而慎于言"③，都是这类意向的表述。人们往往把能言善辩视作"巧舌如簧"，认为是狡猾的别名，张仪（？—前310）、苏秦（？—前284）一类"辩士"素来被列为狡诈之徒，是"巧言利辞，行奸轨以幸偷世者"④。这同工商业发达的古希腊社会人们竞相学习演说术，并崇拜雄辩家的风尚大相径庭。

尚调和、主平衡的中庸精神也导致一种顺从自然常规节律的生态观。这同农业社会的运行机制有直接联系。农业生产必须顺应并尊重自然规律，起码要按季节行事，这使国人在潜意识里就注意与自然节奏合拍，并形成一种类似于候鸟、蛰虫那样的对自然节奏的敏锐感受。一个有经验的农夫可以从一朵云彩推测天气，从一棵嫩芽估算年成。这种"农夫式"的智慧，对文化人也有所熏染，不少文学家在观察和描述自然景象时，常常自觉不自觉地与农业生产周期联系起来。南宋诗人陆游（1125—1210）写鸟啼就与农业节气相贯通：

---

① ② 《礼记·中庸》。
③ 《论语·学而》。
④ 《韩非子·诡使》。

野人无历日，鸟啼知四时：二月闻子规，春耕不可迟；三月闻黄鹂，幼妇闵蚕饥；四月鸣布谷，家家蚕上簇；五月鸣鸦舅，苗稚忧草茂。①

另一南宋诗人翁卷也善于将动植物的季节性活动与农事节奏联系起来，构成一幅生机盎然、勤奋劳作的农业社会图景：

绿遍山原白满川，子规声里雨如烟。
乡村四月闲人少，才了蚕桑又插田。②

类似诗作还有方岳（1199—1262）的《农谣》：

春雨初晴水拍堤，村南村北鹁鸪啼。
含风宿麦青相接，刺水柔秧绿未齐。③

陆游、翁卷、方岳都深谙大自然语言，又通晓农事节奏，这正是农耕社会文人的特征，在游牧生活与工商业经济环境中成长的人不大可能有这样的观察和感受。由于自幼形成的钟爱自然的情趣，也由于中国古代城市尚未与大自然隔离，所以即使在描写城市生活时，陆游这样的农耕文明之子，其诗作也跃动着自然节律：

世味年来薄似纱，谁令骑马客京华。
小楼一夜听春雨，深巷明朝卖杏花。
矮纸斜行闲作草，晴窗细乳戏分茶。
素衣莫起风尘叹，犹及清明可到家。④

---

① 《鸟啼》，《剑南诗稿》，《陆放翁全集》。
② 《乡村四月》，《苇碧轩集》。
③ 《农谣》（五首之一），《秋崖集》。
④ 《临安春雨初霁》，《陆放翁全集》。

小楼听春雨、深巷卖杏花，活现出大自然生命的节奏，其间正透露出农耕文明的特有韵律，正所谓"悠然自得，天趣盎然"。

在以农业为生存根基的中国，农业生产的节奏早已与国民生活的节奏相通。华人的传统节日，包括最隆重的春节、端午、中秋，皆来源于农事，是由农业节气演化而成的，并不像许多其他民族那样，节日多源于宗教。

五、尚农重本

农耕经济养育了尚农观。中国人很早就认识到农耕是财富的来源。《周易》有言：

> 《象》曰：不耕获，未富也。①

一些古圣先贤留下许多关于农业生产是国家命脉的名言。中国"礼"文化的创始人周公说：

> 呜呼，君子所其无逸，先知稼穑之艰难，乃逸。②

认为统治者要求得社会安定，首先必须懂得农耕的重要和农人的艰辛。

战国中期的商鞅（约前390—前338）更把"尚农"作为富国强兵的基础，力倡"农不败而有余日"③，以便专力耕作。为此，他免三晋客民军役三世，使其安心事于农业生产；又让农人固定居住，不得迁徙，以防脱离生产；还采取种种措施，令

---

① 《周易·无妄卦·象传》。
② 《尚书·周书·无逸》。
③ 《商君书·垦令》。

各类非农业人口转入农事，以制止"不作而食"①，由此形成的"重农抑商"政策，对后世影响深远。"王者以民为天，而民以食为天"②，食仰赖农业供应，重农是国之要政。

"尚农"不仅是统治者的政策需要，也成为华人的一种普遍生态意识。对农村生活的追怀和思乡之情，是中国文学的无尽主题。宋初诗人王禹偁（954—1001）写道：

> 马穿山径菊初黄，信马悠悠野兴长。
> 万壑有声含晚籁，数峰无语立斜阳。
> 棠梨叶落胭脂色，荞麦花开白雪香。
> 何事吟余忽惆怅？村桥原树似吾乡。③

"世为农家"的王禹偁巧妙地写出自己从"野趣"到"思乡"的心理转化。一片白雪般的荞麦花，原野中的树、村边的桥，都激起诗人无可遏止的乡情。这是只有对农村生活怀着刻骨铭心的钟爱之情的人，才能产生的思绪。

成书于战国末年的《吕氏春秋》则从理论上发挥重农思想：

> 霸王有不先耕而成霸王者，古今无有，此贤者不肖之所以殊也。④

确认发展农业是成就霸业的基础。《吕氏春秋》重视农业，不单着眼于获得农产品，还因为农人朴实，便于驱使，可赖以守战：

> 古先圣王之所以导其民者，先务于农，民农非徒为地

---

① 《商君书·画策》。
② 《汉书·郦食其传》。
③ 《村行》，《小畜集》。
④ 《吕氏春秋·贵当》。

利也，贵其志也。民农则朴，朴则易用。①

《吕氏春秋》重农思想与《商君书》重农思想有相通之处，却也有明显区别。《商君书》把研习诗、书、礼、乐的士人视作发展农业的祸害，决计加以革除；而《吕氏春秋》却倡导诗、书、礼、乐，以为士人正是农耕文明不可缺少的组成部分，提倡耕读并举。这种经《吕氏春秋》修正过的重农主义，成为秦汉以降生态观的主潮，农人和儒士共同构成中国式农耕文明"俗"与"雅"两个相互补充的层次。

大约成书于西汉初年的《管子》认定"孝弟力田者"，也即农人，是社会中坚②，高倡以农为"本"，以工商为"末"，反复劝诫统治者"务本"以"安邦"，"重本"而"抑末"：

　　明王之务，在于强本事，去无用，然后民可使富。③
　　民事农则田垦，田垦则粟多，粟多则国富，国富者兵强，兵强者战胜，战胜者地广。是以先王知众民、强兵、广地、富国之必生于粟也。故禁末作，止奇巧，而利农事。④

我国早期农书也阐扬重农的必要。如西汉晚期的《氾胜之书》说：

　　神农之教，虽有石城汤池，带甲百万，而无粟者，弗能守也。夫谷帛实天下之命。⑤

————————

① 《吕氏春秋·上农》。
② 《管子·山权数》。
③ 《管子·五辅》。
④ 《管子·治国》。
⑤ 《氾胜之书·杂项》。

北魏末年的《齐民要术》说：

> 舍本逐末，贤者所非。①

帝王们也深知农业繁荣是国固邦宁的根柢所在。以汉代为例，帝王颁布重农诏书无数。文帝刘恒（前202—前157）诏曰：

> 农，天下之大本也，民所恃以生也。而民或不务本而事末，故生不遂。②
> 力田，为生之本也。③

昭帝刘弗陵（前94—前74）诏曰：

> 天下以农桑为本。④

以后历朝帝王也多有同类诏书宣示天下。

思想家中阐扬重农思想的更是不胜枚举，东汉王符（约85—162）认为"民为国基，谷为民命"⑤，进而指出："夫富民者，以农桑为本，以游业为末"⑥，力主"困辱游业""宽假本农"，如此"则民富而国平矣"⑦。

王符还把"农本商末"的观念推而广之，连类比附：

> 教训者，以道义为本，以巧辩为末；辞语者，以信顺

---

① 《齐民要术·序文》。
② 《汉书》文帝纪二年。
③ 《汉书》文帝纪十二年。
④ 《汉书》昭帝纪元年。
⑤ 《潜夫论·叙录》。
⑥⑦ 《潜夫论·务本》。

为本，以诡丽为末；列士者，以孝悌为本，以交游为末……①

这就清楚地道明了儒家"正其谊不谋其利，明其道不计其功"之类的伦常观念正是中国的农业社会"农本商末"经济结构的衍生物。

六、安土乐天·耕读传家

"安土乐天"的生态情趣，直接从农业文明中生发出来。华夏—汉人作为农业民族，采用的主要是农业劳动力与土地这种自然力相结合的生产方式，建立以自然经济为基础的一个个区域性小社会，与外部世界处于隔绝状态，所谓"鸡犬之声相闻，民至老死不相往来"②。农民固守在土地上，起居有定，耕作有时，既是农民自身的需要，也是统治者的要求。安土重迁是华人的固有观念。《周易》称："安土敦乎仁，故能爱。"③《礼记》称："不能安土，不能乐天；不能乐天，不能成其身。"④

古来华人所追求的是在自己的故土从事周而复始的自产自销的农业经济所必须的安宁和稳定，以熟读崇尚农本的经典为精神滋养，遂以**"耕读传家"**自豪，以穷兵黩武为戒。所谓"善人为邦百年，亦可以胜残去杀矣。"⑤ 所谓"若使天下兼相爱，国与国不相攻，家与家不相乱，盗贼无有，君臣父子皆能孝慈，若此则天下治"⑥。这是农业社会古圣先贤和庶民百姓的共同理想。士大夫虽有平治天下的雄心，同时又深藏归隐自然

---

① 《潜夫论·务本》。
② 《老子》第八十章。
③ 《周易·系辞上》。
④ 《礼记·哀公问》。
⑤ 《论语·子路》。
⑥ 《墨子·兼爱上》。

的情志，显然也属其类。有人集屈原《渔父》"沧浪濯足"，唐人王湾《次北固山下》"行舟绿水前"，王维《山居秋暝》"空山新雨后"，白居易《雨中招张司业宿》"听雨对床眠"，宋人苏东坡"小阁藤床寄病容"等文句，晚明文士将其编组成书画系列，题名《集古名公画式》，其中有"东坡赏心十六事"，文谓：

> 清溪浅水行舟，凉雨竹窗夜话，暑至临流濯足，雨后登楼看山，柳阴堤畔闲行，花坞樽前微笑，隔江山寺闻钟，月下东邻吹箫，晨兴半炷茗香，午倦一方藤枕，开瓮忽逢陶谢，接客不着衣冠，乞得名花盛开，飞来家禽自语，客至汲泉烹茶，抚琴听者知音。[1]

这是农耕生活陶冶的士大夫旨趣的写照。

虽然中国自古以来，由于种种内外原因，战争频仍，多次出现人们"执其兵刃毒药水火，以交相亏贼"的"天下大乱"时期，但作为农业民族的华夏—汉人所心向往之的是社会安定，是"饥则得食，寒则得衣，乱则得治，此安生生"[2]。

为了求得社会安定，中原地区的汉人政权曾多次对周边游牧民族采取"和亲"政策，其中汉元帝时的王昭君（约前54—前19）出嫁匈奴呼韩邪单于（？—前31），便是一个最著名的故事。关于"昭君出塞"，有"赐婚"说、"自请"说两种记述，前者始出《汉书·元帝纪》"赐单于待诏掖庭王嫱为阏氏"，后者始于《后汉书·南匈奴传》"昭君入宫数岁，不得见御，积悲怨，乃请掖庭令求行"。然无论两说哪一种更符合历史实际，以昭君和亲匈奴见之正史，是真实事件无疑，围绕此一事件，评述甚多，而这些评述颇能反映农耕文明的社会心态。历代士

---

① 〔清〕陈捷书法：《东坡赏心十六事》（《冯氏藏墨》）。

② 《墨子·尚贤下》。

子围绕"昭君出塞"这一事件所写诗文极多,汉代已有怜昭君远嫁的歌咏,晋代石崇作《王明君词》后,此类诗作更接踵而来,唐代李白、王维、杜牧、白居易,宋代王安石、欧阳修等文学大家竞相创作吟唱昭君的诗篇。这些作品虽各有抒发,但从文化心理上分析,几乎全都流露出对于永别故土的王昭君的无限同情,"一去心知更不归,可怜着尽汉宫衣"①,"不识黄云出塞路,岂知此声能断肠"②,这正是以安土乐天为生活旨趣的农耕民族特有的情致意境。当然也有超越汉胡界限的评说,如宋人吕本中《明妃》云:"人生在相合,不论胡与秦。"这又是一种境界。

农耕人追求安土乐天,不仅要防范或平息游牧人的骚扰,更多的则是抗拒或逃避暴政的肆虐。晋代陶渊明的《桃花源记》所描绘的那个质朴宁静,几近"无差别境界"的乌托邦世界,正表达了处于乱世流离间的农耕人对和平安宁的执着渴求。唐代王维作《桃源行》则以桃源为仙源,"初因避地去人间,及至成仙遂不还";刘禹锡的《游桃源诗一百韵》和韩愈的《桃源图》,都极尽仙家之乐,曲折表述了安土乐天的意趣。宋代王安石的《桃源行》点明桃源人来此"避秦"也即逃避暴政的意图,并抒发了"重华一去宁复得"(虞舜之后不再有安宁太平了)的感慨。③ 这类一往情深地企望和平宁静的思想情感,在农耕人中千古不衰。这种国民精神的利与弊、得与失,在中国历史上表现得淋漓尽致。

正因为安土乐天是广大华夏—汉人的生活渴望,所以"安民以固邦本"成为中国一条传之久远的治国方略,所谓"民为邦本,本固邦宁"④,所谓"安民可与行义,而危民易与为

① 《明妃曲》,《王安石全集》卷四十。
② 《明妃曲和王介甫作》,《欧阳修全集》卷八。
③ 见吴熊和:《唐宋诗词探胜》,浙江人民出版社1981年版。
④ 《尚书·五子之歌》。

非"①，所谓"审几度势，更化宜民，救时之急务也"②，都讲的这个道理。

兼顾"亲亲"与"尊尊"的儒家学说，又广为采纳道家、法家、墨家、阴阳家，并进而援佛入儒，形成一个自洽的伦理——政治体系，在汉以后构成中华精神文化的主体，乃是因为它同小农业与家庭手工业相结合的自然经济最相契合。这种精神文化直至现代仍然有深广影响（该影响有时以变态形式出现），除因为精神文化具有相对独立性，当经济土壤发生变异后仍然要长期发挥作用外，还因为直至近代，手工生产的小农业仍然是中国的一个基本社会存在。19 世纪中叶以降，中国的社会经济发生重大变化，小农业与家庭手工业相结合的自然经济渐次解体，但这个解体过程缓慢且不彻底。

直至目前，在我国辽阔的土地上还存在着三种分属不同历史阶段的生产方式：第一，半机械化的小农业，这种小农业一度采取集体生产方式，但手工劳作和基本上自产自销的状态并未改变，因此，后来又回复到单家独户的个体经营方式上来，并显示出相当的积极功能；第二，以机械动力为基础的近代机器工业；第三，以电子技术为基础的现代高技术产业。如果说，我国工业的现状是后两种生产方式的结合，我国农业的现状则是第一、第二种生产方式相结合。这就意味着中国至今还未全然脱出"农业文明"的固有轨道。只有通过现代化建设的逐步深入，促使社会生产力和生产方式上升到新的阶段，实现由"农业文明"向"工业文明"以及由"工业文明"向"后工业文明"的转型。

经济层面这种升进式转化给文化发展带来的影响，是复杂的，不能一言以蔽之。文化激进主义与文化保守主义等种种流

---

① 《新书·过秦中》。

② 〔明〕张居正：《陈六事疏》，《张居正集》第一册，湖北人民出版社1988 年版。

别正是这种复杂的文化生态的派生物，各有生存根基，各有社会价值，并行不悖，相得益彰，共构多元的文化生态。

七、和平主义与世界主义

（一）祈求和平

农耕经济是一种和平自守的经济。由此派生的民族心理也是防御型的。中国的传统礼教，其精义便在于"防"字，"君子之道，辟则坊欤？坊民之所不足者也。大为之坊，民犹逾之。故君子礼以坊德，刑以坊淫，命以坊欲"①。这种"防患于未然"的心态表现在军事上便是以防御战略为主。中华农耕区虽然不乏卫青（？—前106）、霍去病（前140—前117）这样"勤远略"的军事家，产生过汉武、唐宗、永乐、康熙这样开疆拓土的英武勃发的帝王，有过张骞、班超通西域，郑和下西洋之类的探险壮举，士子曾洋溢"宁为百夫长，胜作一书生"②的尚武精神，但国家和民族所孜孜以求的基本战略目标是"四夷宾服"式的"协和万邦"③。杜甫诗云："杀人亦有限，列国自有疆。苟能制侵陵，岂在多杀伤。"④反映了讲究"好生之德"⑤的华人既有抗御外敌入侵的决心，又不热衷于无限扩张疆域、滥杀生灵。作为华人国防观念鲜明象征的万里长城，无论可以赋予多少含义，但它毕竟是毫不含糊的防御性军事建筑，是作为农耕民族的华夏—汉人历来求统一、爱和平、固土自守的心理的物质表征。

明代万历年间来华的意大利耶稣会士利玛窦（他来华前曾

---

① 《礼记·坊记》。
② 《从军行》，《盈川集》。
③ 《尚书·尧典》。
④ 〔唐〕杜甫：《前出塞九首·其六》。
⑤ 《尚书·大禹谟》。

遍游南欧列国以及印度）指出，明朝军队是他所见到过的世界上数量最庞大、装备最精良的军队，但他发现，这支军队完全是防御性的，中国人没有想到过要用这支军队侵略别国。华夏—汉人所追求的是从事周而复始的自产自销的农业经济所必需的安定，这与中亚、西亚多次崛起的游牧民族以军事征服、战争掠夺为荣耀的心理大相径庭；与以商品交换和海外殖民为致富手段的海上民族对外展拓的意向也判然有别。一些游牧民族如成吉思汗时期的蒙古，一些海上民族，如古代的罗马人，近代的英国人、日本人，多次制订过征服全世界的计划，而在华夏—汉人汗牛充栋的经、史、子、集各类典籍中，可以发现先民有过"礼运大同""兼爱、非攻""庄生梦蝶""归墟五神山"之类美好的理想或奇妙的玄想，唯独难以找到海外扩张、征服世界的狂想。这大概只能用建立在自然经济基础上的农业民族平实、求安定的文化心理加以解释。

（二）农耕人的"一天下""平四海"想象

一种惯常说法是，西方文化是富于扩张性的外向型文化，这与西方人信奉的基督教的"普世主义"有关；而中国文化似乎是收敛性的内向型文化。此说仅见其一，未见其二。

作为农耕人的华夏—汉族主张和平自守，然而他们的想象力又并非禁锢于狭小天地。华人自古便有相当发达的"一天下""平四海"之类的理想。华夏古帝王即把"皇天眷命，奄有四海，为天下君""无怠无荒，四夷来王"① 作为"治道"的高妙境界。在《大学》等经典制订的修、齐、治、平的人生目标中，"平天下"是最高层次。虽然，在中国完成平天下大业的是那些武功盛大的强者，然而，如前所述，在华夏—汉族文化系统中极少有以武力征服世界的设想，至于"远人不服，则修文德以

---

① 《尚书·大禹谟》。

来之"①, 以仁政"陶冶万物, 化正天下"② 的说法则多见。梁启超正是在这一意义上, 把"世界主义之光大"作为中华文化的一大特色。他在论及古希腊人对此"未有留意"之后指出:

> 中国则于修身、齐家、治国之外, 又以平天下为一大问题。如孔学之大同太平, 墨学之禁攻寝兵, 老学之抱一为式, 邹衍之终始五德, 大抵向此问题而试研究也。虽其所谓天下者非真天下, 而其理想固以全世界为鹄也。③

这种非强权的, 建立在和平主义、伦理主义基础上的世界主义, 是东亚渊源深厚的农耕文明的产物。在欧洲, 世界主义迟至中世纪晚期才正式出现。在东亚哲人孔、老、墨之后一千多年, 欧洲文艺复兴前驱、意大利诗人但丁·阿利盖里 (1265—1321) 针对欧洲中世纪诸侯割据局面, 发挥"普世主义", 在《论世界帝国》一书中提出, 为了世界的福利, 有必要建立一统天下的世界帝国。因为全人类文明普遍一致的目的是全面地、不断地发展人的智力, 这就需要世界和平, 而要实现世界和平, 就必须建立一个统一的君主国家。④ 东西方哲人的这两种世界主义有异曲同工之妙, 然而东方孔、老、墨的世界主义较之西方哲人的世界主义要古老久远得多。

中华民族的世界主义不仅是一种学说和理想, 同时也有相当丰富的实践。华人的主体虽聚族而居于东亚大陆, 但也有不少成员移往海外, 尤以中印半岛、南洋群岛为多, 对于这些地区的开发其功甚伟。这也可以说是中华文化的"化被万方"吧。近世以来, 华人足迹更遍及五大洲, 他们在当地经济、文化领

---

① 《论语·季氏》。

② 《汉书·贡禹传》。

③ 梁启超:《论中国学术思想变迁之大势》,《饮冰室合集》文集之七, 中华书局 1989 年版。

④ 见 [意] 但丁:《论世界帝国》, 朱虹译, 商务印书馆 1985 年版。

域中所起的作用，为列国所公认。身处异邦的华人在汇入当地社会的同时，又保持着中华文化传统，长期结成华人社会。因此，一部完备的中华文化生态史，是应当包括华侨史在内的。遗憾的是笔者对此缺乏研究，只能寄厚望于时贤。

第四节　农耕文明优势终结及循环经济遗产

中国古文化的灿烂，建立在农耕经济充分发育的基础之上。而中国文化在近代落伍，又恰恰是小农业与家庭手工业相结合的自然经济向工业文明转型迟缓造成的结局。

一、小农业裹足不前，商品经济发展迂缓

中国商品经济产生甚早，商代出现端绪，到宋代已达到相当水平，无论是地方小市场（墟集贸易），还是城市市场，区域市场乃至全国市场，其繁荣程度都居当时世界先进地位，元初来华的意大利人马可·波罗对大都（北京）、泉州、杭州等处商业的发达表示惊诧和赞佩，便从一个侧面显示当时中国经济发展水平明显高于中世纪欧洲（包括马可·波罗生活的热那亚、威尼斯等中世纪欧洲发达地区）。

然而，这种商品经济毕竟是小农业与家庭手工业相结合的自然经济的辅助物，在自然经济的总框架未获突破以前，其发展程度是有限的，如明清商品经济的水平较之宋元并无进展，有些方面甚或跌宕。

明清的农业劳动生产率较之宋元，大体处在同一水平线上，按一些研究者估算，粮食产量明盛世（嘉靖万历间）较宋盛世（元丰间）约增长五成，清盛世（乾隆间）又比明盛世增长二倍

以上①，但这主要是靠扩大耕地面积和增加劳动力投入取得的，而"一夫产量"（一个农业劳动力的产量，代表劳动生产率）却基本没有增加（从宋至明几无进展，从明至清有所下降）；每个人口的粮食占有量，从汉代以后，也在徘徊中渐趋减少。另有经济史统计表明，中国粮食产量汉以后持续缓慢增长，反映农耕时代基本生活水平的指数——人均粮食占有量，宋、明及清初达到高峰，因人口增长超过粮食增速，清中叶人均粮食占有量开始下降，从清末、民国直至20世纪70年代，大体在晚清水平线徘徊（见表2）。

表2　历代人均粮食占有量（市斤）②

时期	汉代	盛唐	北宋	晚明	清康雍乾	晚清
人均	456	1256	1333	1741	1705	705

随着人口的日趋增长，耕地面积又难以持续扩大，农业劳动生产率徘徊不前，人均粮食占有量在晚明至清中期达到峰值，晚清之际降至低位，此后也一直在清末的水平线上下浮动。

在以小农业为基础的自然经济束缚下，社会生产力不可能有大的展拓，商品经济也难以长足进展。宋代出现"都市革命"，城市走出军政中心的故辙，工商业繁荣，北宋名画《清明上河图》展示其情景。宋代达到中国古代商品经济巅峰，元明清已不复旧观。北宋的国家财政收入是唐代的三倍，七成取之于工商税，而明代国家财政收入仅为北宋的五分之一，工商杂税仅占12%，农业税占81%。清代大体沿袭明代。19世纪初叶，

---

① 见许涤新、吴承明主编：《中国资本主义的萌芽》，人民出版社1985年版，第8页。

② 据以下论著综合：曹贯一：《中国农业经济史》，中国社会科学出版社1989年版；张显清：《明代后期粮食生产能力的提高》，《学术探索》2005年第5期；余也非：《中国历代粮食平均亩产量考略》，《重庆师院学报》1980年第3期；吴慧：《历史上粮食商品率商品量测估》，《中国经济史研究》1998年第4期；唐启宇：《中国农史稿》，中国农业出版社1985年版。

当西欧资本主义突飞猛进，其商品走向天涯海角之际，中国商品经济仍裹足不前。鸦片战争前夕，中国国内市场主要商品流通量估计数为3.9亿两白银，以当时四亿人口计算，每人不到一两白银商品交换额。商品第一位为粮食，约占42%；第二位是棉布，约占24%；第三位是盐，约占15%。① 这种以粮食为主，以布、盐为辅的交换，不过是小农业与家庭手工业相结合的自然经济的补充，因为布的主要生产基地仍然在男耕女织的小农户之内，专业织户只占较小比例。

总之，中华文化昔日的风采，其物质基础和力量源泉，主要来自农耕经济；中华文化走向近代的历程坎坷崎岖，根源也在于这种自给自足的封闭型农耕经济难以突破，以及这种经济形态到宋代以后大体达到极限，在发生经济形态转型之前，生产力水平已不可能前进，整个文明也就只能在原有格局内缓慢运行。

小农业是中国传统文化得以滋生繁衍的土壤，其历史贡献不可抹杀。即使在20世纪70年代末以来四十年改革历程中，联产承包和小农户经营也发挥重要作用。然而，随着现代化的推进，农业经营规模狭小日益成为农业机械化、产业化、专业化、商品化的障碍。2007年中国每个农业劳动力占有耕地0.4公顷，美国、加拿大等发达国家农业劳动力人均耕地面积42.5公顷，超过中国百倍。农业劳动生产率中国约为发达国家的七十分之一，2010年中国农业劳动力人均产值545美元，高收入国家农业劳动力人均产值38347美元，② 亦为七十分之一。

走出数千年小农业故辙，实现农业规模化经营（以日本、韩国式家庭农场为主），是中国通向现代文明的必由之径。

---

① 见许涤新、吴承明主编：《中国资本主义的萌芽》，人民出版社1985年版，第17页。

② 见郭熙保、白松涛：《农业规模化经营：实现"四化"同步的根本出路》，《光明日报》2013年2月8日。

二、十六世纪以降文明创发源地西移

公元1世纪至15世纪的千余年间，中国曾是多种文明成就的创发源地之一。然而，中国古代科技存在缺陷，妨碍着近代转型。物理学家吴大猷（1907—2000）指出：

> 我国有些人士以为科学"我国自古有之"，看了英人李约瑟大著《中国之科学与文明》（即《中国科学技术史——引者注》）而大喜，盖其列举许多技术发明，有早于西欧数世纪的，足证超于西欧也。然细读该书，则甚易见我国的发明，多系技术性、观察性、纪录性、个别性……弱于抽象的、逻辑的、分析的、演绎的科学系统……
>
> 一般言之，我们民族的传统，是偏重实用的。我们有发明、有技术，而没有科学。[1]

自16世纪开始，尤其是18世纪以降，西方乘上近代文明快车，发扬自古希腊科学理性传统，实现科学革命，科技发明的策源地从中国转到西方。16世纪以降，显著改变人类思想观念、改变人类生活方式和生产方式的科技成就，皆由西方创发：

> 16世纪，哥白尼（波兰人）提出地球绕太阳转的宇宙观；伽利略（意大利人）等建立近代物理学。
>
> 17世纪，牛顿（英国人）力学说诞生，引发第一次科技革命（科学革命）。
>
> 18世纪，机械发明，英国人瓦特1765年发明设有与汽

---

[1] 转引自侯样祥编著：《传统与超越——科学与中国传统文化的对话》，江苏人民出版社2000年版，第45页。

缸壁分开的凝汽器的蒸汽机，引发第二次科技革命（技术革命）。

19世纪，进化论诞生，代表人物拉马克（法国人）、达尔文（英国人）；元素周期表，代表人物门捷列夫（俄国人）；发电机和电动机发明，引发第三次科技革命（电力和运输革命），代表人物是1821年发明电动机的法拉第（英国人）和发明多种电器的爱迪生（美国人）。

20世纪，爱因斯坦（德国—美国人）等的相对论和量子论诞生，引发第四次科技革命（相对论和量子论革命）；1946年计算机的发明和随之出现的互联网，引发第五次科技革命（电子和信息革命）。① 代表人物比尔·盖茨（美国人）、乔布斯（美国人）。

21世纪，将发生以生命科学、人工智能为基础，融合信息科技（大数据云计算）和纳米科技的第六次科技革命，目前仍由西方领先。②

一个民族或国度不可能自由地选择生产力，而只能在自己原有生产力的基础上创造新的生产力。中华民族通往现代化的基点，是以小农业为主体的经济形态。逐步促成这种经济形态的现代转型，以及随之发生整个文明的现代转型，是现代中国面对的一个战略性主题。

反顾16世纪以来的5个世纪，中国无缘前四次科技革命，逐步跌落为欠发达国家。19世纪中叶以降，中国开始追逐工业文明，自20世纪下半叶开始，更因势利导，跻身新科技革命，取得进步，但与世界前沿仍然存在较大差距。以农业而论，经过改革开放30年努力，至2008年，中国在化肥使用密度、水稻单产、人均蛋类供给、农村电视普及等方面达到农业现代化的

①② 见何传启：《第六次科技革命的三大猜想》，《科学与现代化》2011年第4期，第1、3页。

发达水平，而在农业劳动生产率、农业劳动力比例、农民人均产肉产粮等指标，皆处于欠发达水平。据中国科学院中国现代化研究中心统计，中国农业劳动生产率只是工业的 10%，约为世界农业劳动生产率平均值的 47%，仅为发达国家的 2%（约为美国的 1%）。[1]

随着 21 世纪中国的长足进展，攀登第六次科技革命制高点责无旁贷，在利用后发优势（也必须克服后发劣势），继续跟踪先进科技的同时，还要努力迈向原创之路，如此，中国方有望对人类文明再度作出较大贡献。

三、近人对东亚农耕文明的评述

古代中国人是在农耕文明与游牧文明的比较中，把握汉民族与周边民族各自文化特质的，而近代中国人则通过对比东方的大陆型农业文明与西方海洋型工业文明，对自己文化的特质重新加以界定。

19 世纪中叶以来，中国人从器物文化、制度文化到心态文化诸层面逐渐深入地把握东西文化的类型区别；20 世纪初叶，进而探究造成这种区别的缘故，着手考察东西文化各自的生成机制，这就把研究的触角伸向"文化生态"领域。

新文化运动时期，进行这类努力的颇不乏人。如杜亚泉（笔名伧父，1873—1933）在《东方杂志》发表文章，把中西文化的区别视作"性质之异，而非程度之差"，而造成这种差异的原因是民族斗争的有无和地理环境的区别。杜氏认为：

第一，"西洋社会，由多数异民族混合而成"，常常"叠起战斗"；中国民族虽非纯一，但各族"发肤状貌，大都相类"，彼此争夺，"仍为一姓一家兴亡之战，不能视为民族之争"。

第二，西洋文明发源于地中海沿岸，这里"交通便利，宜

---

[1] 见《农业已成为现代化的短板》，《光明日报》2012 年 5 月 17 日第 6 版。

于商业，贸迁远服，操奇计赢，竞争自烈"。而中国文明发达于黄河沿岸，这里"土地沃衍，宜于农业，人各自给，安于里井，竞争较少"。

这两方面的差别，导致东西方社会现象"全然殊异"，造成文化的大相分歧：西洋"以自然为恶"，"注意人为"，中国"以自然为善，一切皆以体天意遵天命循天理为主"。由此派生出西洋的"主动文明"，中国的"主静文明"。"两种文明，各现特殊之景趣与色彩。即动的文明，具都市的景趣，带繁复的色彩，而静的文明，具田野的景趣，带恬淡的色彩。"①

杜亚泉认为，东西文化只有类型之别，而无先进落后之差；李大钊则明确指出，西方工业文明高于东方农业文明整整一个历史时代。可见，杜、李二氏分别强调文化的民族性之别和时代性之差。然而，在剖析东西文化之别的原因时，李氏却与杜氏的说法难分轩轾。

李大钊（1889—1927）认为，"东洋文明主静，西洋文明主动"。继而他又将人类文明区分为"南道文明"（中国本部、日本、印度、埃及、波斯等）和"北道文明"（欧洲各国及蒙古、满洲），"南道文明者，东洋文明也；北道文明者，西洋文明也。南道得太阳之恩惠多，受自然之赐予厚，故其文明为与自然和解、与同类和解之文明。北道得太阳之恩惠少，受自然之赐予啬，故其文明为与自然奋斗、与同类奋斗之文明"②。这显然是从纬度差导致的气候差出发，解释东西文化的特性。

早年主张向西方文明学习，晚年力倡以东方文明拯救西方的梁启超，在分析东西文明类型差别的缘故时，与杜氏、李氏的观点和方法也大同小异，他主要从濒海性来区分东方大陆文化与西方海洋文化的差异，从地形地势来把握欧亚两种文明类

---

① 伧父（杜亚泉）：《静的文明与动的文明》，《东方杂志》第十三卷，第十号。

② 李大钊：《东西文明根本之异点》，《青治》季刊第三册。

型的生成机制。①

五四运动时期对文化类型的生成机制有较深入观察的是初步掌握唯物史观的陈独秀（1879—1942）等人。陈氏在肯定地理环境对历史文化有影响的同时，还注意从社会制度的不同来剖析东西文化的优势。他认为，在古代专制政体下，中西文化并无大异，到了近代，西方发生资产阶级革命，"群起而抗其君主，仆其贵族，列国宪章，赖以成之"，而东方社会仍迟滞不前，"自游牧社会，进而为宗法社会，至今无以异焉；自酋长政治，进而为封建政治，至今亦无以异焉"，这样，东西文化便产生了鲜明差异——西方已是近代社会之"近代文明"，而东方仍然是"宗法社会""封建政治"之下的旧式文明，未能脱出"古代文明之窠"②。这就注意到文化的时代性问题，而不是像杜亚泉那样一味强调文化的地域性、民族性。陈氏还提出，以"家族为本位"的宗法制度，是中国文化类型形成的重要因素。他说：

> 忠孝者，宗法社会封建时代之道德，半开化东洋民族一贯之精神也。③

陈氏企图从社会内部寻找造就中华文化特征的原因，他对文化生态的考察已不限于地理环境，而开始进入经济生活和社会制度层次，并由此揭示中华文化的宗法伦理型特质。

如果说，五四以前李大钊考察中华文化生成机制，主要视角是地理唯物论，那么，五四以后，他更多地转向经济和社会

---

① 见梁启超：《地理与文明之关系》，《饮冰室全集》文集之二，中华书局 1989 年版。

② 陈独秀：《法兰西人与近世文明》，《独秀文存》卷一，安徽人民出版社 1987 年版。

③ 陈独秀：《东西民族根本思想之差异》，《独秀文存》卷一，安徽人民出版社 1987 年版。

分析。李氏1920年指出：

> 东洋文明是静的文明，西洋文明是动的文明。
>
> 中国以农业立国，在东洋诸农业本位国中占很重要的位置，所以大家族制度在中国特别发达。原来家族团体一面是血统的结合，一面又是经济的结合……中国的大家族制度，就是中国的农业经济组织，就是中国二千年来社会的基础构造。一切政治、法度、伦理、道德、学术、思想、风俗、习惯，都建筑在大家族制度上作他的表层构造。看那二千余年来支配中国人精神的孔门伦理，所谓纲常，所谓名教，所谓道德，所谓礼义，那一样不是损卑下以奉尊长？①

李大钊还明确表示对"第三新文明"的向往，超越传统的东方文明（"灵的文明"）和当代西方文明（"肉的文明"），企望"灵肉一致之文明"②。

20世纪30至40年代，冯友兰创立文化类型说，以生产方式作为划分文化类别的尺度，并注意社会结构特征，指出近代西方是"以社会为本位的社会"，中国则是"以家为本位的社会"③，中西文化差异性的基因蕴藏于此。大约同期，梁漱溟则以"意欲"之别，区分文化类型，梁氏《东西文化及其哲学》一书指出，西方文化、中国文化和印度文化是三种不同"路向"的文化，西方文化是"意欲向前"的路向，印度文化是"意欲向后"的路向，中国文化是"意欲自为调和持中为根本精神"的路向，三种文化平行发展，没有优劣之分。④

---

① 李大钊：《由经济上解释中国近代思想变动的原因》，《李大钊选集》，人民出版社1959年版，第296页。

② 李大钊：《第三》，《李大钊文集》上卷，人民出版社1984年版，第184页。

③ 冯友兰：《新事论》，商务印书馆1940年版。

④ 梁漱溟：《东西文化及其哲学》，商务印书馆1999年版。

四、弘扬农耕生态智慧：顺应自然、节能生产、循环经济

进入工业文明时代，传统的农耕文明新生转进，当下一大契机，便是城镇化展开。20世纪末叶，中国城镇人口仅占总人口的二三成，2012年已超过一半，城镇化率达到世界平均水平。再过二三十年，城镇率可望达到七八成，接近发达国家水平。故21世纪上半叶是中国城镇化的关键时段，必须把握机遇，以消弭已历两千年的城乡二元结构，开辟知识经济引领的城乡融合的现代文明之路。

城镇化是农耕文明现代转型的一大出路，但在转型过程中切不可抛弃农耕经济的文明积淀。

农耕经济讲究"人—地—天"协调，所谓"夫稼，为之者人也，生之者地也，着之者天也"①，人的经济行为必须与天地时令配合。"天生四时，地生万财，以养万物，而无取焉……教民以时，天地之配也。"②"顺时宣气，蕃阜庶物。③"

农耕经济把人的生产活动置于自然再生产的基础之上，强调"不违农时"④，"生之有道，用之有节"⑤，将生活、生产中的废弃物（粪便、垃圾、作物秸秆）转化为资源，"化恶为美"，"余气相培"；把土壤视作有生命的活的机体，使土地"其力常新壮"。

中国传统农业不朽的精神价值在于：**物资循环，低能消耗；多种经营，综合发展；以种植业为主，重视植物蛋白利用；用养结合，使地力常新；集约耕作，提高土地利用率。**在培育作

---

① 《吕氏春秋·审时》。
② 《管子·形势解》。
③ 《汉书·货殖传》。
④ 《孟子·梁惠王上》。
⑤ 《资治通鉴》卷二三四。

物、家畜良种以及制作精巧农具，利用自然力，特别是水利工程方面，中国也有不少举世瞩目的创造。

这些农业生产经验，蕴含着宝贵的生态智慧，与现代循环经济理念古今辉映。

1960 年代，美国生态学家 K·波尔丁提出"循环经济"概念，中国环境保护学者曲格平等阐发该说。现在"循环经济三原则"已成共识：

（一）资源化原则（各类物资转化为生产资源）
（二）再利用原则（物资再利用，化废为宝）
（三）减量化原则（减少能源和物资消耗）

传统农耕经济把农业生产、农产品加工，农业废弃物资源化，通过农业产业链有机组合，产品互动，"相继以生成，相资以利用"，将"天养"（自然再生产）与"人养"（人力再生产）有机结合起来。[①] 这都暗合循环经济三原则，形成"资源—产品—再生资源"周而复始的循环过程。传统农业的生产力水平低下，需要在现代经济运行过程中接受洗礼，大加改进，然而，农耕文明积累的生态智慧及经验理性，具有不可磨灭的价值，应为今人继承、发扬。

---

① 见《荀子·天论》。

第四章　社会制度

　　在由地理环境—经济土壤—社会制度共构的文化生态系统中，社会制度是切近内核的部分。作为规范、礼俗的集合，社会制度指人类结成的各类组织（家族、社群以至于国家、国家联盟），具有社会统制性，是文化生态运行的操作中枢。一位心理学家说："人类心智广大的可塑性，近乎全然为他周围的一切所决定，其中最大的影响力也许来自个人所生存的社会。"① 因此，对社会结构的分析，必须深入文化生态研究的里层。

　　自跨入文明门槛，东亚大陆的社会组织从部落联盟进而为国家，其国家的制度形态多有变迁，而大的类别，前有宗法封建的周制，继有君主集权的秦制。周制与秦制既相区隔又相联系，共同制衡周秦之际以降两千多年的社会生态。

第一节　宗法封建的"周制"

　　"周制"之名古已有之，《左传》《国语》等先秦史籍载述周制情节，儒者乐道此制。周制的宗法、封建二义，上承氏族制遗绪，初兴于商代，成熟于西周，贵族政治与领主经济为其

---

① 　［美］普汶：《人格心理学》，郑慧玲编译，桂冠图书出版社1982年版。

基本内容。东周以降，周制"封建"式微，渐被"郡县"取代；而周制的"宗法"，经调整后继续流行，至近代仍延绵不绝。近人严复揭示周制中"封建"与"宗法"二旨在后世分别演变的状况：

> 由唐虞以讫于周，中间二千余年，皆封建之时代，而所谓宗法亦于此时最备。其圣人，宗法社会之圣人也。其制度典籍，宗法社会之制度典籍也。物穷则必变，商君、始皇帝、李斯起，而郡县封域，阡陌土田，燔诗书，坑儒士。其为法欲国主而外，无咫尺之势。此虽霸朝之事，侵夺民权，而迹其所为，非将转宗法之故，以为军国社会者欤？乃由秦以至于今，又二千余岁矣，君此土者不一家，其中之一治一乱常自若，独至于今，籀其政法，审其风俗，与其秀桀之民所言议思维者，则犹然一宗法之民而已矣。①

简言之，"封建"至周末已大体终结（遗绪尚存），而"宗法"却延传至近代。

中国自产生国家后，就政体而言，出现过神权制、贵族制、君主制等几种形态，其间以君主制历时最久，而宗法制始终与君主制相伴。

自战国以降，宗法制度的古典形态渐趋解体，然其遗韵却长期保留并演为新的形态，深藏于政权、族权、神权、夫权之中。在中国延续时间甚长、获得完备形态的君主制度与宗法制度互为表里，形成一种"家国同构"的宗法系统。这种社会系统与中国的农耕型自然经济相适应、相应援，深刻影响着中华文化生态的外在风貌和内在品格。

---

① 严复：《译〈社会通诠〉自序》，《严复集》第一册，中华书局1986年版，第135页。

一、宗法：氏族血缘纽带遗存

"宗法"是周制的灵魂。人类文明演进的大致趋势，是社会组织关系的主体由血缘向地缘及业缘进化。这一点，在世界各民族文化史上都体现出来，不过因为各个民族的具体生存条件不同而有形态差异。古希腊是由血缘政治转变为业缘—地缘政治的典型。

生活在海洋型地理环境中，较早从事工商业活动的希腊人，跨入文明社会（以文字的发明和使用为标志）以后，逐渐挣脱氏族社会的血缘纽带，以地域和财产关系为基础的城邦组织取代以血缘关系为基础的宗法组织。这显然与古希腊人漂洋过海，到地中海沿岸建立殖民城邦的经济活动直接相关。英国文化史家汤因比（1889—1975）分析道：

> 海上迁移有一个共同的简单的情况：在海上迁移中，移民的社会工具一定要打包上船然后才能离开家乡，到了航程终了的时候再打开行囊。所有各种工具——人与财产、技术、制度与观念——都不能违背这个规律。凡是不能经受这段海程的事物都必须留在家里，而许多东西——不仅是物质的——只要携带出走，就说不定必须拆散，而以后也许再也不能复原了。在航程终了打开包裹的时候，有许多东西会变成饱经沧桑的，另一种丰富的新奇的玩意了。……
>
> 跨海迁移的第一个显著特点是不同种族体系的大混合，因为必须抛弃的第一个社会组织是原始社会里的血族关系。一艘船只能装一船人，而为了安全的缘故，如果有许多船同时出发到异乡去建立新的家乡，很可能包括许多不同地方的人——这一点和陆地上的迁移不同，在陆地上可能是整个血族的男女老幼家居杂物全装在牛车上一块儿出发，

在大地上以蜗牛的速度缓缓前进。……

跨海迁移的苦难所产生的一个成果……是在政治方面。这种新的政治不是以血族为基础，而是以契约为基础的。……在希腊的这些海外殖民地上，……他们在海洋上的"同舟共济"的合作关系，在他们登陆以后好不容易占据了一块地方要对付大陆上的敌人的时候，他们一定还和船上的时候一样把那种关系保存下来。这时，……同伙的感情会超过血族的感情，而选择一个可靠的领袖的办法也会代替习惯传统。①

汤因比关于古希腊人的血缘纽带因频繁迁徙而迅速解体，血族关系代之以契约关系的辨析，还可以从古希腊神话中找到旁证。泰顿巨神族夫妇争权、父子夺位；迈锡尼阿伽门农为妻所杀，其子俄瑞斯忒斯又杀母为父报仇；黑暗之神爱莱蒲司逐父娶母等故事，无不形象地表现了古希腊这一时期氏族制解体、血缘纽带断裂的史实。

与古希腊不同，中华氏族社会的解体，是在别样的地理环境和经济生活背景下进行的。

中华先民栖息于东亚大陆辽阔的原野间，很早就从事定居农业。华人的主体——农民，世代相沿，大体稳定地聚族而居，"一村唯两姓，世世为婚姻，亲疏居有族，少长游有群"② 是中国广大农村长期沿袭的情形。这种生活方式培养了中国人对于故土特别执着、深厚的情感，他们这样赞美大地：

> 至哉坤元，万物资生，乃顺承天。坤厚载物，德合无疆，含弘光大，品物咸亨。③

---

① ［英］汤因比：《历史研究》，曹未风等译，上海人民出版社1997年版，第129—132页。

② 《朱陈村》，《白氏长庆集》卷十。

③ 《周易·坤卦·象传》。

如果说先民对苍天敬畏如严父，那么对大地则亲近如慈母，"乾，天也，故称乎父；坤，地也，故称乎母。"① 《礼记》也说：

> 地载万物，天垂象，取财于地，取法于天，是以尊天而亲地也。②

以农事耕作为主要生活来源，以及由这种生活方式决定的对于土地的深深眷恋，使中华先民自古养成"安土重迁"习惯，而少有古希腊人那种视海疆为坦途，以征伐为乐事的气度，他们所怀抱的，往往是"鸟飞反故乡兮，狐死必首丘"③ 式的对家乡故土的一往情深。除少数行商走贩和"宦游"士子外，占人口绝大多数的农民，终身固着于土地之上，"日出而作，日入而息"，男耕女织，安居乐业。除非遭遇严重的灾荒或战乱，否则是不愿离乡背井的。即便是为了躲避一时的灾祸而出走的农民，只要条件可能，又总是迫不及待地回归家园。"故土难离""落叶归根"几成中华先民数千年一贯的心理定势。中华先民以农业社会形态经历着氏族制度解体的过程，不同于古希腊人以海外殖民、工商贸易形态经历这一过程，因此从氏族社会遗留下来的、主要由血缘家族组合而成的农村乡社，世世代代得以保存。在中华民族的文化演进过程中，社会组织血缘纽带的解体，不如古希腊那样充分，而这正是宗法制度在中国数千年不衰的历史渊源。

华夏族跨入文明社会，大约从公元前21世纪的夏朝开始，阶级产生，氏族部落酋长职能向王权转变，引起氏族部落成员

---

① 《周易·说卦》。

② 《礼记·郊特牲》。

③ 《楚辞·九章·哀郢》。

的反抗，夏王凭借军事力量实行对各部族方国的征服和压迫。但此时，不论是夏人内部还是被征服的部族方国内，氏族血缘关系基本保存下来。公元前16世纪，商人在氏族公社关系继续存在的情况下取夏而代之，社会结构表现为以商王为最高家族长的血缘家族系统。农业生产的基本组织形式还是以血缘关系为纽结的农村公社，其直接生产者"族众"与古希腊社会中的债务奴隶、战俘奴隶大不一样，他们是家长制公社关系下有一定身份自由的农人，那时也有"奴"和"隶"，主要是贵族的家内奴隶。这便是西方古典劳动奴隶制与东方家庭劳役制的区别，而后者恰恰是以血缘家族关系存留、血缘纽带解体不充分为首要特征的。

总之，希腊、罗马奴隶制是借由社会分工和商品交换较发达造成氏族公社解体、氏族内部发生对抗性矛盾、出现大量债务奴隶而实现的，这种奴隶制不是以血族关系，而是以地域（城邦）来组成国家。而中国商周制度的形成中，商品交换因素起着次要作用，畜牧业与农业分工后，战争掠夺成为补充财富的重要手段。每一氏族内部并未出现明显分裂，而是构成一个个以族长为首的氏族公社，族众都作为氏族的成员。《诗经》的多篇"农事诗"（《大田》《甫田》《丰年》等）对在族长统领下，族众集体劳作的情形有真切生动的描述，从中看不到奴隶主驱使奴隶的状况。殷墟甲骨文中，奴隶大都冠以族名，多是战俘。这种由氏族制派生而来的奴隶制，保留了氏族社会对内的聚合力和对外的排斥力。这种社会性格，对后世影响颇深，"非我族类，其心必异"①，"神不歆非类，民不祀非族"②，"君子以类族辨物"③，成为沿袭久远的传统观念。而"方以类聚，物以群分"④ 的社会组织原则正是宗法制的灵魂。

---

① 《左传·成公四年》。
② 《左传·僖公十年》。
③ 《周易·同人卦·象传》。
④ 《周易·系辞上》。

原始社会父家长制家庭公社成员之间有着牢固的亲族血缘联系，宗法制正是这种血缘联系与社会政治等级关系密切交融、渗透、固结的产物。

宗法制是一种庞大、复杂却井然有序的血缘性社会构造体系。社会的最高统治者君王自命"天子"，即天帝的长子，应天命治理普天之下的土地和臣民。从政治关系看，他是天下的共主，从宗法关系看，他又是天下的大宗，即大族长。君王之位，由嫡长子继承，世代保持大宗地位，其余王子（嫡系非长子及庶子）则被分封为诸侯，他们相对于位居王位的嫡长子为小宗，但各自在其封土内又为大宗，其位亦由嫡长子继承，余子则封卿大夫。卿大夫以下，大、小宗关系依上例。宗法制也适用于异姓贵族。西周行同姓不通婚制，因此，同姓之间是兄弟叔伯系统，异姓之间多为甥舅亲戚。

宗法制度初兴于商代，完备于西周，其内容有三。

1. 嫡长子继承制

嫡长子继承制是宗法制的核心。如果不规定嫡长子继承王位的特权，不严格区分嫡长子与非嫡长子（即"别子"），那么大、小宗关系便无由确定，宗法制便无从谈起。

夏、商两代，社会组织结构上的血缘联系基本保持，但在政治权力尤其是国家最高权力的承递上，并没有一定之规。以商为例，从汤至纣，共三十一王，王位递嬗三十次，其中兄终弟及者十四，父死子继者十六，几乎各占一半。依商朝"兄终弟及"的继承制度，兄死，王权由弟继承，直至少弟死后，再由长兄之子继王位，以下又重行"兄终弟及"。但是，自第十一王仲丁之后，这一制度发生危机。继位之弟死，弟之子却不肯还王位于兄之子，王室一片混乱，"废嫡而更立诸弟子，弟子或争相代立"。[1]

就血亲关系而言，兄弟当然不如父子亲密。周人一改"兄

---

① 《史记·殷本纪》。

终弟及"为"父死子继"，主要是为了利用家族父子血亲情感来维系王权的秩序性，以避免王位继承的纠纷。但是，君王后妃成群，儿子有嫡、庶之分，嫡子又有长幼之别，为了防止诸子争位，于是确定"立子以贵不以长"①（嫡子先于庶子）、"立嫡以长不以贤"②（嫡长子先于嫡次子）的王位继承制度。

2. 宗法即兄弟之法

嫡长子继承王位，也就意味着继承天下的全部土地、人民和财富。为了处理好与诸弟的关系，嫡长子又分别将若干土地连同居民分封给诸弟，并允许诸弟享有对这一部分土地、居民的统治权和宗主地位。这在政治上是"授土授民"，在宗法上是"别子为祖"。二者合一，便是"建母弟以屏藩周"，处理好嫡长子与别子的关系，对于巩固嫡长子的最高统治权力和天下宗主地位，大有裨益。此即"宗法即兄弟之法"。

3. 宗庙祭祀制度

宗法之"宗"，"宀"为房顶，"示"为神主，合指供奉神主之位的庙宇，其原始义为"尊祖庙也"③。宗法制以血缘亲疏来辨别同宗子孙的尊卑等级关系，以维系宗族的团结，故十分强调"尊祖敬宗"。而实现这一目的的极好形式，是隆重庄严的宗庙祭祀制度。商人也有繁复的祭祀典仪，但不像西周人那样具有严格的宗法意义。西周时代，祭祖是大宗的特权，小宗则无此权力，所谓"支子不祭，祭必告于宗子"④，又所谓"庶子不祭祖者，明其宗也"。大宗的尊贵地位以及重大责任，通过隆重庄严的宗庙祭祀制度鲜明体现出来，这就是所谓"大宗者，尊之统也；大宗者，收族也"⑤。"收族"，就是"别亲疏，序昭穆"，组织、团结族人。

宗法制度下，君王是天下大宗，故君王主持的宗庙祭祀，

---

① ② 《公羊传·春王正月》。

③ 《说文解字·宀部》。

④ 《礼记·曲礼下》。

⑤ 《仪礼·丧服》。

意义极为重大，制度也极为严密。周朝以前，天子的宗庙为"五庙"：

考庙——父庙①；

王考庙——祖父庙；

皇考庙——曾祖父庙；

显考庙——高祖父庙；

太祖庙——又称太庙，供奉始祖以及始祖以下、高祖以上各代祖先的神主。

到了周代中期，尽管文王、武王功业辉煌，但按周人世系的排列，他们已不复于考、王考、皇考、显考辈，按制不当单独立庙受祀。周人追念文、武功业，"有德之王，则为祖宗，其庙不可毁"②，故增设文武二世室庙，将文武以下、显考以上诸神主供奉于其中，这样便成为"七庙"，即《礼记·王制》所载"天子七庙，三昭三穆，与太祖之庙而七"，其排列严格有序。太祖庙居中，以下逐代分列左右，昭辈居左，穆辈居右。三昭为武世室、显考庙、王考庙，三穆为文世室、皇考庙、考庙。

周代严格的宗庙祭祀制度，对维系以家族为中心的宗法制度和政权的巩固发挥过显著作用。这一传统被后世统治者承袭，以至于后来"七庙"成为王室或国家的代称，贾谊《过秦论》称"一夫作难而七庙隳"，便以宗庙的毁灭喻示秦王朝的覆亡。正因为如此，历代君王都十分重视宗庙的营建，将其与社稷并重，共同作为国家权力的象征。王宫之前，左祖右社的制度一直沿袭至明清。今北京故宫前居于天安门之左的劳动人民文化宫便是明清的太庙，居于右的中山公园则是明清的社稷坛，此即"左祖右社"格局。"左祖"是宗法的标志，"右社"是国土的象征，它们共同喻示王朝的血缘系统和对全国土地、臣民的不容置疑的占有。

---

① 《礼记·曲礼下》："生曰父，死曰考。"

② 《尚书注疏·太甲下》。

二、封建：宗法原则下的天子—贵族分权制

周制的另一要旨是"封建"，而此旨又与"宗法"密不可分。

史籍常将"封建"上溯到远古时代。《史记·五帝本纪》称，黄帝集合诸侯，诸侯尊黄帝为"天子"，黄帝"置左右大监，监于万国"。这里的"诸侯""国"，是以后世之名称借指上古，实为氏族、部落，并非已进入文明阶段后的"国家"。黄帝应是传说中多个氏族、部落联合体的公举领袖，并非"国君"，也谈不上黄帝"分封"诸侯。较有依据的是"三代封建"说。夏、商的最高统治者称"帝"，由帝分封部落方国；周的最高统治者称"天子"（或"王"），由天子分封诸侯。

夏分封。夏代开始跨入文明门槛（使用金属器具、建城立国），早期分封出现。司马迁说："禹为姒姓，其后分封，用国为姓，故有夏后氏、有扈氏、有男氏、斟寻氏、彤城氏、褒氏、费氏、杞氏、缯氏、辛氏、冥氏、斟戈氏。"[1] "姓"因"生"（血缘）而来，"氏"因"土"（地缘）而来，所谓"因生以赐姓，胙之土而命之氏"[2]。《史记·夏本纪》讲到夏王分封的部落方国，均为以姓、氏命名的小国，然而它们都是血缘与地缘的结合体。夏至今尚未发现传世文字，夏代封建带有传说性。

商分封。关于商代封建，司马迁说："契为子姓，其后分封，以国为姓，有殷氏、来氏、宋氏、空桐氏、稚氏、北殷氏、目夷氏。"[3] 其封国仍以姓、氏为单位。殷商分封现有发掘出的甲骨文为证。殷墟时期的甲骨文显示，殷商已有分封子弟之制，如商王武丁时有许多封国，封为"侯爵"的称"侯～"（如封在

---

[1] 《史记·夏本纪》。

[2] 《左传·隐公八年》。

[3] 《史记·殷本纪》。

雀地的称"侯雀"），封为"子爵"的称"子~"（如封在宋地的称"子宋"）。商代封爵有侯、伯、子、男、任、田、亚、妇等数种。顾颉刚据此认为殷时已有系统的封建制。[1] 胡厚宣据甲骨文材料曾作《殷代封建制度考》，论证封建制度至少始于殷高宗武丁之世。[2] 晁福林也经考索称："卜辞中有称子某的贵族九十余位，其中有一些可能是商王的儿子，但大部分应当是子姓贵族。"[3] 周初发布的诰命中，有"伊""旧""何""父""兒""耿""肃""执"诸姓，《逸周书·商誓》称其为"殷之旧官人"，此八部族当为商朝分封的异姓诸侯，周初继续受封。

夏与商进行的是氏族分封，形成的是一种氏族联盟式的邦国群体，或者说，夏、商分封是对氏族邦国群体的承认。夏、商分封可划入"氏族封建"之列，其情形并未脱传说性。

周分封。封建成为完备制度，当在西周初年。王国维论及"周人制度之大异于商者"，第一项便是：

> 立子立嫡之制，由是而生宗法及丧服之制，并由是而有封建子弟之制，君天子臣诸侯之制。[4]

此处周代始有"立子立嫡制"之说似应修正，据考，殷代自庚丁后已五世传子[5]，故殷时已行封建子弟之制。然而，王氏将封建制的完备化确定在西周，乃不刊之论。西周结束了夏、商的氏族邦国联盟状态，逐步进入一姓（异姓辅佐）掌控天下

---

① 见顾颉刚：《顾颉刚古史论文集》第二册，中华书局1988年版，第329—330页。

② 胡厚宣：《殷代封建制度考》，《甲骨学商史论初集》，河北教育出版社2000年版。

③ 晁福林：《夏商西周的社会变迁》，北京师范大学出版社1996年版，第250页。

④ 王国维：《殷周制度论》，《观堂集林》卷十，中华书局1959年版。

⑤ 见《史记·殷本纪》。

的政治格局，这对后世中国影响深远。

封土作邦的"周初大封建"，与周人对"东土"的征服和殖民相关。周金文关于分封多有记载，如西周早期盂鼎铭文称"武王嗣文王作邦"。"作邦"即"封国"，可见周初把"封邦建藩"视作震慑"东土"的头等大事。召伯虎敦铭文称"仆墉土田"，讲到受封者在封土上行使政治管理权。再参之《诗经·鲁颂·閟宫》关于周王封鲁的记述，周初的封土作邦历历在目。至于战国以降的史典《左传》《史记》等，关于"封土建国"的描述更加详细具体。顾颉刚据以给"封建"下定义：

> 国王把自己的土地和人民分给他的子弟和姻戚叫做"封建"，封是分划土地，建是建立国家。[1]

一种值得注意的现象是，战国以来的儒者不断"修饰"古代封建，将之整齐划一，加以理想化。《孟子·万章下》等战国时期典籍有公、侯、伯、子、男五等爵的记载。成书于西汉的《礼记》，其《王制》篇称："王者之制禄爵，公、侯、伯、子、男，凡五等。"此种以周王为顶点的严格的班爵禄秩列，并非殷周时的实态，已发现的殷墟甲骨文、西周金文均未见有五等爵序列的记载。侯外庐说："三代'封建'的'秘密的形态'，是从战国至秦、汉时代的学者所裁制的一件神秘的外衣。"[2] 侯氏所言若指殷周不存在封建形态，恐言之过甚；若指整齐的"五等爵"序列系后世裁制，则自有道理。

成书于战国的一些文献涉及西周及春秋封建制的不胜枚举，而最具概括力的是《孟子·尽心下》的一段话："诸侯之宝三：土地、人民、政事。"如果说，在"礼乐征伐自天子出"的西

---

① 顾颉刚：《周室的封建及其属邦》，《顾颉刚古史论文集》第二册，中华书局 1988 年版，第 329 页。

② 侯外庐：《中国古代"城市国家"的起源及其发展》，《侯外庐史学论文选集》上，人民出版社 1987 年版，第 116 页。

周，诸侯尚未充分掌控此"三宝"，那么，春秋战国的诸侯确乎拥有由"土地、人民、政事"组成的完整主权，这既有别于西周封建，又与秦以后的中央集权政制大不相同。

在先秦语境中，"封建"主要是一个政治制度概念，与经济的、社会的制度也有联系。一位经济史家说：

> 这样一个巨大的历史变革，在中国是发生在西周初年，从中国的全部历史发展过程来看，这个巨大的历史变革只能发生在西周初年。[①]

西周封建制生成于较为后进的周人征服较为先进的殷人及东方诸部族的过程中，在"小邦周"取代"大邦殷"之际，封建制从周人的氏族制过渡而来。此种进程与西欧封建制的形成有类似之处：西欧封建制并非罗马奴隶制国家制度的自然衍生物，而是由处于氏族社会的日耳曼人的军事征服与罗马某些因素相结合的产物，西欧封建制承袭日耳曼氏族制的若干特性。周代封建制是刚从氏族共同体走来的周人与殷商典制相互作用的结果。

周代封建制与宗法制、等级制相与共生。《左传》有两段关于封建制的名论，其一曰：

> 故天子建国，诸侯立家，卿置侧室，大夫有贰宗，士有隶子弟，庶人工商，各有分亲，皆有等衰。是以民服事其上，而下无觊觎。[②]

鲁惠公二十四年（前745），晋国内乱，封成师为曲沃伯，师服

---

① 傅筑夫：《中国经济史资料·先秦编》，中国社会科学出版社1990年版，第1—2页。

② 《左传·桓公二年》。

对此发表议论：国家立国的要旨，是本大而末小，方能稳固，周代自上而下层层封建：天子立诸侯，诸侯立卿大夫，等等。上下等级分明，以免觊觎乃至争夺。

其二曰：

> 昔周公吊二叔之不咸，故封建亲戚，以蕃屏周。①

周襄王准备联合狄人伐郑，大夫富辰劝谏道：周公因管叔、蔡叔联合殷后裔武庚叛周，故广封亲戚功臣，以作周室屏障，为周室辅。周与郑是封赐之国与受封之国的关系，不应相互攻伐。这"封建亲戚"（包括封同姓兄弟子侄以及异姓姻亲），其原则便是前一段话提及的"各有分亲，皆有等衰"的宗法制和等级制。

这两段话是春秋时人对西周封建制精义的阐发，都把"封建"的要旨归结为实行宗法制。概言之，西周宗法制包括嫡长子继承君统和余子分封两项内容，故分封制以宗法制为基旨，宗统与政统合而为一，又与等级制彼此渗透，由分封确认等级，因等级巩固分封。封建制的要旨在"分"，通过分封子弟、功臣，以分治领土、屏卫王室；宗法制的要旨在"合"，通过血缘纽带达到合族目标。封建之"分"与宗法之"合"，相为表里、彼此为用，是西周政治、社会稳固的基石。因此，如果把夏、商称为"氏族封建制"，那么西周则可称为"宗法封建制"。

三、周制确立中国传统社会初基

西周形成的宗法制兼备政治权力和血亲道德制约的双重功能，奠定了中国传统社会的基本构架，正如王国维所说：

---

① 《左传·僖公二十四年》。

周人制度之大异于商者，一曰立子立嫡之制，由是而生宗法及丧服之制，并由是而有封建子弟之制，君天子臣诸侯之制；二曰庙数之制；三曰同姓不婚之制。此数者，皆周之所以纲纪天下，其旨则在纳上下于道德，而合天子诸侯卿大夫士庶民以成一道德之团体。①

　　说西周宗法制度"纲纪天下"奠定了传统社会结构的定势，并非意味着后世承袭了西周宗法制的全部内容。事实上，严格意义上的姬姓宗法在西周末年已趋式微。《诗经·大雅·板》"宗子维城，无俾城坏"反映了周幽王时期生活，透露出宗法崩坏的音讯。春秋战国以后，西周时代由氏族贵族血缘纽带攀联而成的统治体系更呈瓦解之势，周初"兼制天下，立七十一国，姬姓独居五十三人"②，而历经春秋兼并，到战国时，七雄中仅燕国王室为姬姓，其余六国均由异姓掌权。秦汉以降，封建制被郡县制取代，但帝王及贵族继统仍由皇族及贵胄血缘确定，并继续分封王侯（实封或虚封），而实际掌握朝政的行政官员的选拔、任用，实行荐举、考试制，即以"贤贤"取代"亲亲"。不过，从总体上看，宗法制的影响仍长期笼罩华夏社会。这表现在以下几个方面。

（一）父系单系世系原则广泛实行

　　宗法制在公共职务和私有财产的继承方面，依据的是父系单系世系原则，在血缘集团世系排列上，排斥女性成员的地位。世界文明史表明，在由原始社会过渡到阶级社会的最初阶段，家庭关系方面突出父系单系世系似乎是各民族的普遍现象。如古罗马的《十二铜表法》（公元前5世纪）在财产继承权方面就只承认父系亲，而不承认姻亲。在这一法律的"当然继承人"

---

① 王国维：《殷周制度论》，《观堂集林》卷十，中华书局1959年版。
② 《荀子·儒效》。

概念中，包括子女和妻子，但不包括已婚女儿。而印度的《摩奴法典》（公元前3世纪）则对于未婚女儿也不给予继承权。但事实上，古希腊和古印度社会对于姻亲的继承权仍有变相的承认，准许无子者认外孙为子，公元前6世纪的希腊梭伦改革在男系亲属之后承认女系亲属的继承权。但是在中国西周，父系单系世系原则的奉行却极为严格。王位、君位、卿大夫爵位的继承，绝不超出父系亲范围，而且规定嫡长子为第一继承人。在家庭财产继承权方面，周代不同于印度《摩奴法典》"长子继承产业全部"的规定，而是允许几个儿子共同享有继承权，但不允许女性后裔和配偶继承财产。

严格的父系单系世系原则，在西周以后的悠悠岁月继续广泛实行。就政治权力继承而言，不仅防止母系成员染指，而且绝不传给本系女性后裔。"牝鸡之晨，惟家之索"①，便是对政治权力旁落女性的严厉警告。在欧洲列国（英、法、俄等）和印度，女王、女皇司空见惯，而中国除武则天（624—705）一例之外，从未有女性称帝者，偶有女后专权（著名者有汉初吕后，清末慈禧），则被视作异常，遭到朝野非议和史家抨击。在家庭财产继承方面，也没有女性地位。"嫁出的女儿泼出的水"，女儿嫁出，连姓氏都要随夫，当然无权继承父系遗产。甚至在某些专业技艺的传授方面，也有"传媳不传女"的家规，传媳可以为本家族增创财富，传女则意味着技艺财富流入异姓他族。

（二）家族制长盛不衰

周代以降，中国社会历经动乱，社会经济形态、国家政权形式多有变迁，但构成中国社会基石的，始终是由血缘纽带维系着的宗法性组织——家族。《白虎通·宗族篇》称："族者，何也？族者凑也，聚也，谓恩爱相流凑也。上凑高祖，下至玄孙，一家有吉，百家聚之，合而为亲。生相亲爱，死相哀痛，

---

① 《尚书·牧誓》。

有会聚之道，故谓之族。"由一个男性先祖的子孙团聚而成的家族，因其经济利益和文化心态一致，形成稳固的、往往超越朝代的社会实体，成为社会机体生生不息的细胞。这种家族制度虽几度起伏，却不绝如缕，贯穿于西周以下数千年间。此类记录不绝于书，仅在清代、民国的方志、宗谱中，就不胜枚举。

> 家多故旧，自唐以来数百年世系，比比皆是。①
> 兄弟析㸑，亦不远徙，祖宗庐墓，永以为依。故一村之中，同姓者至数十家或数百家，往往以姓名其村巷焉。②
> 乡村多聚族而居，建立宗祠，岁时醵集，风犹近古。③
> 每逾一岭，进一溪，其中烟火万家，鸡犬相闻者，皆巨族大家之所居也。一族所聚，动辄数百或数十里，即在城中者亦各占一区，无异姓杂处。以故千百年犹一日之亲，千百世犹一父之子。④

家族制度得以维系，仰赖祠堂、家谱和族田三要素。

祠堂供奉祖先的神主牌位，每逢春秋祭祀，全族成员在此隆重祭祀先祖，这是祠堂的首要功能。祠堂还是向族众灌输族规家法的场所，"其族长朔望读祖训于祠"⑤，"每月朔望，子弟肃衣冠先谒家庙，行四拜礼，读家训"⑥。对违反族规家法的不肖子孙实行惩处，也在祠堂内进行。"合族中设有以卑凌尊，以下犯上，甚至辱骂殴斗，恃暴横行者，须当投明族长及各房宗正，在祠堂责罚示戒。"⑦ 祠堂之设，在强化家族意识、延续家

---

① 《光绪安徽通志》卷三四引《徽州府志》。
② 《同治苏州府志》卷三引《县区志》。
③ 《民国福建通志》卷二一引《乾隆邵武府志》。
④ 《光绪石埭桂氏宗谱》卷一载潘叙。
⑤ 《同治广州府志》卷十五引《广东新语》。
⑥ 〔清〕蒋伊：《蒋氏家训》，载《借月山房汇抄》第七十二册。
⑦ 〔清〕陈士璠：《训诫》，载《义门陈氏大同宗谱·彝陵分谱》卷二。

族血脉、维系家族团结方面发挥巨大作用，正如清人全祖望（1704—1755）所言：

> 而宗祠之礼，则所以维四世之服之穷，五世之姓之杀，六世之属之竭，昭穆虽远，犹不至视若路人者，宗祠之力也。[1]

家谱是家族的档案、经典、法规。"族各有谱，凡支派必分列以序昭穆，故皆比户可稽，奸伪无托"[2]。家谱详细记载全族的世系源流、子嗣系统、婚配关系、祖宗墓地、族产公田、族规家法。家谱的首要作用是防止因年代久远或居处异动而发生血缘关系的混乱，从而导致家族的瓦解，其次它还是解决族内纠纷、惩治不肖子孙的文本依据。

族田是家族公共的田产，又分为祭田、义田、学田几类。族田主要用于招佃收租，但为防止族众对其侵蚀，一般规定本族中人不得承租，亦不得作租佃的中人。学田收入供族内儿童作学费，义田收入用以赈济贫困灾病，祭田收入用于开支祭祀的牺牲、礼仪、宴席。此外，有关族众公益的费用（包括资助族中青少年读书，此种族田又称学田），也都从族田收入内支付。族田是家族制度的物质基础。

如果说祠堂、家谱从精神上训导族众"尊祖敬宗"，那么族田则通过物质利益关系来达到"收族"的目的。所以清人倪元祖说："亲亲故尊祖，尊祖故敬宗，敬宗故收族。凡宗族离散，皆由不设义田宗祠之故。"[3]

---

① 《桓溪全氏祠堂碑文》，《鲒埼亭集》外编卷十四。

② 《嘉庆宁国府志》卷九引《旌县志》。

③ 〔清〕倪元祖：《宗规》，载《读易楼合刻》第一册。有关祠堂、家谱、族田的功能，见左云鹏：《祠堂族长族权的形成及其作用试说》，《历史研究》1964年第5、6期合刊。

（三）族权强劲

中国家族制度长盛不衰的显著标志，是族权在社会生活中的强大影响。

族权是以血缘关系为纽带而形成的一种特殊的社会权力，它从氏族社会家庭公社的父权中引申而来，随着家族制度的完善得以膨胀，终于成为与政权、神权、夫权比立而四的强劲的社会维系力量。

西周宗法制，族权与政权合一。秦汉以后，随着郡县制取代封建制，政权与族权渐趋分离。这一变动，给予族权以双重影响。一方面，国家政治权力从诸多方面制约族权，不让它直接干涉、损害政权，迫使它从属于政权，例如宗族首领官僚化；另一方面，又因为族权与政权分离，促使族权以独立形态获得保存与发展，在社会生活中产生强大影响。最明显的例证，便是东汉末年至南北朝时期出现的以宗族为核心、俨然与政权分庭抗礼的"壁主""宗部""宗主"等族权组织形式。宋明以后，随着家族制度的日趋完善，族权在社会生活中的作用也愈益深刻。陈忠实（1942—2016）的小说《白鹿原》展示了清民之际族权在乡间的运行状况。

宋人张载提出"立宗子法"，"管摄天下人心，收宗族，厚风俗"①。程颐进而指出：

> 若立宗子法，则人知尊祖重本。人既重本，则朝廷之势自尊。②

朱熹在《家礼》中设计了更为具体的宗子法方案，对祠堂、族田、祭祀、家法、家礼都有明确规定。理学家的这些努力，是

---

① 《宗法》，《张子全书》卷四。
② 《通礼杂录·祠堂》，《朱子家礼》卷一。

对宋以后族权不断完善和发展的社会现实的理论概括，而家族族权的膨胀又因这些理学家们谋划的"管摄天下人心"的宗法伦理的理论指导，朝着自觉巩固宗法制度的方向发展。

首先，族权有严密的、固定的组织形式。据清人刘献廷（1648—1695）《广阳杂记》卷四记载，镇江赵氏宗族有二万余丁，其族有总祠一人，族长八人佐之。举族人之聪明正直者四人为评事，复有职勾摄行杖之役事者八人。祠有祠长，房有房长。族人有讼，不鸣之官而鸣之祠，评事议之，族长判之，行杖者决之。

其次，族权与地方绅权结合。族权的人格化代表是祠长、族长、房长。一般这些职务均被"岁入五百元以上者""罢官在籍者""生员"等绅衿土豪主持，而并非严格依宗法血缘秩序由"宗子"担任。这也是后世家族制有别于西周宗法制的特点之一。

其三，族权与国家政权结合。这是宋明以后族权膨胀的主要原因和表现形式。应该指出，宋明以后族权与国家政权的结合并非恢复到西周宗法制那样的二者完全合一，而是族权自行存在，但维系宗法伦理、执行宗法礼教、巩固宗法统治方面与国家政权目标一致，并以自己的特殊功能来弥补国家政权在这些方面的缺陷。

在维系宗法伦理、执行宗法礼教方面，族权凭借自己的血缘宗法关系，较之政权，更易收到"管摄天下人心"的功效。"立教不外乎明伦。临之明宗，教其子孙，其势甚近，其情较切；以视法堂之威胁、官衙之劝戒，更有大事化小，小事化无之实效。"① 族权在执行礼法方面，其威力往往在地方官员和家长之上，因为族长与族众有血缘关系，比官吏更贴近族众；族长又不必像父兄那样碍于亲情，可对族众无所顾虑地施加教化，所谓"牧令所不能治者，宗子能治之，牧令远而宗子近也；父

---

① 《族事例》，《桂林陈氏家乘》卷七。

兄所不能教者，宗子能教之，父兄可从宽而宗子可从严也"①。对于违犯族规家法，也即叛逆礼教者，族权毫不手软地施以重惩，从鞭挞、刑杖乃至"缚而沉之江中"②。至于妇女因"失节""不贞"的罪名被族权处死的惨剧，更不知凡几！

在维护宗法秩序、巩固专制统治方面，族权在一定程度上承担了地方政权的职能，而它在以血缘亲属关系掩盖阶级关系方面的"优长"，又有效地粉饰了政权压迫。苏州范氏家族"设公案听断一族之事，立有钤记。死或他故，则更以钤记授后人。交替时必着公服，一若官府之受代然"③。又据胡朴安（1878—1947）《中华全国风俗志》下篇卷五载，清代安徽合肥地区家族"宗法极重"，族人争讼，取决于族绅，重大案件虽诉之官府，但"官之判断仍须参合族绅之意见"。由于族权多把持于豪绅之手，一旦发生农民战争，族权充当政权补充的效用更昭然于世。这在明清两代尤为鲜明。明末山西沁水农民造反，地主张道"合族姓义故三百人"与之对抗。河南地区大姓地主奉官府之命，组织同姓丁壮为乡兵，且以"乡约"规定，"各姓每月朔望必要点名齐演，如人怠惰不点者，察出重罚不贷"④。清道光十年，江西哥老会活跃，清廷下令："该处通省皆聚族而居，每姓有族长绅士，凡遇族姓大小事件，均听族长绅士判断。……其子弟有无入会匪等情；……如有不法匪徒，许该姓族长绅士捆送州县审办。"⑤ 太平天国兴起，清廷在南方诸省的统治岌岌可危，为稳定局势，清廷下令"凡聚族而居，丁口众多者，准择族中有品望者一人立为族正，该族良莠责令察举"⑥，建立"保甲为经，宗法为纬"的统治网。各姓地主更纷纷组织以族众为

---

① 《复宗法议》，《校邠庐抗议》下卷。
② 《广阳杂记》卷四。
③ 《大族制》，《人物风俗制度丛谈》甲集。
④ 中国历史博物馆存河南某地《团练乡约》，末署崇祯十五年十月初一日。
⑤ 《宣宗实录》卷一八一，道光十年十二月戊戌。
⑥ 《保甲》条，《咸丰户部则例》卷三。

基本力量，以族规为法令约束，以族权为指挥系统的"团练"武装，拼死与太平军抗争。太平天国军事上的失败，宗法性的团练武装纷起（以湘勇、淮勇、楚勇最著名）与之对抗是根本原因之一。

四、"家国同构"

周制延传给中国社会的要旨是"家国同构"。

"家国同构"是宗法社会最鲜明的结构特征。周礼规范的严整的宗法制虽然在晚周以后衰微，但"家国同构"基旨却始终贯彻于数千年中国社会。

家庭—家族与国家在组织结构方面的共同性，源于氏族社会血缘纽带解体不充分而遗留下来的血亲关系对社会组织的深刻影响，无论家与国，其权力配置都实行家长制。"国"在结构上与"家"一致，致使中国传统社会地缘政治、等级制度等摆脱血亲关系而建立的社会组织，始终未能独立于血亲宗法关系而存在。夏商是宗法奴隶制，周代是宗法封建制，秦汉以降是宗法君主集权制度。先秦的宗法封建国家和秦汉以降的宗法帝制国家，始终是父家长制延伸、扩大的变体。这是中国社会区别于印度、西欧的要处之一。

印度同样是在氏族制度解体不充分的情况下跨入阶级社会的，但印度没有建立中国式的父系家长宗法制度，而是形成独具特色的种姓制度。种姓制是严格的社会等级制度：婆罗门（僧侣）、刹帝利（武士）、吠舍（自由民）、首陀罗（被征服的土著居民）四大种姓判然有别，不同种姓间严禁通婚。每一种姓都有长老会议，有权裁判本种姓成员。由此观之，在印度，血亲关系在家庭乃至种姓内部依然存在，但在整个社会结构的维系方面，却基本不起作用。社会结构的严格等级制与家庭结构的血亲制有别，因此也无从出现"家国同构"现象。

西欧的氏族制在跨入文明门槛以后解体较为充分。古代西欧的贵族、平民、奴隶之间，等级差异十分鲜明；中世纪的僧侣、贵族、平民形成社会结构泾渭分明的三层次。血缘因素虽然存在，但地缘政治、等级政治更为强势。

与印度、西欧诸国相比，中国另成格局。传袭久远的宗法制度基于同族血缘关系与同乡地缘关系的结合，正如先秦典籍所称"胙之土而命之氏"①。在亲缘（氏）、地缘（土）基础上，又产生出神缘（供奉神祇宗教）、业缘（同业、同学）、物缘（由生产同种物品而结成的行会、协会）。当然，这种种关系网的母体是宗法关系。中国"五伦"（君臣、父子、夫妇、兄弟、朋友）之中，亲缘占三（父子、夫妇、兄弟），而且君臣、朋友关系也由亲缘关系推衍出来，君臣比拟父子，朋友比拟兄弟。总之，中国的社会伦理、国家伦理是从家族伦理演绎而来的。孝亲是中国道德的本位，又由孝亲推及为忠君，所谓"君子之事亲孝，故忠可移于君；事兄悌，故顺可移于长；居家理，故治可移于官"②。宗法家族成为"国"与"民"之间的中介，"国"与"家"因而彼此沟通，君权与父权也就互为表里，社会等级、地缘政治始终被笼罩在宗法关系的血亲面纱之下。社会赖以运转的轴心，是宗法原则指导下确立的父子—君臣关系。这种伦理—政治系统组成"家国同构"格局。

家与国的结构相似性表现在，家是小国，国是大家。在家庭、家族内，父家长地位至尊，权力至大；在国内，君王地位至尊，权力至大。父家长因其血统上的正宗地位，理所当然地统率其族众家人，而且这一正宗地位并不因其生命的中止而停辍，而是通过血脉遗传，代代相继。同样，君王自命"天子"，龙种高贵，君王驾崩，君统不辍，由其嫡长子自然承袭，如是者不绝。父家长在家庭内君临一切，"家人有严君焉，父母之谓

---

① 《左传·隐公八年》。
② 《孝经·广扬名》。

也"①。君王是全国子民的严父，"夫君者，民众父母也"②。就像皇帝通常被尊为全国的君父一样，皇帝的每一个官吏也都在他所管辖的地区内被看作是这种父权的代表。各级地方政权的行政首脑亦被视为百姓的"父母官"。简而言之，父为"家君"，君为"国父"。正因为君与父互为表里，所以治国与齐家也相互为用。所谓"治国必先齐其家者，其家不可教而能教人者无之。故君子不出家而成教于国"③。君父同伦，家国同构，宗法关系因之而渗透于社会整体，甚至掩盖了阶级关系、等级关系。

中华文化元典《周易》曾画龙点睛地指明国家制度与家庭的相互关系：

> 有天地然后有万物，有万物然后有男女，有男女然后有夫妇，有夫妇然后有父子，有父子然后有君臣，有君臣然后有上下，有上下然后礼义有所错。④

毫不含糊地把家庭关系作为国家关系的先导和基石，从而揭示"家国同构"精义。

家与国的结构同一性，导致了对家庭成员和国家子民品质要求的同一，即"忠孝相通"。所谓"求忠臣于孝子之门"，因为忠的内容与孝一样，是对于权力的绝对顺从，所不同的仅在于顺从对象一为君主，一为家长。正因为如此，《孝经》才说："君子之事亲孝，故忠可移于君。"又说："故以孝事君则忠。"《礼记》甚至将忠君视作"孝"的题中应有之义："事君不忠非孝也。"从这个意义上看，尊重、服侍长辈成了"孝"的次要内容："孝有大小，有偏全。扬名显亲，上也；克家干蛊，不坠先

---

① 《周易·家人卦·象传》。

② 《新书·礼三本》。

③ 《礼记·大学》。

④ 《周易·序卦传》。

人之志，次也；服劳奉养，又其次也。"①

社会组织的"家国同构"以及由此而来的"忠孝同义"，都是宗法制遗风流播的征象：

> 吾中国社会之组织，以家族为单位，不以个人为单位，所谓家齐而后国治是也。周代宗法之制，在今日其形式虽废，其精神犹存也。②

此言大略不差。

五、宗法范式下的社会心理

自战国以降，封建分权的"周制"衰微，代之而起的是"废封建，立郡县"，实行君主集权的"秦制"。然而，周制的另一基本要素——宗法精神及其制度，作为一种文化范式，在秦汉以下两千多年间延绵不绝，以至于严复说，近现代中国人仍为"宗法之民"③。

"范式"是指一个社会共同成员所拥有的规则和理论，标准和方法，还包括模糊的直觉，明显和不明显的形而上信念。从范式中产生文化共同体发展的"特殊的连贯的传统"④。

文化范式并非"半神秘的东西或属性"，它有着实实在在的可把握的社会存在的基础，这便是文化共同体成员置身其中的社会结构。这种范式决定国人的社会心理。

---

① 《家训》，《丛书集成续编》卷六十。
② 梁启超：《新大陆游记》，《饮冰室合集》专集之五，中华书局 1989 年版。
③ 严复：《译〈社会通诠〉自序》，《严复集》第一册，中华书局 1986 年版，第 136 页。
④ [美] 库恩：《科学革命的结构》，芝加哥大学出版社 1962 年版，第 10 页。

（一）血亲意识

中国古代的一大特色是，保持氏族社会的观念传统。

在氏族社会，血统联盟构成生活制度的基础，而血统联盟得以运转，不是依凭法治，而是遵循以血亲意识为主体的风俗习惯。中国是在血缘纽带解体不充分的情况下步入阶级社会，形成宗法制度的。与之相随，血亲意识，即所谓"六亲"（父子、兄弟、夫妇）、"九族"（父族四、母族三、妻族二）观念构成社会意识的轴心，而且其形态愈益精密化。经过历代统治者及其士人的加工改造，宗法制度下的血亲意识有的转化为法律条文（如"不孝"成为犯法的"首恶"），更形成宗法式的伦理道德，长久地左右着社会心理和行为规范。

对于血缘关系的格外注重，体现在亲属称谓系统的庞大而精细，不仅纵向区分辈分，而且在父母系、嫡庶出、年长幼等横向方面也有严格细微的规定。英语中的 uncle，汉语对应词有伯父、叔父、舅父、姑父、姨父，aunt 的汉语对应词有伯母、婶母、舅母、姑母、姨母。而汉语中意义截然不同的姐夫、妹夫、大伯、小叔、姻兄弟、舅父，在英语里均由 brother-in-law 笼而统之。在亲属称谓方面不厌其烦地"正名"，为着意强调血缘亲疏、系别的宗法关系。

宗法结构下的社会心理又表现为"孝亲"情感深厚。这不仅体现在对死去先祖的隆重祭奠以祈求他们保佑后代人丁兴旺、家族昌盛，而且更体现为对活着的长辈的顺从、孝敬，与"万恶淫为首"对称的，是"百善孝为先"。"孝亲"成为汉民族的道德本位。汉人虽然也崇拜天神，但绝没有希伯来人、印度人、欧洲人、阿拉伯人那样虔诚和狂热。耶稣受难曾激发起基督徒无以名状的心灵震撼，而中华民族却以"如丧考妣"来形容悲伤至极的情感。正是由于"孝亲"意识笼罩全社会，才使得多数中华儿女不至成为"六亲不认""无父无子"的宗教信徒。在中华文化系统内，孝道被视作一切道德规范的核心和母体，忠君、敬长、从兄、尊上等都是对孝道的延展，"以孝事君则忠""夫孝，始于事亲，中于事君，终于立身"①，点明宗法伦理的个中精义。

（二）固守传统

宗法结构下的社会心理还表现在对传统的坚执。氏族制度的遗风使人的头脑局限在狭小的范围内，成为传统规则的奴隶。"离经叛道"是传统社会最严厉的贬词。"奉天承运"，国祚正统的论证是历代帝王、政客的头等要务，为此不惜借助谶纬之说。而学者思想家则讲究学说的承传性，所谓"统之有宗，会之有元"，把追求"道统""心传"当成终极目标。从韩愈（768—824）到宋明理学家，无不以"尧舜禹汤文武周公孔孟"的继承者自居，而人们也确乎把程朱视作孔孟衣钵的"真传"加以崇奉。骚人墨客则推尊"文统"，"文必秦汉，诗必盛唐"的复古主张成为千年不绝的文学史主题。艺术流派和工艺行帮讲究"家法""师法"，把"无一字无出处""无一笔无来历"视作艺术和技能的极致。"祖传秘方"更是医家招徕患者，去邪扶正的法宝。从积极方面而言，对传统的极端尊重强化了中国文化的延续力，使之成为世界罕见的不曾中断的文化系统；从消极方面看，又造成惯于向后看的积习和因循守成的倾向，厚古薄今，消磨了进取、创新精神。中国人长期以宗法氏族社会传说中的偶像尧舜为圣人，以宗法氏族社会的"大同世界"为理想社会模式，"言必称三代"是立论的最有力依据，即使是那些不满现状，革故鼎新的改革家（如王安石、张居正、康有为），也往往要运用"托古"的套头推行"改制"，否则便难以得到社会的认可和民众的拥护。

---

① 《孝经·开宗明义》。

（三）德性文化

如果说西欧文化是"智性文化"，那么中华文化可以称之"德性文化"。在这种"求善"的德性文化范式制约下，中国的"治道"要津不在"法"治，而在"人"治，而"人"治又特别注重道德教化的作用。"以身训人是之谓教，以身率人是之谓化"①，尊者、长者尤其要讲究以表率服人。所谓"父不慈则子不孝，兄不友则弟不恭，夫不义则妇不顺"②。人治先于法治，身教重于言教，都是氏族社会的传统。氏族社会没有成文法，氏族长老靠"榜样"的力量和道德感召来团结、调动全社会，长老向氏族成员检讨工作，并进行道德上的自我批评，以求得谅解和支持。以后，国家建立，相继颁布无数成文法，但在宗法社会里，道德的威力始终被看得比法律更有效。孔子所说"道之以政，齐之以刑，民免而无耻；道之以德，齐之以礼，有耻且格"③，正是"德治主义"的精辟表述。儒家的"儒"，也即"濡"，取德化浸润，如水润物之义；"儒"又含有"柔""优"之义，表示安人而令人心服。中国的治人者往往以十二分的注意力强化伦理训条对于子民精神的熏陶和行为的规范，并以此作为治国的根本，所谓"国有四维……一曰礼，二曰义，三曰廉，四曰耻"，"四维不张，国乃灭亡"④。另一方面，每一个社会成员首先考虑的也不是遵从国家的法律，而是如何在错综复杂的人际关系中履行自己的伦理义务：臣对君尽忠，子对父尽孝，妇对夫尽顺，弟对兄尽悌；与此同时，君、父、夫、兄等尊者、长者，对臣、子、妇、弟等卑者、幼者也有特定义务，所谓"父慈，子孝；兄良，弟悌；夫义，妇听；长惠，幼

---

① 《与朱干臣书》，《因寄轩文初集》卷六。
② 《颜氏家训·治家》。
③ 《论语·为政》。
④ 《管子·牧民》。

顺；君仁，臣忠"①。这种双向性的配合，便构成宗法式社会特殊的充满人伦情感的"和谐"秩序。

(四) 宗教人伦化

宗教创立和流行，是世界所有民族共有的文化现象。在古代和中世纪，许多民族、国家都曾以宗教作为撑持社会秩序的首要精神支柱。但在古代中国，除殷商是神权至上外，周以后的三千年间，虽然容纳多种宗教，却大体避免了全社会的宗教迷狂。这与中华文化的伦理型范式别有依托相关。

三纲五常是传统文化观念的核心，它如同一具严密的"思想滤清器"，淡化了宗教精神对国民意识的渗透。大多数宗教都漠视世俗的人伦关系，如佛教教义主张无君无父，一不敬王者，二不拜父母，三不受礼教约束，"口不言先王之法言，身不服先王之法服，不知君臣之义、父子之情"②，注重血亲人伦关系的中华宗法精神恰恰不能容忍这一点。晋人庾冰批评佛教"矫形骸，违常务，易礼典，弃名教"③便颇有代表性。因之，伦理型文化范式内的中国宗教，在禁欲、绝亲等关乎世俗人伦方面，总是留有充分的余地，而不像西方、印度、中东宗教那样绝对。作为中国本土宗教的道教，与世界其他宗教分裂灵魂与肉体，划分此岸与彼岸的学说体系大不同之处，首先在于它是一种现世的宗教，其信仰目标并非到彼岸做尊神，而是"羽化登仙"，在现世享受荣华，继而超度成仙；道教还专设功名禄位神——文昌帝君，以满足教徒们对利禄功名的追求。而作为外来宗教的佛教的中国化教派，正是由于在尽孝、尽忠这伦理的两大端上有所修正，方获得国人的理解，得到顺利的发展。按照佛教教义，佛法在诸天之上，但中国化的佛教宗派允许祭天大礼存

---

① 《礼记·礼运》。
② 《论佛骨表》，《韩昌黎文集校注》卷二。
③ 《代晋成帝沙门应尽敬诏》，《弘明集》卷十二，《四部备要·子部》。

在；佛教鼓励出家，本与孝道相悖，但中国化的佛教宗派也讲尽孝，其轮回观念竟演为父母死后作超度的佛事，汉译佛典甚至还编造《佛说父母恩重难报经》，阐发孝道，宣扬忠君。这也是佛教入华后的"入乡随俗"吧。基督教在中国的传播也有类似情形。明末入华耶稣会士利玛窦等人鉴于中国文化的特色，允许中国教徒在信奉基督教教义的同时祭祖、祀孔，此种传教方针被称之"利玛窦规矩"，也是基督教对中国文化的一种适应政策。而清初发生的"中国礼仪之争"，则是基督教原教旨主义与此一政策的冲突。

此外，宗教大都讲出世，不主张直接参与世务，这一特征也为中国文化传统所难以接受，士子们往往嘲讽出家人"出世"而不得，如南宋杨万里（1127—1206）给一位修苦行的僧人赠诗云：

> 沥血抄经奈若何，十年依旧一头陀。
> 袈裟未著愁多事，著了袈裟事更多。①

这是站在入世士人的立场，劝诫企图出世的宗教徒：你本来是为着解除尘世烦恼遁入空门的，可是十年抄经，以求来世福报，又何曾一日得到解脱呢！正因为中国是一个入世—经世的国度，所以讲出世的佛教入华以后，逐渐在教义中宣扬入世和功德度人，并增添许多南亚原始佛教所没有的人生实务，其宗教"原版性"大打折扣。

中世纪是神学世界观，近代是法学世界观，这是就欧洲而言。中华文化系统在古代居主导地位的不是神学世界观，而是宗法伦理，它在某种程度上起着与欧洲中世纪神学世界观相类似的作用，成为一种"准宗教"。

晚周百家争鸣以降的两千余年间，中国思想界一直围绕天

---

① 《送德轮行者》，《诚斋集》。

人关系、历史之变、心性、治乱、道德、生死等主题展开论战，而较少表现出神学性的终极关怀，士子们追求的是"圣化"而非"神化"。所谓"神化"，是企求超越自我，成为彼岸世界永生的一员；所谓"圣化"，则希望最大限度实现自我，在此岸升华为完人，通过道德实践，争做贤人、仁人、大丈夫、君子，最高目标则是成为圣人。而所谓圣贤，又是天道自然的发布者，"夫圣人为天口，贤人为圣铎，是故圣人之言，天之心也；贤者之所说，圣人之意也"[1]。而遍记圣贤之言，却没有创世纪，没有对彼岸世界（天堂、地狱）描述的"四书"（《大学》《中庸》《论语》《孟子》），经朱熹等理学家的阐释，成为宗法专制社会的"圣经"，这正体现了非宗教的、以世俗人伦关系为基本探究主题的中华文化的特征。

（五）以天道自然论证伦常道德

宗法制度与伦常道德之间，并非一种简单、直接的因果对应关系。中华伦理学说，虽然是从宗法制度这一客观的社会存在中引申出来的，然而思想家们在加工制作伦理体系时却要借助天道自然来加强说服力。中国的道德起源论完成于《易传》。《易传》称：

> 天尊地卑，乾坤定矣；卑高以陈，贵贱位矣。[2]

本来，《易传》作者们是从人类社会中的等级结构中概括出尊卑观念并以此解释自然万物的存在方式和运动规律的，但为了强化人伦关系中尊卑观念的不可置疑性，《易传》反因为果，将人类宗法社会的等级秩序归源于宇宙法则，似乎道德是在仿效自

---

① 《潜夫论·考绩》。
② 《易传·系辞上》。

然。这便是汉儒董仲舒所称："仁义制度之数，尽取之天。"①

可见，宗法制度下的等级、尊卑秩序，通过神圣高妙的天道自然这一中介，来构筑其伦理体系，从而将宗法伦理道德本源化，使人们信从、尊奉无疑。

经由天道自然证明的伦常道德观念，深刻影响着中华文化的各个分支。如文学高度强调教化功能，成为"载道"的工具，宋代理学家周敦颐说："文所以载道也，轮辕饰而人弗庸，徒饰也，况虚车乎？"②并不承认文学在传播政治伦理学说之外，还自有独立的价值。一些文豪也称"文章一小技，于道未为尊"③，不敢以文章写得好而自尊自傲；清代桐城派所论"义理、考据、文章"中，文章居于末位。史学往往也不以存史为基本任务，而以"寓褒贬，别善恶""惩恶扬善"为宗旨。教育更以德育居首，智育次之，所谓"弟子入则孝，出则弟，谨而信，泛爱众而亲仁，行有余力则以学文"④，认为掌握文化知识，不过是德行训练的"余事"。由于德治主义的影响，还促成德智两橛观，将智力区分成"闻见之知"和"德性之知"，并将后者置于更高的地位。

经由天道观论证的伦常道德，成为宗法式的社会心理的重要部分。

六、宗法伦常的双重功能

宗法社会所特定的德性文化，有其双重的社会效用。强调在道德面前人人平等，是宗法伦常的闪光处。孟子曰"人皆可为尧舜"，荀子曰"涂之人可以为禹"，竺道生（约355—434）

---

① 《春秋繁露·基义》。
② 《通书·文辞》。
③ 〔唐〕杜甫：《贻华阳柳少府诗》。
④ 《论语·学而》。

曰"一阐提皆得成佛"①，王阳明（1472—1528）曰"满街皆是圣人"，都是申述普通人可以在道德修养方面达到至高境界。东汉蔡邕更提出"人无贵贱，道在者尊"②的命题，将道德平等推及社会平等。对于统治者，包括最高统治者，在中国政治体制中虽缺乏制约因素，但在道德方面却有严格要求。自周朝开始，天子死后追赠谥号，群臣根据其德行政绩加一概括语，褒者如成、康，贬者如幽、厉，这便是一种人格评判。这种道德的评论对于现任统治者当然能起到一种诱导作用。与此有相同的效用，《诗经》的美与刺，《春秋》的褒与贬皆是对统治者实施训诫。孟子的"一正君而国定矣"③，为后儒所仿效，宋代理学家如二程，常以"帝师"自况，执行"格君心之非，正心以正朝廷"的职责。明人罗钦顺（1465—1547）也认为，"论治道当以格君心为本"，而所谓"格君心"，就是要求帝王"修德""勤政"④。这类道德制约在缺乏政治分权制的中国，所发挥的社会调节功能不可低估。同时，中华德性文化在特定历史条件下，还能鼓舞人们自觉维护正义，忠于国家民族，抵御外来侵略，保持高风亮节。千百年来，无数"杀身成仁""舍生取义"的民族英雄都从传统伦理思想中汲取积极的营养，立功、立德，彪炳千秋。正如文天祥（1236—1283）在《正气歌》中所热情赞颂的：

> 时穷节乃见，一一垂丹青；在齐太史简，在晋董狐笔，在秦张良椎，在汉苏武节；为严将军头，为嵇侍中血，为张睢阳齿，为颜常山舌；或为辽东帽，清操厉冰雪；或为

---

① "一阐提"是梵文音译，意为"不具信""断善根"。"一阐提皆得成佛"，指断绝善根的人通过修行也可成佛。

② 〔东汉〕蔡邕：《劝学篇》，《全上古三代秦汉三国六朝文》，中华书局1958年版，第900页。

③ 《孟子·离娄》。

④ 《困知记》卷上。

出师表，鬼神泣壮烈；或为渡江楫，慷慨吞胡羯；或为击贼笏，逆竖头破裂。①

这里赞颂了不惜生命"秉笔直书"的史家、刺杀暴君的侠士、痛斥奸佞犯颜直谏的忠臣、绝不向侵略者屈膝的民族志士、大义凛然不辱国命的外交使节、"鞠躬尽瘁，死而后已"的贤相。他们不愧为传统伦理精华铸造的"民族的脊梁"。

宗法社会特定的德性文化，又有其消极效用。它将伦理关系凝固化、绝对化，以致成为人身压迫、精神虐杀的理论之源。宗法伦常日益成为束缚卑贱者的枷锁，并进而制约着全民族的思想方式和生活方式。到宗法专制社会后期，伦理型文化的负面值开始受到怀疑、批判。如晚明泰州学派的何心隐（1517—1579）便置君臣、父子、夫妇等宗法伦常规范于不顾，李贽称，"人伦有五，公（指何心隐——引者注）舍其四，而独置身于师友贤圣之间"②。其后，明清之际的黄宗羲、唐甄以及晚清谭嗣同等也对宗法伦常发起声讨，但这类具有初级启蒙色彩的思想并未获得社会响应。直到五四新文化运动之后，清理宗法伦常的任务，才正式提上中华民族的反思日程。

宗法伦理范式体现于学术文化领域，便是道德论与本体论、认识论、知识论互摄互涵，畛域不清。在宗法血缘纽带解体较早的希腊、罗马，社会秩序更多地仰仗契约、法律维系，人们关注的重心不再是人际的伦常关系，转而探索大自然和人类思维的奥秘，主体与客体两分、心灵与物质对立的观念应运而起，宇宙理论、形而上学得以发展。在古希腊人那里，伦理哲学不过是整个学术体系中与其他门类彼此鼎立的一足。至于哲学，在中华文化体系内则往往与伦理学相混合，构成一种道德哲学，

---

① 《正气歌》，《文山全集》卷十四。
② 〔明〕李贽：《何心隐论》，《李贽著作选注》（上），人民出版社1975年版。

这一点在儒学中体现得尤为鲜明，诚如梁启超所说："儒家舍人生哲学外无学问，舍人格主义外无人生哲学。"[1]

中国古代的知识论未能同伦理道德论划分出畛域之别，"学"的基本含义在求"觉悟"，《说文解字》训"学"为"觉悟"，《白虎通义》称"学之为言觉也，以觉悟所不知也"，而所谓觉悟，是指打开心灵的混沌，焕发德行的潜力。"学"的另一释义是仿效，《尚书大传》说，"学，效也"，仍然指的人伦道德上的仿效。"学"以物理为对象，则有墨子一派作如是观，《墨子·经说上》称："知也者，以其遇物而能貌之，若见。"但汉以后墨学中绝，这类知识论退出主流。以德行觉悟为求学的主要目标，助长传统文化的伦理化走向。而客观的外在事物，尤其是自然界既然未被当作独立的认识对象与人伦相分离，以外物为研究对象的科学便遭到压抑。清人刘献廷（1648—1695）在谈及中国地理著作时指出："方舆之书所记者，惟疆域、建置沿革、山川、古迹、城池、形势、风俗、职官、名宦、人物诸条耳。此皆人事，于天地之故，概乎未之有闻也。"[2] 揭示了中国传统学术的一种倾向——重人事而忽视自然规律的研究。在这种文化氛围内，自然科学只能让位于经验性的技术。

概言之，狭义的周制，随着周朝灭亡而被秦制所取代；然而，广义的周制，尤其是宗法制度和礼乐制度，并未沦为明日黄花，而是传之后世，影响广远的。

第二节　君主集权的"秦制"

跨入文明门槛以后，中国经历了商代神权政治—周代天子与贵族分权的宗法封建制，至周秦之际，君主集权政治应运而

---

① 梁启超：《先秦政治思想史》，《饮冰室全集》专集之十三，中华书局1989年版。

② 《广阳杂记》卷三。

生，这便是"秦制"。秦代二世而亡，是个短命王朝，但所确立的皇帝制、三公九卿制、郡县制、户籍制等一套制度传袭久远，所谓"百代皆行秦政制"。置诸世界历史观察，强势延绵达两千年之久的秦制，呈现颇富中国特色的政制生态景观。

一、中国—西欧前近代政体比较

西方政治学鼻祖亚里士多德（前384—前322）在《政治学》中提出政体三分法：一人主治的君主政体，少数人主治的贵族政体，多数人主治的民主政体。这虽然是一种比较粗略的分析，却大体概括人类曾经出现过的政体形态。

在中国，多数人主治的民主政体，曾在前文明时代出现过，那便是称作"尧舜之治"的氏族民主制。中国周边少数民族曾保持着的军事民主制，如东汉时期乌桓人"各自畜牧营产，不相徭役"①。

少数人治理的贵族政体，在夏、商、周三代不同程度地出现过，西周封建制是较完备的贵族政治形态。

一人主治的君主政体，或君主专制政体，自秦汉以下两千年一以贯之，发育最充分。

君主政治体制世界诸多民族、国家历史上都曾出现过。但由于各民族、国家历史的具体情况千差万别，君主制的表现形态、集权程度、持续时段、历史作用，特别是对各民族、国家文化演进的制约、影响，又大相异趣。

君主政体略分为两大类型，即英、法、德等国为代表的欧洲型和中国、土耳其为代表的东方或亚洲型（有的欧洲国家如西班牙也属此类）。两者产生的社会历史条件不同，因而各自的社会历史作用也迥然有别。下以英国、中国为例作比较说明。

英国的君主政体是在封建社会晚期，资本主义经济、政治

①　《后汉书·乌桓传》。

因素萌生的时期产生的。这一时期，是新兴资产阶级由弱而强、封建贵族由强而弱的相互消长、势均力敌的阶段，斗争的任何一方尚未压倒另一方，以致国家权力（国王为其代表）作为表面上的调停人而暂时得到了相对于两个阶级的某种独立性。17世纪和18世纪的君主制就是这样，它使贵族和市民等级彼此保持平衡。英国君主制度的阶级基础既包括僧、俗封建主，又包括资产阶级新贵族。君主调停封建贵族与新兴资产阶级的矛盾，既维护封建贵族的传统地位与既得利益，又拉拢资产阶级，鼓励工商业活动和海外贸易，从而在客观上促进、推动和保护了资本主义生产方式的孕育和成长。

与英国君主制出现于封建社会晚期的情况相异，中国君主制在战国时期便在列国先后确立。这包括两方面的含义，一方面，列国诸侯在自己的封疆内实行君主集权，用郡县制取代分封制，以官僚制取代世卿世禄制；另一方面，列国诸侯还要力争控制周天子，以号令天下，在更大的范围实行君主集权，如张仪曾向秦惠王建策："据九鼎，按图籍，挟天子以令天下，天下莫敢不听，此王业也。"[1] 秦王嬴政（前259—前210）统一全国后，自称"始皇帝"，更厉行中央集权，"天下之事无大小皆决于上"[2]，君主制开始施之于疆域广大的一统帝国。秦以后，君主专制的中央集权政治的总趋势是愈益强化，政权与民众的对立也日趋尖锐。清人朱克敬（1792—1887）说：

> 同治季年，朱克敬寓长沙，致书某方伯曰：三代已前，官之去民尚近，汉唐之时，官之去民未远，元明以来，官民之情愈隔，上下之分愈严，而治愈弗良。[3]

---

① 《战国策·秦策》。
② 《史记·秦始皇本纪》。
③ 《雨窗消意录》卷二。

中国的这种君主集权政治，其阶级基础是地主阶级，在一定程度上还包括自耕农，而地主阶级与自耕农所仰赖的生产方式是小农业与家庭手工业相结合的自然经济，这种自然经济对商品经济形成巨大的抑制力量。直至宗法君治社会晚期，为了保护地主阶级的政治、经济利益，中国君主集权制仍然采取"重本抑末"政策，多方限制、压抑、阻碍资本主义生产关系的萌生，使之久久得不到长足发展。在这一点上，君主集权制在中国所起的历史作用与在英国等西欧国家正相歧异。

二、秦制：君主集权、重本抑末、文化一统

中国的君主制出现年代早，还在国家初成的商周时期便已现端倪。商王盘庚准备迁都于殷，遭到留恋故土的贵族、平民的抵制，盘庚便发出威胁：

> 乃有不吉不迪，颠越不恭，暂遇奸宄，我乃劓殄灭之，无遗育，无俾易种于兹新邑。往哉！生生![①]

声言违抗王令者不仅自身受诛，且祸及子孙。君王森严毕现。

商周之时，各部族间的征战是社会政治生活的重要内容，而到了春秋时期，诸侯逐鹿中原、争夺霸权更是时代的主题。政权是军事征服的直接产物，军事征服的胜利者方可登上统治者的宝座。屡验不爽的史实促成政治家对绝对的军事权威的迷恋，而一旦军事征服成功，军事首长手中的绝对权威顺理成章地转化为君主手中的专制王权。"中国古代世袭而握有最高行政权力的王，也是以军事首长为其前身的。"[②] 据考，"王"字本为斧钺之形，而斧钺不仅是兵器用于战争，而且也是执行死刑

---

① 《尚书·盘庚中》。
② 林沄：《说王》，《考古》1965 年第 6 期。

的刑具用于刑法，王不仅是军事统帅，而且是政治首脑的象征。以斧钺之形演变而成的"王"字，便既是对军事统帅，又是对国家君主的称谓，而两者的相通之处，正在于他们都拥有绝对权力。

(一) 君主集权

春秋以前，天子的制权以分封制为基础，是天子—贵胄分权的制度；战国以后，周天子已全然出局，各诸侯国独立，并先后实行郡县制，列国制权通过非世袭的朝廷官僚实现，向君主集权制过渡。公元前206年，秦王嬴政"振长策而御宇内"，以武力扫平山东六国，统一天下，建立起高度中央集权的君主专制政体，这便是所谓的"秦制"。**秦制**较之西欧中世纪晚期出现的专制王权制早了近两千年。此后，直到公元20世纪初年辛亥革命推翻清朝统治，君主专制在中国存在两千年以上。由此观之，起点早、持续时间长，是中国君主政体的特点。

君主政体的长期延续，是中华文化与其他文化的重要区别之一。在西方，从希腊、罗马的古典时代到中古直至近代民族国家的兴起，呈现出鲜明的阶段性。虽然欧洲从中古到近代也存在一个"神圣罗马帝国"，但它在绝大部分时间内不过是一个空名，欧洲人称其既不"神圣"，也不"罗马"，充其量不过是一个"军事行政联合体"，不能与中国秦汉直至明清的大一统专制帝国相提并论。

秦汉以降逮于明清，没有发生类似欧洲罗马帝国崩溃、宗教改革、文艺复兴等导致政治秩序大改组的历史性事变，但两千年一贯的君主制还是显现变化轨迹。(1)秦汉，官僚制取代世卿世禄制，郡县制取代封建制。皇帝以下，由三公九卿组成中央政府，君主专制形成。(2)三国两晋南北朝门阀贵族政治抬头。(3)隋唐时期，中央集权发展，君权加强，相权逐步削弱，三省六部制确立。(4)宋辽金元，君主集权进一步发展，防范地方割据，军权、政权、财权、司法权收归朝廷。(5)明清，君主专权，相权废止，明内阁、清军机处不过是皇帝的办事机构。

（二）重本抑末

秦制绵延两千年，因其上层建筑植根于厚实、稳固的自给自足小农经济结构的基础上。朝廷实行重本抑末政策是维护小农经济基础的要点。

"本"指农业，"末"指工商业，"重本"即巩固自然经济，"抑末"即限抑商品经济（特别是民营商品经济）的发展。战国李悝变法、商鞅变法皆奖励耕织、重征末业、国家垄断山泽之利，所谓"事本而禁末"①。秦国行耕战政策尤力，以富国强兵，终于扫平六国，一统天下。秦制以此为治世法宝，所谓"圣人知治国之要，故令民归心于农"②。汉代也厉行重本抑末，官营工商业，决不"放民于权利"③，《汉书·食货志上》对此作正式界定。东汉王符阐发道："夫富民者以农桑为本，以游业为末；百工者以致用为本，以巧饰为末；商贾者以通货为本，以鬻奇为末。"④ 东汉及魏晋南北朝时期，出现过类似欧洲诸国的领主庄园经济，在大多数时段，尤其是中唐以后，自耕农的小土地占有和地主将土地分租给农民耕种，始终是社会经济结构的基础形式。这两种所有制形式的共同特征是自给自足的小规模经营。农民自耕地的私有权是小生产的基础，是小生产趋于繁荣并成为典型形态的条件。但这种小生产只能同狭隘的生产范围和社会领域共存。

在小生产状态下的自耕农和佃农，抵御自然和社会灾祸的能力有限，弱小经济地位决定了他们不能代表自己，一定要别人来代表他们。他们的代表一定要同时是他们的主宰，是高高

---

① 《商君书·壹言》。

② 《商君书·农战》。

③ 《盐铁论·禁耕》。

④ 《潜夫论·务本》。

站在他们上面的权威，是不受限制的政府权力。历代开明的君主无不采取限田、占田、均田等种种措施，抑制兼并，保护自耕农，同时也防止佃农大量与土地相分离，成为扰乱社会安定的"流民"。唐代的"两税法"，明代的"一条鞭法"，清代的"摊丁入亩"等法令，为此而颁布。

地主阶级将土地划成小块出租给佃农，从而使得对土地的占有权与经营权相分离。为了保证自己对于佃农的控制、剥削，地主阶级也需要君主集权的支持和保护，特别是在农民造反时更是如此。

中国的君主专制正是地主与农民力量彼此消长的调节器，如同西方的君主专制是封建贵族和新兴资产阶级的调节器一般。无论是豪强地主兼并土地太甚，逼迫成千上万的自耕农、佃农失去生计，流离失所，还是佃农"抗租霸耕"，危及地主阶级的根本利益，君主政体都会出来干预，使得地主、自耕农、佃农的力量保持在一种动态的平衡状态，从而保证国家获得稳固可靠的赋税、徭役来源，而地主、自耕农、佃农也分别从君主政治中得到保护。上层建筑维护经济基础，经济基础支撑上层建筑，自给自足的小农经济（包括自耕型和租佃型两大类）与君主政治相互为用，这便是中国传统社会小农经济与君主政治长期协调共存的秘密所在。

（三）文化一统

秦制的又一要领是文化大一统。为结束周制文化多元，由秦及汉，经历了"以法为教"（秦代）、"黄老无为而治"（汉初），至汉武帝"罢黜百家，独尊儒术"，大体固化了文化一统。当然，这一统的"儒术"不同于先秦的原始儒学，而是吸纳了阴阳学、道家、法家要素的新儒学。

君主集权、重本抑末、文化一统，三位一体，共构秦制大系统。

三、宦官干政与外戚专权

中国的君主制与宗法制存在着血肉相依的密切联系。最早的君主便由氏族家长演变而成。宗族社会内，社会成员的政治关系与血缘关系混一，君权与父权合二而一，"家无二主，尊无二上"① 是同样绝对的原则。秦制废封建，立郡县，与周制大异，但秦制保存宗法制又与周制同流。此在"家国同构"一目已有论述。

（一）宗法制的怪胎：宦官制

由于与宗法制紧密结合，君统与宗统、血统直接相关，在周秦以来围绕着君权的"血脉"传承，宗法社会发生过多次父子加害、母子相残、兄弟兼并的惨剧。也正是为了保证皇权血统的"纯正"，派生出一种极不人道、极其腐朽的宦官制度。

宦官，原先泛指在宫廷内侍奉帝王及其家属的官员，古代即有"宦者四星，在皇位之侧"② 的说法。周代置官，宦者已在其列，《周礼》对宦官的职责规定是，"寺人掌王宫之内人及女宫之戒命"，但当时的宦官不一定全由"刑余之人"担任，而且他们不介入国家政务。到了晚周，宦官干预政务的情况渐多，《左传》记载，春秋时宦官掌理王之内政、宫令，曾直接介入齐、楚、晋、宋等国国君的更迭废立。从东汉以后，宦官"悉用阉人，不复杂调它士"③，从此，宦官专指被阉割失去性机能的内臣，其称谓甚多，有寺人、阉人、阉官、宦者、中官、中涓、内官、内侍、太监、内监、内珰等。宦官之所以被选作皇宫、王府内的差役，是因为他们作为男性劳动力，可以担当繁重的杂役，满足帝王、皇族骄奢淫逸的生活要求，而阉割之后

①　《礼记·坊记》。
②③　《后汉书·宦者列传》。

287

失去男性生理机能，又绝对不会发生后宫乱伦之事，以破坏皇族血统的纯洁，导致君统与宗统的分离。

宦官为内廷侍从，本不得干预朝政，但其上层分子因是帝王最亲近的奴才，每能占据要津，执掌权柄。特别是当帝王行使极端君权时，更是抑制朝臣，宠任宦官，而宦官也借助机会，攫取国家的最高权力，胡作非为，酿成巨祸。宦官干政，列朝皆有，而"东汉及唐明三代，宦官之祸最烈"①。东汉末，宦官单超、左悺、具瑗、徐璜、唐衡五人同日封侯，这些人极端贪婪残暴，老百姓咒曰："左回天，具独坐，徐卧虎，唐两堕。"②唐中叶以后，内乱频仍，宦官趁机执掌禁军、监军和枢密大权。代宗、德宗时，鱼朝恩、窦文场、霍仙鸣典领禁军，专横跋扈，连皇帝也不放在眼里。"宦官之权，反在人主之上，立君、弑君、废君有同儿戏"③。宪宗以后，除敬宗是以太子继位外，穆、文、武、宣、懿、僖、昭帝皆由宦官拥立，宪宗、敬宗更死于宦官之手。明代宦官势力恶性膨胀，自成独立系统，有十二监、四司、八局，总称二十四衙门。十二监的第一监司礼监，不受外廷政府统辖，仅听命于皇帝，凌驾于国家纲纪法律之上。英宗称太监王振为"先生"，无事不从。宪宗时，汪直掌军政大权，以致"今人但知汪太监"④，不知有皇上。武宗时，司礼太监刘瑾狂妄宣称"满朝公卿，皆出我门"⑤。熹宗时，魏忠贤专政，更达登峰造极地步，自内阁、六部至四方督抚，都由其党徒把持，他们称魏忠贤为"九千岁""九千九百岁"，吹捧魏"与先圣并尊，并以忠贤父配启圣公祠"⑥。

宦官干政，是宗法君主政治的产物，它的久禁不绝，和中国君主专制与宗法制紧密结合直接相关。

---

①③ 《廿二史札记·宦官之害民》。

② 《后汉书·宦者列传》。

④ 《明史·宦官列传》。

⑤ 《明史纪事本末·刘瑾用事》。

⑥ 《廿二史札记·魏阉生祠》。

（二）宗法制的又一产物：外戚擅权

由与宗法制紧密结合的君主政治派生出的另一产物是外戚专权。

宗法制下王位的继承原则，只看血统是否正宗，不顾实际治国能力，因此多有几岁幼儿登基之事。每当这种时候，便由其母后临朝。"女主临朝，不得不用其父兄子弟以寄腹心"①，这些人便是"外戚"。他们大都是世家豪门，与皇门联姻，本已显赫于世，此时更借母后临朝之机，把持朝廷，"于是权势太盛，不肖者辄纵恣不轨，其贤者亦为众忌所归，遂至覆辙相寻，国家俱敝"②。汉和帝十岁即位，由窦太后临朝，其兄弟窦宪、窦笃身居显要，刺史、守令多出其门，其奴客更仗势凌人，为世人所诉。顺帝至恒帝在位期间，梁商、梁冀父子相继掌国柄，外戚势力达于极峰。梁冀位居大将军，骄横无忌，年幼的质帝说他一句"跋扈将军"，竟被他毒死。梁冀专权近二十年，作恶多端，怨声载道。及失势家灭，财产被拍卖，值钱三十余万万，相当于朝廷岁入的一半！

年幼的皇帝长大成人，自然与外戚专权发生矛盾，于是每每依靠自己的最亲近家奴宦官的力量来对抗，消灭外戚势力。等到这个皇帝死后，另一个母后及其父兄又利用机会选立幼小的皇子或比较疏远的皇族做皇帝，把政权攫取到自己手里。幼小的皇帝长大后，又依靠另一些宦官消灭外戚。这样的斗争反复循环，外戚和宦官走马灯似的交替掌握统治权力。这种宫廷内部的残酷争杀，几乎无代无之，尤以东汉与唐末为甚，给社会带来动乱。宦官擅权和外戚专政，是君主制与宗法制结合而滋生出的并蒂毒瘤，为祸千年，成为中国传统政治的顽症。

---

①② 《廿二史札记·两汉外戚之祸》。

四、君权与相权博弈

中国君主政制的集权程度，总趋势是愈益强化。皇帝集立法、司法、行政、军事大权于一身，不断强化中央集权。

从秦始皇开始，"天下之事无大小皆决于上"①。直至此制末期的清朝，这一传统愈演愈烈。康熙帝称：

> 今大小事务，皆朕一人亲理，无可旁贷。若将要务分任于人，则断不可行。所以无论巨细，朕心躬自断制。②

嘉庆帝说：

> 我朝列圣相承，乾纲独揽，皇考高宗纯皇帝临御六十年，于一切纶音宣布，无非断自宸衷，从不令臣下阻扰国是。即朕亲政以来，……令出惟行，大权从无旁落。③

皇帝言出法行，一言兴邦，一言丧邦。这种"没有根据的""任性"的"个人意志"以法律的严整形式表达出来，便使得法律失去原来的意义，成为帝王手中随意捏搓的面团。"前主所是著为律，后主所是疏为令，当时为是，何古之法乎！"④ 明太祖朱元璋亲自主持制定《大明律》，但他自己却不依此行事。他统治国家三十年，"无几时无变之法""或朝赏而暮戮，或忽罪而忽赦"⑤，全凭君主一时的好恶行事。这种"人治"压倒"法治"、取代"法治"的行径，并非明代一朝如此，而是中国君主

---

① 《史记·秦始皇本纪》。
② 《东华录》卷九十一。
③ 《枢垣纪略》卷十四。
④ 《汉书·杜周传》。
⑤ 《大庖西上皇帝封事》，《皇明文衡》卷六。

政治的共同特征。

（一）"掌佐天子，助理万机"的丞相制

以帝王一人之精力（且不论其智商高下、能力大小），要治理地广数百万平方公里，人口几千万乃至上亿的巨大国度内的庞杂政务，必无可能。因此，"自古帝王之兴，曷尝不建辅弼之臣所与共成天功者乎！"① 历代君主也注意选拔贤能，"掌佐天子助理万机"②，统理中央行政，调度各方机构协调运转。这样一种"提纲而众目张，振领而群毛理"③ 的"建辅弼之臣"，首推丞相。

丞相一职，历朝称制不尽相同。秦称相国、丞相，汉称丞相，隋、唐、宋称宰相，元代、明初又称丞相。丞相总理中央行政，在君主政治体系中，处在"一人之下，万人之上"的关键地位。本来，相权是作为君权的工具而设立，但在实际行使的过程中，二者却往往有扞格、牴牾之处。其根本原因，在于君权的自私性和排他性。君权既不得不运用、调动、指挥相权来贯彻自己的意志，又时时刻刻提防相权分割、架空自己。综观中国宗法君主社会，君权与相权始终处在这种微妙的博弈过程之中，而其基本趋势，则是君权日益增强，相权日益削弱。

西汉初，丞相职权范围宽广，"上佐天子理阴阳，顺四时，下育万物之宜，外镇抚四夷诸侯，内亲附百姓，使卿大夫各得任其职焉"④。内政、外交、民政、立法、司法、用人、赏罚，均在其管辖之内，而且确实有职有权，"汉典旧事，丞相所请，靡有不听"⑤，但即便如此，皇权对相权依然多有防范。高祖刘邦（前247或256—前195）率兵在外，屡屡遣使慰问留守后方

① 《汉书·高惠高后孝文功臣表》。
② 《汉书·百官公卿表》。
③ 《宋史·职官志八》。
④ 《史记·陈丞相世家》。
⑤ 《后汉书·陈宠传》。

的丞相萧何（？—前193），萧不解其意。"鲍生谓丞相曰：'王暴衣露盖，数使使劳苦君者，有疑君心也。为君计，莫若遣君子孙昆弟能胜兵者悉诣军所，上必益信君。'"① 要萧何以子孙昆弟为人质，以换取刘邦的信任。萧何还"自毁名节"，以求高祖减少猜忌。萧何素以谨慎著称，尚且难容于专制君主，正如唐人卢照邻（约635—约689）诗云"专权判不容萧相"②。

（二）君权限抑相权

至西汉中，丞相的权势便有所削弱。其一，丞相的单独行政权被一分为三，原来地位在丞相之下的太尉、御史大夫地位提高，与丞相平起平坐，三者改称大司徒、大司马、大司空，分掌民政、军事、土木营造，互不统属，均对皇帝负责。其二，设立专门的监察机构御史台，代表君权对相权实行监督、制约。其三，出现"内朝"与"外朝"的分立。武帝时，选拔职位远低于丞相的内廷办事人员参与朝政，甚至包括部分宦官，这些人形成宫内决策机构，称"内朝"，与以丞相为首的"外朝"行政系统相对应。这是对相权的明显制约。

东汉建立，仍以三公（大司徒、大司马、大司空）为丞相，但权力大减，"今之三公虽当其名，而无其实"③，而"内朝"地位进一步上升，掌管内廷文书的尚书机构扩大，正式称尚书台，"出纳王命，赋政四海，权尊势重，责之所归"④。仲长统（180—220）说，丞相职权"曩者任之重而责之轻，今者任之轻而责之重"⑤，其变化原因，正在于君主对相权的猜忌。

隋朝中央政权确立三省六部制。尚书、门下、内史三省长官并为宰相，共议国政；尚书省下分设吏、民、礼、兵、刑、

① 《史记·萧相国世家》。
② 《长安古意》，《卢升之集》卷二。
③ 《后汉书·陈宠传》。
④ 《后汉书·李固传》。
⑤ 《后汉书·仲长统传》。

工六部，每部又辖四司，进一步分割相权。

唐承隋制，但改内史省为中书省。因三省长官名位太高，皇帝往往故意将其空置，而以副职或其他官员代行三省长官的宰相职务，其人数多达十余人，其目的显然在削弱相权而强化君权。

宋朝用"分化事权""官与职殊"的手段来抑相权，扬君权。枢密院掌军事，中书门下省掌行政，三司徒掌财政。中书门下省长官称"中书门下平章事"，行宰相权，无权过问军事、财政，且事事须请示皇帝，不仅大政方针，而且具体措施，也要由皇帝裁决，宰相权力越来越小。

元朝废尚书省、门下省，以中书省为最高行政机关，其长官中书令，由皇太子亲任。"惟皇太子立，必兼中书令"①，中书令之下，才设丞相，更体现君权对相权的直接控辖。

(三) 明清废丞相

明代君主专制走向极端，朱元璋在胡惟庸案之后，废除丞相职位，规定六部直接对皇帝负责。他还颁布诏令，"以后嗣君，其毋得议置丞相，臣下有奏请设立者，论以极刑"②。

明清两代也曾设立"无宰相之名而有宰相之实"的内阁大学士之职，但明清内阁大学士除个别情况（如明代嘉靖间大学士严嵩、万历间大学士张居正）外，大都无宰相实权，不过是皇帝的秘书而已。清代乾隆皇帝对宰相握有实权十分疑忌，他曾专门撰文非议相权，表述帝王的绝对集权心思：

> 夫用宰相者，非人君其谁乎？使为人君者，但深居高处自修其德，惟以天下之治乱付之宰相，己不过问，幸而所用若韩、范，犹不免有上殿之相争；设不幸而所用若王、

---

① 《皇太子署牒》，《南村辍耕录》卷二十二。

② 《明史·职官志》。

吕，天下岂有不乱者，此不可也。且使宰相者，居然以天下之治乱为己任，而目无其君，此尤大不可也。①

乾隆在这里流露出对王安石一类权相的忌恨，并谴责宋儒以天下国家为己任，不为国相即为国师的意向。乾隆希望士子成为君王的文学侍从或不问政治的书蠹。乾嘉学派的趋于训诂考订一途，秦汉以来沿袭千余年的丞相制度消亡于明清，均与专制君主集权政治发展到登峰造极地步大有干系。

相权由盛而衰最终消亡的过程，恰是君权不断强化以至于走向极端的最直观的对应物、参照系。

五、监控臣民：御史制·厂卫制·户籍地籍合一制

（一）御史制

中国的君主专制，还体现在对于臣民人身的严密监控。朝廷为监察各级官员，战国时设御史官；秦设御史大夫，位在三公；两汉设御史大夫为长官、御史中丞为副，又设丞相史，分制诸州。以后列朝监察制大体效法汉制。

（二）侦缉制

秦汉以下列朝都有侦讯臣民（重点是官员）的特务机构，明代的厂卫制尤为典型。② 明洪武帝设锦衣卫，侍从皇帝，兼事侦讯臣民；明永乐帝又设东厂，缉捕"叛逆"，后来统辖权移至宦官，有事直禀皇帝，权力在锦衣卫之上；明宪宗增设西厂，由太监提督，权力超过东厂。锦衣卫、东厂、西厂都是皇帝直辖的特务机构，侦讯各级官员的言行举止，可不经司法机构自

---

① 《书程颐论经筵札子后》，《御制文二集》卷十九。
② 见丁易：《明代特务政治》，群众出版社 1949 年版。

行处罚人犯。时人称"京师亡命，诓财挟仇，视干事者为窟穴"。厂卫的主要使命是为皇权监控臣下，所谓"缉访谋逆妖言大奸恶等"，是皇权专制的凶恶鹰犬。①

(三) 户籍地籍制

秦汉以下列朝对民众的控制也相当严密。在君主的观念中，"夫牧民者，犹畜禽兽也"②。治理民众，犹如放牧禽兽一般。"牧"的本义，是"养牛人也"，而汉、魏、六朝所设的州郡行政长官，就称"牧"，其含义不言自明。

> 专制制度的唯一原则就是轻视人类，使人不成其为人。……专制君主总是把人看得很下贱。
>
> 哪里君主制的原则占优势，哪里的人就占少数；哪里君主制的原则是天经地义的，哪里就根本没有人了。③

对于专制王朝来说，"治民"（或曰"制民"）乃第一要务。治理天下的前提是制服百姓。"能制天下者，必先制其民者也。能胜强敌者，必先胜其民者也。故胜民之本在制民，若冶于金，陶于土也。"④

一切君主的权力，都是由他的臣民的人数决定的，最大限度地控制子民户籍，是中国君主政制的一贯做法。

中国是世界上最早实行人口统计和户籍管理的国家。周代专设大司徒一职，"掌建邦之土地之图，与其人民之数"⑤，载明

---

① 见冯天瑜：《明代宦官干政考略》，《袭帝与新变：明清文化五百年》，上海人民出版社 2018 年版。

② 《淮南子·精神训》。

③ ［德］马克思、恩格斯：《马克思恩格斯全集》第一卷，人民出版社 1965 年版，第 411 页。

④ 《商君书·画策》。

⑤ 《周礼·地官·大司徒》。

性别、出生时间、住址。人死还要申报注销户口。战国时，秦国颁布关于户籍管理的法律《傅律》，规定每个人都必须著籍官府，否则为"脱籍"，要受罚治罪。秦末，刘邦率军攻入咸阳，萧何"独先入收秦丞相御史律令图书臧之。沛公具知天下阨塞，户口多少，强弱处，民所疾苦者，以何得秦图书也"①。可见在汉代之前的秦，已有完备的户籍制度。

中国地域宽广，又加之水旱兵燹，灾祸连绵，人口变迁剧烈，因此历代都十分重视对人口数量的稽查核实。这方面的记载，史不绝书。周代计点人口、清查民户的"料民"、春秋时楚国的"大户"、东汉的"算民"、隋代的"大索貌阅"、唐代的"团貌"，均是这种举措的不同名称。稽查核实人口，要求十分严格。如汉代"算民"，由主管官吏亲自当面核对姓名、性别、年龄、籍贯、长相、高矮、胖瘦乃至特殊生理标志。如有意作弊，必给予严厉处罚。

(四) 里甲制

在精细户籍管理的基础上，基层里甲制度也建立起来。而里甲制度又往往与前述宗法制相结合，因而更加牢固。"令五家为比，使之相保；五比为闾，使之相受；五闾为族，使之相葬；五族为党，使之相救；五党为州，使之相赒；五州为乡，使之相宾。"② 如果说这一记载弥漫着宗法人情味的话，那么《管子》语则反映出里甲制度严厉的一面：

> 十家为什，五家为伍，什伍皆有长焉。筑障塞匿，一道路，博出入，审闾闬，慎筦键。筦藏于里尉。置闾有司，以时开闭。闾有司观出入者，以复于里尉，凡出入不时，

---

① 《汉书·萧何传》。
② 《周礼·地官·大司徒》。

296

衣服不中，圈属群徒，不顺于常者，间有司见之，复无时。①

严密的户籍、里甲制度，控制一切社会成员于统治网络之下，"奔亡者无所匿，迁徙者无所容"②，居民的自由流动，几无可能。国家赋税、徭役得以顺利征收、摊派，军队的兵源也有了可靠的保证。

（五）掌控生计

君主制度有效地控制人身，其关键的一条，在于从控制人的生计下手，"划地为牢"，将人身固着于土地之上。"理民之道，地著为本。故必建步立亩，正其经界"③，建立严格的土地管理制度，将人民束缚于田畴之中，"驱民而归之农，皆著于本"④，同时"禁民二业"⑤，"山泽江海皆有禁，盐铁酒茗皆有禁，布绵丝枲皆有禁，关市河梁皆有禁"⑥。这不仅仅是一个产业政策，更是控制人身自由的法宝。个中奥秘，不难洞见：

> 不农则不地著，不地著则离乡轻家，民如鸟兽，虽有高城深池，严法重刑，犹不能禁也。⑦

历代君主都将人身、土地的严格控制紧密地结合在一起。《诗经·小雅》称"溥天之下，莫非王土；率土之滨，莫非王臣"，很早就将"王土""王臣"并列为君主私囊中的两大财富。周天子分封诸侯，也是"授民授疆土"一并进行。

使人身、土地合二而一，显然具有双重意义。对于朝廷来

---

① 《管子·立政》。
② 《管子·禁藏》。
③④⑦ 《汉书·食货志》。
⑤ 《后汉书·刘般列传》。
⑥ 《明禁》，《徂徕集》卷下。

说，"有人此有土，有土此有财，有财此有用"①，只有将劳动者与劳动对象土地紧紧联系在一起加以控制，才能有效地掌握财富和权力。而对于农人来说，离开土地则无以为生。控制土地，也就控制人民。《周礼·地官·大司徒》称："以天下土地之图，周知九州之地域广轮之数，辨其山林、川泽、丘陵、坟衍、原隰之名物"，"以土均之法，辨五物九等，制天下之地征，以作民职，以令地贡，以敛财赋，以均齐天下之政"。周秦以来，历朝政府都规定对土地详行登记造册，以作征田赋依据。秦始皇三十一年（前216），"令黔首实田"，政府一并掌握人口、土地的准确数量。东汉时，山阳太守秦彭（？—88）将其治下田亩的多少、肥瘠情况详加记载，编簿归档，以加强对土地的管理。朝廷首肯此举，通令各地仿行。这是与"户籍"并重的"地籍"的开端。

秦汉到唐中叶，历朝制度多有损益，但基本原则是计口授田，土不离人，人不离土。唐人陆贽（754—805）说："国朝著令赋役之法有三：一曰租，二曰调，三曰庸。……有田则有租，有家则有调，有身则有庸。"② 人口、田亩同为政府财源。唐中叶以后，推行两税法，规定"户无主客，以居者为簿；人无丁中，以贫富为差"③，限令人口按居住地立簿，人丁、土地共为征赋依准。明洪武二十年（1387），令各地编制土地登记图簿，详载面积、地形、田界、土质、田主姓名，以作征派赋役的依据。因图中绘制田计片片相接，如鱼鳞状，故名"鱼鳞图册"。明万历以后，推行"一条鞭法"，清康熙年间，又行"摊丁入亩"，两法的共通之处是地丁合一，政府赋税管理效率更高，而对人口、土地的控制也更便捷易行。

---

①　《礼记·大学》。

②　《中书奏议》，《翰苑集》卷二十二。

③　《新唐书·食货志》。

六、秦汉以下政制主体非"封建"

传统专词"封建",是"封土建国"的简称。《说文》云:"封,爵诸侯之土也。""建,立朝律也。"封建,指帝王以爵土分封诸侯,使之在其封定区域建立邦国。商代已开始分封诸侯,而"周初大封建"更使封建制系统展开。周初封国数量其说不一,大约在数十到数百之间,但以王族姬姓为主却是肯定的。《荀子·儒效》说,周公摄政间封国七十一,姬姓占五十三,即所谓"亲亲建国";也分封少数异姓,所谓"贤贤表德"。《史记》称,周封五等公侯,姬姓者如伯禽(周公子)封鲁,康叔(武王弟)封卫,以肯定"亲亲之义";异姓者如姜太公封齐,以表扬"勤劳武王"。被封诸侯在封国内有世袭统治权,世袭方式则依宗法制规定。周天子是各封国诸侯的"大宗",作为"小宗"的被封诸侯对周天子必须服从命令、定期朝贡、提供军赋力役。

春秋已发生封建解纽,封建权从周天子转移到诸侯手中,而战国期间情形又发生变化,列国以食邑分封功臣贵胄,但其在食邑仅有征收田税和工商业赋税的权力,而无世袭统治权。与此同时,楚、秦等诸侯国开始推行郡县制,以强化君主集权。

秦统一后,进一步以郡县制取代封建制,《汉书·地理志》称:"秦遂并兼四海,以为周制微弱,终为诸侯所丧,故不立尺土之封,分天下为郡县,荡灭前圣之苗裔,靡有孑遗者矣。"当然,这里所说"不立尺土之封"也未免绝对,从出土秦代文物上的铭文可以得知,秦代仍有"列侯""伦侯"的分封,不过封爵而不赐土,或赐土而不临民。

汉初曾广封同姓王侯、异姓王侯[①],并给予"掌治其国"的

---

① 据《汉书·王子侯表》《功臣表》《外戚恩泽侯表》载,汉代共封王子侯408人,列侯283人,恩泽侯112人。

权力。这些王侯很快成为与中央朝廷相抗衡的割据势力，汉王朝在尝到异姓王和同姓王叛乱的苦果之后，遂削减诸王治国之权，"使藩国自析"，到武帝时，"诸侯惟得衣食租税，不与政事"①。这便是只能效忠于皇帝的"食封贵族"。此后，列朝一面仍对皇亲国戚和功臣宿将封侯赐土，一面明令王侯们"食土而不临民"，即只对封土拥有经济权，而没有政治权。即使如此，列朝仍往往出现尾大不掉的藩王作乱事件，连君主专制的中央集权政治达于极端的明朝，也在建文间发生燕王朱棣（1360—1424）策动的"靖难之役"，正德间发生宁王朱宸濠（1479—1521）的叛乱。因而列朝每有"削藩"之举，并把郡县制、流官制作为强化中央集权的命脉所在。

秦汉以下列朝皆有程度不等的"封建"举措，帝王分封同姓、异姓为王侯（有"实封"与"虚封"之别），直至明清未曾止歇，但世袭贵胄极少执掌权柄，朝政主持者是帝王，执行者是帝王任命的非世袭官员。故从"封土建国"一意论之，封建制在秦汉以降即已退居次要，郡县制则成为君主制政治结构的基本组成部分，它同选举—科举制一起，削弱了世袭性、割据性的贵族政治，从而维护了帝国的一统性。这是诸侯割据、封臣林立的中世纪欧洲、"公武二重政治"的日本、土王如云的印度所不可比拟的。

综上所述，秦汉—明清两千年的中国不是"封建社会"，而是"宗法帝制社会"。明于此，才能从制度层面把握前近代中国文化生态的大要，界定近代转型的真实内容——并非"反封建"，而是挣脱君主专制枷锁。孙中山指出："欧洲两百多年以前还是在封建时代，和中国两千多年前的时代相同。……中国两千多年以前便打破了封建制度。"② 中国民主革命的任务是革除数千年来的"君主专制政体"，所谓"敢有帝制自为者，天下

---

① 《诸侯王表》，《汉书》卷十四。

② 孙中山：《孙中山文集》上，团结出版社 1997 年版，第 164 页。

共击之"①。

〔附〕 与谷川道雄议"封建"

"封建"本为表述中国古代政制的旧词,意谓"封土建国""封爵建藩",近代以前在汉字文化圈诸国(中、越、朝、日)通用,未生异议。19世纪中叶西学东渐以降,中日两国用"封建"一词翻译西洋史学术语 feudalism(封土封臣、采邑领主制),衍为一个表述社会形态的新名(时间上中西并不对应,中国封建在殷周,西欧封建在中世纪,时差千余年),此新名的基本内涵仍然与"封建"原义相通。

20世纪20年代开始,来自苏俄的"泛化封建"观强势降临,把秦汉至明清的中国社会视为"封建社会"。郭沫若先生是此说的力推者,他在1930年出版的《中国古代社会研究》中称,"中国的社会固定在封建制度之下已经二千多年",还将"废封建、立郡县"的秦始皇称之"中国社会史上完成了封建制的元勋"。这种说法,是在斯大林及共产国际影响下应运而生的,但30年代还仅是一家之言,学界很少顺应。至延安整风时期,斯大林主持的《联共(布)党史简明教程》立为干部必读书和述史经典,中国的历史进程纳入该《简明教程》规定的模式:原始社会—奴隶社会—封建社会—资本主义社会—共产主义社会(其初级阶段为社会主义社会),且在时段划分上也必须与西欧史对应。自1949年以降,正式颁发的历史学教科书和大多数社会科学论著及整个文宣系统皆沿袭此说。

我们这一代及下代中国人,受教的是"五种社会形态单线直进论",将商周归入奴隶社会,秦汉至明清是一以贯之的封建社会。1978年至1980年代中期,本人步入学术研究领域,不假

---

① 孙中山:《孙中山全集》第一卷,中华书局1981年版,第297页。

思索地运用这种论式。转机发端于 1980 年代中期，我在撰写
《明清文化史散论》及稍晚的《中华元典精神》之际，较系统地
阅读《左传》《史记》《明史》《清史稿》以及柳宗元、马端临、
黄宗羲、顾炎武、王夫之的史论，又从梁启超、章太炎、钱穆
等近代学者的讲论中得到启示，并于 1980 年代末读到刚翻译出
版的马克思晚年申述历史多元发展的《人类学笔记》，对"泛化
封建观"渐生疑窦，不再将秦汉—明清封建时代说视为确论。
这些思考，初步反映在 1989 年前后与何晓明、周积明二君合著
的《中华文化史》(上海人民出版社 1990 年) 中。吾撰之该书
上篇《中华文化生态》探讨中国历史分期问题，并专立一目
《中国"封建制度"辨析》，指出"秦汉至明清两千年是'宗法
君主专制社会'"，其制度主体已非"封建"。此种看法，是我
十多年后撰写《"封建"考论》的基点。

上述思路的整理及明晰化和渐趋深入，得益于与师友的切
磋，如与日本京都学派代表学者谷川道雄 (1925—2013) 的
研讨。

1998 年至 2001 年我应聘在名古屋的爱知大学作专任教授；
2004 年至 2005 年在京都的国际日本文化研究中心 (简称"日文
研") 任合作研究学者，这两个时段与沟口雄三、中岛敏夫、
加加美光行、梅原猛等日本学者切磋封建议题，更多次与谷川
道雄深度研讨。

谷川道雄被称之日本京都学派第三代"祭酒"，在中国六朝
隋唐史研究方面贡献卓著。我在爱知大学任教时，已经结识谷
川氏，他在京都主持的学术会常邀我参加，他到名古屋这边也
多来晤谈。2004 年至 2005 年我到京都"日文研"以后，见面就
更方便了，经常一起畅谈。他持非常明确的中国秦汉后"非封
建"观点，所撰《中国中世社会与共同体》等书多有阐发。当
时我正撰写《"封建"考论》，曾持文稿向谷川先生请益，他极
表赞赏，并以蝇头小楷写意见书数页。2006 年《"封建"考论》
出版，他收到赠书后第一时间即细致阅读，并用红笔作了密密

麻麻的批记圈点，后来见面他专门翻给我看。

2008 年我赴京都参加学术会议，期间谷川先生邀我到他府上，同去的还有聂长顺和牟发松二君，长顺是我的学生，日语很好，时任武汉大学中国传统文化研究中心副教授（现在已是教授了）；发松是唐长孺先生及门弟子（唐先生与谷川先生友谊甚深，谷川书房悬挂的唯一条幅便是唐先生所书），与我在武汉大学历史系同事，后任华东师范大学教授，时在京都访学。

我们在谷川先生书房畅谈一整天，四人的议题是"封建"问题。后来聂长顺把谈话内容整理成文，题为《关于中国前近代社会"非封建"的对话》，发表于《史学月刊》。

谷川氏服膺唯物史观，对中国史学界一些学者（有的是谷川的老朋友）至今抱持"泛化封建论"表示非常不理解。他说，这些老友以为是在坚持马克思主义，实则非也。将秦至清中国社会称为"封建社会"，是斯大林教条的产物，与马克思的史学观相悖。谷川说：

> 真正的马克思主义是发展的。而发展必须首先探究它的本来面目，找到它的基本理念、逻辑原点和逻辑结构。斯大林把"五种生产方式形态"模式化，是机械的、专断的，并不尊重马克思的本来面目和根本原则，并不是对马克思学说的发展。像冯先生的《"封建"考论》那样，才是发展马克思主义。

我不自命发展马克思主义，但认为马克思在"封建"问题上的阐述，是准确而深刻的，应予尊重。

《"封建"考论》出版以后，我遭到一些学者措辞严厉的批评，获得三顶帽子：一是"反马克思主义"，二是"否定中国民主革命"（中国民主革命是"反帝反封建"，说中国前近代不是封建社会，便从根本上否定了中国民主革命）；三是"否定了中国现代史学成就"。会晤时，谷川先生笑问："冯先生对这几顶

帽子作何回应?"我笑答:

第一顶帽子是否恰当,那就先得认清马克思的封建观是什么。查阅《马克思恩格斯全集》或四卷本《马克思恩格斯选集》,还可以把《马克思恩格斯论中国》这本小册子找来看,便会发现,马克思从来没有说过中国前近代是封建社会,而是用"东方专制主义""亚细亚生产方式"概括包括中国在内的东方国家的前近代制度。

马克思有两篇文章直接论及东方国家社会形态,一篇是为驳斥俄国民粹主义者米海洛夫斯基而作的《给〈祖国纪事〉杂志编辑部的信》(1877年11月),文称:"关于原始积累的那一章只不过想描述西欧的资本主义经济制度从封建主义经济制度内部产生出来的途径。"但米海洛夫斯基却"一定要把我关于西欧资本主义起源的历史概述彻底变成一般发展道路的历史哲学理论,一切民族,不管它们所处的历史环境如何,都注定要走这条道路,——以便最后都达到在保证社会劳动生产力极高度发展的同时又保证每个生产者个人最全面的发展的这样一种经济形态。但是我要请他原谅。他这样做,会给我过多的荣誉,同时也会给我过多的侮辱"。马克思明确反对用西欧的社会发展模式硬套其他区域的做法。

另一篇是《科瓦列夫斯基〈公社土地占有制,其解体的原因、进程和结果〉一书摘要》。马克思的朋友、文化人类学家科瓦列夫斯基写了一部研究印度历史的书《公社土地占有制,其解体的原因、进程和结果》,认定前近代印度是封建社会,马克思不同意这一论断,他指出,中古印度不同于西欧中世纪,"依据印度法典,统治权不得由诸子平分;这样一来,欧洲封建主义的大量源泉便被堵塞了"。马克思的理由有二:首先,印度存在一个中央集权的官僚政治系统,这是非封建的;此外,当时印度的土地是可以自由买卖的,这也是非封建的。

对照马克思确认的封建标准,中国的前近代就更不是封建社会了。秦汉以后确立中央集权的皇权官僚政治,制度的非封建性超过印度。至于土地可以自由买卖的情况，中国兴起于战国末期，秦汉以后更加普遍，经济制度的非封建性也在印度之上。而马克思认为印度前近代不是封建社会，那么中国前近代就更加不是封建社会了。因此，在封建问题上，有些人糊制的"反马"帽子很容易扣到马克思本人头上。这可万万使不得。（众笑）

第二，关于中国的民主革命，对外"反帝"，这没有分歧；至于对内"反"什么，就要如实判定。中国民主革命不是反对封建性的领主经济，而是革除非封建的地主经济；在政治领域不是反对封建性的贵族政治，而是革除非封建的君主集权政治，从辛亥革命、二次革命，直到新民主主义革命，都是反对君主专制及变相的君主专制。孙中山说过，封建贵族制中国两千年前已经打破，我们的革命对象为非封建的专制帝制，他的名言是："敢有帝制自为者，天下共击之。"

中国民主革命在经济、政治两方面，皆不能以"反封建"概括。因此"否定中国民主革命"的帽子也戴不上吾头。（众笑）

第三，是不是否定了中国现代史学的成果。拙著《"封建"考论》以很大篇幅回顾近现代史学家的"封建论"，从章太炎、梁启超、钱穆、瞿同祖、张荫麟、李剑农等，一直到晚近的吴于廑、齐思和等，这些史学家或对封建制度有正面阐述，或对泛化封建论提出质疑，均言之凿凿。我们正是承袭近现代史学的这一传统，对沿袭苏联《联共（布）党史简明教程》的史学偏误加以纠正。不知是何人在"否定中国现代史学成果"。（众笑）

笑谈后，牟发松教授介绍，谷川道雄先生曾在上海作《"非封建"的中国中世》讲座，论述中国前近代社会的非封建性问题。谷川先生接着发表意见，概述如下。

（一）"封建"的名实之辨，涉及多层级论题，是一个需要细致用心的学术课目。而"封建"问题要置于历史分期的大视野中探讨。近代日本史学界曾从东西比较角度对历史分期作探究，内藤湖南等人对中国史分期颇有创识，但现在日本学者已极少讨论分期问题，这令人遗憾。谷川氏寄望中国史学界继续推进此一研究。我对谷川氏此议表示赞同，并认为，分期问题在社会形态定型了的现代日本，可能已经退出视野，但在转型间的现代中国，却有着深切的理论意义和实践意义。

（二）谷川氏将中国秦汉以下排除在"封建社会"之外，而称之"专制政治社会"。他说，春秋战国以前属古代社会（或曰封建社会），秦汉以下属中世社会。中世社会分前后两段：中唐以前是古代社会（或曰封建社会）残存的中世社会，其间的农民有较多君主农奴性质；中唐以后已少有古代社会残存，其间的农民有较多君主隶奴性质。我补充道，秦汉以下自耕农，已成为直接向朝廷纳税服役并有人身自由的编户齐民，与封建时代（中国先秦时、西欧中世纪、日本三幕府时）人身依附的农奴有区别，这是秦汉以下社会非封建的表现。

（三）谷川氏评介二战后日本史学界的中国史分期论争：以前田直典及东京的历史学会为一方，认为从秦汉至明清乃至民国是"封建社会"；而发扬内藤史学的京都学派（代表者宫崎市定及其弟子谷川道雄）为另一方，认为秦汉至明清，中国确立为官僚制的、郡县制的君权一统帝国，并非封建社会，而为"专制政治社会"。

我介绍了自己与日本汉学家沟口雄三 1994 年在早稻田大学的交流，沟口氏认为：自秦汉帝国以来，一直采取以皇帝为中心的中央集权制，至少在政治体制上，不能将近代以前的中国称为封建时代。后来沟口氏在一篇文章中指出，"把鸦片战争以前看作是长期的封建时代""存在着一个概念的偷换"。

晤谈中大家说到，现在学术界许多人已脱离《联共（布）党史简明教程》的框架，但大的文化语境和教科书仍然沿用中国前近代封建说，表明对时下中国史学的进步，还只能持谨慎乐观态度，有些问题还须辨析。

（一）将秦汉至明清称封建社会，套用的是西欧历史模式（西欧中世纪是封建社会）。这种模式不仅无法套用于印度、中国，连东欧的俄罗斯都不是这样的。俄罗斯前近代有一个漫长的农村公社制阶段，并未出现西欧中世纪时的封建制度。五种社会形态单线直进说，是对西欧历史的概括，而且是粗糙概括，许多欧美学者并不完全认同。

（二）封建社会和皇权专制社会的根本差别，可概括为：政治制度上是贵族政治与官僚政治之别；经济制度上是领主经济与地主经济之别。这些要点尚须深入研讨。

（三）中国周代"封建"制，与欧洲中世纪的feudalism，内涵有相近处，但在时间上二者错位一千多年。这是东西方历史条件差异造成的。如果把西欧历史模式硬套到中国史上，便是"削足适履"（钱穆语），结果造成"语乱天下"（侯外庐语）。

冯天瑜述　姚彬彬录
2020年春末于武昌珞珈山

七、清末民初新封建论：地方自治、联省自治

明清之际顾炎武的"封建论"，是以古"封建"的"分权"之义救正君主专制集权政治的偏弊，达到"厚民生，强国势"的目的。

承袭黄、顾地方分权观点，清人李塨（1659—1733）力主延长地方官员的任期，并向其让权，其意在"去郡县之害兼封建之利"[1]。

清代中期"文字狱"迭兴，"吕留良、曾静案"为著名一例。吕留良、曾静师徒谴责君主专制，借用的武器便是"封

---

[1] 《平书订》卷二。

建"。而雍正皇帝斥责曰："大凡反逆之人，如吕留良、曾静、陆生楠之流，皆以宜复封建为言。"① 可见，在中国统政论中，"封建"不仅与"郡县"相对应，更与"郡县"背后的"君主集权"相抗衡。

至晚清，以郡县制为基石的君主专制的弊端愈益显现，而在平定太平天国的战争中崛起的湘系、淮系地方势力渐趋强劲。顾炎武"寓封建之意于郡县之中"的议论，在晚清颇有呼应者。倡言"变法"的冯桂芬（1809—1874）从"分治""合治"比较角度评议"封建""郡县"时说：

> 治天下者，宜合治，亦宜分治。不合治则不能齐亿万以统于一，而天下争；不分治则不能推一以及乎亿万，而天下乱。柳宗元《封建论》云：有里胥而后有县大夫，有县大夫而后有诸侯，有诸侯而后有方伯连帅，有方伯连帅而后有天子。此合之说也。封建之合，不如郡县之合尤固，故封建不可久而郡县可久。反而言之，天子之不能独治天下，任之大吏；大吏不能独治一省，任之郡守；郡守不能独治一郡，任之县令；县令不能独治一县，任之令以下各官。此分之说也。②

冯氏从"分治"之利进而提出"复设古乡亭"之议，即在基层设乡官、亭长，"真能亲民，真能治民，大小相维，远近相联"，使"风俗日新""教化日上"。③

赞助"维新变法"的文廷式（1856—1904）主张对"封建"的利弊得失作具体分析，不一概而论。在引述宋人尹源《唐说》"夫弱唐者诸侯也，唐既弱矣，而久不亡者，诸侯维之也"之后，文廷式进而指出："自古封建郡县，得失互见，论者

---

① 《东华录》卷三十。
②③ 《校邠庐抗议·复乡职议》。

梦如。然封建之世，外患必不亟，流寇必不起，此论治者不可不知也。"① 言下之意，在内忧外患频仍的清末讨论"封建""郡县"的长短，必须从现实存在的社会形势出发。这是一种富于历史感的"封建论"。

朴学殿军俞樾（1821—1907）撰《封建郡县说》，与顾炎武相唱和，主张"封建""郡县"，"二者并用，然后无弊"。

上述政论中的"封建"，要旨在于"分权"。黄宗羲、顾炎武、冯桂芬、俞樾鉴于明清专制君主集权的病端，试图以"封建"的"分权"义，以及某些具体方法（如"寓兵于农""乡亭教化"等）作为救治时弊的古时丹方。

清同治以后，曾国藩、左宗棠、李鸿章等汉族封疆大吏掌握相当大的军、政、财、文权力，本为满族人所建的清王朝的中央集权"剖分之象盖已滥觞"，随着"地方行政之权日重"，清末兴起新一轮的"封建论"。光绪中期，福建侯官人张亨嘉作《拟柳子厚封建论》，主张在东南海疆及西北边境"分建大国"，以御外侮，文辞间亦可透见黄宗羲、顾炎武"复封建以救亡"的意向。

辛亥革命前后，更有"联省自治说"出现，论者亦参酌黄氏、顾氏之议，摘取"封建"的正面价值。1908年《东方杂志》等刊发表多篇讨论地方自治的文章，如署名蛤笑的《论地方自治之亟》，从严复所译甄克思《社会通诠》的"合群自治"说论及中国的地方自治问题，认为"吾国素为宗法之社会，而非市制之社会，故族制自治极发达，而市邑自治甚微弱"②，倡导市民自治。同年《江西》刊发茗荪的《地方自治博议》，则从中国现行宪政出发，追溯古之"封建"，纵议曰："中国之宪政始于今日，去封建时代已数千年，尚武之风衰，输税之情惰，户口难于稽查，议员难于普选，民隐难于周知……地方自治制

---

① 《纯常子枝语》卷五。

② 《东方杂志》第五年第三期。

度，缘附而至。"① 该文比较了古代封建、近世督抚制、今之地方自治三者的差异："古者，各君其国，各子其民，地方数千里，诸侯得此以削弱王权。今之督抚，自官制改革，财赋兵戎，悉受节制于内部。而地方自治，则令得自为设置。是以众建屏藩之制，行之中央集权之国，其究极则使民不相安，征调无度。"该文称："有自治之国民，斯有独立之国家，有独立之国家，何患无自由之宪政"，"地方自治，代议制之先声"。这实为一篇近代宪政观指导下的新"封建论"。

孙中山于民国初年也多次提出地方自治问题。1916 年 7 月17 日孙中山在上海演说，题目即为《地方自治者，国之础石》，展现了具有现代意义的分权、自治观念。

处于北洋军阀混战时期的李剑农（1880—1963），在《太平洋》杂志发表多篇文章，论及民国统一问题，倡言"联邦制"，认为"中华民国统一的进行程序，以制定联邦宪法为起点，以废督裁兵为止境"，指出"联省自治"四字已成空言。这类议论，都可以看作是古来"封建论"的继续，又已经注入近代政治内容。

第三节　周秦二制：博弈间共存

"周制"与"秦制"的提法古已有之。"周制"即周代（要指西周）宗法制与封建制的集合。《左传·昭公二十三年》："列国之卿，当小国之君，固周制也。"晋代陆机撰《五等论》，论周制的宗法封建的等级制。起于晚周的儒家以"从周"② 为务，依凭周制、阐发周制，故周制又可称"儒家之制"。

"秦制"指发端于战国七雄，又由"秦王扫六合"正式建立的君主集权的官僚体制，后世沿袭。汉初贾谊作《过秦论》历

---

① 《江西》第二、三期合刊。
② 《论语·八佾》："周监于二代，郁郁乎文哉，吾从周。"

数秦政暴虐无道，但并未否定秦制（如郡县制等）。近代章太炎作《秦献记》，则肯定秦制在统一国家、整合文化方面的历史贡献。兴于周秦之际的法家主要依凭秦制、阐发秦制，故秦制又可称"法家之制"。

汉代以降，诸王朝多称"独尊儒术"，实则是儒表法里。本章第一、二节论"周制"与"秦制"的区隔与对立，本节续议区别，又进而讨论"周制"与"秦制"博弈间的互渗性。

周秦二制的博弈与共存，构成中国制度生态的基础。

一、从中外比较透视中国政制生态大势

如果说，金属工具及文字使用是人类跨入文明门槛的生产力标志和文化标志，那么国家出现则是人类跨入文明门槛的社会制度标志。作为阶级压迫和公共事务工具的国家及国家权力，是文明社会的运行主体，黑格尔说："神自身在地上行进，这就是国家。"[1]（"神"可解为历史及历史运动规律）梁启超则将"中华民族之政治组织——分治合治交迭推移之迹"的考察，视作"成一适合于现代中国所需要之中国史"的"重要项目"之一。[2] 故探讨制度生态，当从制度史的实际过程出发，将分治之"封建制"与合治之"郡县制"作结构—功能解析。

中国政制史约略经历"三时代：（一）部落时代；（二）封建时代；（三）郡县时代"[3]。

前文明的"部落时代"处于由血缘纽带结成的氏族社会，又可称之"原始共同体时代"，世界各地诸族类都经历过此一前国家的漫长阶段。考古学及文化人类学研究证明，因生产力低

---

① ［德］黑格尔：《法哲学原理》，范扬、张企泰译，商务印书馆 1961年版，第 258 页。

② 见梁启超：《中国历史研究法》，《饮冰室合集》专集之十六，中华书局 1989 年版。

③ 吕思勉：《中国制度史》，上海教育出版社 1985 年版，第 410 页。

下、社会结构单一（血缘胞族组合），西亚、北非、南亚、东亚、西欧、中南美等地的史前文化大同小异。跨入文明门槛以后，随着生产方式和社会组织复杂化，诸文明多样化发展，国家形态演进歧异分途，并无统一格式。

跨入文明门槛的东亚社会，出现先后递嬗又彼此交织的"封建"与"郡县"两种制度系统，其演进大势是由封建之"分"走向郡县之"合"，至秦汉建立中央集权的帝制郡县国家。此后两千年虽有起伏跌宕，趋势是君主集权强化、多元一体的民族国家日益成熟。而西欧在希腊、罗马诸分散城邦整合为大一统的共和罗马、帝制罗马之后，由罗马帝国之"合"走向中世纪封建之"分"，直至中世纪晚期才形成诸统一民族国家，故西欧历史进路与中国几乎是相互倒置的。

西欧中世纪封建制通行的贵族政治、领主经济，与同时期汉唐宋明君主集权制之下的官僚政治、地主经济大相径庭，却与先此千余年的西周封建制颇具可比性（当然也有显著差异，西欧中世纪是"契约封建"，中国周代是"宗法封建"）。因而将中国历史套以西欧史序列，必然陷入钱穆批评的"削足适履"①。

再以与中国同属"东亚文化圈"（或曰"汉字文化圈"）的日本为例，其由分散部落统合于王政，约在飞鸟时代（592—710）、奈良时代（710—794），较中国完成大一统皇权专制的秦代晚了近千年。12世纪末叶以后，日本脆弱的王政崩解，强藩建立的幕府执政，天皇成为虚君，土地人民分属世袭大名，由藩国独立、庄园经济、人身依附、武士传统构成的"幕藩体制"，呈现鲜明的封建性，与同期中国宋明君主集权强化、地主自耕农经济普及的格局恰成反照。直至明治维新"废藩置县"，日本才完成类似秦始皇时代的"废封建、置郡县"，达成中央集权的王政复兴，故明治初年的这一变革被时人称之为"王政复

---

① 钱穆：《国史大纲》，商务印书馆1948年版，第18页。

古"。可见，日本史序列去中国甚远，其"中世"（镰仓幕府、室町幕府）、"近世"（江户幕府）的经济制度、政治制度与中世纪西欧封建制"酷似"。19 世纪中叶，英国首任驻日本公使阿尔科克（1807—1897）依据在日本三年实测所著《大君の都》，详论于此，该书称日本为"东洋版的封建制度"①。马克思则多次指出，不能把西欧社会发展道路套用于波斯、印度、中国等亚细亚国家，也不能套用于东欧的俄罗斯，但日本江户时代存在的领主制土地制度，显示了与欧洲中世纪封建主义（feudalism）类似的特性。②

综论之，在中国与西欧间、中国与日本间，不存在同一的社会形态递进次序。

封建—郡县两制递进又彼此交织，是周秦以降两千多年的历史实态，在外域史难以找到同例。而封建—郡县两制的兴替，或曰周制—秦制彼此消长构成中国前近代社会的主场正剧，皆为因时制宜的结果，诚如宋人范祖禹（1041—1098）所言：

> 三代封国，后世郡县，时也；因时制宜，以便其民，顺也。古之法不可用于今，犹今之法不可用于古也。③

夏代无原始文字可考，言其"封国"，缺乏可征文献，只能以传说视之；殷商从甲骨文等原始文献所见，尚少有等级分明的封建发生；故"三代封国"能够实考者主要是"西周封国"。"后世郡县"对"西周封国"有突破性更革，但也不可忽略

---

① 见［英］阿尔科克：《大君の都》，［日］山口光朔译，岩波书店 1962 年版，第 40 页。阿尔科克出使日本（1859—1862）之前曾在中国任英国驻福州、上海、广东领事，出使日本之后，又于 1865 年任驻中国公使，中文名阿礼国。他在中国逗留 20 年，发现中国社会结构、国家制度均大异于西洋。

② 见［德］马克思、恩格斯：《马克思恩格斯全集》第四十四卷，人民出版社 1995 年版，第 823 页注释。

③ 《唐鉴》卷四。

"后世郡县"对"西周封国"的承袭，二者既因且革，共同决定着前近代社会形态的基本性状。

接续万邦分立的部落时代，或曰原始共同体时代，商周正式建立国家制度。两汉以降议论商周二代，往往统称"封国制"，这是以周制涵盖商制的粗疏之说。其实，商制与周制颇有区隔，宗法封建到西周方正式确立。

商代是商王与内外服氏族首领分权的酋邦联盟社会，氏族制遗迹随处可见，原始共同体的特征远未褪尽。就"内服"言之，张光直（1931—2001）称，殷王室是由两大支派与若干小支派组成的子姓父系氏族，两大支派通过父方的交表婚配将王位传甥，每隔世代轮转交替执政。① 就"外服"言之，畿外诸"方""邦"多是氏族的自然延伸。《史记》议及商制："契为子姓，其后分封，以国为姓，有殷氏、来氏、宋氏、空桐氏、稚氏、北殷氏、目夷氏。"② 以氏族标志——姓、氏命名方国，表征商代分封实乃部族内部的自然分化，如果以"封建"加之殷商，庶几可称之"氏族封建"。商王是"诸侯之长"，主要通过武力征服和神权宣示，充任方国联盟盟主，与方国诸侯间并未形成法定的君臣关系。如先周虽对商王纳贡并听其调遣，但没有正式以国君事殷。《诗经》追述文王事迹的篇什，称殷为"大邦"③；《尚书》则有"小邦周"④ 与 "大邦殷"⑤ 的对称，殷周并列，仅有大小之别，尚未确立正式的君臣名分。

殷商这种王室与诸侯并列的情形延至周初，武王在牧野与

---

① 见［美］张光直：《商王庙号新考》，台湾《"中央研究院"民族学研究所集刊》第 15 期，1963 年春季，第 65—95 页。

② 《史记·殷本纪》。

③ 《诗经·大雅·皇矣》："克长克君，王此大邦。"《诗经·大雅·大明》："大邦有子，伣天之妹。"

④ 《尚书·大诰》。

⑤ 《尚书·召诰》。

殷纣王决战前发表誓词，将前来助阵的诸侯尊为"友邦冢君"①，这是殷制的惯性所致。直到周公东征平叛，再行分封，以血缘宗亲纽带维系国家整体性，此际方明确诸侯是天子的守土之臣，所谓"诸侯之于天子，曰某土之守臣某"②。王国维说："自殷以前，天子诸侯之分未定也。"周公东征以后，"新建之国皆其功臣昆弟甥舅"，周王地位得到历史性提高。

> 由是天子之尊，非复诸侯之长，而为诸侯之君。……盖天子诸侯君臣之分，始定于此。③

由此，周制实现姬姓为宗主的贵族阶层、被征服臣仆、封地土著三种势力的整合，这是对商代以氏族立邦的一大突破，商代的"氏族封建"上升为周代的"宗法封建"，体现了以土地为基石的定居农耕文明政制上走向成熟。

殷周鼎革，重要变化是宗法制—等级制—封建制系统的确立。这是古史上的一大更革：

> 中国政治与文化之变革，莫剧于殷周之际。④

周代确立的宗法制、君臣制、庙数制、同姓不婚制，以及德治主义，共同构筑较完备的宗法封建国家制度。

二、西周"礼乐征伐自天子出"

西周封建是一种天子—贵胄"分权"制，周制的"封建亲

---

① 《尚书·牧誓》。
② 《礼记·玉藻》。
③④ 王国维：《殷周制度论》，《观堂集林》卷十，中华书局1959年版。

戚"，目的是"以蕃屏周"①，让同姓诸侯及与周王有姻亲关系的异姓诸侯拱卫周室，控扼四夷，所谓"捍御侮者，莫如亲亲"②，如封齐、鲁以防东夷，封晋以"匡有戎狄"③，封燕"北迫蛮貉"④。血亲分封成为宗周统率天下（或曰"合天下"）的不二法门，以达成"礼乐征伐之天子出"⑤。

周室为了实际掌控诸侯，武王、周公、成王、康王在中央和地方推行如下政制：

其一，建立完备的中央官制，"设官分职，以为民极"⑥。

周初设"八政"，即八种政务官："食"管民食、"货"管财货、"祀"管祭祀、"司空"管工程、"司徒"管教育、"司寇"管盗贼、"宾"管朝觐、"师"管军事。⑦朝政分工把口，堪称严密。公、伯两等爵位，相对应于公、卿二级大臣。中央政权设两大官署——主管"三事四方"的卿事寮，主管册命、制禄、祭祀、图籍的太史寮。二者的主官共为辅佐天子的执政大臣，其职衔为太保、太师、太史（西周中期以后仅设太师、太史，主要执政者是掌管军事和行政的太师）。太保、太师、太史封公爵，称"三公"；由四方诸侯入朝廷为卿的称"侯"；由畿内诸侯入朝廷为卿的称"伯"，形成系统的公卿制度，行使中央权力。

其二，宗法之"合"，制约封建之"分"。

鉴于殷商王位传续紊乱造成的弊端（周武王讨伐殷纣，申述的理由多涉此类），西周厉行大宗、小宗区隔的宗法制，以嫡长子（大宗）继承稳定君统，以余子（小宗）分封实现对天下的分区掌理。前者保证姬姓大宗无可争议地承袭天子之位，杜

---

① ② 《左传·僖公二十四年》。

③ 《左传·召公十五年》。

④ 《史记·燕召公世家》。

⑤ 《论语·季氏》："天下有道，礼乐征伐自天子出。"

⑥ 《周礼·天官·叙官》。

⑦ 见《尚书·洪范》。

绝觊觎、争夺之乱；后者是对殷商外服制的发展，以"亲亲"为基旨，又辅以"贤贤表德"，将同姓诸侯、异姓诸侯广封畿外邦国。天子乃天下之大宗，通过胙土（封赐居地）、赐民（分配隶属臣民）、命氏（赐予居地国号）、颁赐礼器等举措，以宗法之"合"控制封建之"分"，实现宗统与政统的合而为一，所谓"君之宗之"①。天子之于诸侯，诸侯之于大夫，皆大宗统属小宗，形成父家长制系统之下的王权政制，"天子成民之父母，以王天下"②。

其三，"天子建国""诸侯立家"，实行以上控下的分封制。

"天子建国"指周王向诸侯授土授民，使其建国，成为周王普辖之"天下"专属的一级行政单位，封授诸侯是天子的特权。"诸侯立家"指诸侯在封国内向卿大夫封赐采邑，卿大夫只在采邑收取租税，采邑之政由诸侯治理，故卿大夫的采邑并非一级政权单位。西周国家是"王国"与"诸侯国"两级结构。

其四，设置驾驭封国的具体制度。

为了掌控四方，天子不仅依凭宗法关系，以父兄之尊高踞身为子弟的诸侯之上，而且配合有力的行政措施。

一如天子执掌精兵（宗周六师、成周八师）。

二如天子亲征，最精锐的军队随扈天子出征，所谓"周王于迈，六师及之"③。

以上二制体现天子的军事威权。

三如天子决定各诸侯国卿大夫的任命，所谓"大国三卿，皆命于天子……次国三卿，二卿命于天子，一卿命于其君"④。

四如实行监国制，朝廷派遣官员到诸侯国监督军政，"天子使其大夫为三监，监于方伯之国"⑤。

---

① 《诗经·大雅·公刘》。

② 《尚书·洪范》。

③ 《诗经·大雅·棫朴》。

④⑤ 《礼记·王制》。

五如巡狩—朝觐制，天子定期巡视诸侯、诸侯定期朝觐天子。孟子描述巡狩制情形：

> 天子适诸侯曰巡狩……入其疆，土地辟，田野治，养老尊贤，俊杰在位，则有庆，庆以地。入其疆，土地荒芜，遗老失贤，掊克在位，则有让，一不朝，则贬其爵。再不朝，则削其地。三不朝，则六师移之。①

周天子巡狩天下，其功能是奖惩、督责诸侯，维持王权秩序。

其五，以严刑峻法防范臣民挑战王权。

"凡犯天子之禁，陈刑制辟"②，"诬及文武者，罪及四世"③。

以上制度举措保证了周王室对"天下"的掌控，天子对诸侯的统领关系定格，王权体制确立。春秋末叶的孔子身处"礼乐征伐自诸侯出"乃至"陪臣执国命"的"天下无道"之世，盛赞"礼乐征伐自天子出"的文武周公时代为"天下有道"之世④，追怀西周宗法等级制之下的社会秩序。

春秋战国之交的墨子较早揭示周制在"分权"外观下"一同"天下的意图：

> 夫明乎天下之所以乱者，生于无政长，是故选天下之贤可者，立以为天子。天子立，以其力为未足，又选择天下之贤可者，置立之以为三公。天子三公既立，以天下为博大，远国异土之民，是非利害之辩，不可一二而明知，故画分万国，立诸侯国君。诸侯国君既已立，以其力为未

---

① 《孟子·告子》。
② 《大戴礼记·千乘》。
③ 《大戴礼记·本命》。
④ 《论语·季氏》。

足，又选择国之贤可者，置立之以为正长。正长既已具，天子发政于天下之百姓。①

墨子称天子是天下人"选择"的"贤可者"，这是对帝王产生作理想化描述，墨子进而指出天子立三公，立诸侯、正长，目的是统一政令，"使从事乎一同其国之义"②。

三、后世对周制的承袭

周制集前代之大成，是后世心仪的王政楷范，孔子称："周监于二代，郁郁乎文哉！吾从周。"③ 后世列朝多宣示"尊周"，这并非虚套，而是有实迹可循的。

其一，周代定格的王权政制为历朝继承。

皇帝制度固然是嬴政—李斯君臣的创制，然其先导实乃周代确立"天子之尊"的王政。

《周礼》虽未直接论及"王"的权力，但详述执行王命的太宰的职权曰：

掌建邦之六典，以佐王治邦国……以八法治官府……以八则治都鄙……以八柄诏王驭群臣……以八统诏王驭万民……以九职任万民……以九赋敛财贿……④

这里所讲的"太宰之职"，都是佐理王权、昭示王权。仅以"八柄诏王驭群臣"一条，便足见王权之盛大。"八柄"即爵、禄、予、置、生、夺、废、诛，包括赏赐臣下和惩罚臣下的各种权力。操八柄以治群臣、用八统以治万民的王，可以分疆授

① 《墨子·尚同上》。
② 《墨子·尚同中》。
③ 《论语·八佾》。
④ 《周礼·天官·太宰》。

土、封建诸侯、授官任职、设立制度，拥有立法权、治朝权、终裁权、主祭权、统军权等。周制规定的王政，正是秦汉以降两千年皇权政治的先驱和榜样。

其二，周制"去古未远"，保有若干氏族民主遗存，进而转化为传袭后世的"民本"智慧。

（甲）崇"天""德"，重"民心"。《尚书》曰："皇天无亲，惟德是辅。民心无常，惟惠之怀。"① 告诫君主，上天并无亲疏，只辅佐有德之君；民众心中没有固定的君王，他们总是归顺仁惠者。言下之意很明确：失德、少惠的君王将遭上天及万民的抛弃。后世治国者不忘周制训导，唐太宗总结隋亡教训时说："天子者，有道则人推而为人主，无道则人弃而不用，诚可畏也！"② 即此之谓也。

（乙）君王不能百事独断，大政须征询"百官""万民"意见，在国家遭兵寇之难、迁都改邑、无嫡子而选立庶子时，王要"致万民而询焉"③，此即所谓"三询"之制，系战国儒生对周制的理想化描述，其宣示的重视下情的为政取向，为后世明主效法。

（丙）王的财政开支绝非任意，王对群臣的正常赏赐（"常赐"）和特殊恩赐（"好赐"），王的正常用度和王私人爱好所需的开支，都要受到相关财务制度的约束而不能为所欲为。

（丁）王须接受美善之道的教化，犯错要接受臣下的匡谏，去恶迁善。师氏和保氏具体负责这方面的工作："师氏，掌以媺诏王"④，即负责用善道诱导王；"保氏，掌谏王恶，而养国子以道，乃教六艺：一曰五礼、二曰六乐、三曰五射、四曰五驭、五曰六书、六曰九数"⑤。周制设师、保劝谏并教化王者。

周制限制王权的举措影响广远，后世皇帝虽拥有无上权力，

---

① 《尚书·蔡仲之命》。
② 《贞观政要·论政体》。
③ 《周礼·秋官·小司寇》。
④⑤ 《周礼·地官·师氏》。

却受制于天—理、法—礼，受制于祖训，受制于朝官体制与民间自治。唐宋儒者每以帝师自认，试图通过教化"格君心之非"①，这显然是承袭周代师保制的旨趣。

秦汉以降列朝承周制之余荫，君主权力受到制衡，故为有限君主专制，那种极端的绝对君主专制则受到当时及后世非议。

（戊）周制在实行世卿世禄制的同时，也继承发扬唐虞时代"选贤与能"传统，从庶众中选拔人才出仕，如周公阐述选官方针：要"俊有德"，选拔"成德之彦"，择用"吉士""常人"②。这正是秦汉"将出卒伍、相出州部"做法的先驱，后世选举制、科举制之精义也藏于此。

其三，周礼勾勒国家制度精要。

"礼"原是宗教祭典上的节文，殷礼是尊神敬鬼之礼，周人代殷后，除沿用"天命""神道"外，特别强调人事，将礼的作用从祭典仪制引申、扩大为社会等级制度和道德规范，朱熹在为《论语·为政》作注时说："礼，谓制度品节也。"

"周礼"广义指整个周代礼制系统，狭义指战国时儒者托名周公编纂的《周礼》一书，此书将周代礼制理想化，却也在某种程度上记述了由官制反映的周代文明秩序，周秦青铜铭文所载官制与《周礼》基本吻合，可见该书并非后儒向壁虚构，而是在追述周代官制（故该书初名《周官》）的基础上，又辅以后来虚拟的职官，构制条理严整的"周代官制"：设天官主管宫廷，地官主管民政，春官主管宗族，夏官主管军事，秋官主管刑罚，冬官主管营造。"六官"管理内容涉及祭祀、朝觐、封国、巡狩、丧葬等国家大典，规定用鼎、乐悬、车骑、服饰、礼玉等方面的具体典制，通过各种礼器的级秩、组合、形制、度数体现宗法亲疏、等级次序。这一套官制及附丽其上的昭显宗法等级关系的典章制度，是秦汉以降列朝的制度性依凭。

---

① 《程氏遗书》卷十五。
② 《尚书·立政》。

西周的公卿制，直接启导秦的"三公九卿制"，而汉的"内朝尚书制"、隋唐的"三省六部制"也由其引申出来。列朝官制系列皆袭用《周礼》。以隋唐六部为例，即依《周礼》设置。六部（吏户礼兵刑工）仿自《周礼》六官（天地春夏秋冬）：吏部对应天官，户部对应地官，礼部对应春官，兵部对应夏官，刑部对应秋官，工部对应冬官。后世以《周礼》六官作为六部尚书的代称，如吏部尚书称大司徒，户部尚书称大司农，礼部尚书称大宗伯，兵部尚书称大司马，刑部尚书称大司寇，工部尚书称大司空。六部职权、归属虽代有变通，但基本框架、精神内核与《周礼》六官一一对应。

周礼分吉礼（祭礼）、凶礼（丧礼）、军礼（行军，出征）、宾礼（朝觐，互聘）、嘉礼（婚宴，加冠），规范贵贱有差、尊卑有别、长幼有序的等级秩序，其功效是"经国家，定社稷，序民人，利后嗣"[1]。"礼"成为古代国家制度的精神起始。

> 道德仁义，非礼不成；教训正俗，非礼不备；分争辩讼，非礼不决；君臣上下，父子兄弟，非礼不定；宦学师事，非礼不亲；班朝治军，莅官行法，非礼威严不行；祷祠祭祀，供给鬼神，非礼不诚不庄。[2]

战国末的荀子构建"礼论"，认为"礼有三本：天地者，生之本也；先祖者，类之本也；君师者，治之本也"[3]。而敬天地、尊先祖、隆君师便是周礼提供、后世继承的社会秩序之道。

秦汉以下两千年诸朝皆"行周公之礼"，奉周礼为圭臬，不仅限于官制，其城乡建置、礼乐兵刑、天文历法、宫室车服，乃至工艺制作，莫不以周礼作标杆，可谓典制袭之、精神循之。

---

① 《左传·隐公十一年》。
② 《大戴礼记·曲礼上》。
③ 《荀子·礼论》。

以都城建设为例，皆以《周礼》总纲为基旨：

> 惟王建国，辨方正位，体国经野，设官分职，以为民极。①

王者建立都城，要辨别方向，选择和确立国都与宫室的方位，划定国都与郊野的界限和疆域，设官分职，治理天下人民。这种"辨方正位"的规矩为后世所坚守，列朝都城乃至州郡县治所，其城皆纵贯中轴线，宫室（或官府）置于中轴线上，配以左祖右社、前朝后市。从汉唐的长安城到明清的北京城，乃至今日仍可得见的平遥城等老县城，周制格局一以贯之。

概言之，周制确立王权政治，规范上下尊卑关系，组建中央政权机构，构筑深入人心的礼制，从典章制度到思想观念坐实君臣、君民的等级秩序。这一切，在周亡以后没有沦为明日黄花，秦汉以下两千多年各朝代于起伏跌宕间予以承继、发挥。一个有形的标志是：历代宫廷悬挂的语录，大都采自周制，明清帝宫——北京紫禁城诸殿阁的匾额与对联，多选自《尚书》《周易》等周代传下的典籍，如乾清宫正殿御座两侧柱石上的楹联"表正万邦慎厥身修思永弘敷五典无轻民事惟难"，分别出典《尚书·仲虺之诰》《尚书·皋陶谟》《尚书·君牙》《尚书·太甲下》，足见后世帝王起码在名义上是以周制为极则的。

周制确立"华夏同源共祖""赤县神州一体"两大理念，奠定中华民族共同体的文化基石。限于篇幅，周制的此一重大功能不作详议，然周秦以下两千多年间，一直承袭此一传统，通过制度层面和观念层面的协力，构筑民族认同、国家认同的坚韧网络，统一从来是人心所向、大势所趋。

---

① 《周礼·天官·叙官》。

四、王权郡县制对封建制的更革

周制略分两部：一为周王与诸侯分权的贵族政治；二为土地王有及贵胄所有（"天子之田方千里，公侯田方百里，伯七十里，子男五十里"①）的领主经济。二者互为因果，统合为宗法封建制。

实行宗法封建制的周王室采取种种措施维系中央朝廷对各诸侯国的掌控，这些"渐有合一之势"的举措为秦汉以下诸朝继承与发展。但周制的"分权"又是实在的，天子封赐的诸侯，有向天子朝贡、提供赋税力役、应征出兵等义务，然其拥有世袭领地，统治领地上的民众，管理领地的军、政、财、文事务的权力。

西周是依血缘宗亲关系组成的多层次等级社会，春秋时楚人追述西周制度说："天有十日，人有十等。下所以事上，上所以共神也。故王臣公，公臣大夫，大夫臣士，士臣皂，皂臣舆，舆臣隶，隶臣僚，僚臣仆，仆臣台。"② 这里讲的"人有十等"，皆在贵族之内，每一级次统辖下一级次，而并未把庶众（隶农、手工业者、商贾）列入级次之中。可见周王的治权名义上覆盖普天下土地和万民，实际上只达于上层公卿，连士、皂、舆、隶等下级贵族也鞭长莫及，至于庶众则直接受治于相关级次的世袭贵族，与周天子几无干系。

周初因王权强势，统治邦国的诸侯在周王掌理天下的总格局之内，分权尚在可控范围，而一旦周室式微，诸侯必然坐大，与中央王权分庭抗礼，加之西周中期以降，四夷交侵，周天子威权失坠，懿王时"王室遂衰"③，夷王时"荒服不朝"④，西周

---

① 《礼记·王制》。

② 《左传·昭公七年》。

③ 《史记·周本纪》。

④ 《竹书纪年》周纪："夷王衰弱，荒服不朝。"荒服指边远地区。

末年王的权势更江河日下，国人逐厉王即为显例。①

时至东周，天子尸位素餐，掌控天下的权力散分诸侯，史载"平王之时，周室衰微，诸侯强并弱，齐、楚、秦、晋始大，政由方伯"②。唐人柳宗元称，春秋初天下"判为十二"③，即周室权力被鲁、齐、晋、秦、楚、宋、卫、陈、蔡、曹、郑、燕十二个诸侯瓜分，进入"王纲解纽时代"。

（一）封建权由周天子下移诸侯，进而"公室衰微，大夫专政"，宗法封建的性状变态

东周时，周王"天下共主"地位丧失，"天子建国"全然落空，诸侯各自在国内分封卿大夫，可称之"诸侯建国"，如鲁国分封世族，本为陪臣（大夫）的孟孙氏、叔孙氏、季孙氏合称"三桓"。继而诸侯国内的执政卿把持权柄，"既有利权，又执民柄"④，如"三桓"长期把持鲁国政务，郑国则"七穆执政"，宋国"三族共政"。春秋中后期列国还屡屡发生大夫"出君""弑君"（此"君"指诸侯），自行更选国君，"政由方伯"进为"陪臣执国命"。而"田氏代姜"变更了齐国主君的姓氏；"三家分晋"则取消晋的国号，演出卿大夫灭国自立的活剧：晋国正卿魏、赵、韩剖分晋室，自立为诸侯，而周天子慑于其实力，不得不给予承认。此开"战国七雄并立"端绪。宋人司马光主撰《资治通鉴》，开篇即述周威烈王二十三年（前403）"初命晋大夫魏斯、赵籍、韩虔为诸侯"。按语谓："故三晋之列于诸侯，非三晋之坏礼，乃天子自坏之也。"⑤ 司马光意识到"三家分晋"昭显"礼坏，则天下以智力相雄长，遂使圣贤之后为诸侯者，社稷无不泯灭"，意味着"宗法封建"解体，此乃历史的

---

① 见《国语·周语》。
② 《左传·昭公七年》。
③ 《封建论》，《柳河东集》卷三。
④ 《左传·襄公二十三年》。
⑤ 《周纪一》，《资治通鉴》卷一。

一大节点，故以其作为编年史《资治通鉴》的起始。① 明清之际的王夫之也有类似观点，他把"侯王分土，各自为政"的战国时期称之"古今一大变革之会也"②。这都是颇具历史变化眼光的判断。

（二）实行赐爵食邑制，世禄制淡出

殷周之际以下数百年间，实行以"世卿世禄"为特征的贵族政治，《尚书》说"图任旧人""世选尔劳"③，《诗经》说"凡周之士，不显亦世"④，都是讲的殷周贵族世袭官位、世受官禄的情形。

时至晚周，列国一方面继续世卿世禄制，同时又厉行军功行赏、淡化世禄制，如秦国商鞅变法规定："有军功者，各以率受上爵……宗室非有军功论，不得为属籍。明尊卑爵秩等级，各以差次名田宅，臣妾衣服以家次。有功者显荣，无功者虽富无所芬华。"⑤

战国间的赐爵食邑制已不同于西周宗法封建。

其一，封君在封地仅有"食邑权"而无"治民权"；

其二，封地内的民户是诸侯国的"编户齐民"，并非食邑主的臣属；

其三，食邑主的世袭性下降，如楚国有收功臣封地爵禄的习惯，所谓"楚邦之法，禄臣再世而收地"⑥，"楚国之俗，功臣二世而绝禄"⑦，这与西周"诸侯始受封，必有采地。其后子

① 《周纪一》，《资治通鉴》卷一。
② 《读通鉴论·叙论四》。
③ 《尚书·商书·盘庚》。
④ 《诗经·大雅·文王》。
⑤ 《史记·商君列传》。
⑥ 《韩非子·喻老》。
⑦ 《淮南子·人间训》。

孙虽有罪黜，而采地不黜"① 的情形大相径庭。

战国赐爵食邑制的非封建性特点，为秦汉以下历朝在郡县制大格局下保持的封爵建藩制所承袭。

（三）世卿制衍为"布衣将相之局"

战国间公卿世袭制衰微，非封建性的用人激励机制为列国采用，旧贵族以外士人（包括客卿）被论功行赏，燕昭王封乐毅为昌国君、秦孝公封卫鞅为商君，即为名例。杨宽《战国史》附录载，战国间各国封列侯95个，其中魏17个、赵25个、韩7个、齐5个、楚14个、燕5个、秦22个。据考古新发现，战国时各国封侯数量实不止此。这些新封列侯，不少是无身份而有功勋者。

周秦之际，平民大踏步登上政治舞台成为一种趋势。清人赵翼说："自古皆封建诸侯，各君其国，卿大夫亦世其官，成例相沿，视为固然。"② 而晚周以降则别开生面：战国有"范雎、蔡泽、苏秦、张仪等，徒步而为相……孙膑、白起、乐毅、廉颇、王翦等，白身而为将。此已开后世布衣将相之例"③。时至汉初，诸臣除张良出身旧贵族外，萧何、曹参等原为小吏，"其余陈平、王陵、陆贾、郦商、郦食其、夏侯婴等，皆白徒。樊哙则屠狗者，周勃则织薄曲吹箫给丧事者……一时人才皆出其中，致身将相，前此所未有也"④。清人赵翼（1727—1814）据此指出：

> 盖秦汉间为天地一大变局。⑤

这"天地一大变局"，指"数千年世侯、世卿之局"转而为"布衣将相之局"。虽"前世封建"作为一种传统惯性，难以遽

---

① 《尚书大传》。
②③④⑤ 《廿二史札记·汉初布衣将相之局》。

改，遂有汉初广封异姓王、同姓王，不过众王相继败灭，此乃"人情犹狃于故见，而天意已另换新局，故除之易易耳"①。赵翼提出一个颇有深意的命题：汉初对世侯、世卿贵族政治的回归，是主观性的"人情习见"所致，而"布衣将相之局"，以及"后世征辟、选举、科目、杂流之天下"，皆出于"天意"，即客观规律造成，也就是唐人柳宗元所反复强调的，封建制的产生及更革，"非圣人意也，势也"②。

（四）郡县制发端于春秋时的楚、晋，战国时普及列国

秦汉间的"大变局"，从国家制度论之，莫过于废封建，立郡县。然"废封建"是秦始皇创举，而"立郡县"则始于秦先。

东汉经学家刘熙的《释名》分释"郡""县"："郡，群也，人所群聚也。""县，悬也，悬系于郡也。"县系于郡，是就两汉建制而言的。从发生史而言，县实先于郡，指远离国都，悬于公室采邑之外的边鄙之地。

作为一级行政设置的县，始于春秋。王夫之指出，自秦始皇确立郡县之制以后，"垂二千年而弗能改矣"，然推原竟委，"郡县之法，已在秦先"③。顾炎武更详论于此，他列举《左传》《晏子春秋》《史记》《战国策》《说苑》所载，证明春秋战国时列国纷纷设郡置县，故"谓罢侯置守之始于秦，则儒生不通古今之见也"④。

综考先秦史，县制初兴于春秋前期的楚国，楚文王在边地申、息设县，以后，楚每灭一国，将该国贵族迁楚内地，而在该地建县。晋国设县略晚于楚。晋是在领土兼并中设县。直至春秋末年，县的行政级别高于郡，故晋国赵简子激励将士曰：

---

① 《廿二史札记·汉初布衣将相之局》。
② 《封建论》，《柳先生集》卷三。
③ 《读通鉴论·秦始皇》。
④ 《郡县》，《日知录》卷二十二。

"克敌者，上大夫受县，下大夫受郡。"① 县、郡是统帅赐予有军功者的奖品，已非按宗法关系分封的领地。魏、赵、韩三家分晋，承晋制，三家皆置郡县，一些重要政治人物是郡县官吏（称"守"或"令"），如魏文侯时的西河守吴起、邺令西门豹。

楚县是扩张灭国的产物，县的军、政、财权由楚王统辖，县尹由楚王任命；晋县是贵胄兼并的产物，兼并过程中县大夫不断变更，世袭性削减。故春秋之县不同于西周的封建采邑，当然也未达到秦汉郡县制的中央集权程度，而是二者间的过渡形态。

至战国，七雄皆在春秋县邑制基础上实行郡县制，如齐国设县，"魏有河西、上郡"，赵"置上谷、渔阳、右北平、辽西、辽东郡"，燕"置云中、雁门、代郡"②。县上设郡（保留邑的旧称）始于秦国。商鞅变法广设县制，秦孝公十二年"集小乡邑聚为县，置令丞，凡三十一县"③。县上设郡，县下设乡、里，形成中央—郡—县—乡里的垂直行政系统。

战国七雄的郡、县行政长，皆由王廷任命，与宗法封建的诸侯大不一样，故王夫之说："郡县之与封建殊，犹裘与葛之不相沿矣。"④

（五）皇权直接"临民"

与西欧各国中央集权的君主专制出现于封建社会晚期（16世纪前后）的情况相异，中国封建制的主体终结于周秦之际，君主集权制在公元前4世纪前后的战国时期便在列国先后确立，列国诸侯在自己的封疆内实行君主集权，用郡县制逐步取代分封制，以官僚制取代世卿世禄制；秦王嬴政（前259—前210）

---

① 《左传·哀公二年》。
② 《史记·匈奴列传》。
③ 《史记·商君列传》。又《史记·秦本纪》载，秦设县四十一。
④ 《读通鉴论·武帝》。

统一全国后，自称"始皇帝"，"天下之事无大小皆决于上"①，君主集权政治开始施之于疆域广大的一统帝国。秦以后，中央集权政治的总趋势是愈益强化，朝廷直辖地方，皇权越过贵族，直接"临民"，而代表皇权"临民"的，是通过考选（非依凭身份）、由朝廷任命（非世袭）的官吏，形成与"土可贾焉"的地主—自耕农经济相适应的君主集权下的官僚政治。

秦汉以降皇权政治皆实行中央集权，且其程度愈益强化。

皇帝集立法、司法、行政、军事权于一身，是中国皇权政治的特点。

前近代中国是一次性产业（农业）为主的社会，组成此一社会机体的细胞群是高度分散、各自营生的个体农户，他们无力自己代表自己，而需要高高在上的皇权驾驭万方，实现国家统一、社会安定，保障农本经济的生产与再生产，而皇权从诞生之日起，一要辖制万众，厉行"治民"，杜绝"民治"，弹压"民变"；二要平抑贵族豪强，集中事权于朝廷乃至皇帝个人。为达成"治民于皇极"和"统中夏于一王"两个彼此交织的基本目标，国家机器的主流遂由"周制"的封建变为"秦制"的郡县，朝廷直辖地方，皇权越过贵族，直接"临民"，而代表皇权"临民"的，是通过考选（非依凭身份）、由朝廷任命（非世袭）的官吏体系，形成与"土可贾焉"的地主—自耕农经济相适应的君主集权下的官僚政治。至于两汉以降的文化主潮，号称"独尊儒术"，实际上是综汇周制与秦制，"儒表而法里"、兼收释道，适度变通以维持皇权郡县制的稳定。

皇权郡县制（或曰君主集权下的官僚政制）是中国前近代政治、经济、文化的汇集点，透过此制的形成与发展，秦汉至明清的文化生态便可洞若观火。

---

① 《史记·秦始皇本纪》。

五、封建—郡县优劣激辩·何以秦统一中国

封建与井田、学校并称"三代遗制"（周制），作为制度典范，或者被后人追怀景仰，或者遭到清算指斥，在两千多年间不断引为政论主题。

封建制行于殷周，但其时很少有人品评此制，所谓"百姓日用而不知"。春秋战国始设郡县，以后封建制与郡县制长期交叉并行，为对偶之制，常被并列评议，以较衡二制的优劣、长短，此为秦汉及以下诸朝政论的一大课目，其论辩焦点：一是两制何者更有助于长治久安；二是两者何者"公"、何者"私"。

（一）秦廷激辩

围绕封建—郡县孰优孰劣的辩论，最关键的一次发生在公元前213年，秦始皇置酒咸阳宫，大会群臣，博士淳于越进言：恢复西周封建制，以贵戚拱卫朝廷。丞相李斯（前284—前208）力陈驳议：

> 古者天下散乱，莫之能一，是以诸侯并作，语皆道古以害今，饰虚言以乱实，人善其所私学，以非上之所建立。今皇帝并有天下，别黑白而定一尊。私学而相与非法教，人闻令下，则各以其学议之，入则心非，出则巷议，夸主以为名，异取以为高，率群下以造谤。如此弗禁，则主势降乎上，党与成乎下，禁之便。①

李斯以历史进化观点，论证政治一统与文化一统的对应关系。"古者天下散乱"，故政治与文化均"莫之能一"。而到了"皇帝并有天下"，建立起皇权体制之后，如果继续听任"入则

---

① 《史记·秦始皇本纪》。

心非，出则巷议，夸主以为名，异取以为高"的思想失控状况蔓延，势必造成"主势降乎上，党与成乎下"的恶果，从而根本危及君主制的"万世一系"。所以他建议秦始皇"别黑白而定一尊"，确立与政治"大一统"相适应的文化"大一统"格局。

秦始皇欣然采纳李斯建议："非秦记皆烧之。非博士官所职，天下敢有藏《诗》《书》、百家语者，悉诣守、尉杂烧之。有敢偶语《诗》《书》者弃市。以古非今者族。吏见知不举者与同罪。令下三十日不烧，黥为城旦。所不去者，医药卜筮种树之书。若欲有学法令，以吏为师。"①

发生在秦廷的辩论，终止了"兴灭国，继绝世"的封建传统，以郡县制的推行作结，并引发"焚书坑儒"。"封建制"向"郡县制"转化，有其历史的合理性与进步性，然而这种转化从开端处，便伴随着污秽与鲜血。

（二）何以秦统一中国

战国七雄有国力实现统一的，先后是魏、齐、楚、秦。如果是前三雄统一天下，中国历史可能是另一情状。限于篇幅，无法逐一论列，这里单论齐。② 滨海、享渔盐之利的齐国，受邹鲁文化（周制）影响较深，又经管仲式的变革，形成君权相对温和的行政传统，经济上重工商，文化上较具兼容性（稷下学宫博纳诸子）。由齐统一中国，大概不会一味重本抑末、强化思想的专制一统。然而，历史选择了处于"四塞之地"的秦，其君主集权、重本抑末、文化一统，形成鞭扑列国的无敌力量，终于"扫六合""一天下"。而以君主集权的郡县制较彻底地取代分权的封建制，将君主集权推向极致，是秦统一天下，并使秦制传袭两千年的法宝。

----

① 《史记·秦始皇本纪》。

② 见张正明：《秦与楚》，华中师范大学出版社 2002 年版。其中议及楚统一中国的可能性，及与秦统一中国的差异。

（三）封建—郡县之辩延续

由秦廷之辩为端绪，自两汉至晋唐，"封建—郡县"比较论此起彼伏，赞扬或贬斥"封建"的评议，不绝于史。其中堪称名篇的是唐人柳宗元（773—819）的《封建论》，其对周初"封建"、秦置"郡县"的前后得失有精辟点评：

> 周有天下，裂土田而瓜分之，设五等，邦群后，布履星罗，四周于天下，轮运而辐集；合为朝觐会同，离为守臣捍城……余以为周之丧久矣，徒建空名于公侯之上耳。得非诸侯之盛强，尾大不掉之咎欤？……则周之败端，其在乎此矣。
>
> 秦有天下，裂都会而为之郡邑，废侯卫而为之守宰，据天下之雄图，都六合之上游，摄制四海，运于掌握之内，此其所以为得也。①

该文的核心论题为封建究竟是"圣人意"还是"时势"所导致。柳氏开篇即指出，封建并非初古即有，而是"时势"的产物，提出"封建，非圣人意也"的命题；继而从"假物者必争，争而不已，必就其能断曲直者而听命焉"，揭示"封建"产生的动因，非在帝王的个人意志，而是由历史大势所使然，再次引出结论——"封建非圣人意也，势也"②。

柳氏一而再、再而三地言及"封建"并非"三圣"（指文、武、周公）意志的产物，而是社会趋势所使然。这种论说的奥妙在于，消解"崇圣、信古"心理深厚的国人对"封建"的迷信。而只有去除"封建""圣人意"的光环，复归其"时势"生成的真实面目，"封建制"因时变更，以致被郡县制所取代，方具有正当性。

---

①② 《封建论》，《柳河东集》卷三。

柳宗元还从公私之辨角度，将"封建论"引向深入。秦汉以来论"封建"，每以"封建制"使得权力众享，称之为"公"（公天下）；郡县制集权于一人，称之为"私"（私天下）。而柳宗元指出，秦始皇革除封建制，动机是集权于一人，当然是为私的，"私其一己之威也，私其尽臣蓄于我也"，但这一举措有利于国家统一，顺乎历史大势，因而在客观上达到了大公：

> 秦之所以革之者，其为制，公之大者也……
> 公天下之端自秦始。①

此议颇富辩证思维意味。在评断历史人物及其重大行为时，不为人的主观动机所遮蔽，而用力于洞察其人其事是否顺应客观的社会趋向。

"唐宋八大家"之一的柳宗元，文章以峭拔矫健、谨严雄辩著称，《封建论》尤显此种风格，这更令其不胫而走，传诵千古。

（四）明末清初议封建利弊得失

宋代以后对周制与秦制的评价纷纭多歧，值得注意的是明末清初哲人的议论。

与李斯、柳宗元辈从皇权大一统出发，肯定秦制的思路相异趣，在君主集权达于极致的明代，有些学人洞察到秦制的弊端，转而向往周制的宽和，对分权的封建制有了积极的评价，并对秦制的"废封建，立郡县"给予批评。

明清之际哲人黄宗羲从抗御夷狄的有效性这一角度，对封建制作出新的评判。黄宗羲在《明夷待访录》的未刊篇《封建》中说：

---

① 《封建论》，《柳河东集》卷三。

自三代以后，乱天下者无如夷狄矣，遂以为五德沴眚之运。然以余观之，则是废封建之罪也。①

黄宗羲设问：秦以前未发生夷狄灭国，是否因为"夷狄怯于昔而勇于今哉"？答案是否定的。黄氏进而解释"三代"能抗御夷狄而后世每为夷狄所割、所据的缘由：

则封建与不封建之故也……若封建之时，兵民不分，君之视民犹子弟，民之视君犹父母，无事则耕，有事则战……②

应当指出，三代的夷狄之患相当深重，商代夷狄（如鬼方、人方、夷方）对中土的威胁不小，而殷纣之亡，是因忙于征讨夷方，重兵东移，周武王才乘虚而入。代殷而立国的周，夷狄之乱也十分严峻，宣王"料民于太原"，幽王亡于犬戎便是显例。春秋时更出现"南夷与北狄交，中国不绝若线"③的危急局面。故黄氏"三代"夷狄之祸不及后世的判断，是一种主观立论。当然，将殷周兵民不分视作抵御夷狄入侵的制度原因，不无道理，而且黄氏也知道，古制"封建"的寓兵于农，现世已难以效法，于是退而求其次，主张在边境设置有"封建"意味的方镇，以增强抵御夷狄的边防力量。

今封建之事远矣，因时乘势，则方镇可复也。④

黄氏进而总结"封建"与"郡县"的利弊，论述"方镇"的效用：

①② 〔明〕黄宗羲：《黄宗羲全集》第一册，浙江古籍出版社1985年版，第418、419页。

③ 《春秋公羊传·僖公四年》。

④ 《明夷待访录·方镇》。

> 封建之弊，强弱吞并，天子之政教有所不加。
>
> 郡县之弊，疆场之害苦无已时。欲去两者之弊，使其并行不悖，则沿边之方镇乎？①

这里所列"封建""郡县"各自的短处，是公允平实之议。

顾炎武也有黄宗羲类似的看法。顾氏认为"封建"与"郡县"各有得失，应当以古"封建"精义弥补现实的"郡县"缺陷。

顾氏既不同于某些理学家迷恋古"封建"，也不像有的论者一味肯定"郡县"，而是对两制作理性的历史考察。为了探讨君主集权的弊端，顾氏作《郡县论》九篇。其首篇云：

> 盖自汉以下之人，莫不谓秦以孤立而亡。不知秦之亡，不封建亡，封建亦亡。而封建之废，固自周衰之日，而不自于秦也。封建之废，非一日之故也，虽圣人起，亦将变而为郡县矣。②

这是确认郡县代封建的历史必然性。紧接着，顾氏揭示运作两千年的郡县制孳生弊端的现实情状：

> 方今郡县之弊已极，而无圣人出焉，尚一一仍其故事，此民生之所以日贫，中国之所以日弱而益趋于乱也。③

顾氏指出，君主集权的弊端在于，"尽天下一切之权，而收之在上"④。为求解救之方，他追溯周代"封建制"，认为周天

---

① 《明夷待访录·方镇》。

②③ 《郡县论一》，《亭林文集》卷一。

④ 《日知录·守令》。

子与公、侯、伯、子、男差别不大，"非绝世之贵"，所以天子"不敢肆于民上以自尊……不敢厚取于民以自奉"①。在比较"封建"与"郡县"二制之后，顾氏说：

> 封建之失，其专在下；郡县之失，其专在上。②

明清时的主要问题是"其专在上"，鉴于此，顾氏提出改良策略：一是改变由朝廷"多设之监司""重立之牧伯"的做法，转而完善乡亭之职，使乡里基础组织发挥社会组织和伦理维系作用，如此"天下之治若网之在纲，有条而不紊"③。二是将宋明以来君主独掌的"辟官、莅政、理财、治军"四权，分割给地方郡县守令。顾氏倡言：

> 尊令长之秩，而予之以生财治人之权，罢监司之任，设世官之奖，行辟属之法，所谓寓封建之意于郡县之中，而二千年以来之敝，可以复振。④

顾氏对自己的"寓封建之意于郡县之中"的构想十分看好，他说：

> 后之君苟欲厚民生，强国势，则必用吾言矣。⑤

顾炎武设计了周秦二制互补共存的预案。

---

① 《日知录·周室班爵禄》。
②④⑤ 《郡县论一》，《亭林文集》卷一。
③ 《日知录·乡亭之职》。

六、综汇周秦二制的皇权政治：霸王道杂之·内圣外王

中国古代制度生态的显在表现是皇权笼罩社会。秦汉定格的皇权政治每每被归为秦制，但若全面观照即可发现，皇权政治并非单由秦制构成，而是周制与秦制的汇集、综合。

（一）霸王道杂之

如果我们到明清两朝的帝宫参观，扑入眼帘的紫禁城诸殿阁悬挂的匾额、对联，多选自儒家经典，宣示周制精义。再看看历朝法典、皇帝圣旨、大臣奏章，也是言必称文武周公，不离周制轨范。可见各朝各代，"复周""从周"是宣之于外的明令。然而，两汉以降两千年间的统治者并不纯用儒学、单行周制，他们还切实运作秦制铁腕。汉代一位颇有作为的君主——汉宣帝（前91—前49）很不放心太子（后为汉元帝，前75—前33）的"柔仁好儒"、一味从周，特别告诫道：

> 汉家自有制度，本以霸王道杂之，奈何纯任德教，用周政乎！且俗儒不达时宜，好是古非今，使人眩于名实，不知所守，何足委任！[1]

汉宣帝关于"汉家自有制度"的这番私房话，道出了帝王统治术的真谛——既以儒家颂扬的"周制"（仁政、王道乃至井田封建之类）号召天下、收揽人心，又毫不含糊地坚执霸道钢鞭，以"秦制"的霸道威镇臣民，鞭扑天下。

秦汉以降，形成大一统的君主集权政制，要义有三：一者

---

[1] 《汉书·元帝纪》。可略加补充的是，以"仁柔好儒"著称的太子登极后（是为汉元帝），施政颇不仁儒，但优柔无断却是其贯穿到底的风格。元帝时是西汉走向衰败的节点。

君主独制，二者地方集权中央，三者任用不世袭的流官。① 这些制度兼采周制与秦制，如倡导兼听独断的谏议制度，设置侦察官吏、守廉肃贪的监察制度，不计身份选贤与能的选举—科举制度等，皆或以周制为基础吸纳秦制，或以秦制为基础吸纳周制。

唐人柳宗元名篇《封建论》肯定郡县制取代封建制的历史作用，并对周秦二制做出历史性评判：

周制"失在于制不在于政"②，即周的仁政、王道固然好，但制度（封建制）不利于国家统一，导致诸侯争战不休，故制度应予更革；

秦制"失在于政不在于制"③，即秦政暴虐，激化社会矛盾，二世而亡，其政不可取，然秦制（郡县制）有利于国家统一、社会稳定，故延绵千载。

明清之际王夫之的《读通鉴论》与柳宗元的《封建论》近似，而且有更明晰的历史进化观念。周制实行封建，属于早期国家发展阶段。上古时代，人自为君，君自为国，万其国者万其心。周人大封同姓，才逐渐有合一之势。而秦制实行郡县，进一步强化国家的统一，这有利于文明进步，故王夫之称：

> 郡县之制，垂二千年而弗能改矣，合古今上下皆安之，势之所趋，岂非理而能然哉！④

柳宗元、王夫之对周、秦二制的辨析没有止步于道德评判，而是置于大历史视角，并且对"政"与"制"加以区分，在谴责秦政之"暴"时，并不忽略秦制中合乎历史发展需求的制度性合理内容；在赞赏周制之"仁"时，也不放松对不利国家统

---

① 见王家范：《中国历史通论》，华东师范大学出版社 2000 年版，第 281 页。

②③ 《封建论》，《柳河东集》卷三。

④ 《读通鉴论·秦始皇》。

一的封建制的严肃批评。

黄宗羲不止于批判秦政（暴政），对于秦制（郡县制）也有非议，认为郡县制一味强化中央集权，政治上军事上弊端甚多，主张以"方镇""封建"削减极端的中央集权。

同期的顾炎武认为封建制、郡县制各有利弊，主张加强地方守令职权，实行有限度的地方分权。清末民初的地方自治论、联省自治论，既吸纳欧美自治主义，又承袭黄宗羲、顾炎武遗义，含有以周制调节秦制的意向。

（二）内圣外王

如果说，"霸王道杂之"是帝王的统治谋略，那么，皇权政治以及伦理法则便是"内圣外王"。

伦理与政治联姻，是中华文化生态的一大特征。从周代开始，伦理与政治已结下不解之缘，并得到制度方面的肯定。王国维在《殷周制度论》中指出周代政治制度与道德间的深刻联系：

> 其所以祈天永命者，乃在德与民二字。……文武周公所以治天下之精义大法，胥在于此，故知周之制度典礼，实皆为道德而设，而制度典礼之专及大夫、士以上者，亦未始不为民而设也。
>
> 周之制度典礼，乃道德之器械，而尊尊亲亲贤贤男女有别四者之结体也，此之谓民彝。①

春秋战国时，政治动荡，礼崩乐坏，思想文化界空前活跃，诸子并出。值得注意的是，诸子异说纷纭，争讼不已，但在两点上诸子却惊人地一致。

其一，诸子都有不同程度的"君治"式的政治诉求。"周秦

---

① 王国维：《殷周制度论》，《观堂集林》卷十，中华书局 1959 年版。

之际，士之治方术者多矣。百家之学，众持异说，各有所出，皆有所长，时有所用。虽然，阴阳、儒、法、刑名、兵、农之于治道，辟犹镣之于盖，辐之于轮也。"① 诸子百家政见各异，但其理论目标，都在论证"治道"。不仅如此，诸子还热衷于政治实践。儒家孔子声言："苟有用我者，期月而已可也，三年有成。"② 孟子宣称："如欲平治天下，当今之世，舍我其谁也。"③ 墨家主张兼爱、非攻，其弟子直接参加宋国的反侵略战争。法家更是以实行政治专制、推进社会变革为宗旨，导演了各国的变法活动。即便是"其学以自隐无名为务"④ 的道家，也并非与政治无涉，老子的归隐，不过是在实现其"小国寡民"政治理想无望的情况下，政治热情的扭曲表现，庄子更有"应帝王"的种种设计。

其二，诸子各派都高度重视道德伦理。儒家孔子以"仁"为"至德"。"仁"，从人从二，讲的是如何处理人际关系。它以"亲亲"为出发点，推及"尊尊""孝悌""忠信"。孟子更将孔子道德学说条理化为"父子有亲，君臣有义，夫妇有别，长幼有序，朋友有信"。墨家分析"天下大乱"的起因："当察乱何自起？起不相爱。臣子之不孝君父，所谓乱也。""若使天下兼相爱，国与国不相攻，家与家不相乱，盗贼无有，君臣父子皆能孝慈，若此则天下治。"⑤ 道家也注重伦理探讨。老子反对儒家的仁义忠孝说教，却倡导"贵柔""知足""不为天下先""不争"等道德信条。法家以严峻冷酷著称，但也提出"臣事君，子事父，妻事夫"为"天下之常道"⑥，《管子》更以"礼

---

① 刘文典著，诸伟奇等编：《刘文典全集补编》，黄山书社 2008 年版，第 39 页。

② 《论语·子路》。

③ 《孟子·公孙丑下》。

④ 《史记·老子韩非列传》。

⑤ 《墨子·兼爱上》。

⑥ 《韩非子·忠孝》。

义廉耻"为民族精神的"四维"（四根支柱），认为"不恭祖旧，则孝悌不备；四维不张，国乃灭亡"①。

春秋战国时代的"百家争鸣"，是中国文化史上的辉煌篇章。它对于中华文化的理论系统的发展，具有决定性的规划方向的意义。中华文化后来形成"伦理—政治型"文化范式，显然与诸子百家的上述共同特点密切相关。

政治事功与伦理劝导是中华文化所讲求的并行不悖的两个侧面。一般认为，这一特征源于儒家学说，其实并不尽然。如上所述，先秦诸子对此都比较重视。诚然，自汉代以后，儒学独尊地位确立，儒家对于中华文化的影响，显然压倒其他各派，但被汉代以后各朝统治者奉为典则的儒学，已经不是先秦儒学的原始形态，而是吸收了其他各派思想成分的"综汇型"，汉武帝以来所独尊的"儒术"其实吸收了颇多法家治国方略和阴阳家的哲思，汉代以降的统治思想实际是"阳儒阴法"。

"阳儒阴法"，并非儒家"仁政"与法家"专制"理论的拼合，而是先秦儒、法学派政治主张的有机融合。其实，先秦儒家也强调君制，而先秦法家亦不乏以伦理制约民众的主张。荀子修正孔子的"仁政"学说，提出恩威并举、宽猛相济的"听政之大分"：

> 以善至者，待之以礼；以不善至者，待之以刑。两者分别，则贤不肖不杂，是非不乱。贤不肖不杂，则英杰至；是非不乱，则国家治。若是名声日闻，天下愿，令行禁止，王者之事毕矣。②

并重礼与刑的荀子培养出韩非、李斯这样赫赫有名的法家弟子，便不足为怪了。

---

① 《管子·牧民》。
② 《荀子·王制》。

另一方面，汉儒的纲常伦理说教，是在援引韩非的基础上加以神学化的。《韩非子·忠孝》说：

> 天下皆以孝悌忠顺之道为是也，而莫知察孝悌忠顺之道而审行之，是以天下乱。……臣之所闻曰："臣事君，子事父，妻事夫，三者顺则天下治，三者逆则天下乱。"此天下之常道也，明王贤臣而弗易也，则人主虽不肖，臣不敢侵也。[①]

汉以后社会政治文化趋向"阳儒阴法"，此种状况连绵两千年不辍。章太炎论及明清政治时说：

> 明太祖诵洛闽儒言，又自谓法家也。儒法相渐，其法益不驯。……清宪帝亦利洛闽，刑爵无常，益以恣睢。[②]

章太炎认为儒法不相容，兼采二者，将导致帝王统治地位的倾覆，即所谓"任法津而参洛闽，是使种马与良牛并驰，则败绩覆驾之术"[③]，这一判断未必准确，但他指出直至明清时代，儒法学说仍在政治上互为表里，却是历史真实。

汉代以降，"阳儒阴法"在儒学体系内部的体现，是"内圣"与"外王"两种学理走向的并行不悖，互为应援，支撑起两千年一贯的伦理—政治型文化范式。

儒学作为一种"伦理—政治型"学说体系，包括内在的人的主观伦理修养论和外在客观政治论这样两个彼此联系着的组成部分，前者即所谓"仁"学，或"内圣"之学；后者即所谓"礼"学，或"外王"之学。在孔子那里，这两个侧面浑然一

---

① 《韩非子·忠孝》。

②③ 章太炎：《释戴》，《太炎文录初编》卷一，上海书店出版社1992年版，第83—84页。

体，他强调修己与安人、安百姓相贯通①，认为像舜帝那样"恭己正南面"②是最理想的境界。春秋以后，"道术将为天下裂"，不仅诸子林立，而且同一学派内部也产生分化。就儒家而言，便有"八儒"之分："有子张之儒，有子思之儒，有颜氏之儒，有孟氏之儒，有漆雕氏之儒，有仲良氏之儒，有孙氏（荀子——引者注）之儒，有乐正氏之儒。"③ 其中影响最大的是孟子和荀子两派。前者侧重发展儒学原教中的"内圣"之学，后者侧重发展儒学原教中的"外王"之学。当然，孟、荀两派各自也都追求着内圣与外王的统一，并非只是孤立地发展一个侧面。

孟子"平治天下"的要义，在"正人心"以"息邪说，距诐行，放淫辞"④，因此他对"外王"之学即"礼"学并不重视，"诸侯之礼，吾未之学也"⑤，正是孟子把"仁"学引申到政治领域，提出"仁政"学说，认为只要将人内心固有的仁义礼智"四端"掘发、培育起来，便"足以保四海"⑥。所以思孟学派的代表作《大学》称，"自天子以至于庶人，壹是皆以修身为本"。

荀子则将着眼点放在对自然、社会外部世界的征服上，即所谓"物畜而制之"，"制天命而用之"⑦。他强调人的社会性，强调建立人群秩序的基础在于"分"与"辨"，即划分等级尊卑，而将"分"与"辨"条理化、制度化，便是"礼"。他论及"礼"的功能，主要申述其政治治理作用：

---

① 《论语·宪问》。
② 《论语·卫灵公》。
③ 《韩非子·显学》。
④⑤ 《孟子·滕文公下》。
⑥ 《孟子·公孙丑上》。
⑦ 《荀子·天论》。

> 人无礼则不生，事无礼则不成，国家无礼则不守。①
>
> 规矩者方圆之至，礼者人道之极也。②

荀子所要建立的，是一个等级分明、秩序井然而又充满外在事功成就的世界：

> 一天下，财万物，长养人民，兼利天下，通达之属，莫不从服。③

秦汉大一统帝国的建立，正是这种"外王"方略的成功实践。

"外王"路线指引下建立起显赫的文治武功，秦皇汉武的威权和功业都超越前代。但是秦皇好大喜功、二世而亡的教训告诉统治者，仅有外在的事功是不够的，也是不牢靠的，还需要按照某种特定的模式来塑造人们的灵魂，训练勤谨而又安分的百姓。而士子们除了要帮助统治者培养顺民（"灭心中贼"）外，还希望用一种关于心灵修养的学说来教化统治者，直至皇帝本人，通过"格君心之非"促使其"行善政"，此即所谓"正心以正朝廷"。于是，在大一统政治基本稳固之后，思孟学派的"内圣"之学重振旗鼓，遇时而兴，"修齐治平"成为士人们背得滚瓜烂熟的生活信条，《大学》更被视作"君天下者之律令格例也。本之则必治，违之则必乱"④。荀况的"外王"之学反倒退居幕后，尽管继续为统治阶级实际运用，却不太为人所称道。

随着宗法君制社会的推移，孟子地位愈趋提高。汉代赵岐首尊孟子为"亚圣"，唐代韩愈认定孟子是孔学衣钵的嫡传正

---

① 《荀子·修身》。

② 《荀子·礼论》。

③ 《荀子·非十二子》。

④ 《大学衍义序》，《宋元学案·西山真氏学案》。

宗，提出"尧—舜—禹—汤—文—武—周公—孔—孟"的"道统"论。他对比荀、孟之学，称前者"大醇而小疵"，而后者却是"醇乎醇者也"①。宋代理学家从理论上阐扬"道统"，发展孟子"内圣"之学，将其进一步与"外王"之学分离，明确提出内本外末，修身为始，治平为终的观点：

> 学莫大于知本末终始。致知格物，所谓本也，始也；治天下国家，所谓末也，终也。治天下国家，必本诸身。其身不正，而能治天下国家者，无之。②

总之，秦汉以后，儒学沿着"内圣""外王"两个方向发展。近人康有为概括道：

> 孔子之学，有义理，有经世。宋学本于《论语》，而小戴之《大学》、《中庸》及《孟子》佐之，朱子为之嫡嗣，凡宋明以来之学，皆其所统，宋元明及国朝学案，其众子孙也，多于义理者也。汉学则本于《春秋》之《公羊》、《谷梁》，而小戴之《王制》及《荀子》辅之，而以董仲舒为《公羊》嫡嗣，刘向为《谷梁》嫡嗣，凡汉学皆其所统，《史记》、两汉君臣政议，其支脉也，近于经世者也。③

康氏所论，大体勾勒出儒学的两大主潮，但尚需补充和订正。

其一，康氏所说的儒学两派，并非仅义理一派本于《论语》。经世派崇尚《论语》绝下于义理派。从荀况以至宋代的叶适、陈亮，明清之际的顾炎武、黄宗羲、王夫之以至清代中

---

① 《读荀子》，《韩愈集》卷十一。"孟氏，醇乎醇者也；荀与杨，大醇而小疵。"

② 《论学篇》，《河南程氏粹言》卷一。

③ 康有为：《长兴学记》，《康有为学术著作选》，中华书局1988年版，第16页。

后期的龚自珍、魏源等力倡经世实学的学者，也都是以《论语》为其学术圭臬的，他们在力斥理学空疏之时，往往以《论语》的救世精神为指针。

其二，宋明理学虽然激烈批评荀学的"外王"路线，但无论程朱还是陆王，都并未抛弃儒学经世的基本宗旨。如二程便一再申述儒学的经世致用传统：

> 穷经，将以致用也。……今世之号为穷经者，果能达于政事专对之间乎？则其所谓穷经者，章句之末耳，此学者之大患也。①

朱熹则强调内圣之学兼有"修身"及"治平"双重功能。他发挥孔子"下学而上达"之义，认为应当在深研人事的"下学"方面多用气力，"上达"方有根基。陆九渊（1139—1193）、王阳明（1472—1528）亦以平治为己任，时人称王阳明"事功道德，卓绝海内"。可见孔子以后儒学两翼的差别，并不在于要不要经世，而是如何经世——是通过"内圣"之径达到经世目的，还是直接着力于"外王"事功。

其三，康有为论经世派，只到汉董仲舒等为止。事实上与义理派抗衡的经世派，汉以后还有重要发展。如宋代，与朱陆相抗衡，陈亮（1143—1194）、叶适（1150—1223）高举儒学经世旗帜，以政治、军事、经济等社会实际问题为研究重点，决不讳言事功。叶适不仅批评朱陆，而且非议孟子：

> 世以孟子传孔子，殆或庶几。然开德广，语治骤，处己过，涉世疏，学者趋新逐奇，忽亡本统，使道不完而有迹。②

---

① 《先生语四》，《河南程氏遗书》卷四。
② 《宋元学案·水心学案上》。

元明两朝，"内圣"之学大盛天下，其片面性也推向极致——"道问学"的程朱派日趋空疏，"尊德性"的陆王派流于禅释，终于导致明末"空论亡国"。明清之际的顾炎武重新高擎经世大旗，尖锐抨击心性之学"置四海困穷不言，而终日讲危微精一之说"，对于孔学真谛"茫不得其解也"①。黄宗羲、王夫之等也与之呼应，"明道救世"之风重振。及至清道光咸丰年间，更有龚自珍、魏源等一派士人，"以经术为治术"，留心民情政务，谋求富强之策。

由是观之，我们可以概括两千年间儒学内部"内圣"与"外王"两大流派此伏彼起、交相推衍、不绝如缕的大略路径。

占据两千年中国文化主潮地位的儒家，其"内圣""外王"之学对于伦理政治的高度注重，达到排他性的程度，从而限制了自然哲学和科技的发展。据统计，《论语》全书引用五十四例关于自然的材料，"无一则的结论不是在政治道德等方面导出其意义和价值"②。孔子以后，两汉经学、魏晋玄学、隋唐佛学、宋明理学虽多有变通，却大体承袭了这一线路。（见图13所示）

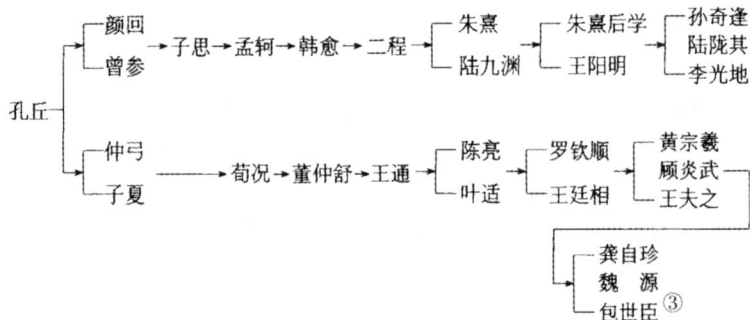

图13

---

① 《与友人论学书》，《亭林文集》卷三。

② 赵纪彬：《论语新探》，人民出版社1962年版，第187页。

③ 此表仅就儒学经世的"内圣"与"外王"两个走向大略划分，并非指每一走向内部诸人的哲学路线、政治主张均相一致。

中华文化的"伦理—政治型"文化范式从"内圣"与"外王"的矛盾统一体中获得坚韧的理论架构，并与农业型的自然经济、宗法—君制型的社会结构，相辅相成，组合为一个体系。而这个体系的转型，只能在近代大工业兴起，动摇小农业及家庭手工业基础，进而消弭宗法专制社会结构的近现代，才能逐步完成，从而在新的经济基础上，确立完善主体（内圣）与征服外物（外王）之间的统一，使《尚书·大禹谟》所创导的"正德，利用，厚生"这一兼顾内外、统筹精神文明与物质文明的理想，真正在中华大地上得以实现。

七、近代转型视野下的周制与秦制（一）：二制与宪政的距离

自19世纪中叶以降，在新的生态条件下，中国社会进入近代转型。而前近代制度体系由周制与秦制共同组成，周制与秦制分别对近代转型发挥特定作用。

东亚大陆跨入文明门槛以后，大略经历了"宗法封建社会"和"宗法皇权社会"（或曰"皇权郡县社会"）两大阶段。前者已是两千多年前的遗迹，后者方是中国前近代的现实。"宗法皇权社会"呈现两重格局——

一方面，皇权撇开贵族阶层，通过官僚系统直接辖制庶众，"君—民"关系成为基本的社会关系，"尺土之民"皆"自上制之"[1]。当朝廷的剥削压迫深重，庶众便揭竿而起，故中国反朝廷的农民战争次数之多、规模之大，都世无其匹，统治者需要紧握"秦制"利剑；皇权又要警惕武人夺权、地方分权，也需要"秦制"铁腕，并且不能任其旁贷。

另一方面，宗法关系可以消解阶级对立，使皇权制度具备调节能力，通过实施"仁政"，推行"让步政策"，使社会危机

---

[1] 《文献通考·封建》。

得以缓和，破败的经济得以恢复和发展。皇权制度还善于制造全民性的文化偶像，如圣人、佛、仙、关帝、明君和清官，令大众顶礼膜拜，给各阶层以精神慰藉，这也从文化上增进了皇权社会的弹性与和谐性。这些正是"周制"余韵。在通常情形下，皇权起着维护国家统一、社会安定的作用，保证地主自耕农经济运行。可见，在古代社会，周秦二制缺一不可，那么，进入近代转型期，周制与秦制又各自扮演怎样的角色呢？

有学者提出，从分权制角度看，周制离现代宪政民主较近，因为周制下的庶民与贵族拥有传统的权利，天子不能过多干预。但从现代国家需要统一的法律，需要个人直接面对国家法律而言，秦制更接近现代国家。秦制强调统一的"王法"，"王法"直接面对"民"，取消中间环节（贵族）。由于社会的各种中间结构被打碎，直面"王法"的"民"已经相当原子化，其过程与资本主义社会在西欧的发展历史有类似处，人们从小共同体的束缚中进入大共同体（秦制没有攻破的只剩家族制度，国家权力没有全然控辖家族内部，所以这个"民"还没有完全原子化）。但秦制固守君主专制，力阻跨向现代宪政国家。[1]

君主集权的秦制在汉以后不断强化，一个显在表现是，政府官员在总人口中占比渐趋增长，这是官僚政治扩张的反映。据1987年《中国第三次人口普查资料分析》一文公布，历朝官民比如下：西汉1：7945，东汉1：7464，唐代1：2927，元1：2613，明1：2299，清1：911，行政机构日渐庞大，官吏队伍扩张，庶众"养官"负担日重，民间社会萎缩，必致"大政府，小社会"。这是与政制现代化走势相悖反的。

---

① 见秦晖：《从"周秦之变"到"新启蒙"》，2011年5月14日召开的广东信孚研究院、《开放时代》杂志社联合举办的"第二届儒家学术研讨会：儒学与现代社会治理"的录音整理稿。上引其大意。

八、近代转型视野下的周制与秦制（二）：二制与民主的关系

挣脱中古王权专制桎梏，实现民有、民享、民治，是社会近代转型的必修功课。以此反观周秦二制，其时代意义不难判别。

农业社会由千百个彼此雷同，分散而又少有商品交换关系的村落和城镇组成。对外抗御游牧人的侵袭，对内维持社会安定是农业社会的需要，掌管公权力的君主国家应运而生，周制与秦制是相继出现的君主国家制度，其中秦制又是前近代政制的基本形态，成为近代转型期间的主要拷问对象。

战国时的韩非（约前280—前233）是秦制的集大成者。他从天下"定于一尊"的构想出发，提出"事在四方，要在中央，圣人执要，四方来效"① 的政制设计，并规定君对民、君对臣拥有绝对权力。他说：

> 君上之于民也，有难则用其死，安平则尽其力。②
>
> 夫所谓明君者，能畜其臣者也；所谓贤臣者，能明法辟、治官职，以戴其君者也。③
>
> 人主虽不肖，臣不敢侵也。④
>
> 贤者之为人臣，北面委质，无有二心，朝廷不敢辞贱，军旅不敢辞难，顺上之为，从主之法，虚心以待令，而无是非也，故有口不以私言，有目不以私视，而上尽制之。⑤

认为国君拥有无上威权，对臣民畜养以供驱使；而臣民对君则

---

① 《韩非子·扬权》。

② 《韩非子·六反》。

③④ 《韩非子·忠孝》。

⑤ 《韩非子·有度》。

必须唯命是从。臣民不具备独立人格，视、听、言、动皆以君之旨意转移。君以法、术、势制驭天下，天下以君为头脑和枢纽，如此，天下定于一尊，四海归于一统。韩非身后不久确立的大一统秦帝国，就是以韩非思想为蓝图构筑起来的。

尊君论并非法家特产，《左传》已有"国不堪贰"①，"臣无二心，天之制也"②的记述；汉儒董仲舒（前179—前104）赋予尊君论以神学理论色彩，所谓"天子受命于天，天下受命于天子"③，所谓"《春秋》之法以人随君，以君随天"④，把国君描述成天与人之间的媒介；唐儒韩愈（768—824）进一步设计君、臣、民的社会使命。

> 君者出令者也，臣者行君之令，而致其民者也。民者出粟米麻丝、作器皿、通货财以事其上者也。君不出令则失其所以为君。臣不行君之令而致之民，则失其所以为臣。民不出粟米麻丝、作器皿、通货财以事其上则诛。⑤

韩愈从社会分工角度，倡尊君抑民之说。此后，程颢（1032—1085）、程颐（1033—1107）、朱熹（1130—1200）等理学家以富于思辨性的言说，为"君权神授"作论证，将"君为臣纲"归结为"天理"。绝对君权主义在明代达到登峰造极的程度。明太祖朱元璋（1328—1398）为了"收天下之权归一人"⑥，废除沿袭一千多年的丞相制和沿袭七百多年的三省制，将相权并入君权；撤销行省，设立分别直接受制朝廷的"三司"（掌行政的布政使司、掌监察的按察使司、掌军事的都指挥使司），"权不

---

① 《左传·隐公元年》。
② 《左传·庄公十四年》。
③ 《春秋繁露·为人者天》。
④ 《春秋繁露·玉杯》。
⑤ 《原道》，《昌黎先生全集》卷十一。
⑥ 《弇州史料》卷十一。

专于一司"; 废大都督府, 分设左右前后中五军都督府, 同兵部分掌军权; 此外, 还有"不衷古制"的廷杖和锦衣卫的设立。这一切, 将君权扩张到极点, 真正达到"朕即国家"的程度。

农业社会养育了君主政体, 而这种政体一经形成, 又成为超乎社会之上的异己力量, 剥夺民众权利, 并抑制外臣, 将军、政、财、文及思想大权集中到朝廷以至皇帝个人手中。早在距今两千多年前的秦汉时代, 就确立了君主专制, 而欧洲直至中世纪晚期才出现类似政体。

总之, 有一个称之"秦制"的君主集权政体主导长达两千年的前近代社会, 这是中国历史及其政治生态的一大特点。

与君主集权强劲而悠长相伴生, 农业社会又培育了另一影响深远的政治意识, 这便是"民本"精神。

中国自先秦即已勃生的"民本"是一个具有特定历史含义和民族文化特征的概念, 在使用时应当与西方的"人文主义"和"人本主义"这两个概念加以区分。产生于欧洲文艺复兴时期 (14—16 世纪) 的"人文主义"是同维护封建统治的宗教神学 (即神本体系) 相对立的人性论和人道主义; 在 19 世纪由德国哲学家费尔巴哈 (1804—1872) 提出的"人本主义", 是指抽去人的具体的历史条件和社会关系, 把人仅看作一种生物的机械唯物主义观点。而中国的民本主义则属于另一历史范畴。

"民本"思想经历了神—民关系上"近民而远神"阶段 (《左传》所反映的春秋时代的"天道远, 人道迩"一类思想), 在君—民关系上的"重民"阶段 (《孟子》所反映的战国时代的"民为贵, 社稷次之, 君为轻"一类思想)。但从经济生活分析, 晚周即已出现, 延绵两千多年的"民本"思想植根于尚农的社会心理的深层结构之中, 与重农主义相为表里。

农业社会存在和发展的前提, 是农业劳动力——农民的"安居乐业"。农民得以安居乐业, 农业生产方能稳定有序, 朝廷的赋役就可以源源供给, "天下太平, 朝野康宁"的"盛世"便有保障。反之, 如果以农民为主体的庶众失去生存条件, "民不聊生""民怨沸腾","民溃""民变"就会层出不穷,"国削君亡"就难以避免。当饥寒交迫的民众"揭竿而起"之时,专政手段再强大的王朝也将陷入土崩瓦解的厄运。这类事实的反复出现,使得统治阶级认识到民众不可侮,所谓"众怒难犯,专欲难成"①。基于这类考察,古之"圣君""贤臣"很早就提出"知人""安民"②,认为君主只有礼遇臣民,臣民才会追随君主。③

　　周制孕育的民本思想在晚周渐趋盛大。老子认为,统治者必须顺应民意——"圣人无常心,以百姓心为心"④,谴责"以百姓为刍狗"的做法是"不仁"。孔子提出"节用而爱人,使民以时"⑤,"修己以安人""修己以安百姓"⑥;他理想中的"圣人"是"博施于民而能济众"的仁者;他所倡导的"仁政",以"裕民"为前提,希望统治者"因民之利而利之"⑦。这些政见都反映了一个事实——统治者不能无视民众的利益,只有对民众的剥削适时、适度,统治者方能获得永久可靠的权益。这是对西周德治主义的发挥。在孔子身后,《左传》《孟子》《荀子》等书更对民本思想作了系统发挥。孟子曰:

　　　　民为贵,社稷次之,君为轻。是故得乎丘民而为天子,得乎天子为诸侯,得乎诸侯为大夫。⑧

提出"民为国本"和"政得其民"的命题。进而向统治者建

---

　　① 《左传·襄公二年》。
　　② 《尚书·皋陶谟》。
　　③ 《周易·随卦》:"《象》曰:随,刚来而下柔,动而说,随。"
　　④ 《老子》第四十九章。
　　⑤ 《论语·学而》。
　　⑥ 《论语·宪问》。
　　⑦ 《论语·尧曰》。
　　⑧ 《孟子·尽心下》。

策——轻刑薄税，制民之产，听政于国人，与民同乐等。

得失天下取决于民心向背的观念，在荀子那里有形象的说明：

> 君者舟也，庶人者水也。水则载舟，水则覆舟。①

荀子对君民关系的这一比喻，给统治者以深刻印象。唐太宗李世民（599—649）与魏徵（580—643）、房玄龄（579—648）等大臣的对话中，论证过民水君舟，水可载舟，亦可覆舟的道理，一再强调"载舟覆舟，所宜深慎"②，"为君之道必须先存百姓"③。李世民还感慨地说：

> 天子者，有道则人推而为主，无道则人弃而不用，诚可畏也。④

这些议论是"圣君""贤臣"相互唱和的千古名言。

总之，"民为邦本""使民以时""民贵君轻"等民本命题是中华农业社会的一种传统思想，反对"杀鸡取卵""竭泽而渔"的"仁政""王道"学说由此派生出来。

（一）民本与君制相反相成

民本思想同君主专制的关系是双重的。

一方面，以"爱民""重民""恤民"为旗帜的民本思想与君主制的极端形态"残民""贱民""虐民"的暴政和绝对君权论是对立的，历来抨击暴政的国人无一例外地引述民本词句。

另一方面，"民本"又与君主制的一般形态相互补充，共构

---

① 《荀子·王制》。

②③ 《贞观政要·论君道》。

④ 《贞观政要·论政体》。

所谓的"明君论"。这种明君"重民""惜民"，民众则将安定温饱生活的希望寄托于明君。"万姓所赖在乎一人，一人所安资乎万姓，则万姓为天下之足，一人为天下之首也。"[1] 可见，民本毕竟与主权在民的民主主义是两种不同范畴。民本划分"治人者"与"治于人者"的此疆彼界，从治人者的长治久安出发，注意民众的力量和人心向背，并无"民治"取向。

在中国古代，民本学说只能作为绝对君权的抑制剂、制动刹，而不可能直接导向主权在民的以社会契约论为基石的民主政治轨道。无论是孔子还是孟子，更不用说李世民和魏徵，都一无例外的是尊君论者，他们既强调"国以民为本"，又强调"民以君为主"，坚持"君臣大义"，维护"君君臣臣，父父子子"秩序。论述"民水君舟"的荀子便说："君者，天地之参也，万物之总也，民之父母也。"[2]

总之，"民本"和君主专制是矛盾的统一体，它们共同组合为农业社会政治思想的主体，而"开明君主"（或曰"好皇帝"）制驭天下，则是民众的理想。统治阶级中富于远见者作如是观，崇信皇权的广大农民也对此充满向往。

当然，重民心、顺民意的民本思想作为一种重视民心向背、关切民生疾苦的理念，不仅为统治者所用，也成为进步文化人经久不衰的精神支柱，从屈原（前339—约前278）的"哀民生之多艰"，到杜甫（712—770）的"朱门酒肉臭，路有冻死骨"，以及白居易（772—846）对"卖炭翁"的深切同情，关汉卿对窦娥悲惨身世的不平之鸣，无不跳跃着"民本"的脉搏。这类表现更切近民间，更富于人民性，与唐太宗之类深谋远虑的统治者的"重民以固本"思想有别。

---

① 《两同书·损益》。
② 《荀子·王制》。

（二）"新民本"

君制社会末世，"民本"再度发挥其社会批判功能，并成为萌发近代民主主义的生长点。明末清初黄宗羲（1610—1695）的《明夷待访录》以及清初唐甄（1630—1704）的《潜书》便承袭了民本主义思想材料，又吸纳异端学者的非君论观点，提出"今之君"是"天下之大害"①，"自秦以来，凡帝王者皆贼也"② 等惊世骇俗命题，并驳诘尊君论的理论基础——"天下受命于天子"说，论证"天下"为主"君"为客，从而向流行当世的"君为天下主"的传统观念提出挑战：

> 古者以天下为主，君为客，凡君之所毕世而经营者，为天下也。③

黄宗羲从"君客论"出发，高唤出这样的警句：

> 天下之治乱，不在一姓之兴亡，而在万民之忧乐。④

他进一步阐发君臣关系为同事协作关系：

> 夫治天下，犹曳大木然，前者唱邪，后者唱许。君与臣，共曳木之人也。⑤

黄宗羲、唐甄等将"民本"推进到极致，迫近民主主义的边缘，笔者将其命名为**"新民本"**⑥。这种"新民本"思想启迪了后辈——近代民主斗士。如晚清维新派从《明夷待访录》中

---

① ③ ④ ⑤ 《明夷待访录·原君》。

② 《潜书·室语》。

⑥ 见冯天瑜、谢贵安：《解构专制——明末清初"新民本"思想研究》，湖北人民出版社 2003 年版。

接过思想火炬，与来自西方的民主思想相结合，迈往近代民主主义。梁启超在论述《明夷待访录》这部奇书的启蒙功效时说：

> 梁启超、谭嗣同辈倡民权共和之说，则将其书节钞，印数万本，秘密散布，于晚清思想之骤变，极有力焉。[①]

黄宗羲等的"新民本"成为从传统民本主义通往近代民主主义的桥梁。

(三) 近代思想者对周秦二制的评析

时至近代，民主主义者的主要批判对象是君主专制，而在追究此制的生成机制时，将根源追至秦政，并认定其思想源自荀学。谭嗣同（1865—1898）说：

> 二千年来之政，秦政也，皆大盗也；二千年来之学，荀学也，皆乡愿也；惟大盗利用乡愿，惟乡愿工媚大盗。二者交相资，而罔不托之于孔。[②]

谭嗣同不愧为近代思想界的"彗星"，他敏锐地揭示，中国社会转型必须克服"秦制"。而他所身历的戊戌变法，以及后起的辛亥革命，都是把社会改革的对象锁定在秦制的现实版——君主专制的清王朝。

谭氏身后20年的新文化运动，陈独秀等将批判重点又从秦制扩及周制，视儒家礼教为"吃人"，大加挞伐。此种转向的合理性及其弊端已多有评析，此不具论，但同一时期也有人肯认周制的历史价值和对近代转型的积极作用。从辛亥革命一路走来的戴季陶（1891—1949）说：

---

① 梁启超：《清代学术概论》，上海古籍出版社1998年版，第18页。
② 〔清〕谭嗣同：《谭嗣同全集》下册，中华书局1981年版，第337页。

周之制度，封建制度也。……中国文明之发达，至于周已阅千有余年矣。然发达之最盛者，则为周。周以后则浸微矣。汉之学术，多为穿凿。唐之学术，多为铺张。宋之学术，多为空迂。……而周代文明所以发达如彼之甚者，则以中央无专横之政，地方之有自由之权。竞争盛而进步亦速。……故孔孟与乎诸子百家有，所以先后皆产生于是时者，非孔孟与诸子百家有天生之聪明……时代之产物也。①

　　应当指出的是，戴季陶并非封建制的推崇者，但他认识到"封建"虽不利于国家统一，却为思想学术的自由发展提供较为宽松的环境。戴氏指出，"封建非良制度也"，然因其分权，"实有足助社会文化个人身心之发达者"。反之，君主集权制度"于社会文化个人身心之发达实多阻碍"②。因此戴氏得出结论：

　　是故中国文化之发达，由于地方分权；而文化之退步，由于中央集权。③

　　哲学史家冯友兰（1895—1990）与戴季陶所见略同，对于上古封建时代学术繁荣的原因，引述古典加以解释，《汉书·艺文志》"时君世主，好恶殊方"；《庄子·天下篇》"天下之人各为其所欲焉以自为方"，是一种"多方"的、非"一元"的文化。

　　上古时代哲学之发达，因于当时思想言论之自由，而其思想言论之所以能自由，则因为当时为一大解放时代，

①　戴季陶：《戴季陶集》，华中师范大学出版社1990年版，第765—766页。
②③　戴季陶：《戴季陶集》，华中师范大学出版社1990年版，第766页。

一大过渡时代也。①

秦汉以下专制一统，"言论思想极端自由之空气于是亡矣"②，而周制分权形势有利于思想文化多元发展，如战国时的孟子，"后车数十乘，从者数百人，以传食于诸侯"③。其他先秦诸子思想，也在多元、宽松的社会条件下发展。墨子"平生足迹所及，则尝北之齐，西使卫，又屡游楚"④。战国涌现"九流"（儒、墨、道、名、法、阴阳、农、纵横、杂家）、"十家"（"九流"加小说家），而且各家内部又有分野，韩非子称"儒分为八，墨离为三"，诸派别各从不同的学术立场出发，提出异彩纷呈的治国平天下方略，乃至各种宇宙观、人生论，呈现"处士横议"⑤格局。而舆论一律的秦汉、多有"文字狱"的明清，断无绚烂多姿的百家之学的生成环境。以汉代为例，武帝削夺淮南王刘安、衡山王刘赐时，逮捕二王的宾客党羽，牵连致死数万人。与此同时，朝廷兴太学、举孝廉，"征天下举方正贤良文学材力之士，待以不次之位"⑥，文士只能歌功颂德，"润色鸿业"，"封建时代"那种"诸侯异政，百家异说"⑦的众议竞鸣的情形式微。

①② 冯友兰：《中国古代哲学之政治社会的背景》，《三松堂学术文集》，北京大学出版社1984年版。

③⑤ 《孟子·滕文公下》。

④ 〔清〕孙诒让：《墨子间诂》，上海书店1986年版，第40页。

⑥ 《汉书·东方朔传》。

⑦ 《荀子·解蔽》。

第五章　文化生态的历史回顾与现实观照

　　文化生成、发展的阶段性当然与王朝更迭相为表里，但文化史进程往往突破王朝框架。某些跨王朝阶段（如殷周之际、周秦之际、魏晋之际、唐宋之际、明清之际、清民之际），经济、政治、人心发生较剧烈更革，成为文化转折点，有的还出现思想、学术高峰，故不宜单以周文化、秦文化、汉文化、唐文化、宋文化、元文化、明文化、清文化论之，还须对朝代边际作深入考察。同时，中国文化不断与外域文化互动，这也影响着文化生态的变迁，故可将历史的中国划分为"中国之中国""亚洲之中国""世界之中国"三个递进的大段落①。总之，文化史分期不能拘泥于王朝界域，而应当依照社会——人文生态演进的脉络作段落划分。

---

　　①　梁启超《中国史叙论》将黄帝至秦统一称"上世"，是为"中国之中国"；秦统一至清乾隆末为"中世"，是为"亚洲之中国"；乾隆末以至当下为"现世"，是为"世界之中国"。见梁启超：《中国史叙论》，《饮冰室合集》文集之三，中华书局1989年版。

第一节　生态学观照下的文化史分期

一、前文明：智人到大禹传子

文化史分期的关键词"文明"，以金属工具及文字发明与使用、城市（国家）出现为标志。此前为"前文明"（或曰史前期）包括旧石器时期和新石器时期，相当于古史的传说时代。

东亚大陆从旧石器时期到新石器时期的居民，体质承续的人种学序列，基本上是在蒙古人种①主干下发生发展的，尚未发现欧罗巴（高加索）等西方人种成分。一度流行的"中国人种西来说""中国文明西源说"，缺乏人类学依据。中国石器时代文化是在相对独立单元的人种学基础上发展起来的。当然不排除域外人的渗入，如四川三星堆出土的青铜三星堆人"高鼻深目、颧面突出"，呈西亚人形象，表明五千年前西亚文化进入古蜀地。

经历一百多万年采集、渔猎劳作，先民积累动植物知识，在一万年前左右驯化动植物，开始农作物栽培和家畜牧养。东亚是世界农业发祥地之一，包括稻作和旱作在内的农业生产方式，奠定了农耕文化的基石。

农耕发展，剩余产品增多，私有财产及私有制出现，导致"治人者"与"治于人者"的分野，阶级、国家应运而生。《尚书》《史记·夏本纪》等古史所载传说，颇具时代转折意味：大禹将王位传给儿子启，结束尧—舜—禹相"禅让"的"公天下"，衍为禹—启"世及"的"私天下"。《礼记·礼运》称之由"天下为公"的"大同"向"天下为家"的"小康"的更革。

---

①　"蒙古人种"是德国自然人类学家布鲁门巴哈提出的五大人种之一（其他四种为高加索人种、马来人种、尼格罗人种、美洲人种），是"黄种人"的近义词，其体质人类学特征包括：淡黄色皮肤、浅栗色眼睛、黑色直发、体毛及胡须不繁茂等。

前文明遗址甚多、分布极广，恰似"满天星斗"（考古学家苏秉琦语），显示了文化生态的多样性，这与文献所载传说相符，华夏（河洛）、东夷（海岱）、苗蛮（江汉）诸先民集团在考古发掘中得到愈益充分的证明。

二、文明奠基：夏商二代

公元前两千年左右，黄河、长江乃至辽河等流域，多处发现青铜器、玉器、宫殿、祭坛，标志着彼时先民跨入文明门槛。这与文献所载古史系统中的夏代相应。近三十年在豫西、晋西南的"夏墟"考古发掘，揭开夏文化的帷幕。河南偃师二里头遗址发现青铜礼器群、玉质礼器群、有中轴线布局的宫殿建筑群、双轮车辙、井字形城市主干道网。经碳 14 测定，二里头遗址距今约四千年，相当于夏代，可能是夏都斟鄩所在地，与《竹书纪年》及《史记·夏本纪》载"太康居斟鄩，羿又居之，桀亦居之"略相呼应。夏墟发现除文字外的诸文明标志（青铜器、宫殿、祭坛），夏代正从传说时代向信史朝代转进。

继夏而起的商，起源河南商丘，兴盛于河南安阳，普用木石农具耒耜，重视商贾，青铜铸造达到高水平，都城数迁，后定于殷（今河南安阳），出现由血族部落联盟（方国）组成的以商族为中心的松散国家形态。

殷商文化的两大卓越成就，一是青铜铸造的高度发展，二是成熟文字——殷墟甲骨文的创制，是跨入文明门槛的鲜明标志。

不同于美索不达米亚文明、希腊文明先冶制铁器，中华文明则先铸造铜器，由硬度较低的红铜，进而铸造硬度高、延展性强的青铜器。商代青铜器技艺高超，如铜锡合金（运用配比法"六齐"）、块范筑法、特征性器物类型及其组合，皆攀高峰，周代继之，故商周并称"青铜时代"。商周青铜很少用作生产工具（当时农具主要为木石材料，少量配入青铜），铜料优先用作礼器，以象征王权和等级秩序；次作兵器，以用作战争、维护政权。此即所谓"国之大事,在祀与戎"①。

殷墟甲骨文(又称"契文""甲骨卜辞"或"龟甲兽骨文")是中华文明的又一重要标志。作为确认的汉字源头的甲骨文,是由巫卜等王室文化官在龟甲兽骨上刻写的文字,距今约3600年,主要有占卜辞和记事刻辞两类,记述殷商政治、军事、经济、宗教、外交状貌,乃至商王与诸侯方国的关系、贵族与平民、奴隶的阶级结构等内容,殷商因以进入有原始文献可考的信史时代。已发现甲骨文单字四千余个,沿用至今的一千多个,足显其确为汉字文化源头。甲骨文具有对称、稳定的格局,具备用笔、结字章法等书法要素,由东汉《说文解字》概括的"象形、指事、形声、会意"等"六书"原则彼时均有运用,已是较成熟的文字,殷之前必有漫长的过渡阶段,如陶文等刻画符号,故文字初史约可推及夏代陶文,因其尚未系统破译,只能把汉字的原型定在殷商甲骨文。

三、殷周变革:巫觋文化转向人文文化

承袭夏商两代的周朝,是从重鬼信巫的"神文"文化迈向重人轻神的"人文"文化。

周朝突破部落联盟框架,在血亲关系基础上建立以嫡长子继承为基本内容的宗法制度。遵循宗法原则,周天子为至高无上的大宗,其位由嫡长子世袭继承,庶子作为小宗分封为卿大夫,统辖受封之土地人民,拱卫王室;有功勋之异姓也获分封,世袭统辖地方与人民。这便是"封诸侯,建藩屏"的宗法封建国家系统。又实行礼乐制度,"礼"用来区别宗法远近的等级秩序,"乐"用来和同共融礼的秩序。宗法封建系统及其礼乐制度,便是《左传》《国语》所谓之"周制"。托名周公,实际成文于战国的《周礼》(又名《周官》)对此制作规范化记述。

---

① 《左传·成公十三年》。

以后周代封建制衰微，此制仍大体沿用，所谓"昔周公作《周官》，分职著名，法度相持，王室虽微，犹能久存"①。

起源于商，成熟于周的天、地、人三大祭祀，尤其突显祖先崇拜，这与宗法制度和宗法观念互为因果，并孕育了中华文化的慎终追远、重史立言的人文传统。

西周王官之学，在晚周私学中得以演化发展，形成《诗》《书》《礼》《易》《春秋》等元典，春秋末至战国，诸子学崛起，《论语》《墨子》《老子》《庄子》《孟子》《荀子》《韩非子》《孙子》脱颖而出，阐发中华文化中坚理念。人文精神、天道自然观、忧患意识、民本论与尊君论对应，以及天人、阴阳、道器、有无等范畴，在诸子辩难、百家争鸣中得以阐发，为后世垂范作则。此一时期成型的象形—会意—指事的汉字、渊博典雅的诗歌与散文、儒墨道法等诸子哲思、宗法伦理，皆对后世影响深巨。晚周人文文化堪称中国人的精神家园。

四、秦汉：君权大一统

周秦之际发生"废封建，立郡县"的制度变更，使得宗法封建的周文化向君主集权的秦汉文化转化，堪称"古今一大变革之会"②。

秦汉两朝四百余年，是君制文化形成的连续而起伏的过程。如果向前追溯，君制文化可推原至战国，孟子的"定于一"论，荀子的"君治"论，荀子两大门徒韩非、李斯的君主专制理论建构与政治实践，尤其是齐、魏、楚、秦列国的君制建设，表明封建周制的式微。而秦王扫六合，建立君主集权国家，正式促成大一统帝国文化的形成。汉承秦制，于跌宕起伏间构建君制文化，传袭于此后两千年。

---

① 《后汉书·百官志》。
② 《读通鉴论·叙论四》。

秦汉帝国的建立，意味着大一统帝国体制的完成，两汉实现了对先秦多元文化的整合，成为古代中国文化的归结时代。

　　度量衡统一，文字厘定，官私教育，编户齐民，官员考选方式和经学、史学体系的格局大定，并在帝国辖区有效实施，且影响周边国度。汉族的形成也在此时期，汉语、汉字、汉文等沿用至今的文明成果，都在秦汉时代基本定格。

　　经过秦朝至汉朝前期百余年的探索、调适与磨合，大一统帝国的集权体制找到一种与之相契合的意识形态，那就是发端于元典时代而又吸纳道、法、阴阳诸家学说的儒家思想。在汉代统治集团倡导的"独尊"氛围下，儒学被官学化，官方倡导的"经学"成为至尊之学，两千年来规范着全民的视听言动。而在统治集团的实际运作中，却儒道法兼采、周制—秦制交混、王霸杂用（以董仲舒、汉宣帝的表述为代表①），这也成为后代君主集权的一般方略；士大夫间流行儒道互补的生活哲学，下层社会则辅之以潜行着的种种民间宗教。

　　皇权朝代更替的模式，在此一阶段形成并固定下来，对后来两千年影响深远。这种模式是，在一个朝代内部，帝位按宗法制世袭转让；当一个王朝腐朽不堪维系，则有雄强者借势取而代之，高唤"王侯将相，宁有种乎"，形成"皇帝轮流做"的局面，农民战争或贵胄夺权，加上游牧民族入主导致的改朝换代，反复重演。正因为帝位世袭并不绝对可靠，于是统治者更加重视皇权的神化和圣化，君主专制理论愈益细密。但改朝换代并没有引起文化中绝，尽管后继朝代"改正朔，易服色"，但总是认同前制并实现文化接力，"汉承秦制"便是显例，以后的"宋承唐制""清承明制"情形类似。这便是所谓"异代同制"。

　　秦汉时期中国文化由多元走向一统，中原农耕文明在与周

---

　　① 〔西汉〕董仲舒称："霸王之道，皆本于仁，仁，天心。"（《春秋繁露·俞序》）汉宣帝告诫太子："汉家自有制度，本以霸王道杂之，奈何纯任德教，用周政乎！"（《汉书·元帝纪》）

边游牧文明的冲突交融中，赢得控制地位。秦汉与南亚的孔雀王朝、欧洲的罗马，并为亚欧大陆并峙的三大帝国文化。秦汉时期，既可以被视为中国史前文化及元典时代之后的一个大总结、大整合，又可以被视为后来的帝国文化乃至中国本土文化奠定模式的独立阶段，这四百多年自成循环，有始有终，是"**中国之中国**"的完成期。

五、魏晋南北朝至唐中叶：胡汉、中印文化融汇

汉代以后，中国文化大范围地与东亚、西亚、南亚文化涵化整合，踏上"**亚洲之中国**"的道路。与庄园经济和门阀贵族政治相表里，魏晋南北朝精神领域里神学弥漫，儒、道、玄、佛各擅胜场，影响着思想意识和各文化门类。

农耕文化与游牧文化之间的冲突与整合是魏晋至中唐六百年间的一大主题。有别于秦汉的是，此间华夏农耕文化的同化力有所减弱，北方游牧民族的压迫曾经造成"五胡乱华"、南北分治的局面；游牧文化发挥复壮和补强作用，继秦汉之后，隋唐成为又一帝国文化高峰，乃得益于"胡气"的熏染，物质文化如此，精神文化也是如此。

这六百年间的另一主题是来自南亚次大陆的佛教文化与中国本土文化之间的交融互摄。佛教传入之初，曾与儒、道体系相冲突，但逐渐与中国的伦理规范、实用理性、崇拜模式、政治需求相融合；经过排佛、灭佛、佞佛、援佛等过程，佛教逐渐实现本土化，并深刻影响着中国文化的各个层面。隋唐时期，佛学宗派林立，禅声缭绕，成为中国文化史上的奇峰异峦。如果将中国学术史分作七段（先秦子学、两汉经学、魏晋玄学、隋唐佛学、宋明理学、清代朴学、近代新学），那么其中三段（魏晋玄学、隋唐佛学、宋明理学）皆受佛教影响。

文化中心向东南转移。这一过程大规模展开于东晋南渡，至唐代"安史之乱"后，经济中心已然移至南方，所谓"赋出

于天下，江南居什九"①，但政治中心仍在黄河中游，文化中心的南移也没有完成。

六、唐宋变革

公元9世纪的唐宋之际，继周秦之际和汉魏之际以后，发生了又一次社会变革和文化转型，还引起东亚文化圈内朝鲜、日本等地文化变革。内藤湖南（1866—1934）等日本汉学家和欧美汉学家，将此次转折看作是"中世"向"近世"的转型。②中国学者陈寅恪（1890—1969）则认为："唐代之史可分作前后两期，前期结束南北朝相承之旧局面，后期开启赵宋以降之新局面，关于政治社会经济者如此，关于文化学术者亦莫不如此。"③唐代前后期的转折，规范了中国文化史后半段的大致框架。唐宋之际以降的一千年间，中国文化走出中古故辙，孕育近世因子。

唐代中叶以降，领主庄园经济破产，地主—自耕农经济定型；赋税制度也发生变化，以两税法代替租庸调制，把朝廷对平民的直接经济控制关系确立下来。政治上亦是如此，科举制度实行以后，门阀贵族淡出政治，地主和自耕农参政渐多。此种开放性的文官政治，与中世纪的西欧、日本贵族政治大相径庭。

唐宋以来，实物经济式微，货币（包括纸币）流通；城市由单纯的政治中心和军事堡垒演变为经济和文化的集散地，"城

---

① 《送陆歙州诗序》，《昌黎先生文集》卷十九。

② 见［日］内藤湖南《概括的唐宋时代观》，［日］前田直典《古代东亚的终结》，［日］宫崎市定《东洋的近世》，载《日本学者研究中国史论著选译》（一），中华书局1992年版，第10、135、153页。［法］谢和耐：《中国社会史》，耿升译，江苏人民出版社1995年版，第257页。

③ 陈寅恪：《论韩愈》，《金明馆丛稿初编》，上海古籍出版社1980年版，第285页。

市"更加开放,"夜禁"得以松弛,商品经济长足进展,这种功能的变化被称之"城市革命"①。随着工商业的繁荣,市民阶层兴起,市井文化趋于活跃,反映市民生活及其情趣的小说、戏曲,在形式和内容上都另创一格,为日后元曲、明清小说等通俗文学的繁荣开启先河。

　　酝酿于唐中叶,在宋明得以张大的理学,一定意义上是儒家人文理性的复归,尤其是王阳明(1472—1528)心学已初具道德个人主义的内涵;宋学的怀疑精神和明代杨慎(1488—1559)等人考据精神的初兴,步入实证学术的边缘;另外,文人、官僚、地主或商人合为一体,形成新的士大夫阶层,他们的审美情趣、人格理想、道德观念主导社会的价值规范,对其后乃至今天的精神生活仍有影响。

　　唐以后,官僚政治实行文武分离、右文抑武之策,虽然防止了武人割据和篡权,却消减了军力,导致国防劣势,民族文化的气质从汉唐的雄强外拓转向宋代的精致内敛。

七、元明坎陷

　　两宋以降,北方民族崛起,与华夏相颉颃,契丹、女真、蒙古、满洲等游牧或半农半牧民族相继入主。尽管诸族最终都接受中原文化,并取得成就,但就中国文化生态总体言之,游牧民族的一再军事征服所造成的破坏,无疑阻碍了中国文化原发式近世转型,出现元明坎坷。朱元璋立旗云:"山河奄有中华地,日月重开大宋天。"② 号称"上承宋制",其实明朝沿袭蒙元不少,如"廷杖制"即仿自元制。经济上也从宋代重视工商业倒退回重本抑末,宋代财政收入工商税占七成,农业税占三

---

　　① 　内藤湖南等日本汉学家有"唐宋城市革命"说,美国汉学家施坚雅有"宋代城市革命"说。

　　② 　《宋小明王》,《国初群雄事略》卷一。

成，明代工商杂税 12%，农业税 81%。宋真宗时，财政年收入一亿六千万两白银，明代财政年收入三千万两白银，表明商品经济大大收敛、倒退。相对宋代的"近世"性发展而言，元明发生了文化"坎陷"。有西方汉学家认为："在中国早已开始了近代化时期，是蒙古人的入侵阻断了此一迅速进步的过程。"①此说有一定道理。元代打断了宋代文明进路，而明代沿袭元代之弊，故成为中国文化史的一段回流，对中国社会近代转型造成诸多障碍，笔者特拟"元明坎陷"一名，此题重大，简笔难以尽述，容以后详作论证。

唐中叶以降的文化转折，至关紧要，故尔有识者多重视两宋文化，如严复说："中国之所以成为今日现象者，为善为恶，姑不具论，而为宋人之所造就，什八九可断言也。"②陈寅恪说，"六朝及天水一代，思想最为自由"（赵匡胤故乡在甘肃天水，天水指宋朝），又说"华夏民族之文化，历数千载之演进，造极于赵宋之世"③。但五代后唐将燕云十六州割让契丹，使后继之宋代丧失长城屏障；宋代鉴于五代军人多次夺取帝位，自太祖赵匡胤起即右文抑武，使宋代军事积弱，国防一直被动，终为金、元所灭。然宋代经济繁荣，文化发达，皆超迈前朝。对西方人而言，"最近几个世纪西方所接触到的那个近代中国的大部分特征，就是在这时候出现的"④。总之，这一阶段构筑了西方资本主义东渐之前中国的文化背景，也即中国文化近代转型的基础和出发点。

---

① ［法］谢和耐：《蒙元入侵前夜的中国日常生活》，刘东译，江苏人民出版社 1995 年版，第 5 页。

② 严复：《严几道与熊纯如书札节钞》，《学稀》第 13 期，中华书局1922 年版。

③ 陈寅恪：《邓广铭宋史职官志考证序》，《金明馆丛稿二编》，生活·读书·新知三联书店 2001 年版，第 277 页。

④ ［美］狄百瑞：《东亚文明——五个阶段的对话》，何兆武、何冰译，江苏人民出版社 1996 年版，第 44 页。

八、明末迄今：中西文化交会·近代转型

明清之际，南欧耶稣会士东来，其宗教及科技学术进入中国，然影响力有限；清中叶以降，完成工业革命的英国等西方列强用炮舰加商品打开清朝封闭的国门，将中国纳入世界统一市场和国际关系。中国第一次遭遇到"高势位"文化的进入，中西文化既相冲突又相融会，这一过程赋予中国文化新的发展机遇，其文化的物质、制度、精神诸层面渐次发生近代转型，迈入**"世界之中国"**阶段。

明中叶以后，商品经济活跃，出现所谓"资本主义萌芽"；在观念意识层面，明清之际黄宗羲、顾炎武、王夫之、唐甄等思想家"非君崇公"，倡言"工商皆本"，将民本思想推至"新民本"阶段，开启蒙之先河，展示了中国文化走向近代的内生动力。此间，西方传教士进入中土，揭开西学东渐序幕，这是继佛教东传之后，中国本土文化与外域文化的又一次大交汇。满洲人入主中原建立清王朝，其初期并未中断这一交汇过程，但雍正以后则大体使中西文化交流停顿下来。清朝中前期基本沿袭宋明以降的文化路径，而考据朴学的实证精神得到空前发展，对两汉以来经学的神圣性起着"解构"作用。

清代晚期以降的近代转型是内力和外力共同作用的结果，是西方影响与中国文化的固有因素彼此激荡、相互作用的产物。曾经颇有影响的"冲击—反应"模式，强调西方近代文化的输入对于中国近代转型的作用，以及中国固有传统对近代转型的阻力。但还应该看到，在民族危亡和西方近代文化的冲击面前，中国文化自元典时代就深蕴的忧患意识、变易观念、华夷之辨、民本思想等精神传统，通过近代诠释获得新的生命，转换为近代救亡意识、"变法—自强"思潮、革命观念以及近代民族主义、民主主义等，推助了中国的近代化进程；自宋明以来隐而未彰的原发性近代因子，纳入转型的动因系统之中。如果对此

估计不足，必将导致对中国近两百年来近代化进程作外因论的片面理解。

西方文化从东南沿海登陆，两广、江浙成为 19 世纪中叶以来中西文化碰撞的前沿。闽粤等地以及宋明以降成为文化中心的江浙等地，在这一阶段不仅是经济重心而且是新文化中心，其文化能量不断向内地辐射、推进。此种由南向北、由东向西的文化传播路向，与两宋以前由西向东、由北向南的文化传播路向恰成相反之势。而两湖地区则成为古与今、中与西相互交会的要冲地带，际会风云，人文荟萃。这些都构成富于特色的文化景观。

20 世纪以来的文化变革，无论在深度、广度还是在剧烈程度上，都比中国文化史上的前四次转折（殷周之际、周秦之际、魏晋南北朝之际和唐宋之际）有过之而无不及。五四新文化运动的新旧转换，可以看作是对明清之际以来启蒙思潮的一个终结，既对中国文化传统有所厘清，又在传统与现代之间、中西文化之间激发一系列矛盾运动。此后，中国人在改良与革命、战争与建设相交替的复杂而悲壮的过程中，经历了对欧美模式和苏俄模式的选择与扬弃，锲而不舍地探寻着前行之径。

九、当代：三大变革交叉互叠

20 世纪 70 年代末期以来，在信息化、全球化的时代氛围中，中国抓住发展机遇，在前所未有的规模和深度上经历着变革，从而把清中叶以来百余年间起伏跌宕的文化转型推向高潮。这种转型的激变性和复杂性，为古今中外所罕见，它包括三个层面变革的交叉互叠：

一是从农业文明向工业文明的转化（此一过程自 19 世纪中叶已经开始，时下正在赢得加速度），这是当代中国社会及文化转型的基础内容；

二是从国家统制式的计划经济向市场经济转化，这种经济体制的改轨与上述经济形态变化同时并进，对文化也发生着巨大影响，它们共同汇聚为现代转型的"中国特色"所在；

三是从工业文明向后工业文明转化，已经实现现代化的发达国家正在进行的这一转变，对包括中国在内的发展中国家提供了示范，使之通过"技术模仿"和"制度模仿"获得"后发优势"，又潜伏"后发劣势"。而在这一过程中，物质文化的转型较为快捷，制度文化的转型相对滞后，精神文化的转型错综复杂，三者间并不总是同步的。与此同时，发达国家在后现代过程中所诱发出的种种问题，在全球化的格局下也呈现在当代中国面前，如生态危机、能源枯竭、文明冲突、信仰危机，等等。

上述三方面内容的任何一个方面，所提出的生态课题都十分广远深邃，而中华民族在 20 世纪与 21 世纪之交，同时面对三大转化，各类问题纷至沓来，需要我们汇集古今中西智慧，对前人、西方人提供的发展模式择善而从，并在新的历史条件下做出综合创造。

当下日益深化的现代转型，对中国文化提出的挑战和提供的机遇都是前所未有的，而中华文化生态正由此展开蔚为壮观的新场景。

第二节　世纪之交的文化生态

时代的步履已经跨入 21 世纪。

面对新的百年和新的千年，人们异样兴奋而又惴惴不安，呈现一种"世纪之际的焦虑"。在这样的时刻，请教历史这位诲人不倦的导师，是明智之举。因为，历史提供的物质资源和精神资源构成人类当下的生存状态，奠定了纷沓而至的未来得以展开的逻辑起点；同时，历史体现着"一动而不可止"的"势"，"万事当然之则"的"理"，昭示着扑朔迷离的未来的走向。所以，"述往事，思来者"① 这一似乎是朝后看的运思方式，其实包蕴着丰富的前瞻性智慧。

过往的历史是客观存在的，是不以人的意志为转移的既往实际，但历史过程引申出来的启示，却是历史客体与认识主体相互渗透的结果。所谓"历史启示"，是现实的人这一认识主体从客观的历史实际中总结出来的规律性认识，是人们出于现实的及未来的需要，在向既往请教的过程中运用思辨的产物。因此，历史启示不能自然获得，而必须通过现实的人的创造性思维，察古而知今，察今而知古，在过去、现在、未来之间发现内在联系而获得；用现代批判传统，用传统格义现代，在这一双向互动过程中对往昔经验加以取舍选择、重新诠释，这样，古人便从墓冢走出，有声有色地向今人和后人娓娓道出经验之谈；历史不再是黯淡的过往，而成为照亮前行之径的明灯。

一、异彩纷呈的 20 世纪

往事并未如烟，与我们刚刚拱手揖别的 20 世纪，其人其事鲜明如昨。

在人类文明史的漫漫长河中，20 世纪可以称得上是一个事变频仍的百年；一个成就空前，面临挑战的尖锐程度亦为空前的百年。

就工具理性张大、物质文明繁荣而言，20 世纪是此前诸世纪所不可比拟的，这得益于新科技革命的迅猛发展。

科学技术作为富于革命性的生产力，改变着世界的面貌，创造着在古代、中世纪看来如同神话般的奇迹。经受了新科技革命洗礼的今日人类，不仅衣、食、住、行与以往世代大相径庭，先民幻想的飞天、登月、遁地、潜海，乃至顺风耳、千里眼，都被今日人类掌握的工具理性一一变为可操作的现实。

①《汉书·司马迁传》。

20世纪将全球化的规模和深度向前大大推进。以15、16世纪之交的哥伦布、达·伽马、麦哲伦的世界性远航为开端，人类历史逐步从分散走向整体，而工业革命为这一进程赢得加速度。如果说，工业文明于18世纪肇端于西欧的英伦三岛，19世纪展开于整个欧洲和北美洲，并兼及东亚岛国日本，那么，20世纪则是工业文明普被全球的百年，商品交换、资本互渗、信息传递，造成国度间、洲际间日益深刻、广泛的经济、文化、社会联系。20世纪80年代以来，这一全球化势头更加强劲。乌拉圭回合谈判达成的贸易自由化为大规模商品流动创造条件；通信手段的发展和各国金融市场的开放使世界资本跨洲、跨国流动加速。传统的社会结构和传统的决策方式受到有力冲击，仅仅在单个民族国家范围内已经无法应付这种全球化带来的新问题，人们更多地将目光转向地区组织（诸如欧洲共同体、东南亚国家联盟、北美贸易自由区等）和世界组织（以联合国为主要代表）以谋求解决方略，国际组织在经济、政治、军事、文化诸事务中的仲裁作用进一步加强。

与全球化趋向相反而又相成的另一态势是，在工业文明普被全球的过程中，由于各文化圈历史条件和文化传统的差异，现代化多样发展模式形成。西欧与北美率先实现现代化，其市场原理、自由经济、民主政治、个人主义等基本特色，被世人看作现代化的必由之径，故在19、20世纪之交，"现代化"与"西化"（或"欧美化"）曾当作同义词使用。20世纪20年代以降，苏俄实行国家统制的计划经济，第二次世界大战以后，这一模式又推及到东欧和中国、朝鲜、越南、古巴，一些发展中国家（如印度、埃及、印尼、缅甸等）也仿效此种模式。60年代以后，国家统制的计划经济模式的严重弊端日益彰显，遂有引入市场法则、民主政治的改革在上述诸国渐次实施。

正当西欧北美与苏联东欧两种模式彼此竞争、相互消长之际，60年代以降，日本及亚洲"四小龙"，以经济高速发展、通货膨胀率低、社会相对安定的实绩，展开的东亚现代化，被称之为与欧美、苏东相区别的第三种工业文明类型。因上述东亚诸国家及地区，大体在儒教文化圈内，故与欧美的"基督教文化的资本主义"相对应，有"儒家资本主义"之称，其特色是将东方文化中的现世主义、国家主义、机会均等，以及注重家族观念和个人修身，与西方工业文明的市场原则、科学管理、追求效率有机结合起来，并抓住世界经济一体化和新科技革命这两大契机，取得明显成绩。而中国在 20 世纪 70 年代末启动的改革开放，使一个广土众民的大国在现代化道路上迅进，经济总量上升为世界第二，文化生态发生显著变化，其影响力不是总人口七八千万的"四小龙"所可比拟的。

20 世纪形成的全球现代化大趋势又显露出纷繁错综的多元走向，90 年代初以来，随着苏东阵营解体、冷战结束，世界多极化格局更加清晰地呈现在世人面前，而这种文化的多元走向，绝非诸极间自我封闭、彼此不相往来，而是互为依存、息息相关的，呈现多元互补、百川赴海的态势，这正是中国先哲所谓"天下同归而殊途，一致而百虑"① 的"一"与"多"并存的生态状态。

进入 21 世纪，在全球化向纵深发展的同时，单边主义也有展拓，形成矛盾的格局，而文明冲突此起彼伏，文化生态呈现空前复杂的状貌，危机与机遇并存。

二、"俱分进化"：善恶并举、苦乐同行

今日世界，其文明的器用层面、制度层面、行为层面和观念层面都发生着愈益深刻的现代转型。人类的生活在变化，人类栖息的星体——地球也出现超乎以往任何世纪的改观。

18 世纪欧洲的启蒙思想家曾构想一幅美妙的前景，认为未来社会将在"理性"指引下，得到健全的、有秩序的发展。然

---

① 《周易·系辞下》。

而，三个世纪的实践证明，"现代化"给人类带来的并不是单一式的进步，而是善恶并举、苦乐同行的矛盾过程，正所谓"省忧喜之共门兮，察吉凶之同域"①，此即近代思想家章太炎（1869—1936）所说的"俱分进化"：

> 进化之所以为进化者，非由一方直进，而必由双方并进，专举一方，惟言知识进化可尔。若以道德言，则善亦进化，恶亦进化；若以生计言，则乐亦进化，苦亦进化。双方并进，如影之随形，如罔两之逐影，非有他也。②

中外哲人所臆想的那种"乌托邦"③，"太阳城"④，"君子国"⑤ 式的"无差别境界"并没有因现代化的推进从天而降。展现在世人面前的，是一个错综复杂的、利弊共存的世界。一方面，现代人类对自然、社会和人生的规律性有了更自觉的认识，又具备较之以往强大的改造世界的能力和手段，因而赢得超越往昔的自由，其生活质量也随之改善；另一方面，工业文明的弊端随着现代化的纵深发展而愈益昭彰，人类面临的问题也愈益严重。这正如德国哲学家尼采（1844—1900）所慨叹的：

---

① 《太玄赋》，《古文苑》卷四。

② 章太炎：《俱分进化论》，《章太炎全集》卷四，上海人民出版社1985年版。

③ 英国空想社会主义者托马斯·莫尔（1478—1535）1516年著《乌托邦》一书，描写了一个美好的社会——乌托邦（意即"乌有之乡"），其中没有贫穷，一切财产公有，人民安居乐业，各取所需，"乌托邦"遂成为空想社会主义的代名词。

④ 意大利文艺复兴后期思想家托马斯·康帕内拉（1568—1639）于1623年著《太阳城》一书，描写一个理想社会——太阳城，这是一个庞大的公社，其中一切财产公有，人们过着绝对平均的生活，各尽所能，各取所需。

⑤ "君子国"是清代李汝珍（约1763—约1830）所著小说《镜花缘》中描写的一个理想国度，那里的人礼仪有度，谦让成习，人人有君子风。

凡人类所能享有的尽善尽美之物，都必须通过一种亵渎而后才能到手，并且以此一再要自食其果，受冒犯的上天必降下苦难和忧患的洪水，侵袭高贵地努力向上的人类世代。①

　　这段哲理诗是就整个人类文明史而言的，但于现代文明尤具针对性，因为随着工业化的高歌猛进，"文明悖论"在现代达到更尖锐的程度。

三、"盛世危言"

　　从文明取得巨大进展论，20世纪诚然是人类史上的"盛世"。但从文化生态积淀问题的严重性论，20世纪又堪称"危乎险哉"的百年。盲目乐观与悲观绝望均不可取，发出切实的"盛世危言"②，以引起疗治的注意，却十分必要。

　　人与自然的交互关系，在工业文明降临的两三个世纪间，尤其是在20世纪，发生了重大变化。此前，无论是在延续百万年之久的采集、渔猎经济时代，还是在长达数千年的农耕文明时代，人类都没有摆脱对自然的依附与敬畏，人类与其生存的环境保持着"一体不二"的关系，中国古代哲人"天人合一"③的思想，印度佛学"依正不二"④的信念，正是对人与环境保有

---

　　①　[德]尼采：《悲剧的诞生》，周国平译，三联书店1985年版，第39页。

　　②　清代改良主义者郑观应著《盛世危言》，主张发展工商业同西方国家进行商战，设立议院，实行"君民共主"制度。此处借其书名论之。

　　③　"天人合一"是中国古代强调"天道"与"人道"，或"自然"与"人为"合一的思想，战国时思孟学派提出这种理论，西汉董仲舒"天人之际，合而为一"（《春秋繁露·深察名号》）之说，成为"天人合一"的正式表述。

　　④　佛教哲学中的"依"即"依报"，指一切环境；"正"即"正报"，指生命主体。"依正不二"意谓人与环境相互依存，是不可分的统一体。

的原始和谐状态的一种观念升华。

工业文明的信条是"征服自然""向自然索取"。在古代与中世纪，人类因为不具备征服自然的强有力的手段，人与自然相分离、相对立的思想尚没有获得强势的实践动力。近代初期，英国哲学家培根（1561—1626）提出"知识就是力量，但更重要的是运用知识的技能"①，认为掌握知识的目的是认识自然，以便征服自然，他还致力于从思想体系上锻造征服自然的"新工具"——归纳、分析、比较、观察和实验的理性方法。时隔一个多世纪，在产业革命行将到来之际，英国人瓦特（1736—1819）于1769年首创燃煤的带冷凝器的蒸汽机，实现了热能向机械能的转化。以此为开端，人类拥有越来越强劲的征服自然的能力。

如果以人均耗费能量作为人类征服自然能力的标志，下列数据值得注意。《大英科技百科全书》载，人类发展的每个历史阶段每人每天的能量消费（以千卡计）分别为：原始人时期，2000；渔猎社会，5000；原始农业社会，12000；高度农业社会，26000；工业社会，77000；后期工业社会，230000。这就是说，现代人的人均能源消费为原始人的115倍。

按照"天人合一""依正不二"原理生活的东方人未能自发地走出农业与手工业结合的自然经济轨范，直至前近代末期停留在原始农业社会或高度农业社会；而以犹太教—基督教文化及希腊—罗马文化为源头的西方文化，从主体与客体两分的思路出发，将人与自然离析开来，对立起来，从而走向征服自然、向自然索取的路径，率先跨入工业社会及后期工业社会。被理性这一"思想新工具"和机器这一"物质新工具"武装起来的现代人，开辟了文明史的新纪元。

以"征服自然""向自然索取"为行动指针的工业文明在造就巨大物质财富的同时，人以自然为征服和索取的对象，很少

---

① 此语是对英国哲学家培根著《人生论》序言中的两句话的浓缩。

注意自然资源的养护与再生，牺牲环境求得发展，造成始料未及的严重后果，诸如环境污染，温室效应①加剧，资源系统崩溃，森林破坏，沙漠化蔓延等，其中有些情形令人触目惊心。

生物多样性损失。据专家统计，由于生态环境的恶化，全世界每天约有 45 至 270 个物种灭绝。人类若不采取积极措施，在今后几十年间，现有的 3000 万个动植物物种有四分之一将永远从地球上消失，这意味着生物界的生态平衡被打破，其后果难以预料。

人口爆炸。工业文明提供的医疗系统，在一个世纪来大大降低了死亡率，却未能成比例地降低出生率，导致人口急剧上升。现在全世界每天有 25 万个婴儿诞生。纪元初年，全球人口约 2—4 亿，1650 年 5 亿，一千六百年间增长不到一倍。1830 年 10 亿，1930 年 20 亿，一百年间增长一倍。1975 年 40 亿，四十五年增长一倍。2018 年 75.9 亿，预计 21 世纪中叶将突破 100 亿，逼近甚至超过地球的人口承载极限。值得担忧的是，发达国家人口已得到控制（德、法、日等国人口增长率为零，甚至出现负增长），又伴之以人口高龄化趋势（中国虽不是发达国家，但已出现此一趋势）；而第三世界各国人口却在高速增长（发达国家一位妇女生育子女的平均数为 1.5，非洲国家则高达 6 或 7），导致耕地、森林、淡水等各种资源的人均占有量迅速下降，生存条件趋于恶化。

城市膨胀和畸形发展。其突出表现是超级城市迅猛发展。人口超过 800 万的超级城市，1950 年仅有 2 个，即美国的纽约（1230 万人）和英国的伦敦（870 万人）；1995 年则增至 22 个，2015 年增至 33 个，其中大多数在第三世界国家，诸如墨西哥城、孟买、加尔各答、上海、北京、重庆、圣保罗、里约热内卢、拉各斯、卡拉奇、开罗，人口都在一千多万至两千多万，

---

① 温室效应，指地球大气吸收太阳热的一种效应，这时大气起着如温室一样的作用。

有些大城市的生存环境愈益恶劣。

不可再生资源巨量消耗。石油、煤炭都是数千万年积累的古生物化石，是不可再生资源，而工业文明的三个世纪间疾速开采。20世纪以来，消费量剧增。以石油为例，据各种不同的统计，现已探明的全球石油贮藏量，以目前的开采量仅能维持30至40年，天然气的情况大体相似，煤炭约可供开采300年左右。当然，也有一些较为乐观的估计，认为地下矿物资源可供开采的时间更长，但对于漫长的人类史而言，几十年、几百年都是短暂的时段。可燃冰等新能源、太阳能等可再生能源的使用是克服能源危机的途径之一。

人类的生存依据——空气与水被大规模污染。工业化造成煤炭、石油等含硫的碳氢化合物每年数十亿吨被燃烧，排放出含有 SO_2 和 CO_2 的滚滚烟尘，酸雨区扩展，呼吸清新空气成为现代人的一种奢侈；工业废水及溢油大面积毒化着江、河、湖、海。食用洁净饮水，已是现代人的渴望。总之，当下的地球上，保有纯洁空气与水的"净土"已属难能。

概而言之，现代人类正在榨取、掠夺自然，为了眼前利益，人们正在愈益迅速地"透支"子孙后代享用的资源份额，破坏着唯一可居住星球的生态环境，这无异于剥夺子孙后代的生存权利。1992年11月，世界1575名科学家（内有99位诺贝尔奖获得者）联名公布一份长达4页的《世界科学家对人类的警告》。此文件开宗明义指出：

人类和自然界正走上一条相互抵触的道路。[1]

这份文件将臭氧层变薄、空气污染、水资源浪费、海洋毒化、农田破坏、滥伐森林、动植物物种减少以及人口增长列为最严

---

① 转引自倪稼民：《当代世界政治经济与国际关系》，复旦大学出版社1993年版，第81页。

重的危险。

严峻的现实告诉我们：在现代化过程中，必须自觉防范人与自然协调关系的崩解。自然因被超负荷掠取正在失去固有的生态平衡，而失衡本身已经给予人类以有力的回敬，如果人类不能改弦更张，善待自然，那么自然必将用自己的铁腕给予人类更猛烈无情的报复，人类在以往若干世纪取得的文化成就将化为乌有。

分配不均未获遏制，类群冲突纷至沓来。就人与人的关系而论，现代文明取得社会契约论、法治化、民主化的进展，却又带来社会的失衡和人的异化，金钱与权力拜物教的膨胀导致的物欲主义泛滥和道德沉沦，两种文化（科技文化与人文文化）的分离割裂等令人困扰的问题层出不穷，造成人变为单向度的片面的人；精神价值的失落，人性的萎缩与畸变，显示着个人失调以至社会失调的趋向。

由市场经济所启动的现代化进程，给人类生活带来的效应是双重的。一方面，以市场经济为基础的价值系统，有自由、平等、效率、创新、开放等特性，较之中古社会的权力本位、停滞、封闭、守旧是一种时代性跃进；另一方面，市场经济在"看不见的手"——利益的推动下运作，其思想动力不是善良、公正和奉献精神，而是利己心和对财富的贪欲。因此，现代化的发展并不一定带来人们幸福感的全面增长，正如美国政治心理学家罗伯特·E·雷恩一篇文章的题目所揭示的——《市场经济的乐趣缺失》。这篇文章用社会学统计方法揭示，1972—1994年间，美国人幸福感和满足感日趋下降，有非常快乐感受的人的百分比，由1972年的34.9%降至1994年的29.5%；婚姻幸福感由1973年的67.8%降至1994年的60%；工作满意度由1972年的50.8%降至1994年的44%，总之，"在经济发达国家中，越来越多的人感到沮丧"①。

---

① ［美］罗伯特·E·雷恩：《市场经济的乐趣缺失》，王列译，《战略与管理》1996年第4期。

这种物质文明增进与人们精神愉悦不成正比的情形，在现代化方兴未艾的发展中国家，也同样存在。例如，1992年中国首次举行的全国性社会人际关系现状抽样调查表明，大多数被调查者对人际关系状况深感忧虑：72.8%的人认为"人都变得自私了"；71.9%的人认为"人心难测"，须谨慎提防……这一社会统计资料从一个侧面显示发展中国家一旦步入现代社会轨道，人与人相互关系领域"恶"的因素便疾速衍生和膨胀。

按照理性主义的预言，现代化将消除贫富差别，使各类人都过上丰裕的生活。然而，近两三个世纪的实践证明，贫富悬殊有增无已，这既体现在一国之内，穷人与富人财富占有量差距的扩大，还体现在穷国与富国间人均收入悬殊的增加，即"南北问题"日益尖锐化——发达国家步入"后现代"，一些发展中国家却在"前现代"徘徊，"极度富裕"与"食不果腹"并存于我们这个星球的不同角落。以中国为例，检测利益分配"普惠性"程度的标尺——"基尼系数"居高不下。基尼系数的合理区间是0.24—0.26，0.4达到警戒线，而我国1997年达到警戒线，2006年高达0.487，此后一直在0.48左右（以上为国家统计局公布数据），联合国数据，2011年中国基尼系数突破0.55，此后数年在0.5以上，是世界贫富差距最大的国家之一。

除收入分配不均是一全球性问题外，种族冲突、宗教冲突也困扰着今日人类。

工业文明造成的"二律背反"，20世纪以降最为突出的表现，是国家及国家集团之间为着争夺市场与原料基地试图重新划分势力范围，从而一再引发战争。1914年至1918年发生的第一次世界大战，参战国33个，卷入战祸的人口在15亿以上，死伤3000余万人，经济损失约2700亿美元。1937年至1945年由德、意、日法西斯国家发动的第二次世界大战，先后有60多个国家及地区、20亿以上人口卷入战争，其破坏程度更大大超过第一次世界大战。第二次世界大战结束以后的半个世纪，局部战争此起彼伏，军备每年的支出数以万亿计美元。战争虽然古来即有，但因现代人工具理性的空前强大，战争的规模和破坏性不可同日而语。20 世纪末叶，随着两大阵营对垒格局的终结，世界大战威胁缓解，和平与发展成为时代的主题，但局部战争仍未消弭。而且，自 20 世纪 40 年代中期发明核武器以后，核威胁如同悬在全人类头顶上的达摩克利斯之剑。

人类已经成为地球上出现过的 3000 万计物种中唯一具有毁灭地球能力的物种。人类必须时刻以此自警。

在协调国与国相互关系方面，现代人类正在竭智尽力，各国度、各民族都为此采取种种措施，国际社会也做出努力，其中联合国便是现代人处理国际事务协调人与人、人与社会、人与自然相互关系的一个重要机构。联合国的宗旨是：维护国际和平与安全；发展各国之间以各国人民拥有平等权利及自决权这一原则为根据的友好关系；促成国际合作，以解决国际间经济、社会、文化和人道主义性质的问题；作为协调各国行动的中心，以达到上述共同目的。这一宗旨显然是针对当今世界存在的种种危机而提出来的。联合国当然不能包治百病，对许多难题无能为力，但这个组织的建立和运作，显示人类在寻求公正、和平与协调发展方面所作的共同尝试。

四、传统生态智慧的现代启示

现代化作为一柄利弊并存的"双刃剑"，在取得巨大成就的同时，也引发种种病端，其中有些还是相当严重的，将其称为"现代病"并非危言耸听。疗治现代病，协调人与自然、人与人、人与社会的双向互动关系，实现人类在能力、情感、道德等方面的全方位成长，使发展理念，从"经济增长理论"向"经济社会综合协调发展理论"转化，进而促成经济及社会走上可持续发展（Sustainable development）的轨道，也即满足当前需要而又不削弱子孙后代满足其需要之能力的发展，兼顾子孙后代的需要，将国家主权、国际公平、自然资源、生态抗压力、环保与发展相结合，这是今日世界面临的共同课题。

如前所述，东方民族没有自发走出自然经济故道，未能直接引导出经济理性主义。现代化是在"两希"（希腊、希伯来）文明传统基础上，由西欧首先启动的。近两个世纪以来，以综合思维为特色的"东方智慧"被视作落伍、过时的历史陈迹，关爱者也只能从中引发"思古之幽情"。然而，随着现代化向纵深推进，古老的东方智慧以其综合、中道特色而日渐显示出生命活力。例如，"以人为中心""社团意识"和"面向发展"，是作为现代化"优等生"的日本及东亚"四小龙"现代企业家经营管理的三个特点，而它们正是通过对东方智慧的创造性诠释方得以形成的，其精义在于把企业、公司视为一个"人"的社团，是富于人情味的组织，而不仅仅是完成某种经济职能的操作工具。

"和谐高于一切"的人际关系准则。"高产乃是为善"的劳动道德，都是从东方智慧引申出来的行之有效的现代企业精神。它们较为接近可持续发展的理念。

东方智慧在当下被人们重新发现其价值绝非偶然，就人类思维历史的发展规律而言，有着内在的必然性。

人类在跨入文明门槛以前，有过原始思维和野蛮思维，此不具论；跨入文明门槛以后，其思维史大体经历了古典的整体思维，近代的分析、实证思维，进入现代，在古典与近代思维奠定的基础上，产生分析与综合相统一的新的整体思维①，从而完成一个否定之否定的"正—反—合"螺旋上升过程。

古典的整体思维，其特征是概览森林，却并未详考树木，

---

① 古典的整体思维，近代分析、实证思维，现代整体思维的三段划分，是大略而言，各民族又各有自身的特点。例如希腊人在古典时代，整体思维虽然比较发达，分析思维也相当普遍，"分析"成为希腊人的格言，古希腊文化中处处显示出分析的力量。欧洲近代的分析、实证思维得以发展，与古希腊的分析思维传统有着内在联系。而中国的古典整体思维发达，分析、实证思维未能得到独立的充分发育。

着眼于事物的统一性，从整体上进行直观考察，并且常用类推逻辑；近代的分析、实证思维，其特征是详考树木，未对森林作整体把握，或把森林简单看作树木的拼合，着眼于专科研究，竖切一条，割断联系，纵向深入；现代整体思维则既详考树木，又概览森林，而且不是把森林看成树木的拼合，却认作是众树木的生态系统整合，整体大于部分相加。这是一种整体有序、动态相关地研究对象的思维方式，是定性分析与定量分析相结合的系统思维方式。

现代整体思维作为文明人类生态意识的第三阶段，是对近代分析、实证思维的突破与扬弃，这一进程伴随着对古典的整体思维的创造性"复归"。这就是说，生态意识史上的第三阶段区别于第二阶段，却与第一阶段颇有类似之处，不过处在不同的层次上。这正如清人龚自珍所指出的：

万物之数括于三：初异中，中异终，终不异初。①

概言之，东方的"整体观"同现代整体思维之间存在着否定之否定的逻辑相关性，这可以成为现代生态观的一种思想源泉。

东方整体思维在《周易》中有精彩发挥。《周易》提出"观其会通"的命题，反对强为割裂事物，力主有机地、整体地看待万事万物。《周易》描绘了一幅世界生成的整体图式，这便是由阳（—）、阴（- -）两爻排列组合成的64卦系统。代表天地的乾、坤二卦是万物的起点，"有天地，然后万物生焉。盈天地之间者唯万物"②。这是整体观的一种精彩概括，它强调主体与客体的统一，从而奠定"天人合一"宇宙观的基础。这种整体观念与追求新的综合的现代科学思维颇有相通之处。耗散理

---

① 〔清〕龚自珍：《壬癸之际胎观第五》，《龚自珍全集》，上海人民出版社1975年版，第16页。

② 《周易·序卦》。

论创始人、比利时物理学家普里高津（1917—2003）说："我相信我们已经走向一个新的综合，一个新的归纳，它将把强调实验及定量表述的西方传统和'自发的自组织世界'这一观点为中心的中国传统结合起来。"① 这种古与今、东与西的结合，也许正是现代文化、现代思维发展的方向。

与"整体观"密切相连的是"融通、中和观"。中华古典里，讲中庸、中和、时中、中行、中正的不可胜数。

这种和合融通观念，在中国思想史上不少流派那里都有表述，如惠施（约前370—前310）力主"天地一体"，庄周（约前369—前286）讲究"死生存亡一体"②，《易传》倡导"天地交而万物通"，中国化佛教宗派华严宗以"圆融无碍"为主旨。

求融通、致中和的思想，强调事物的同一性与平衡性，主张以缓和的、调谐的方式解决世间诸问题，意在防范事物走向极端而出现系统平衡的破坏，认为诸事要留有余地，莫走极端，这便是老子所谓：

大成若缺，其用不弊；大盈若冲，其用不穷。③

《易传》也辟"亢"（过度）而主适度：

"亢"之为言也，知进而不知退，知存而不知亡，知得而不知丧。其唯圣人乎？知进退存亡，而不失其正者，其唯圣人乎！④

这种知进且知退，知存且知亡的"圣人之思"，是"融通、

---

① 转引自颜泽贤：《耗散结构与系统演化》，福建人民出版社1987年版，第108页。

② 《庄子·大宗师》。

③ 《老子》第四十五章。

④ 《周易·乾卦·文言》。

中和观"的真髓所在，它与整体观共同构成东方思维方式的主旨。这种思维方式的现世意义，可以耗散理论创造者、诺贝尔化学奖得主普里高津的一段话概括：

> 中国传统的学术思想是首重于研究整体性和自然性，研究协调与协和。现代新科学的发展，近十年物理和数学的研究，如托姆的突变理论，重正化群，分支点理论等，都更符合中国的哲学思想。……中国思想对于西方科学家来说始终是个启迪的源泉。①

除融通和合精神外，东方智慧关于文明双重效应的认识，以及关于克服文明悖论的设计，对现代人认识并疗治"现代文明病"也具有参酌价值。

东方哲人在对文明进展的正面效应给予肯定的同时，敏锐洞察到其负面效应。关于后一侧面，《老子》五千言中多有犀利的揭示：

> 大道废，有仁义。智慧出，有大伪。②
> 天下多忌讳，而民弥贫；民多利器，国家滋昏；人多伎巧，奇物滋起；法令滋章，盗贼多有。③

老子这类思想曾经被作为"反文化"观念而遭到批评。其实，老子是通过对文明进展导致的二律背反的披露，向陶醉于文明进步的人们提出警告。老子本人的思路可能是消极的，然而这种警告却是中肯的，而且，历时愈久，愈益显示出深刻性和预见性。

---

① 转引自颜泽贤：《耗散结构与系统演化》，福建人民出版社1987年版，第107页。
② 《老子》第十八章。
③ 《老子》第五十七章。

即使是盛赞历史进步的韩非（约前280—前233），在对由"上古"到当今之世的演化加以肯定的同时，也清醒地看到文明发达以后出现的新问题。例如：韩非谈到文明进步后人口骤增，就是一大难题。

> 古者丈夫不耕，草木之实足食也；妇人不织，禽兽之皮足衣也。不事力而养足，人民少而财有余，故民不争。是以厚赏不行，重罚不用而民自治。今人有五子不为多，子又有五子，大父未死而有二十五孙，是以人民众而货财寡，事力劳而供养薄，故民争，虽倍赏累罚而不免于乱。①

东方哲人不仅提出文明进步导致的双重后果问题，而且力图设计克服文明悖论的方案，大略言之，有老庄的"回归自然论"和《易传》的"人与天地合德论"。

老子看透了文明将带来的恶果，因而他主张人类应当放弃智慧与伦常，返回自然人状态，所谓"绝圣弃智，民利百倍；绝仁弃义，民复孝慈"②。他号召人们"复归于婴儿"，"复归于朴"③。庄子则主张因任自然，"不以人助天"④，"不以人灭天"⑤。老庄关于防范文明恶果的建议，在人与自然相互关系层面，是主张回归自然，不干预万物的自然发展，"以辅万物之自然而弗敢为"⑥；就人生个体发展史而言，主张回归"赤子之心"，以杜绝伪善、欺诈，明人李贽（1527—1602）力主的"童心说"即脱胎于此；就人类群体发展史而言，主张回归上古原始社会，"使人复结绳而用之"，回到"邻国相望，鸡犬之声相

---

① 《韩非子·五蠹》。
② 《老子》第十九章。
③ 《老子》第二十八章。
④ 《庄子·大宗师》。
⑤ 《庄子·秋水》。
⑥ 《老子》第六十四章。

闻，民至老死，不相往来"① 的农村公社，甚至幻想过那种"不食五谷，吸风饮露。乘云气，御飞龙，而游乎四海之外"② 的融化于大自然的神仙生活。

类似老庄通过回归自然来防范文明弊端的思想，在西方近代也出现过，如俄国文学家托尔斯泰（1828—1910）企图用自由平等的俄国农村公社来防范资本主义的弊病，便是突出的一例。这种思想，其顺应自然规律的方面是富于哲理的，但其否定人的能动性、否定文化积极效应的方面则是消极无为的，其悲观、倒退的主张则不可取。相比之下，《易传》的思想既主张顺应自然法则，又肯定人为的积极效应，并力主自然与人为的统一。《易传》提出的理想境界是：

> 夫大人者与天地合其德，与日月合其明，与四时合其序，与鬼神合其吉凶。先天而天弗违，后天而奉天时。③

这里既提出了"天不违人"，又提出了"人不违天"，以天人相协调为基准，所谓"易与天地准，故能弥纶天地之道"④。

《易传》崇尚"天道"，也赞扬"人道"，并主张人应当积极有为地效法天道——"天行健，君子以自强不息"。荀子（约前313—前238）与这一思想相通，而又更强调人的主观能动性，他的"天生人成"⑤ 和"制天命而用之"⑥ 两个命题，在肯认自然规律的前提下，称颂人类创造文明的伟力。

东方智慧所贯穿的一天人、合知行、同真善、兼内外的融通精神，行健不息，生生不已的好勤乐生主义，人道亲亲的人

---

① 《老子》第八十章。
② 《庄子·逍遥游》。
③ 《周易·乾卦·文言》。
④ 《周易·系辞上》。
⑤ 《荀子·富国》。
⑥ 《荀子·天论》。

文传统，以及德业双修观念、变化日新观念、社会改革意识、厚德载物的文化包容意识、不走极端的时中精神等，经过现代社会实践的过滤式选择和创造性转换，可以成为现代人克服撕裂主体与客体有机联系的"现代病"的一剂良药，为今日解决人与自然、人与人、人与社会诸问题提供借鉴。即使是老庄揭露文化悖论的犀利语言，我们也不应因其带有"反文化"倾向而加以简单否定。这类观点因剖析文化进展带来的负面影响而富于哲理。这种哲理在文明发达，弊端随之日益彰著的今天，尤其显示出启示性。

现代人求教于东方智慧，当然不是要放弃现代文明，回归农耕时代，去过"小国寡民""刀耕火种"生活，或像厌弃现代文明的托尔斯泰那样，脱离喧嚣的城市，到俄罗斯农村公社去用木犁耕田，而是在"退却与重回"中获得原创性动力，赢得解救"现代文明病"的"精神处方"，求得天人之际的和谐原则与平稳发展的中道精神。

以东方智慧观照现代文明，探索其出路，也绝非抹杀西方智慧以及其他智慧的价值，而是试图在东西方智慧间寻求"同中之异"和"异中之同"。就其相通、相同之处而言，东西方智慧可以相互映照、参酌，诚如中国南宋哲人陆九渊（1139—1193）所谓："东海有圣人出焉，此心同也，此理同也。西海有圣人出焉，此心同也，此理同也。"① 就其相违、相异之处而言，东西方智慧之间正可彼此辩难、推引。如西方智慧强调"征服自然"，东方智慧主张"善待自然"，这二者的综合，也许正是人类未来文明的出路。

明清之际思想家黄宗羲（1610—1695）在论及他所著《明儒学案》时说："此编所列，有一偏之见，有相反之论，学者于其不同处，正宜着眼理会，所谓一本而万殊也。以水济水，岂

---

① 《儒林四·陆九渊传》，《宋史》卷四三四。

是学问！"① 笔者也意在提供若干"一偏之见""相反之论"，供海内外诸君子"着眼理会"，相与切磋，以求达到东西方智慧的交融互摄，获得某些有益世道的启示。

就现代文明的诞生和拓展而论，西方智慧作出过卓异贡献。而且，西方近世思想家和史学家，从施吕策尔、穆勒，到黑格尔、孔德、兰克，曾经运用西方智慧，构建西方式的历史哲学，并用以描述世界历史，人类首次拥有了世界史学。当然，西方史学其视角难免有"西欧中心主义"的偏颇。20世纪以降，斯宾格勒、汤因比、阿克顿等西方史学家，试图以"世界主义"纠正"西欧中心主义"，用多元文明观念描述世界历史，这是一种进步。然而，迄今所见的世界历史著作，仍然远未达到东西方平衡，这不仅体现在那些历史著作描述西方以外的世界过于简略，而且表现在未能充分运用渊深的东方智慧观照世界历史。其影响所及，今日西方人，尤其是他们的政治领袖，往往继续奉行西方中心主义。现在到了认真纠正这种偏颇的时刻。

德国史学家斯宾格勒（1880—1936）说，每一个不同的大文化单位，皆有其对世界史的特殊描绘。本文呈献的，是东方人对世界史的特殊描绘，但这种努力，绝不意味着继"西方中心主义"之后，去构建"东方中心主义"以与之抗衡。我们所要做的工作是，运用经受现代文明洗礼、筛选和磨砺的中华智慧，考察世界历史进程，提供一种观察世界历史的东方视角，从而对既往的文明史作出富于创意的诠释。这种东方视角非但不排斥西方视角，而且给予西方智慧以充分的同情理解，并与之相互补充，相互增益，从而使我们的历史观因为获得东方智慧和西方智慧的双重滋补，成为一种平衡发展的、完整意义上的世界历史观。这种努力或许可以较为深刻地剖析人类文明，为已经赢得巨大进展而又患着"现代病"的今日世界提供精神疗治的灵感之源。这样做，不惟有益于东方人，而且有益于西

_____

① 《明儒学案·凡例》。

方人，归根到底是对全世界的一种贡献，因为，世界文明本来就是一种多元互动的过程，东方文明、西方文明将在这一过程中相得益彰。

结　语　文化生态前瞻

> 人类历史只是宇宙中的一瞬，而历史的第一个教训就
> 是要学会谦逊。
> ——［美］威尔·杜兰特、阿里尔·杜兰特：《历史的教训》

史家有"述往思来"传统，"通古今之变""神以知来"为学人勉力追求。笔者愚钝，难以企及这种境界，但探讨过往的文化生态之余，不免生出对未来的想象。

"天地为炉兮，造化为工。"① 人工造化，也即文化锻造，离不开天地（也即环境）提供的洪炉。本书讨论生态环境这座洪炉对中华文化的铸冶过程，现在论及这座洪炉将给未来的中华文化提供怎样的铸冶条件时，我们面对的是一个颇不轻松的话题。

一、中国生态实况鸟瞰

中国人口已达十四亿，按人口计算的耕地面积仅及世界平均值的三分之一，而且耕地减少趋势还没有刹住；至于按人口计算的森林面积、淡水拥有量、主要矿物蕴藏量，都低于甚至大大低于世界平均值；经济及文化教育水平，也与发达国家有

---

① 《史记·贾生列传》。

相当距离。而今后中国生态问题的严峻程度将令国人无法回避此问题：二三十年后，人口将突破中国自然资源综合考察委员会报告的中国土地最高承载量十五到十六亿人口的极限，各种自然资源的人口平均占有量将进一步下降，人均耕地面积将低达一亩，淡水和能源供应将更趋紧张，而环境污染和生态破坏将与经济进展一竞雄长，与此同时，人口老龄化又迎面而来。因此，历史的进步总是伴随着新矛盾的产生，可谓善恶并进、苦乐同行，盲目的乐观与悲观一样是不足取的。

中国改革开放四十年来的显著进展，使人们有理由对前景怀抱期待，但又必须持盈保泰，万勿以为风景这边独好。当下国人尤其需要辨析前些年热议的"21世纪是中国世纪"一题。

二、"中国世纪说"提出

时下中国遭遇严重的国际挑战，面临发展困境，人们对前一时期盛行的一些虚夸论调给予批评，这是理性态度的回归。但我们也须看到，对吾国国力和近期前景的夸张判断，并非仅由某些浅薄论者鼓噪起来的，而是有着颇为广远的认知基础，它深藏在人们对中国历史文化的超额自信之中。这种自信是有根据的，也具有积极意义，但如果在不当的时间节点上，夸大吾国的世界地位，便有可能诱发国人形成无益有害的虚骄心态，它与自卑心理是一体两极的共生物。而"中国世纪说"正是在中国再度崛起之际出现的一个有代表性论题。创发者竟然不是华人，而是我们的"国际友人"。

1973年，英国历史学家阿诺德·汤因比（1889—1975）与日本宗教和文化界人士池田大作（1928—　）展开关于人类社会和当代世界问题的对话，其间汤因比说：

> 按我的设想，全人类发展到形成单一社会之时，可能就是实现世界统一之日。在原子能时代的今天，这种统一

靠武力征服——过去把地球上的广大部分统一起来的传统方法——已经难以做到。同时，我所预见的和平统一，一定是以地理和文化主轴为中心，不断结晶扩大起来的。我预感到这个主轴不在美国、欧洲和苏联，而是在东亚。①

在西方中心主义占据主导之际，而且当时中国尚未摆脱低迷状态，汤因比把未来文明的希望寄托东亚，寄托中国，诚为远见。汤因比进而阐发道：

> 由中国、日本、朝鲜、越南组成的东亚，拥有众多的人口。这些民族的活力、勤奋、勇气、聪明，比世界上任何民族都毫不逊色。无论从地理上看，从具有中国文化和佛教这一共同遗产来看，他们都是联结在一条纽带上的。并且就中国人来说，几千年来，比世界任何民族都成功地把几亿民众，从政治文化上团结起来。他们显示出这种在政治、文化上统一的本领，具有无与伦比的成功经验。这样的统一正是今天世界的绝对要求。中国人和东亚各民族合作，在被人们认为是不可缺少和不可避免的人类统一的过程中，可能要发挥主导作用，其理由就在这里。②

汤因比基于中国文化的天下一体说、整体观与和平主义，认为中国有可能引领世界统一。这大约是较早系统提出中国将在未来世界"发挥主导作用"的议论。此后，多有欧、美、日学者阐扬汤因比之说。③ 汤因比本人在晚年所作《人类与大地母亲》中再次强调，弘扬中华文化有益于全人类在未来走出

---

① ② ［英］汤因比、［日］池田大作：《展望二十一世纪：汤因比与池田大作对话录》，荀春生、朱继征、陈国梁译，国际文化出版公司1985年版，第283—284页。

③ 见［日］山本新、秀村欣二：《未来，属于中国：汤因比论中国传统文化》，杨栋梁、赵德宇译，陕西人民出版社1989年版。

困境。①

汤因比与池田大作对话后 20 年，美国《时代周刊》总编辑法里德·扎卡利亚于 20 世纪 90 年代中期指出，当人们将目光流连科索沃战争、伊拉克战争的时候，忽略了 20 世纪 90 年代最具象征意义的一件大事——中国的崛起。再过 10 年以后，这位印度裔美国人执掌的《新闻周刊》2005 年 9 月就中国发展的各个层面进行专题报道，总题《中国的世纪》，扎卡利亚撰写主文《未来属于中国吗?》，内称：

> 中国的崛起不再是一个预言。它已是一个事实。②
> 中国是一个在规模上使美国自惭形秽的国家——13 亿人，四倍于美国人口。一百多年来，这个巨大的规模对于美国的传教士和商人而言，始终是一个令人神往的梦……中国非常大，但是非常贫穷。但所有这些正在发生变化。过去看来十分迷人的庞大的规模，现在看来变得令人恐惧不安。……每个商人这些天都得到一些有关中国的令人炫目的统计数据，令闻者顿时陷入缄默且印象深刻。……
> 最令人惊异的发展例子当然是上海。在 15 年以前，浦东，在上海东部，是未开发的乡村。今天它是上海的金融区。它比伦敦的新金融区——金丝雀码头大 8 倍。……
> 工业革命巅峰时期，英国被称为"世界工厂"。这称号今天当然属于中国。它生产了世界上 2/3 的复印机、微波炉、DVD 播放器和鞋子。③

时至世纪之交，随着中国现代化建设的长足进展，"未来将是'中国时代'"（美国知名投资家吉姆·罗杰斯语）、"'中国

---

① 见［英］阿诺德·汤因比：《人类与大地母亲——一部叙事体世界历史》，徐波等译，上海人民出版社 2001 年版。

②③ 转引自郭振玺，韩建群主编：《中国这六年》，辽宁人民出版社 2007 年版，第 291、290 页。

时代'将提前到来"（韩国李泰勋语）等议论纷至沓来。

提出近现代世界政治大循环论的美国学者乔治·莫德尔斯基认为：

> 16世纪是葡萄牙世纪；
> 17世纪是荷兰世纪；
> 18和19世纪是英国世纪；
> 20世纪是美国世纪。

莫德尔斯基发问："21世纪是谁的世纪？"

美国《时代周刊》对此问作答，2007年1月11日刊登封面文章指出：中国的和平崛起已成既定事实，21世纪注定是中国的世纪。

美国俄亥俄州立大学教授、中国问题专家奥戴德·申卡尔说，中国崛起不同于日本及"亚洲四小龙"20世纪70至80年代以来的勃兴，而"更类似于一个世纪以前美国的崛起"。[1] 这一评析是基于：唯有中国与美国在国家规模上相当，具有全球性影响力，中国兴起的世界意义绝非日本及"四小龙"兴起所可比拟。

季羡林（1911—2009）是中国学人里最热烈的"中国世纪"说倡导者，他更多地从文化层面论析：

> 21世纪将是东方文化占主导地位的世纪。[2]

季氏辞世前两年阐发道：

---

① 见［美］奥戴德·申卡尔：《中国的世纪》，金永红、奚玉芹译，中国人民大学出版社2005年版，第3页。

② 转引自姜林祥：《儒学价值传统与现代化》，齐鲁书社2002年版，第140页。

西方形而上学的分析已快走到尽头，而东方的寻求整体的综合必将取而代之。以分析为基础的西方文化也将随之衰微，代之而起的必然是以综合为基础的东方文化。"取代"不是"消灭"，而是在过去几百年来西方文化所达到的水平的基础上，用东方的整体着眼和普遍联系的综合思维方式，以东方文化为主导，吸收西方文化中的精华，把人类文化的发展推向一个更高的阶段。这种取代，在21世纪中就可见分晓。21世纪，东方文化的时代，这是不以人们的主观愿望为转移的客观规律。①

奥戴德·申卡尔更多地从以经济实力为基础的国力角度论说：

目前我们正看到一个未来世界强国经济的持续和快速的增长，它具有无比丰富的资源、远大的志向、强有力的谈判地位，以及一个确定的、具有商业头脑的多民族国家所必需的资金和技术。崛起中的中国对于世界上其他国家——无论是发达国家还是发展中国家——的影响将是巨大的。②

上述中外人士的判断，归纳起来，基于三个事实：

一者，中国的人口和国土面积决定了这是一个超大体量国家，又具有渊深宏博的文化传统，一旦崛起，必将震撼世界。

二者，近30年的发展势头迅猛，21世纪前10年，GDP渐次超过法、英、德、日，时下已经"坐二望一"，循此惯性，GDP达到全球之冠似指日可待。

---

① 季羡林：《东西文化比较》，新世界出版社2017年版，第90页。

① 季羡林：《东西文化比较》，新世界出版社2017年版，第90页。
② ［美］奥戴德·申卡尔：《中国的世纪》，金永红、奚玉芹译，中国人民大学出版社2005年版，第3页。

三者，世界历史进入一个拐点，工业文明的西方主宰全球的 500 年行将结束，以整体、联系、综合理念为基旨的东方（尤其是东亚）必将重回世界中心舞台。

笔者以为，"未来是中国世纪"，作为一个文化史命题有其理据，更存讨论余地。以整体、联系、中道、和谐为主旨的中国文化传统，对于修正起于西方的以分析、征服、社会达尔文主义支配的工业文明的弊端，是有裨益的，在这一意义上，可以预期中国文化将在后现代世界发挥作用。然而，从现实的文化生态层面审度，"中国世纪说"又存可商榷之处。

有一前提须预先明确：GDP 总量固然是一重要经济指标，但并非判断国家强弱的唯一依据，尤其是在人口数量悬殊的国家之间，以 GDP 总量衡测国度间的强弱有失片面，世界强国必须科学技术领先，占据国际产业链上游；世界强国必须有较高的国民素质，文化具有全球感召力。中国与这些目标尚有一定距离。

中国全面复兴尚需时日。中国在文化生态诸方面（地理环境、经济生活、社会结构）皆有短板、弱点，还有许多艰巨的功课要做。"中国世纪说"应当缓议。

三、"中国世纪说"反论

一向肯定中国现代化建设成就的美国前国务卿亨利·基辛格等人，不赞成"21 世纪是中国世纪说"，也不认为中国已经成为美国的威胁。

2012 年哈佛大学历史学教授尼尔·弗格森与基辛格、《时代周刊》主编法里德·扎卡利亚以及中国经济学者李稻葵，就"21 世纪是属于中国的吗"一题举行辩论，基辛格和扎卡利亚反对这个命题，弗格森则赞成，而李稻葵作为一名中国学者，虽然站在正方，却否认中国将会称霸世界的可能。基辛格指出，中国不会成为 21 世纪主导力量，原因在于：

从经济方面言之，各大经济体（如美国、西欧、日本等）在快速增长后都会进入减速时期，中国不可能例外；同时，中国经济增长数量与质量不成正比。

　　从政治方面言之，中国尚欠缺领导力与执行能力；在地缘政治方面，中国与亚洲的对手必然有激烈的竞争。①

基辛格具体阐发道：

　　我的同事们已经谈到了中国的重要性。我尊重它的巨大成就。谁都不会否认，事实上我也承认中国在过去 40 年间已经取得了很大成就，我也曾经直接见证过这些成就。但是摆在我们面前的问题是 21 世纪是否属于中国。我要说的是在 21 世纪，中国将会受制于国内丛生的经济问题以及十分迫切的环境问题。②

基辛格从多个侧面论述"中国世纪说"的非现实性：

　　就经济角度而言，中国已经取得了巨大的成就，但是作为一个国家而言，它还必须每年创造出 2400 万个就业岗位，每年必须吸纳迁徙到城市的 600 万人，必须处理 1.5 亿~2 亿流动人口带来的问题。中国的沿海地区处于发达国家的水平，而广大的内陆地区则尚未充分发展，这时中国社会必须作出调整。③

在政治方面：

---

　　①②③　转引自《2011 全球出版视野中的中国》，《中国社会科学报》2012 年 1 月 6 日。

它的政治体制必须同时包括经济变革与政治调整，这是辉煌的经济成就引发的必然结果。①

从地缘政治角度而言：

中国周边有着14个与其接壤的国家，有些是小国，但是能够将自己国家的影响扩展到中国，有些邻国较大，而且历史上还占据重要的位置……②

基辛格将"中国世纪"这一并不恰当的论题，转移为中国如何适应外部世界、外部世界如何对待中国的问题：

中国面临的一个挑战就是适应世界。在这样一个世界中，中国在过去的20个世纪里都没有谋求过霸权。

因此，如果我有权擅自改变辩论题目的话，世界面临的问题就不是21世纪是否属于中国了。中国在21世纪无疑会变得更加强大，因此我们面临的问题应该是我们西方人能否在21世纪与中国开展合作。而且，我们还面临另外一个问题，即中国能否与我们一道努力，共同创造一个新的国际结构，在这个结构中，一个正在崛起的国家有史以来第一次融入国际体系，巩固和平与进步。我在我的书中说过，根据我的经验，这种前景不太乐观。但是，从另一个方面来讲，我们从来没有遇到过一系列只有在共同努力的基础上才能解决的问题，比如武器扩散问题、环境问题、网络空间问题以及一系列其他问题。③

过去两千年间中国没有谋求世界霸权，而"21世纪是中国

①②③　转引自《2011全球出版视野中的中国》，《中国社会科学报》2012年1月6日。

世纪"说与中国的这种"不称霸"传统正相悖反,理当加以扬弃。世界也应该善待并不谋求世界霸权的中国,虽然做到这一点并不容易。

提出"软实力"概念的约瑟夫·奈在其著作《权力大未来》中也发表类似意见。①

以上评说,不同于国际上流行的"中国威胁论"和"中国崩溃论",是平实、理性、善意的预估,值得我们深思。中国人更应当关注的是,吾华在文化生态三层面(地理、经济、社会)尚存在重大缺陷,亟待弥补。

四、避免落入"修昔底德陷阱"

作为复兴中的大国,中国与老牌世界强国之间正处于"崛起与遏制"的相持阶段(这种相持阶段将长期延续)。

从第二次世界大战结束后70余年的国际格局看,美国一直处于国力第一的超级大国地位,不容他人窥其神器。虽然先后出现苏联从军事和政治上对美国全球霸主地位的挑战、日本对美国世界经济宰制地位的抗衡,但这两个"老二"皆在与美国较量中先后败下阵去。苏联1991年12月解体,经济及社会崩溃是最明显的实例;日本1989年前后GDP达到美国GDP的80%,财大气粗,颇有把美国"买"下来的势头,石原慎太郎、盛田昭夫等人声言"日本可以说不"②。但语唾未干,广场协议以后,日本经济泡沫化,连续两个"失去的十年",2010年GDP仅为美国的35%左右,重新回到美国"小兄弟"位置上。美国对德、法等西欧国家经济上打压,也是人所共见的。人称美国是"老二收割机",不可以笑言视之。

---

① 见 [美] 约瑟夫·奈:《权力大未来》,王吉美译,中信出版社2012年版。

② 见 [日] 盛田昭夫、石原慎太郎:《日本可以说不》,军事科学出版社1990年版。

21世纪初，中国经济总量迅速上升到世界"老二"位置上，加之人口基数、国土面积、发展潜力均堪称巨大，中国这个"老二"特别为美国看重。中国需要形成"有理、有利、有节"的国际战略，而不应当以"中国世纪说"自傲并傲人。此间尤须谨防落入"修昔底德陷阱"。

公元前424年被推选为雅典"十将军"之一的古希腊军事家、史学家修昔底德（约前460—约前396），在分析伯罗奔尼撒战争起源时说："使得战争无可避免的原因是雅典日益壮大的实力，以及这种实力给斯巴达造成的恐惧。"① 斯巴达与雅典间终于爆发伯罗奔尼撒战争，雅典惨败，希腊城邦制由盛转衰，给希腊民族带来巨大痛苦。此后两千余年，新兴大国与老牌强国之间一再演出此类冲突，15次竞争中，有11次以战争告终。这种老牌大国限制新兴大国，新兴大国急欲挣脱束缚以求发展，二者从健康有益的竞争演为你死我活的搏杀的情形，被人们称之"修昔底德陷阱"。

新老世界大国皆须以"修昔底德陷阱"为戒。复兴的中国尤应努力逾越此一陷阱，坚定不移地走和平发展之路。此为中国之福，也是世界之幸。

随着中国GDP有赶上美国之势，加之美国掌控世界霸权捉襟见肘，不时有人发出"美国衰落""美国梦终结"的议论。国人对此应当保持清醒。诚然，美国在后冷战时代最初十余年的一强独霸势位难以为继，然而，统谓美国正"走向衰落"，则言过其实。且勿论美国科技领先、军力强盛，经济也活力依旧，一度忽略的制造业正重获进展，即以人才聚集而言，尚无其他国家可望其项背。今天及今后相当长时期，美国的人才优势仍将是其国力的有力支撑，以"趋衰"指认美国，既不确切，也无益于中国保持心态的谦谨和戒备。

---

① ［古希腊］修昔底德：《伯罗奔尼撒战争史》，谢德风译，商务印书馆1985年版，第43页。

就国际战略言之，美国在奥巴马任总统期间提出"重返亚太""亚太再平衡"战略，将战略重心从北大西洋转向西太平洋。至特朗普总统时期更有发展。近年日本、美国相继提出"印太战略"，认为"亚太战略"概念已经过时，美国必须与一众印度洋—西太平洋国家（包括日本、印度、澳洲等）联合，构建一个"单一的战略体系"，一个平行四边行（或钻石形）的"价值联盟"，经济上限抑中国；政治上形成一个针对中国的"O"形包围圈；军事上，美国在印太地区部署60%军力，剑指中国。中国面临的国际生态是严峻的。

先哲云："生于忧患，死于安乐。"[1] 今日中国虽有较大进步，但在成绩面前，依然不能自我陶醉。我国的基本国情是，当下及未来一个长时期仍处于现代文明的发展阶段，对此要有清醒估量。[2] 中国要成为发达国家尚有一段艰难历程。中国经济在全球价值链中虽然扮演着越来越重要的角色，但仍未处于领先地位。国民素质更亟待提升。中国在近期（10—20年内）乃至中期（20—50年内），谈不上"领头"，尤须关注的是，如何疗治"中等发达国家综合征"？如何避免落入"中等收入陷阱"？

五、逾越"中等收入陷阱"

"中等收入陷阱"是当下世界（尤其是发展中国家）热议的论题。认定落入陷阱是中等收入国家的必然宿命，或者不承认我国存在落入此种陷阱的危险性，都是偏颇之见。

作为对现代化进程一个发展阶段可能出现的危险的预估，"中等收入陷阱"说拥有实证依据，对恰逢中等收入阶段的中国具有不容忽视的警示意义。

"中等收入陷阱"并非一个严密的科学概念，但预防跌入此

---

① 《孟子·告子下》。
② 见冯天瑜：《从忧患意识到救亡思潮》，《历史研究》1994年第2期。

一陷阱却是值得十分注意的问题。

"中等收入陷阱"概念是世界银行经济学家印德尔米特·吉尔和霍米·卡拉斯在 2006 年出版的《东亚经济发展报告》中提出的。该报告述及由泰国发端的亚洲金融危机后东亚经济所处发展阶段，讨论其能否避免"中等收入陷阱"。其后，加州大学伯克利分校的巴里·埃森格林、亚洲开发银行的朴东炫和高丽大学的康镐炫三位经济学家提出，中国作为典型的崛起大国是否会掉落"中等收入陷阱"，是"人皆瞩目的问题"。

其实，"陷阱"并非仅仅埋伏于中等收入阶段，社会发展各阶段皆存在陷阱。低收入阶段可能因民不聊生而激发社会动乱，这是"贫困陷阱"；高收入阶段也可能发生严重的金融危机（2012 年以来从希腊、西班牙向意大利蔓延，并对整个西欧北美发生影响），这是"富国陷阱"；但中等收入阶段更是陷阱较多、危机频发时期，尤其值得警惕。

所谓"中等收入陷阱"，约指某地区的人均年收入从 1000 美元快速增长到 4000 美元后，人们的物质消费欲望调动起来、政治参与意识觉醒，经济长足进步所积累的各种矛盾开始发酵；在人均年收入达到 5000 美元并向 12000 美元进发的时期（另说人均年收入 16000 美元即进入"中等收入陷阱"危险期），也即发展中国家成长的转型阶段（即"中等收入"阶段），如果产业升级未能妥善解决，经济上可能陷入困境，既难以与低收入国家在劳动力廉价方面竞争，又无力与发达国家在高技术上一比雄长，于是，曾经的经济高速增长在无预警的情况下停滞下来。而一度被经济高歌猛进所暂时掩盖的种种社会问题，特别是腐败、分配不公及环境污染问题突显出来，在丧失发展优势的同时，社会凝聚力急剧下降，陷入经济停滞甚至倒退，继而引发社会动荡。若不能及时作根本性救治，此前高速发展阶段取得的成就有丧失的危险。"中等收入陷阱"不仅是一个经济问题，更是一个包括政治、社会、观念诸领域的广义文化问题，其间存在的"发展悖论"，具有某种历史普遍性，值得深长思之。

历经四十年改革开放，中国经济突飞猛进，势将抵达一个关键性节点。

关于中国的未来发展，有乐观、温和及悲观三种不同态度的预测。[①] 三种不同的预测皆立足于对年增长率的可实现度的不同预判，当然在经济趋势估量的背后，包含着政治、社会、观念综合而成的广义文化前景的估量。

总体观之，笔者倾向于温和的估量。如果社会领域改革有序、有效地展开，达成发展模式的转变，今后二十年中国有望持续渐进。

作近期及中期观察，中国文化生态有四个问题需要辨析：

甲、正视地理环境的优势与劣势

本书第二章论到中国地理特色，如疆域辽阔，而自然条件恶劣的地区占比不小；资源丰富，但人均资源占有量偏低；三面陆向，一面海向，海向通往太平洋、印度洋障碍重重，太平洋方向有"三岛链环闭"之说。这些地理生态长期影响中华文明发展，制订近期、中期计划不可忽略。

乙、人口红利的保有问题

人是文化的创造者，是文化生态的主体。人口问题的正确把握是今后中国发展成败的关键之一。

据国家统计局数据：自 2012 年至 2019 年，我国劳动年龄人口数量和比重连续 7 年出现双降，7 年间减少了 2600 余万人。受劳动年龄人口持续减少的影响，劳动力供给总量下降，预计 2022 年中国 22 岁至 24 岁的劳动人口将减少一半。

一些中外论者据此认为，曾对前四十年经济快速增长发挥重要作用的人口红利已基本耗尽。此种分析只见其一，未见

---

① 可分别参阅林毅夫 2012 年 7 月 21 日在北京大学国家发展研究院"CCER/CMRC 中国经济观察"报告会上的演讲《国际金融经济危机：原因和教训》；樊纲《中国未来经济增速放缓将有利于其经济发展》，新华网 2011 年 9 月 8 日；[美] 迈克尔·佩蒂斯《对中国经济的 12 个预测》，陈玮译，福布斯网 2012 年 4 月。

其二。

当下中国城市内人口红利有限，但城镇化还有广阔空间，2012 年城镇人口 52.57%（发达国家在 90% 以上），预计 2030 年达到 70%，将新增城镇人口 3.1 亿，约 1.3 亿农业劳动力将释放出来，这里蕴藏着人口红利。同时，随着中国教育普及的成效显现，劳动力平均受教育年限超过 9 年，每年又有 700 万大学毕业生进入劳动力市场，人力资源的质量当有提升。

中国正从廉价劳动力时代向技工时代转变，发展中等及高等职业教育（不盲目扩张综合大学），提高劳动力素质，方可增进劳动生产率，使"新人口红利"即"人才红利"逐步呈现。

丙、投资空间问题

今后基础设施投资空间趋小，是一事实。中国现代文明水平与发达国家相比，仍处于发展不足阶段（尤其是中西部），以中国人口之众、地域之阔而言，基础设施并不充裕，如中国铁路 14.14 万公里，而国土面积略小于中国、人口密度大大低于中国的美国铁路 25.7 万公里（2019 年数据），故中国铁路网仍有拓展余地。另外，新增城镇人口对道路、住房、公用设施、通信设施都有需求，如果城镇化率年增长一个百分点，仅住房就需要新增 3 亿至 4 亿平方米。如果未来 10 年中国城镇人口增加 4 亿，每一新增城镇人口需要 10 万元人民币固定资产投资，总额至少在 40 万亿元人民币。可见中国向生产力的广度与深度进军还有余地，这与当下日本、西欧、北美诸国设施充溢、国内投资空间趋小的情形不尽相同。故不必对投资空间的走势作过于悲观的估量。另外，依赖国家对大规模基本建设投资拉动经济的固有做法，以及维持超饱和的房地产，皆是不可持续的。必须促成国有经济、民营经济公正的协同发展，向更广阔的领域深度进军。

丁、带际战略与国际环境问题

广土众民的中国，区域间经济、社会发展差异甚大，这种不平衡现象，也为今后数十年提供发展空间，若能合理、有序地推进"东—中—西""沿海—内陆"的带际战略，区域发展红利将渐次焕发。

第二次世界大战结束后，世界上有 13 国（如日本、德国、韩国等）曾保持 7% 以上增速达 25 年。如果中国扩大技术的自主研发，充分利用发达经济体创造的技术，提高国民收入水平，中国经济有可能在今后 20 年维持合理增长。

影响中国发展的又一生态因素是国际环境。应当说，冷战结束前后三十多年的国际环境有利于中国和平发展，此间形成规模空前的外向型经济（对外贸易额已然全球领先），国力大增。然而，由于复杂的内外原因，近年国际生态颇有劣质化的趋势，中国的发展受其制约。中国必须制定因应世情的国际战略，培育良好的文化生态，扩大内需，建立以内循环为主的内外双循环体系。从经济层面言之，今后数年中国增速减缓，尚在可控范围之内，同时，有助于结构调整及提升质量。

较之此前四十年，今后中国将告别"高增长时代"，发展将从"速度型"转向"质量型"，改革进入"深水区"，须用力解决以往积累的潜伏在表象背后的诸多社会—政治难题，争取顺利逾越"中等收入陷阱"。这是对中国智慧的考验。

六、超克人口—资源失衡瓶颈

由于工业化、城镇化和科技革命的持续效应，中国依然有强劲的发展动力，国民收入人均占有量达到中等发达国家水平。但要达到上述目标，必须超克人口—资源失衡瓶颈。

从生态视野观察，中国成为世界强国受到严峻的条件限制，经济及社会发展的物质基石——人均自然资源占有量颇低，举要者如下：

石油、天然气人均储量不足世界人均水平的 10%；

主要金属人均储量不足世界人均水平的 25%；

水资源仅为世界人均水平的 30%；

耕地不足世界人均占有量的 25%。

昔时的"地大物博"说需要纠正。其实，以人均计算，中国是一个自然禀赋相对贫乏的国家，发展受到资源的刚性制约。随着经济规模的迅猛扩大，中国自 21 世纪之始，已是各种矿物资源第一消费国和最大进口国，能源及矿石的自给率降低。

正因如此，中国成为角逐国际资源分配的要角，与资源输出国发生复杂的交互关系，并与其他资源输入国形成竞争。而且，巨额原料输入又令国际海运航道日益成为中国的生命线（如进口石油的 80% 须通过狭窄的马六甲海峡）。这是一种全新的生态环境状况，使中国远较自给自足时代面对更大、更复杂的国际性挑战。

自然资源相对贫乏，已经并将进一步制约中国的发展。以可耕地面积论，14 亿人口的中国仅为 3.3 亿人口的美国的五分之一，为 2.1 亿人口的巴西的二分之一，而且现有耕地受到城市及道路扩展的挤压，面临 18 亿亩红线突破的危险。

再以淡水资源论：我国是一个干旱缺水严重的国家。我国的淡水资源总量为 28000 亿立方米，占全球水资源的 6%，仅次于巴西、俄罗斯和加拿大，名列世界第四位。但是，我国的人均水资源量只有 2300 立方米，仅为世界平均水平的 1/4，是全球人均水资源最贫乏的国家之一。然而，中国又是世界上用水量最多的国家。仅 2002 年，全国淡水取用量达到 5497 亿立方米，大约占世界年取用量的 13%，是美国 1995 年淡水供应量 4700 亿立方米的约 1.2 倍。1990 年初统计，中国尚有覆盖 60 平方英里以上流域面积的河流 5 万条，2011 年全国水利普查表明，其中 2.8 万条河流消失，消失的流域面积相当于美国整个密西西比河流域。耶鲁大学 2012 年环境状况指数显示，在所调查的全球 132 个国家中，中国的水资源状况处于最差之列（116 位）。①现时中国三分之二的城市缺水，近三亿农村居民得不到安全饮用水，70% 江河湖泊被污染，75% 的湖泊出现不同程度的富营养化，90% 流经城市的河段严重污染。② 水资源短缺和水污染状况，对经济和社会发展构成严重威胁。

环境污染、自然资源供应紧张及利用率低下问题，构成中国经济及社会发展的瓶颈。中国当下的问题仍然是发展不足，故"发展是硬道理"，但中国的生态条件警告我们，不能透支环境及资源，而必须更多用力于环境保护、节能，提升资源利用率，促成平稳、健康的可持续发展。

中国现已成为全球生态环境投资的领头羊。2016—2019 年，我国环保能力建设资金使用总额逐年升高，由 2016 年 1082.7 亿元，变为 2019 年 1841.7 亿元，上升 70.1%。全球对森林、湿地等有助于清洁水资源供应的生态系统的投资中，中国占绝大比重。近年中国对水电、风电、太阳能等可再生能源的利用大幅增长，皆为好消息。中国处在工业化、城镇化推进期，正是资源需求快速增长阶段，"低碳发展"的难度甚大，必须通过技术创新，淘汰高能耗、高污染的落后产能，改善日益恶化的生态环境，以促成现代文明总体水平的提高，而实现这一目标，不仅仰赖科技进步，还尤其需要全社会提升生态意识，改变单以 GDP 增长率为政绩考核指标的做法，使"绿色发展"成为官方和民间的共识，持之以恒地加以践行。

与资源紧缺相联系的是人口问题。

中国庞大的人口基数是在清代中期（乾隆、嘉庆年间达四亿）奠定的，恰值清代由盛转衰的关口。自此，"人口过剩"成为清民之际的痼疾。20 世纪上半叶战乱频仍，抑制了人口增殖。20 世纪 50 年代至 70 年代又进入人口快速增长阶段（从五亿增

①　见美国《大西洋月刊》网站 2013 年 4 月 29 日文章。

②　见《环境恶化怎么扭转》，《光明日报》2013 年 9 月 16 日。

至八九亿），造成日益严重的社会问题。为扭转困局，20 世纪70 年代初期开始推行计划生育政策（限量二子，鼓励一子），1979 年更厉行一子化，迄今已四十余年，其成效显著：制止人口激增势头（少生四亿人），缓解资源危机，人均收入较快增长。然而长期节制生育，导致人口老龄化和劳动人口比例下降问题，又须调整人口政策。

七、阿拉善的启示

文化生态的发展前景，取决于生态建设的成败得失。吾国积累的生态问题相当严峻，而开展系统的生态建设又起步较晚，故从生态视角亦不能以"中国世纪"自居。当然，半个多世纪来，以"三北防护林"为代表的国家环保工程初见成效，近二十年来，国营—民营经济又携手推进生态建设，积累了宝贵经验，这正是我们前进的基点，值得珍视与拓展提升。位于内蒙古河套之南的鄂尔多斯库布齐沙漠的生态建设，因亿利集团等治沙企业的产业治沙，取得成就。2015 年，联合国环境规划署发布报告，认定库布齐沙漠生态财富创造模式走出沙漠综合治理道路；2017 年，《联合国防治沙漠化公约》第 13 次缔约方大会在鄂尔多斯市召开，库布齐防沙治沙实践写入 190 国宣言，成为全球防治荒漠化典范。此外，阿拉善也提供新鲜经验。

笔者所知有限，以刘晓光、王石及吾友艾路明等企业家先后主持的阿拉善 SEE 生态协会的工作为例，可略探生态建设所涉及的人与自然、经济运行、社会组织诸题，以市场化的办法推动各方利益一致，各级政府投入、当地百姓参与，寻求文化生态建设进路。这恰与本书题旨相吻合。

阿拉善盟位于内蒙古西部、甘肃河西走廊以北，是比鄂尔多斯更为干旱的地区。以"阿拉善"命名的阿拉善 SEE 生态协会成立于 2004 年 6 月 5 日，是中国首家以民营企业家为主体，以保护生态为目标的社会团体。该社会团体以"凝聚企业家精神，留住碧水蓝天"为其宗旨，其价值观是"敬畏自然，永续发展"。

2008 年阿拉善 SEE 生态协会发起成立北京市企业家环保基金会，致力于资助和扶持民间环保公益组织的成长，打造企业家、环保公益组织、公众共同参与的社会保护平台，推动生态保护和可持续发展。

2014 年底，北京市企业家环保基金会升级为公募基金会，以环保公益行业发展为基石，聚焦荒漠化防治、绿色供应链与污染防治、生态保护与自然教育三个领域。

2018 年 10 月，由阿拉善 SEE 生态协会发起成立深圳市阿乐善公益基金会，发挥企业家优势资源和创新精神，以多元的保值增值方式，为公益组织和项目提供持续性支持力量。迄今，阿拉善 SEE 企业家会员超过 900 名，直接或间接支持 700 多家民间环保公益机构或个人在全国范围内开展环保工作。

阿拉善 SEE 已正式启动"一亿棵梭梭""地下水保护""任鸟飞""卫蓝侠""绿色供应链""创绿家""劲草同行""诺亚方舟""留住长江的微笑""三江源保护"等品牌项目。下举四例。

甲、防治荒漠化，助农增收

（1）用十年时间（2014—2023）在内蒙古自治区阿拉善盟生态区种植一亿棵以梭梭为代表的沙生植物，恢复 200 万亩荒漠植被，遏制荒漠化蔓延态势，借助梭梭的衍生经济价值，提升牧民生活水平。截至 2019 年底，已种植以梭梭为代表的沙生植物 114 万亩。

（2）在阿拉善沙漠绿洲地区，推广节水作物、节水技术，减少农业活动对地下水的开采，实现地下水保护与助农增收的双重效应。截至 2019 年底，累计推广节水小米 24270 亩，总产量 6897 吨，参与农户 553 户，总节水量超 1200 万立方米。

乙、物种保护及栖息地环境改善，探索环保与脱贫结合模式

（1）在中国西南山地三江并流区域，建立以社区为主体的自然保护模式。

（2）在"诺亚方舟"项目中，开发符合自然规律的生态产业，实现社区与市场接轨。

（3）将商业模式引入公益领域，探索可复制的脱贫方式。

丙、践行绿色可持续发展

参与发起"中国房地产行业绿色供应链行动"，通过绿色采购，推动钢铁、水泥、铝合金、木材等行业供应商改善环境表现，实现行业减排，形成行业绿色供应链。截至 2019 年底，100 家房地产企业加入绿链行动，推动房地产行业 7 个品类绿色采购。

丁、培养环保行业新生力量

"创绿家"资助计划、"劲草同行"辅导和培养环保公益人才。已在 25 座城市举办活动，线上线下参与公众 3400 万人次。

阿拉善 SEE 的工作取得初步成效。以干旱、极干旱的内蒙古西部阿拉善地区为例，荒漠化有所制约，变"沙进绿退"为"沙退绿进"。利用 3S 技术，以 2010 年为基数，结合生态地面定点观测，可见阿拉善地区生态状况于数年间有所改善，草地、水域湿地面积增大，至 2015 年分别净增 905 平方公里、540 平方公里，草地年均以 181 平方公里速度扩增，水域湿地年均以 108 平方公里速度扩增。

作为一个方兴未艾的例子，阿拉善的启示在于：生态建设是一项地理—经济—社会三位一体的综合工程，只有置于文化生态的大框架内，方有可能得以治理并赢得可持续发展。

八、旧邦新命

中华民族在特定的生态环境中创造出辉煌的古典文化，又没有在近代的挫折中沉沦，而是顽强地摸索重新崛起的路径。可以确信，有着如此生命活力的中华民族，在新的世界条件下，将不断改良自然—社会生态，尤其用力于制度层面和观念层面的现代性转进，焕发原创动力，建造无愧于古人、无愧于现代世界的文化。

诗云："周虽旧邦，其命维新。"① 中华文化的维新之命，寄寓在全体中华儿女维护并优化生态的努力之中。

2020 年 10 月 9 日
撰于武汉大学中国传统文化研究中心

---

① 《诗经·大雅·文王之什》。